사회운동과
역사주기

NANAM
나남출판

조대엽 趙大燁

경북 안동에서 태어나 낙동강을 보며 자랐다. 고려대 사회학과를 졸업하고 같은 대학원에서
석·박사학위를 마쳤다. 사회운동분석의 '역사주기론'을 제시한 바 있고, 제 4의 결사체·생활
민주주의·시장공공성·생활공공성 등의 이론을 제시했다. '노동학'을 체계화했으며, '노조시
민주의'와 지속가능한 노동에 관한 논의의 장을 열었다. 고려대 사회학과 교수로 재직하며
2025년 정년퇴임 시까지 논문 약 80편을 발표했고 34권의 저서를 출간했다. 한국사회학회,
한국비교사회학회 등 여러 학회에서 활동했다.

시민단체를 돕기도 하고, 2012년과 2017년 대선에서 문재인 후보의 정책싱크탱크에 참
여했다. 노동계를 도와 금융산업공익재단의 출범에 함께했으며, 현재 민간싱크탱크 선우재
에 참여하고 있다. 고려대 노동대학원장을 세 번 연임하면서 노동대학원을 노동학의 중심으
로 만들고 노동문제연구소를 복원하는 데 애썼다. 2019년 대통령직속 정책기획 위원장으로
취임해 대통령 소속 9개 국정과제위원회를 총괄하는 국정과제협의회 의장직을 수행하며 정
책기획시리즈 단행본 21권을 출간했고, 2022년 문재인정부 국정백서 22권을 편찬하는 등
국정을 도왔다. 사회학자로서 30년간 사회운동·민주주의·노동학 등 비교적 현장에 민감한
분야를 연구하면서 미네르바의 올빼미와 갈리아의 수탉을 동시에 좇은 셈이다.

선우재 연구총서 1

사회운동과 역사주기

2025년 2월 27일 초판 발행
2025년 2월 27일 초판 1쇄

지은이	조대엽
발행인	조완희
발행처	나남출판사
주소	10881 경기도 파주시 회동길 193, 4층(문발동)
대표전화	(031) 955-4601
FAX	(031) 955-4555
등록	제 406-2020-000055호(2020.5.15)
홈페이지	http://www.nanam.net
전자우편	post@nanam.net

ISBN   979-11-92275-25-3 94300
        979-11-971279-4-6 (세트)

산유제 연구총서 1

사회운동과
역사주기

조대엽 지음

NANAM
나남출판

고 백남식 박사와 고 이수진 박사를 기리며

나의 사회학 30년

사회운동, 민주주의, 그리고 노동학

일상으로 익숙한 교정이 새삼스럽게 구석구석 참 아름답다. 사계절 가운데 어느 시절 하나 빠짐이 없으나 특히 하늘색이 청명한 가을의 교정은 단풍빛이 살포시 내려앉아 유난히 곱다. 찬 서리 맞고 이른 폭설을 견디며 늦게 남은 12월의 단풍마저도 따뜻하고 귀하게 여겨지는 것은 이제 학교를 떠날 시간이 가까워진 탓인지도 모른다. 이 안온한 교정에서 나는 약 45년의 세월을 살았다. 그중 5년은 시간강사로 그리고 25년은 전임교수로 학생들을 가르치고 연구했다. 박사학위를 받고 30년간 사회학자로 산 셈이다. 돌이켜 보면 세월의 강이 굽이굽이 흘렀다고 할 만큼 먼 길을 온 듯한데 나의 시간은 늘 고려대학교로 난 하나의 길을 오갔다.

아무리 안온한 교정이라도 그 안에 사는 사람의 일은 애증을 피할 수 없다. 참 많이 아팠던 시간이 있었다. 보직을 하면서 학생들과 부딪힌 일과 공직에 나서면서 학생들로부터 받은 상처 탓이다. 물론 그 상처의 배후에 학생들만 있었던 것은 아니지만, 사랑이 깊으면 원망도 크기 마련인지 나는 약 7년의 시간을 학생들과 거리를 두고 지낸 듯하다. 강의를 할 수 없었다. 돌이켜 보면 나 자신으로서는 선생과 제자 사이에 신뢰가 깨어진 대가를 혹독하게 치른 셈이었다. 신경림 시인은 사람을 밖으로 불러내어 온갖 사람살이를 구경시키고 그 이치를 가르치는 길보다 사람을 밖에서 안으로 끌고 들어가 스스로를 깊이 들여다보게 하는 '안으로 나 있는 길'을 노래했다. 선생에게 학생은 혹은 제자들은 세상의 길 위에서 겪는 난관과 같이 밖으로 난 길 위의 존재가 아니라 내 안으로 난 길이었다. 학생들을 멀리하면 할수록 내 안으로 난 생채기는 나를 더 못 견디게 했다.

퇴직이 다가오면서 어느 순간 나는 내 안으로 이미 길게 난 길을 거부하는 자기모순의 고통을 안고 학교를 떠날 수는 없다는 생각에 닿았다. 마지막 두 학기에 걸쳐 학부 1학년을 대상으로 하는 '사회학적 상상력' 교과목을 강의한 것은 가르침의 시간이 아니라 오랜 세월 내 안에 만들어진 길을 다시 껴안는 재회의 시간이었다. 재회의 시간은 그리 길지 않았고 감성의 세대인 학생들과 여전히 계몽의 시대에 갇힌 교수 사이에 놓인 벽을 쉽게 허물 수는 없었지만, 잠시라도 젊은 세대에게 내 속을 열어 보였다. 또 젊은이들의 속을 아주 잠깐이나마 들여다볼 수 있어 참으로 값진 시간이었다.

학문적 이력의 시작을 박사학위 논문이라고 하면 사회학자로서의 나의 30년은 사회운동연구에서 출발한 셈이다. 1990년대는 동유럽의 사회주의 붕괴와 함께 신자유주의 물결이 가혹하게 몰아친 시기였다. 나는 1990년대 한국의 사회변동을 응축하고 있는 현실로 민주화운동에서 시민운동으로의 전환에 주목했다. 말하자면 전문화된 시민단체가 한국의 사회운동을 주도하는 현실을 '공동체형'에서 '시장형 운동조직'으로의 전환이라는 맥락에서 분석한 것이다. 박사학위 논문 이후 사회운동조직에 대한 분석을 이른바 NGO 시대의 도래와 함께 NGO, NPO 등에 대한 관심으로 확장했고, 사회운동과 운동공론장이 온라인과 디지털 SNS를 기반으로 확산하는 현상을 '전자적 대중', '유연자발집단', '제4의 결사체' 등의 개념으로 설명하고자 했다. 특히 이 개념들은 거듭되는 촛불시위를 탈조직적 시민행동으로 설명하는 도구로 의미가 있었다.

사회운동연구는 운동주체에 대한 관심을 빼놓을 수 없다. 한 시대의 특수한 운동은 당대 사회운동을 주도했던 운동세대를 주목하게 한다. 나는 자의 반 타의 반으로 1980년대 운동세대로서 이른바 386세대에 대한 연구와 그 이후 1990년대와 2000년대 청년세대의 문화적 특성에 대해 연구관심을 이어 갔다. 사회운동세대에 대한 연구관심을 통해 나는 386세대가 박정희의 권위주의에서 자라 민주화운동의 주체로 변화한 과정을 '박정희의 아이들'이 '신군부의 도전자'가된 과정으로 설명했다. 그리고 2000년대 이후 청년세대들을 이른바 '신자유주의의 아이들'이라고 불렀다. 사회운동의 사회학에 대한 이론적 갈증은 사회운동 분석에 역사성을 부여하는 방식으로 이론의물꼬를 트게 만들었다. 6월 항쟁과 1980년대 사회운동에 이어 4·19 혁명과 6·3 항쟁 분석을 시도하면서 사회운동 분석에 대한 '역사주기론의 시각'을 나름대로 구성하게 되었다.

사회운동의 사회학에 이어 나의 연구 이력을 채운 두 번째 주제는

'민주주의의 사회학'이었다. 민주화운동은 말할 것도 없고 1990년 대 이후의 시민사회운동 또한 민주주의를 공고하게 하기 위한 과정 이었다. 사회운동은 새로운 질서의 구축과 관련되어 있고 그 핵심은 보다 민주적인 사회질서의 구축에 있었다.

1990년대 이후 신자유주의의 세계화와 함께 거침없이 드러난 공 공성의 위기 현상을 나는 '공공성의 재구성' 과정으로 설명하고자 했다. 국가·시장·시민사회의 주요 요소 간에 구축되는 새로운 거버 넌스에 주목했고 이를 '신자유주의 갈등사회'라는 프레임 안에서 사 회갈등과 사회통합의 민주주의로 해명하고자 했다. 특히 공공성의 재구성 과정에서 기업의 사회공헌과 기업 시민성의 사례를 '시장 공 공성' 개념으로 설명했다. 나아가 환경, 여성, 인권, 평화 운동과 같 은 새로운 사회운동이 정체성과 자아정치를 실현하는 과정으로서 생활정치라는 점에 착안해 개인의 삶을 민주직이고 공익적이며 공 개적으로 재구성하는 과정을 생활공공성운동이라는 시각으로 분석 한 바 있다.

사적 삶의 공공적 재구성에 관심을 기울이던 2014년, 세월호 참사 가 나고 말았다. 국가와 정치와 민주주의가 시민의 생명과 삶을 내팽 개친 결과로 너무나 비참하고 비극적인 일이 일어난 것이다. 1980년 광주의 국가와 2014년 세월호의 국가가 다르지 않았고, 그 비극적 현실은 2022년 이태원의 국가로 변함없이 이어졌다. "미친 폭력의 국가든 병든 기만의 국가든 자신의 국민을 가학하는 패륜의 정부이 기는 마찬가지였다." 정치는 1987년 직선제 개헌의 수준에 머물러 있었고, 사회는 1997년 IMF 외환위기 이후 갈가리 찢겨 각자도생으로 해체된 채 방치되었다. 나는 1987년의 정치와 1997년의 사회가 결합된 이 기형의 국가와 기형의 정치를 넘어 국가와 정치와 민주주의가 개인의 삶과 결합된 새로운 민주주의의 모델을 탐색했고 그것을 '생활민주주의'로 제시했다. 우리 세대에게 남북화해와 통일의 과제는 언제나 빚과 같이 남아 있었다. 생활민주주의의 맥락에서는 남북관계 또한 삶에 초점을 맞춰 접근해야 하는 과제였다. 나는 남북화해와 통일의 문제를 국민의 삶을 문제의 중심에 두고 풀어내는 '시민사회통일론'을 모색하기도 했다.

지난 30년간의 사회학 연구에서 사회운동과 민주주의에 대한 나의 연구관심이 귀착한 곳은 '노동학'이었다. 민족문제가 우리 세대 사회과학자들의 학술적 빚과 같이 남아 개인적으로는 시민사회통일론으로 집적거려 보기도 했지만, 노동문제는 여전히 사회학의 핵심 분야로 남은 영역이다. 그러나 사회운동연구분야에서 노동운동은 마치 떠나온 고향과 같은 존재였다. 사회운동연구에서 민족해방운동과 노동운동은 민족국가건설과 노동조합 및 노동자 정당의 건설로 각각 제도화됨으로써 구사회운동으로 간주되었다. 따라서 사회운동 연구분야에서는 서구로 보면 68혁명 이후의 새로운 사회운동에 해당하는 것들이 연구의 중심을 차지했다. 서구의 주류 사회과학에서 노동연구는 이제 노동경제, 노동법과 제도, 노사관계, 노동복지, 기업의 인력 및 노무관리 등 제도의 수준을 다루는 학문으로 변화했다. 물론 노동운동은 나라마다 사회구성체의 발전수준에 따라 현재까지도 살아 있는 사회운동으로서의 노동조합운동이 작동하는 지역이 여전히 있다. 특히 신자유주의 흐름이 세계적으로 확산하면서 이러한 거대경향에 저항하는 노동운동이 새롭게 확산하는 것은 사회운동으로서의 노동조합운동에 대한 관심을 다시 일깨우기도 한다.

아무튼 나는 사회운동연구에 몰입하는 동안 노동의 과제와는 다소 멀어졌다. 2003년 노동대학원 노동복지정책학과의 주임교수가 되면서 노동의 과제는 다시 내 안으로 들어왔다. 2006년 연구년을 맞으며 노동대학원을 떠났다가 나는 2015년에 노동대학원장으로 복귀하면서 노동계와의 본격적 인연이 시작되었다. 노동대학원장을 맡으면서 나는 노동연구의 5개 학문 분야를 통합적이고 융합적 학문으로서의 '노동학'으로 묶어 내어 고려대학교 노동대학원을 노동학의 요람으로 만들어야 한다는 방향을 제시했다. 노동대학원의 교육 이념을 '사람·삶·미래를 지향하는 노동학의 큰 터'로 삼고, 오랜 명성에도 불구하고 폐허와 같이 변한 노동문제연구소를 복구했다.

인간학, 공공학, 현장학, 미래학, 융합학으로서 노동학을 발전시키는 방향과 과제를 설정하고 고려대학교 노동대학원을 거점으로 대한민국의 노동공공성을 확장하는 데 힘을 쏟았다. 다양한 제도를 새로 만들어 노동학의 제도적 확장을 실험하는 한편, 노동운동사와 사회적 대화, 노동조합의 새로운 비전에 학술적 관심을 기울였다. 최근에 나의 노동학적 관심은 '지속가능한 노동'과 '노조시민주의'를 정교화하는 데 모아지고 있다.

학자로서, 그리고 연구자로서 나는 일정 기간이 지나면 반드시 연구사를 정리해야 한다는 강박이 있다. 박사학위 논문을 쓰기 전 한국에서의 사회운동연구 동향에 관해 정리하고 그것을 학술논문으로 만든 경험이 오래 남아 그간 몇 번의 연구사를 정리한 적이 있다. 사회운동연구의 동향을 정리하면서 정치사회에 관한 연구사로 범위를 넓혀 가기도 했다. 연구사 정리는 무엇보다 내 연구의 위치가 어디쯤에 있는지 보다 분명히 알려 준다는 점에서 의의가 클 뿐만 아니라 동료 학계에도 도움을 줄 수 있다는 점에서 일종의 공적 기여를 한 셈이 된다.

지난 30년간 나의 사회학적 관심은 사회운동과 민주주의, 그리고 노동학으로 이전해 왔다. 민주주의, 특히 생활민주주의와 생활공공성의 이슈들은 사회운동의 이념이나 프레임을 구성하는 핵심적 요소로 연결되며, 민주주의와 공공성의 문제는 노동의 민주주의와 노동공공성과 결합되어 있다는 점에서 세 가지 사회학적 주제들은 나의 사회학 안에서 하나로 연결된다. 또한 사회운동의 사회학은 '역사주기론'의 시각으로, 민주주의의 사회학은 생활민주주의와 생활공공성론으로, 그리고 노동학은 '노조시민주의'와 '지속가능한 노동'의 이슈로 진화했다. 돌이켜 보면 사회운동과 민주주의, 그리고 노동학을 포괄하는 나의 사회학은 언제나 실천 사회학을 지향했고 세상과 시대의 번민과 새로운 미래에 대한 전망을 담아내고자 했다. 나의 사회학은 어둠이 드리운 후 날개를 펼치는 '미네르바의 올빼미'로 남지 않고 새로운 비전과 메시지를 알리는 '갈리아의 수탉'이고자 했다.

서사의 귀환을 위하여

이 책은 나의 사회학 30년의 강물에서 걸러 올린 아주 미미한 양의 사금과 같은 것이다. 나에게 사회운동연구는 오랜 연구관심만큼이나 서구 이론에 대한 긴 갈증의 시간이기도 했다. 사회운동에 대한 분석과 해석은 개념적 도구의 중범위성에도 불구하고 언제나 역사적 현상으로서의 운동을 설명하기에는 부족했다. 이 오랜 갈증을 달래기 위해서 나에게는 기존의 분석적 개념에 역사적 규정성을 반영한 새로운 이론적 탐색이 필요했다.

사회운동 분석에서 아주 보편적 유용성을 갖는 개념들을 역사적 시간 속에서 재범주화함으로써 이론의 추상성을 역사적 구체성으로 전환하는 작업이 필요했던 것이다. 이러한 접근방식을 '역사범주론적 접근'이라고 말할 수 있다. 사회운동의 분석적 개념들은 아주 미시적인 분석단위로 대상을 해체함으로써 운동 해부학적 경향을 보이는 경우가 있다. 이 같은 운동해부학적 경향이 분석이라는 이름하에 대상의 진실과 점점 더 멀어지게 만드는 요인으로도 작용한다. 이를 넘어서기 위해서는 사회운동의 본질적 요소를 역사적 형성의 맥락에서 해석하는 '역사구성적 접근'이 요구된다. 우리 시대 2차 현대적 현실과 직면할 때 우리는 기존 질서의 파괴적 자기 대면으로서의 성찰성 reflexivity을 강조한다. '성찰'에는 파괴만이 아니라 새로운 것과의 창조적 자기대면이 내재되어 있다. 무엇보다 사회운동이론은 우리 시대의 역사적 동력과 새로운 역사적 전망을 가능하게 하는 '역사성찰적 접근'으로 보완되어야 했다.

나는 이 같은 세 가지 접근방식을 기반으로 해서 사회운동의 역사성을 놓치지 않으면서도 분석적 설명력을 높일 수 있는 '역사주기론' historical cycle approach의 시각을 통해 사회운동 이론의 지평을 확장하고자 했다. 이 책에서 나는 역사주기론의 핵심적 개념으로 장기지속의 구조사와 사건사 사이에 위치하는 역사의 층으로서의 '역사국면'에 주목했다. 역사국면은 사회운동의 순환하는 소주기小週期들로 구성된 국면사적 사회운동의 주기로 구성된다. 하나의 역사국면은 국면사에 공유된 역사적 프레임을 가진다. 바로 이 같은 국면사적 프레임에 대항하는 사회운동의 프레임이 하나의 국면 전체에 걸친 사회운동의 국면적 주기를 주도하는 것이다.

역사주기론의 시각에서 보면, 해방 이후 1980년대 말까지는 제1의 역사국면으로 분단·국가주의 프레임의 시대라고 말할 수 있다. 제1의 역사국면을 주도하는 사회운동의 흐름을 민족민주운동의 주기로 설정할 수 있다. 4·19혁명, 6·3항쟁, 반유신 민주화운동, 부마항쟁, 광주항쟁, 6월 항쟁 등이 이 운동의 주기를 구성하는 순환적 소주기들이다. 분단·국가주의 시대를 뒤이은 제2의 역사국면은 1990년대 이후 탈냉전·시장주의 역사국면이다. 이 역사국면의 사회운동은 시민사회운동의 주기를 만드는 데 1990년대의 정치경제개혁운동주기와 2000년대 이후의 생활정치운동주기로 구분된다.

나는 역사주기론을 구성하는 두 개의 역사국면과 세 개의 운동주기의 틀에 사회운동 분석의 주요 개념적 도구들을 배치했다. 두 개의 역사국면을 흐르는 사회운동의 주기는 국면적 운동주기에 해당하는 범주와 순환적 소주기의 범주가 있다. 주기의 범위가 크든 작든 하나의 운동주기에는 정치적 기회구조, 조직과 동원의 구조, 운동 프레임의 분화라는 핵심적 분석도구를 배치할 수 있다.

세 개의 운동주기와 순환적 소주기를 출현시키는 정치적 기회구조는 정치적 개방과 폐쇄, 엘리트 동맹과 제휴, 정부억압의 수준, 동구권의 붕괴와 신자유주의, 국제협약, 반생태 개발정책 등을 들 수 있다. 두 역사국면의 운동주기를 주도하는 조직과 자원동원의 특징으로는 공동체형의 동원구조와 시장형의 동원구조를 구분해 볼 수 있다. 나아가 각각의 운동주기를 구성하는 운동 프레임으로는 민족주의, 민중주의, 민주주의 프레임과 통일민족주의, 반외세, 반미민족주의 프레임, 정치개혁 프레임, 경제개혁 프레임, 생활정치 프레임 등을 들 수 있다.

해방 이후 두 개의 역사국면을 거치면서 한국의 사회운동은 비교적 긴 시간대에 걸친 국면사적 특수성을 너무도 뚜렷이 반영한다. 역사적 특수성이 뚜렷한 사회현상일수록 분석도구로서의 서구이론은 그 뚜렷한 특수성을 일반성으로 무디게 하기 일쑤다. 논문의 편수를 채우는 일이 아니고서는 분석의 공허함을 견디기가 쉽지 않았다. 역사주기론은 무엇보다 역사적 사실에 사회운동의 일반적 설명을 부여하는 한편, 사회운동의 사회학에 역사성을 부여함으로써 대상으로서 사회운동의 진리에 비교적 본원적으로 접근할 수 있게 한다. 아울러 역사주기론은 특정의 국면적 주기 내에서 출현하는 운동의 소주기 사이의 연속성을 밝힐 수 있는 장점이 있다. 앞선 운동과 후발 운동 간의 연속성의 동학을 드러내는 일은 무엇보다 사회운동의 역사적 경로를 구체적으로 알 수 있게 해 준다. 이런 점에서 역사주기론의 시각은 이론과 현실, 추상과 구체, 현재성과 역사성 간의 공백을 메울 수 있는 의미 있는 접근법이 될 수 있다.

나는 최근 역사주기론의 시각에 내재된 우리 시대 사회과학의 보편적이고 새로운 전망을 탐색하고 있다. 나는 지난 두 학기 동안 학부생들에게 전공필수과목으로 '사회학적 상상력'을 가르치면서 수강생에게 사회적 사실에 대한 '보편적 상상력'과 '비판적 상상력'이라는 두 유형의 상상력을 '역사적 상상력'으로 전환하는 '복합적 상상력'을 주문한 바 있다.

역사주기론은 역사적 상상력에 기반한 복합적 상상력의 작은 열매일 수 있다. 역사주기론에 내재된 사회변동의 고민은 무엇보다 탈냉전·시장주의 역사국면 이후에 대한 미래전망이다. 나는 최근 탈냉전·시장주의 역사국면이 종료된 후 새로운 역사국면의 가능성에 대해 주목하고 있다. 우리 시대 사회과학은 탈현대 담론과 함께 이른바 이성적 기획으로서의 현대성을 해체하고 거대서사의 종언을 선언하기도 했다. 특히 우리 시대 사회과학이 동유럽의 붕괴와 함께 현실적으로 역사의 종언에 공감하고 있는지도 모른다. 역사주기론에서 탈냉전·시장주의 역사국면 또한 국가이성과 이데올로기의 제도들이 해체됨으로써 현대성의 서사를 종결하는 국면으로 이해할 수도 있다.

탈냉전·시장주의 역사국면은 불안과 강박의 거대한 불확실성 속에서 미래를 기획하지 못하는 혼돈의 시대일지 모른다. 또 새로운 미래에 대한 전망이 상실된 불임의 시대인지도 모른다. 나는 역사가 해체된 미래 없는 시대의 황량한 벌판에서 사회운동에 관한 역사주기론의 시각으로 다시 '역사의 신은 죽었는가?'라는 질문을 던지지 않을 수 없었다. 탈냉전·시장주의 역사국면에서도 시민사회운동의 주기는 생활정치운동의 주기로 이어지고 있다. 자아실현의 정치이자 정체성의 정치로서의 생활정치운동은 일상의 자아를 집합적 이성으로 전환시키는 기획이자 실천이다. 코로나19 팬데믹 이후 감염병과 경제위기를 넘어서기 위한 이른바 국가의 귀환은 역사의 귀환을 떠올리게도 한다. 자국중심주의의 강화, 개인화된 민주주의의 후퇴와 권위주의 국가통제의 효율성 등을 주목하는 현실은 새로운 역사의 기획을 알리는 것인지도 모른다. 기후위기 대응과 탄소중립, 에너지 전환의 과제를 수행하는 지구적 연대운동은 새로운 협력의 서사를 만들고 있다.

코로나19 팬데믹을 겪으며 우리 모두가 공감한 '모두가 안전해야 나도 안전하다'라는 교훈을 더 크고 다양한 협력의 서사로 이어 가야 한다. 세상이 아무리 어둡더라도, 세상이 아무리 각자도생의 해체적 징후가 만연하더라도 우리는 우리의 집합적 이성을 믿어야 한다. 이성은 끊임없이 기획해야 하고 서사는 끊임없이 이어져야 한다. 새로운 역사국면이 오면 새로운 운동주기는 배태되기 마련이다. 일상과 제도로 실천되는 생명·생태·생활정치의 다양한 기획이 지구적 공생과 공존의 초거대담론으로 결합되어 우리 시대 새로운 서사의 귀환을 알리는 중일 수도 있다.

책의 구성에 대하여

이 책이 나오기까지는 오랜 시간이 걸렸다. 책에 대한 구상을 마치고 수록 논문들을 매만지던 2015년, 나는 고려대학교 노동대학원장 일을 맡았다. 노동대학원은 대학의 아카데미즘과 노동현장을 연결하는 위치에 있는데다 노동계와 경영계의 넘치는 기대 탓에 늘 일이 넘쳤다. 게다가 먼지만 쌓여 가던 노동문제연구소의 옛 명성을 복원하고 현재의 숱한 과제를 담아내는 일은 세 번의 임기로도 모자랄 지경이었다. 자의 반 타의 반으로 2012년 대선과 2017년 대선을 도운 후 문재인 정부의 출범, 노동부장관 지명, 대통령 직속 정책기획위원장 취임 등으로 바쁘게 달려온 10년의 시간이 잠깐의 빛처럼 지나갔다.

10년의 세월이 흐르며 작업이 미루어지는 동안 나는 이 책을 마무리해야 한다는 강박에 시달린 셈인데 그 강박의 시간 뒤에 어느덧 학교를 퇴임할 때가 아주 빠르게 다가왔다. 누구에게나 산다는 것은 생애의 크고 작은 미션의 연속이자 미션을 정리해 가는 과정의 연속인 듯하다. 생애의 미션을 그냥 지나칠 수도 있고 정리하지 않은 채 누적된 부담을 진 상태로 살아갈 수도 있다. 이런 삶도 있고 저런 삶도 있기 마련인데 나는 대체로 살면서 주어지는 과제를 정리하고 넘어가야 하는 편이다. 삶을 구도의 과정으로 여기는 것은 주제넘은 일이지만 적어도 나를 찾는 과정이자 나를 만드는 과정임을 부인할 수는 없는 일이다. 이 책은 지난 10년을 미루어 둔, 그리고 퇴임 전에는 정리해야 한다고 생각한 오랜 숙제였다.

이런 연유로 이 책의 내용은 조금은 묵은 글들로 채워졌다. 주로 2010년대 초반에서 중반 사이에 쓴 논문들로 구성되었는데, 역사주기론으로 보자면 현재까지 이어지는 역사국면의 분석을 포함하기 때문에 영 시의를 놓친 것은 아니라고 위안 삼아 본다. 다만 오랜 지체에 비해 더 정교한 작업이 추가되지 못한 데 대한 아쉬움은 남는다.

이 책은 4개의 부로 구성되었다. 제1부는 역사주기론의 이론적 틀과 분석적 요소를 제시하고, 나머지 부는 역사주기론을 구성하는 3개의 운동주기를 구분해서 다룬다. 제2부는 분단·국가주의 역사국면의 민족민주운동주기를 다루고, 제3부는 탈냉전·시장주의 역사국면의 시민사회운동주기를 다루고 있다. 시민사회운동주기는 정치경제개혁운동 주기와 생활정치운동 주기로 나뉘는데, 제3부는 시민사회운동주기를 포괄적으로 다루고 마지막 제4부에서는 시민사회운동주기 가운데 생활정치운동의 주기를 분석한다.

제1부 1장은 사회운동과 역사주기에 대한 그간의 여러 구상을 정리해 이 책의 방향을 잡기 위해 새로 쓴 내용이다. 2장은 사회운동조직 특성과 동원의 구조를 이해할 수 있는 주요 개념들을 제시한다. 민족민주운동주기의 사회운동들을 분석하는 제2부 3장은 4월혁명에 대한 역사주기론적 해석을, 그리고 4장은 4·19 혁명의 순환구조와 6·3 항쟁 주기의 연속성을 분석한다. 5장은 민족민주운동주기에서 4·18 고대행동이 갖는 의미와 민주주의의 요소에 대해 분석히고, 6장은 민족민주운동을 주도했고 가장 강력한 추동력을 가졌던 1980년대 학생운동을 대상으로 운동 프레임의 급진화와 대중화 전략에 대해 분석했다. 제3부 7장은 역사국면의 전환과 새로운 시민사회운동주기에 대한 설명과 함께 1990년대 정치경제개혁운동과 2000년대 생활정치운동의 특징에 대해 개괄한다. 8장은 1990년대 시민사회운동주기를 주도했던 참여연대운동을 세계사적 사회운동의 흐름에서 자리매김하는 분석을 한다. 9장은 시민사회운동주기의 새로운 통일운동 방향을 시민사회통일론으로 제시한다. 제4부 10장은 2000년대 생활정치운동주기의 시민운동이 탈조직적 동원을 중심으로 재구조화되고 있다는 점을 제4 결사체의 출현을 통해 분석한다. 11장은 생활정치운동주기에 가장 주목해야 할 촛불시위

에 대한 분석이다. 촛불시위는 한국 민주주의의 빼놓을 수 없는 한 요소가 되었는데 그 자체가 새로운 운동주기와 시민사회의 재구조화 효과를 총체적으로 반영한다. 12장은 생활정치운동과 생활민주주의, 생활공공성운동의 구조와 전망에 대해 분석하고 생활공공성운동의 제도화와 생활국가의 지향점에 대해 강조한다.

4부 12장으로 구성된 이 책의 내용은 제1장을 제외하고는 기존에 학술논문집이나 단행본으로 출간된 글들을 책의 편제에 맞게 수정하고 보완했다. 따라서 각 장의 내용은 독자의 필요에 따라 순서에 관계없이 읽을 수 있으리라 본다. 각 장의 원문에는 역사주기론의 이론적 내용이 중복되기 때문에 원문을 이 책에 포함시키면서 가급적 중복된 내용을 줄이기 위해 수정했다. 그러나 각 부의 첫 장은 독자들의 가독성을 높이기 위해 중복된 부분을 남겨 놓은 경우도 있다. 불필요한 중복이라면 양해를 구한다.

감사의 마음을 담아

나는 앞에서 '안으로 나 있는 길'에 대해 언급했다. 우리는 인생살이를 길에 비유하곤 한다. 우리는 삶의 먼 길을 걸으며 자신이 길을 열고 길을 닦고 길을 넓혔다고 말한다. 시인의 표현대로라면 사람들은 자신들이 길을 만든 줄 안다. 길이 낭떠러지를 만나고 물길을 만나 끊어지게 되면, 바로 그런 길이야말로 사람들에게 세상살이의 이치를 가르치는 것이라고 이구동성으로 말한다. 자신이 만든 줄 아는 길이나 세상살이의 이치를 가르치는 길이나 사람을 밖으로 불러내는 길임에는 다르지 않다. 나는 이제 퇴임을 앞두고, 그리고 오랜 시간이 걸린 책의 출간을 앞두고, 오랜 세월 나와 함께 했던 분들이 '밖으로 난 길' 위에서 함께 했던 사람들이 아니라 그 분들이 내 '안으로 난 길'이 되어 주었다는 사실을 깨달았다.

오랜 인연의 김수한 교수는 내 안으로 뚜렷이 난 길이다. 퇴임을 앞둔 선생의 심란한 마음을 달래는 데는 요즈음 김수한 교수가 챙겨주는 점심시간이 고맙고도 소중한 특효약이다. 그 옛날 학부 수업에서 처음 만나 대학원에서 첫 지도학생이 되었고 이제는 어느덧 학과의 중견교수가 된 그는 평생에 걸쳐 나를 비추는 거울과 같은 존재였다. 학생들로 인해 생긴 마음의 공백을 메울 수 있었던 것은 아득히 먼 옛날에 또 한 명의 학생이었던 그의 덕이 크다. 허물없고 유쾌한 대화 속에서도 늘 진지함을 잃지 않는데다 사람을 먼저 생각하고 사람을 먼저 배려하는 그가 어쩌면 나의 선생이었는지도 모른다. 힘겹고 어려운 순간에 그는 어김없이 내 곁을 지키고 있었다. 정년도 처음 겪는 일인지라 다소 복잡하고 공허한 마음을 부인할 수 없는데 그 마음을 나보다 더 먼저 읽어 화요일과 목요일 자기 수업을 마친 후 나와의 점심을 위해 아예 시간을 비워 두는 그는 늘 과분한 감동을 준다. 하늘빛이 고운 어느 가을날 나란히 교정을 거닐며 사람살이에 대한 대화로 껄껄거리고 때로는 진지해지곤 했던 일도 그가 있어 누린 과분한 행복이었다. 학교 보직을 하고 또 정부의 일을 돕는답시고 오지랖 넓게 다니는 선생의 뒤에서 라운드 테이블을 만들어 선생의 지도학생까지 조용히 돌보는 그의 품이 넓고도 세심했다. 후배들의 취직을 위해 마음을 졸이며 실전과 같이 줌 회의를 열어 리허설을 시키기도 하는 그의 헌신이 야박한 세상을 깨우는 죽비처럼 여겨진다. 과분하게도 내가 그의 선생일 수 있어 정년의 시간이 행복하다. 고려대학교 교수로 부임하면서 맞은 첫 제자이고 이제는 전공분야가 조금 달라지긴 했지만 그는 내 학문과 교육의 역사이기도 하다.

선생에게는 무엇보다 학생이 가장 소중한 존재다. 대학교수로서는 직접 학위논문 지도를 했던 지도학생들이야말로 가장 가까이에서 학문살이를 함께 했던 존재들이다. 학생들을 제자라고 부르는 것이 어색한 시대가 되었지만 그래도 이들은 제자라고 해도 되지 않을까 싶다. 제자로서 지도학생들은 언제나 나를 비추는 거울이었다. 그들은 각각의 차이를 가지고 내 안으로 난 길들이었다. 그래서 내가 제자를 기르고 배출한 것이 아니라 그들이 나를 만들었다. 사제 간도 사람살이인데 오랜 세월 지내면서 어찌 섭섭한 일이 없었겠는가. 긴 시간을 함께했던 사랑하는 제자들에게 진심으로 감사의 마음을 전한다. 퇴임을 앞두고 오랜 세월 매 학기 개설된 나의 강의에 진지하게 참여했던 학생들에게도 감사한 마음을 전한다. 강의시간에만 만나게 되는 학생들은 인간적 관계를 맺기가 쉽지 않고 세심하게 살펴 주기도 어려워 늘 아쉬움이 컸다. 그래도 뜻밖의 장소에서 만나도 달려와 인사하는 졸업생들을 보면서 인연의 소중함을 떠올리곤 한다.

사회학과 대학원의 지도학생뿐만 아니라 내게는 노동대학원 노동복지정책학과의 제자들이 있고 노동학 박사과정의 제자들도 있다. 주경야독하는 그들의 성실한 삶은 늘 나를 돌아보게 한다. 노동대학원장을 세 번에 걸쳐 연임하는 동안 노동대학원 석사과정과 노사정 최고지도자과정, 근로복지정책과정, 노사관계전문과정을 비롯한 노동문제연구소 전문과정 원우들과도 각별한 인연이 되었다. 그들은 그 인연을 소중히 여겨 변함없는 예의로 나를 대해 준다. 그래서 그들 또한 나의 거울이고 나의 선생이었다. 감사한 마음을 전한다.

나는 약 45년의 세월을 고려대학교의 제도 속에서 살았다. 가족과 함께 살면서 가족의 소중함을 잊고 살듯이 고려대학교의 제도 속에 살면서 제도를 운영하는 교직원들의 고마움은 잊고 지내기 십상이다. 긴 시간 학교에 있으면서 만날 때마다 살갑게 인사하는 교직원이 늘어났다. 대학의 한 축이고 특히 교수로서는 늘 고마운 분들이다. 특히 재직 중에 정부 일을 거들게 되면서 겪게 된 국회의 청문 준비 과정은 교무처와 노동대학원 교직원들에게 뜻하지 않은 업무를 보태게 되었다. 대학본부와 문과대학의 직원 선생님들, 노동대학원에서 함께 했던 교직원들의 고마움을 잊지 못한다. 이제는 명예교수로 다시 이 분들의 신세를 져야 한다.

고려대학교 사회학과와 노동대학원은 내 삶의 튼튼한 진지였다. 내 생의 가장 왕성했던 시간에 나는 이 두 개의 진지를 거점으로 세상과 협력하고 또 세상과 싸웠다. 진지 안에도 사람살이가 복닥거리기는 마찬가지였지만 그래도 마음을 모아 이 진지를 함께 꾸렸던 분들이 있어서 잘 살아온 셈이다. 사회학과의 동료교수들과 노동대학원에 함께 했던 각과의 주임교수들께 감사의 마음을 전한다.

퇴임을 앞두고 나의 사회학 30년, 고려대학교에서의 45년을 돌아보니 나에게 사회학의 문을 열어 주신 옛 은사들이 떠오르기도 한다. 석사과정에서부터 지도교수이셨고 평생의 은사로 계시는 임희섭 선생님 또한 내 안으로 난 길이기는 마찬가지다. 계시는 것만으로도 늘

든든한 마음이지만 연로한 모습을 뵐 때마다 마음이 횡해지곤 한다. 퇴임을 앞둔 심란한 마음에 새삼 선생님께 감사한 마음이 더하다.

끝으로 이 책의 출간을 맡아 주신 나남출판사의 조상호 회장께 감사드린다. 언론의병장으로 세상의 들불을 꿈꾸기도 하다가 어쩌면 이제는 그 자신이 문화사가 된 듯한 출판의 장인이 우리 곁에 있는 것이 복이다. 출판사와 수목원을 드나들며 숲의 철학을 묵묵히 들려주는 선배의 모습이 늘 든든하다. 신윤섭 상무님과 실무진의 노고에도 감사드린다.

자식을 먼저 보내는 부모의 마음을 어찌 가늠할 수 있겠는가마는 나는 최근 두 명의 제자를 먼저 떠나보내며 큰 비애를 가슴에 묻었다. 노동대학원에서 세상을 경영할 꿈을 키웠던 백남식 박사와 늘 세상의 어려운 이들에게 마음을 기울였던 이수진 박사의 영전에 이 책을 바친다.

차례

1부

사회운동 분석과
역사주기

1
사회운동 분석과 역사주기론의 시각

1. 서론: 사회운동의 사회학과 역사성의 문제

사회학 분야에서 사회운동연구만큼 풍부한 이론적 자원이 축적된 영역도 드물다. 사회운동의 사회학은 다양한 이론적 접근이 시도되었을 뿐만 아니라 서구 사회학의 패러다임 변화에 따른 이론사적 발전을 가져왔다. 사회운동의 사회학이 축적한 이 같은 이론적 성과는 다른 무엇보다 '사회운동'이 적어도 제2차 세계대전 이후 서구사회의 가장 핵심적인 사회학적 연구대상으로 주목받았기 때문이다.

19세기 이후 사회구성 방식에 근본적으로 도전했던 계급운동과 민족운동이 이른바 구사회운동으로 쇠퇴하는 경향과 함께, 현대성을 이루는 거의 모든 질서에 대해 저항하는 이른바 68혁명이 서유럽에서부터 확산하면서 세계사적 운동으로 전개되었다. 68혁명이 뿌린 사회운동의 씨앗들은 이후 환경, 평화, 여성, 인권 등의 이슈를 본격적으로 제기함으로써 계급이나 민족운동이 추구했던 해방의 가치를 넘어 정체성을 지향하는 새로운 사회운동의 시대를 열었다. 다른 한편, 1950~1960년대에 걸쳐 폭발적으로 전개된 미국의 흑인민권운동은 사회운동연구를 추동하는 현실의 동력이 되었다. 68혁명 이후의 서구 사회운동은 베트남전 반대를 비롯한 반전운동으로 확산하는 한편, 1970년대 이후 환경운동단체, 여성운동단체, 인권 평화단체 등이 주도하는 전문화된 사회운동이 시민사회의 운동 영역을 구축했다.

1980년대 이후 세계적 자본의 흐름이 세계화라는 이름으로 확산되면서, 신자유주의적 시장화 경향에 반대하는 반세계화운동이 거대한 저항의 흐름을 만들었다. 1980년대 우루과이라운드에 이어 국제통화기금과 세계은행, 세계무역기구 등의 주도에 따라 세계화되는 신자유주의에 저항하는 반세계화 연대운동이 1990년대 이후 확산했다. 1988년의 베를린 시위, 1999년 시애틀 시위, 2000년 워싱턴 시위, 2001년 세계사회포럼 등이 반세계화 운동을 치열하게 이끌었다.

2010년대 들어 세계적 양극화 현상과 함께 불평등 문제에 대한 인식이 확산되면서 반세계화운동은 반자본운동으로 진화했다. 2008년 세계금융위기의 파장으로 2011년에 출현한 이른바 '월스트리트를 점령하라'라는 구호의 운동은 세계적인 반불평등·반자본 운동의 거센 흐름을 만들었다. 다른 한편 2010년 튀니지의 대규모 시위를 시작으로 이집트, 리비아, 시리아 등으로 퍼져 나간 아랍 민주화운동은 이른바 '아랍의 봄'으로 주목받기도 했다. 2019년 코로나19 팬데믹 이후 경제적 양극화가 정치양극화로 변색해 포퓰리즘의 양상을 띠기 시작하면서 이러한 저항운동에서 사회운동의 경향성이 쇠퇴하는 듯 보이기도 했다.

사회운동은 해당 사회의 모순을 가장 적극적으로 드러내는 정치사회적 현상이라는 점에서 학술적 주제로서 중요하다. 게다가 사회운동은 전후 세계사를 이끌어 온 사회변동의 진원으로서 가장 강력하고도 빈번하게 기능한 현상이었기 때문에 지속적으로 사회학적 쟁점이 되었다. 따라서 사회운동의 사회학이 다른 사회학 분야에 비해 풍부한 이론적 자원을 갖게 된 것은 당연한 일일지도 모른다.

서구에서 사회운동이론은 1960년대까지 주로 개인의 불만이나 상대적 박탈감과 같은 심리적 요인으로 운동의 발생을 설명하는 논리가 지배적이었다. 이 시기 유럽에서는 해석적 상호작용에 기반을 둔 일반적인 사회행동과 달리 충동적이고 반사적으로 만들어지는 순환반응의 측면을 강조하는 고전적 집합행동의 설명방식을 사회운동을 설명하는 데 적용했다. 또 미국에서는 주로 흑인민권운동을 설명하는 방식으로 소외감이나 상대적 박탈감이라는 심리적 요인을 사회운동의 원인으로 보는 시각이 일반화되었다. 공동성이 해체된 대중사회적 조건, 지위불일치로 인한 인지부조화, 구조적 긴장이 만드는 불만과 소외, 상대적 박탈감 등의 심리상태가 사회운동의 원인이라고 진단함으로써 사회운동을 병리적이고 비정상적이며 불합리한 사회행동의 일종으로 해석하는 경향을 만들었다. 다원주의 패러다임의 이념적 편견이 반영된 이론적 경향이라고도 말할 수 있다.

1970년대부터는 사회운동을 정상과학의 범주에서 합리적이고 조직적인 사회적 행위로 설명하는 이론적 지평이 크게 넓어졌다. 미국에서 확산된 자원동원론의 접근과 유럽을 중심으로 활발하게 논의된 신사회운동론의 접근이 지속적으로 이론적 발전을 보였다.

'자원동원론'은 사회운동의 과정에 동원되는 자원에 관심을 기울여 조직자원의 중요성을 강조했다. 초기 자원동원론은 운동을 시장 상황과 동일시하고 사회운동조직에 회원으로 참여하는 방식을 운동 상품을 구입하는 소비자와 같은 존재로 인식하는 경향이 있었다. 운동조직과 운동산업, 운동부문이라는 분석단위는 시장적 조건에서 상품을 생산하는 공장, 산업분야와 전체 상품시장에 비견되었다.

'신사회운동론'의 접근은 서구의 새로운 사회운동이 이성의 독단성과 배제성을 기초로 구축된 현대성에 존재하는 구조적 모순에 저항하는 탈현대의 다양한 저항운동이라고 설명했다. 생태환경운동, 여성운동, 인권운동, 평화운동 등 1960년대 이후의 사회운동들은 말하자면 일원적 이념과 국가권력으로 통제되었던 억압적 현대성의 질서가 해체되는 탈현대의 문화적 지향으로 강조되었다. 1980년대 이후 사회운동이론은 자원동원론을 정치사회적 해석으로 확장함으로써 정치적 기회구조를 강조하는 '정치과정모델'로 정교해지는 한편 신사회운동의 문화와 가치, 공론 분석이 활발하게 전개되기도 했다.

1980년대 후반 들어 사회운동이론은 초기 사회운동이론의 심리적 접근을 돌아보며 행위자를 재개념화했다. 말하자면 사회운동의 행위자를 심리적 개인으로 보기보다는 지역이나 계급, 지위 속에서 규정되는 사회적 존재로서의 개인에 주목함으로써 사회운동을 사회적 행위자가 형성하는 인지적 구성물이나 의미틀로 보았다. 운동의 문화, 운동의 프레임, 운동의 인지적 과정에 주목하는 이른바 '사회구성주의적 접근방식'이 사회운동이론의 새로운 분석도구를 제공했다.

이러한 서구이론들은 기존 이론에 대한 비판을 통해 사회운동에 대한 설명력을 보완했다는 점에서 이론적 장점과 단점을 드러내지 않을 수 없었다. 그럼에도 불구하고 기존의 서구이론들은 사회운동을 다각적으로 설명해 내는 데 유용한 분석적 도구를 제공했다. 한국에서 1990년대 이후 활발하게 연구되었던 사회운동의 사회학은 무엇보다 이러한 사회운동연구의 다양한 접근방식이 폭넓게 수용되고 적용됨으로써 가능했다.

이와 같은 사회운동 분석의 다양한 시각은 대부분의 이론이 그러하듯이 기본적으로 어떠한 운동 현실에도 적용할 수 있는 일반성을 추구한다. 물론 거의 대부분의 사회운동이론은 사회현상 가운데 '사회운동' 현상을 분석하는 도구라는 점에서 중범위적 수준에 있는 이론middle range theory이라고 말할 수 있다. 이른바 중범위이론은 구체적인 경험적 현실을 설명할 수 있다는 점에서 낮은 수준의 추상성을 지향하지만 사회현상의 역사적 규정성을 드러내는 데는 취약하다. 나는 어떤 사회적 사실이든 보편적 원리로 설명될 때 그 근본 질서를 드러내는 데 유용한 점이 있음에도 불구하고, 그러한 근본 질서가 '역사적 사실'로 설명될 때 우리가 알고자 하는 대상의 가장 온전한 모습을 드러낸다고 믿는다. 따라서 사회운동의 역사성을 기준으로 삼는다면 기존 사회운동이론들은 몇 가지 점에서 중요한 한계를 드러낼 수밖에 없다.

첫째, 무엇보다 기존의 사회운동이론은 탈역사적 개념의 구성물이기 때문에 역사적 현상으로서의 사회운동 설명에 취약하다. 대부분의 사회운동이론들은 가급적 시대와 장소를 뛰어넘어 많은 사회운동에 적용할 수 있는 보편적 설명을 추구하기 때문에 추상수준이 높은 탈역사적 이론들이다. 따라서 기존의 사회운동이론들은 특정사회의 특수한 역사성을 반영하기 어렵기 때문에 이론과 현실의 간극이 드러날 뿐만 아니라 현실의 일면만 설명할 수 있는 경우가 많다. 따라서 보다 적극적인 역사제도적 접근을 보완하여 일반성과 역사성을 결합한 시각으로 이론적 지평을 넓혀야 한다.

둘째, 사회이론이 중범위이론으로 구체화되고 정교화된다는 것은 분석적 활용도가 높아진다는 뜻이다. 그러나 대부분의 이론은 분석적 개념이 정교화되면 될수록 현상을 작은 조각으로 해부하는 효과를 가져오면서 실재의 진리로부터 멀어지는 결과를 낳는다. 사회운동을 설명하는 미시분석단위와 중위분석단위, 거시분석단위의 다양한 개념들은 수많은 분석적 요소를 찾는 데 효과적이었다. 그러나 이같은 분석의 정교화는 분석이라는 이름으로 사회운동을 끊임없이 해부하는 '운동해부학'의 경향을 드러낸다. 운동해부학의 경향은 분석적이면 분석적일수록 오히려 사회운동의 실체로부터 멀어지는 결과를 불러올 수 있다.

셋째, 우리 시대 사회과학에서 탈현대의 해체성이 오랜 담론으로 자리 잡는 동안 거대서사의 해체가 당연시되었고, 동구 사회주의의 붕괴 이후 역사의 종언이 선언되기도 했다. 서사의 해체와 역사의 종언은 현대성의 실패와 이성의 실패를 반영함으로써 더 이상의 진보는 없다는 사실을 의미한다. 이 같은 시각에서 본다면 이상과 전망을 상실한 인류에게 남은 것은 거대한 불확실성 이외에 아무것도 없는 셈이 된다. 대부분의 학술 공간에서 담론이 사라지고 전망이 배제된 지 오래다. 사회운동이론 또한 운동해부학적 경향에서 진화가 멈춘 지 오래다. 이 같은 이론적 침체는 사회운동의 역사적 전망을 해체하는 경향을 보인다. 우리 시대 사회운동이론의 탈현대 지향은 사회운동의 미래, 나아가 역사의 미래에 대한 전망을 어둡게 한다.

이 같은 사회운동이론의 현실과 한계는, 무엇보다 역사적 규정성을 반영한 이론적 모색으로 극복해야 한다. 이론적 개념들이 역사적 시간 속에서 재범주화됨으로써 이론의 추상성을 역사적 개념화로 전환해야 한다. 이를 사회운동에 관한 '역사범주론적 접근'이라고 말할 수 있다. 둘째로 사회운동의 실체를 해체하는 운동해부학적 접근을 지양해야 한다. 대상으로서 사회운동의 근본을 역사적 형성의 맥락에서 찾아내는 '역사구성적 접근'을 추구해야 한다. 셋째, 현대성을 넘어선 탈현대성이 아니라 현대의 연속성에 있는 2차 현대에 주목할 때 우리는 파괴적 자기대면으로서의 '성찰성 reflexivity'을 확실히 볼 수 있다. 성찰은 파괴만이 아니라 새로운 것과의 대면을 전제로 한다. 사회운동이론은 우리 시대 집합적 이성이 만들어 내는 역사의 동력과 새로운 역사적 전망을 모색할 수 있는 '역사성찰적 접근'으로 보완되어야 한다.

사회운동이론은 역사범주적 접근과 역사구성적 접근, 나아가 역사성찰적 접근을 통해 일반성과 역사성의 결합을 모색할 수 있다. 나는 한국 사회운동의 역사성을 놓치지 않으면서 사회운동 분석의 설명력을 높일 수 있는 새로운 접근방식으로 '역사주기론의 시각'을 도입해 사회운동 분석의 지평을 확장하고자 한다. 나는 우리 시대가 직면한 거대한 위험현실, 말하자면 기후위기와 저출생, 지역소멸, 산업전환의 위기를 넘어서기 위한 인류의 집단지성적 노력이 역사의 종언과 서사의 해체를 대체할 수 있다는 가능성에 주목한다. 2차 현대의 성찰성이 파괴적 자기대면에 그치는 것이 아니라 인간 이성의 가치합리적 대응을 통해 새로운 전망과 새로운 서사를 열 수 있는지 가능성을 보고자 하는 것이다. 사회운동에 대한 역사주기론의 해석은 이러한 전망을 반영한다.

2. 사회운동의 순환구조와 역사주기[1]

제 2차 세계대전 이후 세계질서의 재편과정에서 한반도에는 특수한 역사적 '국면'이 형성되었다. 동서 양 진영의 이념경쟁과 세계자본주의의 국제분업질서에 따라 한반도에는 분단체제가 형성되었고 한국전쟁을 거치면서 분단의 질서는 빠르게 고착되었다.

역사국면이란 수백 년에 걸친 장기지속의 역사 속에서 수십 년 단위로 형성되는 특수한 역사적 시기를 의미한다.[2] 역사국면은 당대의

---

1 이 책의 2장 이후 내용은 다양한 학술지에 게재된 논문들을 수정, 보완한 것이다. 따라서 각각의 학술지에 게재된 개별 논문들은 역사주기론의 시각을 바탕으로 작성되었기 때문에 논문 내용에 이론적 부분들이 중복적으로 공유된 경우가 있다. 이 절은 책의 구성에 있어 가급적 중복성을 피하기 위해 각 논문에 중복된 내용을 취합해서 하나의 절로 재구성함으로써 책 전체의 이론적 방향을 제시하도록 했다. 이 절의 내용은 주로 필자의 논문 가운데, 조대엽, 2010A; 2010b; 2012; 2015의 이론적 내용을 취합한 것이다.

2 브로델Fernand Braudel은 역사는 상이한 층으로 이루어져 있는데 표층에는 사건사가 단기적 시간 안에 있고, 중간층에는 국면사histoire conjoncturelle가 광범한 리듬을 좇아 전개되

세계질서와 국내에 응축된 정치경제적 조건의 구조 속에서 정치권력과 경제체제, 계급질서와 계급투쟁, 문화구성과 사회적 욕구, 사회운동 등의 요소들이 결부되어 해당 '역사국면'에 독특한 '역사적 프레임'을 형성한다.

'프레임 frame'은 개인이 삶의 공간과 세계에서 일어나는 일들을 지각하고, 위치 지우며, 구별하고 이름 붙이는 것을 가능하게 해 주는 해석의 틀 schemata of interpretation을 의미한다(Goffman, 1974). 따라서 프레임은 사건이나 현상에 의미를 부여함으로써 개인으로 하여금 자신의 경험을 조직하게 하고 개인행동이나 집합행동을 인도하는 기능을 수행한다. 스노우와 벤포드(D. A. Snow & R. D. Benford) 등의 사회운동 연구자들은 이 같은 프레임의 논리를 사회운동에 적용하여 참여와 동원의 과정을 프레임 정렬 frame alignment의 논리로 설명한다 (Snow et al., 1986). 이제 이러한 프레임의 논리를 확장할 때, 특정의 역사국면에서 형성되는 역사적 프레임은 해당 역사국면의 개인, 집단, 조직이 현실의 조건을 해석하고 정치적 지향을 설정하게 하며 사회운동을 조직하게 하는 거시적 규정력을 띤다.

동일한 프레임을 공유하는 특정 시기로서의 역사국면에는 해당 시기의 역사적 프레임과 결부된 저항운동의 프레임이 형성될 수 있다. 하나의 역사적 프레임은 해당 사회와 해당 시대의 가장 주요한 모순

는데 특히 물질적 생활의 차원, 경제적 주기의 차원에서 연구되었다. 국면을 넘어서면 전세기를 문제 삼는 구조사 혹은 장기지속사가 있다고 말한다. 아울러 사건에 관해서는 지칠 줄 모르는 사회학적 상상력이 작동하나 국면은 간과된다고 했다(페르낭 브로델, 1982: 131~132). 이 장에서 강조하는 역사국면은 브로델의 국면사를 준거로 한다.

구조를 반영한다. 따라서 이러한 모순구조를 변화시키기 위해 형성 되는 사회운동의 프레임은 무엇보다 해당 시기의 역사국면적 프레임 에 대항하는 저항의 프레임으로 작동한다. 특정 역사국면에서 공유 되는 사회운동의 프레임은 사회운동의 특수한 '주기'를 형성한다. 하 나의 역사국면에서 공유되는 프레임으로 이루어지는 이러한 운동주 기를 사회운동의 '역사주기'라고 부를 수 있다. 나아가 대체로 짧게 는 약 20~30년, 길게는 약 40~50년에 걸쳐 형성되는 사회운동의 역사주기 내에서 정치권력의 특성이나 사회경제적 조건, 나아가 국 제정세의 변화에 따라 순환적으로 나타나는 소주기가 형성될 수 있 다. 이러한 순환적 소주기는 역사주기 내에서 등장하는 여러 하위 프 레임으로 구성된다.

일반적으로 '주기 cycle'는 일정한 시간마다 동일한 현상이 이루어 지는 것을 밀하기 때문에 반복성과 순환성을 반영하는 개념이다. 사 회운동에 주기론을 적용하는 경우 고도의 규칙성을 반영하는 '규칙 적 주기론'의 입장과 '특수한 주기론'의 입장으로 구분해 볼 수 있다.

규칙적 주기론은 동일한 사회운동 프레임이 반복적으로 순환하는 것을 말한다. 예컨대 1800년대 이후 서구 주요국가에 여성운동이나 평화운동 등이 약 200년 동안 60~70년 간격으로 반복적으로 등장한 경우와 같이 일정한 규칙성을 가지는 것을 의미한다(Brand, 1990). 이 장에서 주목하는 사회운동의 '역사주기'는 운동의 이슈가 역사적 으로 특수하게 나타나기 때문에 '특수한 주기론'이라고 말할 수 있다.

그럼에도 불구하고 시대마다 특수하게 나타나는 역사적 운동을 주 기론으로 접근하는 것은, 첫째로 '저항행동'이 순환적으로 나타난다는 점에서 '저항의 주기' 혹은 '동원의 주기'가 뚜렷하기 때문이다. 둘째로는 하나의 특수한 역사국면 내에서는 동일한 국면사적 프레임이 다양한 운동을 만들어 냄으로써, 동일한 국면사적 저항의 프레임 내에서 특수한 운동 이슈들이 순환적이고 반복적으로 출현하기 때문이다. 말하자면 특수한 주기론은 저항의 주기가 반복된다는 점과 아울러 동일한 국면사적 프레임이 국면적 주기 내에서 발생하는 사회운동의 다양한 이슈들을 반복적으로 만들어 낸다는 점에서 광의의 주기론이라고 말할 수 있다.

나는 해방 이후 정부수립 시기에서부터 1990년대 초까지의 시기를 하나의 역사국면으로 보고자 한다. 이 시기는 민족분단이 고착화되고 외세의 규정력이 극대화된 '분단 상황'과 민간에서 군부로 이어지는 권위주의 정치권력의 억압적 '국가주의'가 결합됨으로써 반공이데올로기와 국가주의이념이 지배하는 '분단·국가주의' 역사국면을 구성하는 것으로 볼 수 있다. 말하자면 '분단'과 '국가주의'라는 역사 프레임이 작동하는 하나의 역사국면인 것이다.

주지하다시피 '분단'은 세계사적으로는 냉전이라는 역사국면의 한반도적 효과라고 할 수 있다. 미국과 구소련을 두 축으로 한 자유주의와 공산주의라는 극단적 진영의 대결이 세계를 지배했던 냉전의 시대에는 정치, 경제, 군사, 문화 모든 부문에서 이념대결이 팽배했다. 정치적으로는 의회민주주의를 통한 자유민주주의 질서와 이른바 프롤레타리아트 일당 독재의 공산주의 정치질서가 정치권력의 우월성을 경쟁하는가 하면, 경제적으로는 자유시장경제와 사회주의 통제경제가 성장주의 경쟁을 벌였다. 무엇보다 양극체제의 이념대결은 군비확장을 통한 군사력 대결로 치달았고 제2차 세계대전 이후 등장한 신생독립국들을 양극질서로 편입하고자하는 각축전을 벌이기에 이르렀다.

한반도의 분단과 정치·경제·군사·문화의 분단적 현실은 남한과 북한을 자유주의와 사회주의라는 이념의 갑옷으로 두텁게 무장시킨 채 냉전의 한가운데로 몰아붙였다. 무엇보다 이 같은 분단과 냉전의 조건은 남과 북의 정치권력을 강권적으로 정당화하는 데 결정적으로 기여했다. 북한에서는 김일성주의로부터 출발하는 일당독재의 국가주의를 강화했으며, 남한에서는 민간독재에서 군부독재로 이어지는 권위주의적 국가주의를 강화하는 기반이 되었다.

한국 사회에서 분단·국가주의 역사국면은 무엇보다 미군정과 이승만 독재, 박정희 군사독재와 전두환 신군부독재로 이어지는 시대이다. 정치적 차원에서는 외세에 의해 민족공동체가 뒤틀리고 분절되는 이른바 민족모순이 극대화되는 한편, 자유민주주의 질서가 민간독재와 군사 개발독재에 의해 억압된 시간이었다. 경제적으로는 이른바 개발독재의 시기를 통해 국가주도 경제발전이 강력하게 추진되는 한편 재벌경제와 수출주도 산업화를 통해 한국자본주의의 모순을 점점 더 고도화한 시기이기도 했다. 또한 군사, 이데올로기적으로는 남과 북이 각각 미국과 소련의 우산 아래서 경쟁하는 동시에 적대적 공존의 관계를 강화하는 시기였다.

해방 후 정부수립과 함께 전개된 역사국면은 구한말과 일제강점기, 그리고 미군정 시기와는 뚜렷이 다른 역사 프레임이 작동하는 시대였다. 구한말과 일제강점기, 특히 1910년 일제의 강제합병이후 미군정 시기까지는 일본의 제국주의적 침탈이 식민주의와 군국주의의 역사 프레임을 주도하는 '식민·군국주의' 역사국면이라고 말할 수 있다. 우리에게는 일제강점기로 현실화된 제국주의의 거센 격랑이 세계질서를 휩쓰는 가혹한 역사국면에서, 가장 핵심적인 사회운동의 프레임은 민족해방과 독립민족국가건설로 모였다. 따라서 식민·군국주의 역사국면은 사회운동의 프레임으로 보면 '민족해방운동의 주기'였다고 할 수 있다. 이 운동주기 동안에는 '민족해방'이라는 동일한 운동 프레임이 2·8 독립선언, 3·1 운동, 6·10 만세운동 등으로 구체화되었다.

식민·군국주의 역사국면을 일제의 직접침탈과 외압에서 벗어나기 위한 민족해방과 근대 민족국가 건설의 과제가 하나의 저항 프레임을 형성한 시기였다면, 정부수립 이후는 비록 불완전한 형태이지만 근대적 국민국가의 제도적 틀을 갖추고 정치변동과 사회경제적 발전의 쟁점이 제기되는 새로운 역사국면이 시작된 것으로 해석할 수 있다.

특히 분단·국가주의 역사국면의 전개와 함께 현대사회적 현상으로서 사회운동은 현대국가의 규정력 속에서 작동하기 마련이었다. 따라서 사회운동의 주기로 본다면 일제하에서 해방과 민족국가건설을 목표로 했던 민족해방투쟁과 민족국가 건설 이후에 전개되는 사회운동은 완전히 다른 형태의 운동으로 볼 수 있다. 분단·국가주의라는 새로운 역사국면과 새로운 역사 프레임에 대응하는 새로운 운동주기로서 '민족·민주운동'의 주기가 강조될 수 있는 것이다. 정부수립 이후를 새로운 역사국면으로 보고자 하는 이유가 여기에 있다.

분단·국가주의 역사국면에서 나타나는 사회운동의 시기, 특히

1960년 4월 혁명에서 1987년 6월 항쟁의 시기를 '민족민주운동의 주기'로 본다면, 4월 혁명은 근대 민족국가의 질서 내에서 전개되는 민주주의와 민족주의운동의 출발을 의미한다. 사회운동으로서의 민주주의와 민족주의 프레임은 4월 혁명 이후 6·3 항쟁, 1970년대의 반유신민주화운동, 1980년대의 반신군부민주화운동과 그 연장에서 진행되었던 통일운동까지를 관통함으로써 길게는 1990대 초까지 동일한 하나의 역사주기를 구성한다. 말하자면 민족주의와 민주주의의 프레임은 1960년 4월 혁명에서 1990년대 초까지 약 30년간 민족민주운동의 주기라는 한국 사회운동의 특수한 역사주기를 형성하는 것이다.

나아가 민족민주운동의 역사주기 내에서 다양한 저항이 '순환적 소주기'를 형성한다. 4월 혁명 이후 전개된 6·3 항쟁, 1970년대의 반유신운동과 부마항쟁, 1980년대의 광주항쟁과 1987년의 6월 항쟁으로 이어지는 저항운동들이 그러한 것이다.

나는 한국 사회에서 분단·국가주의의 역사국면이 1980년대 말에서 1990년대 초에 종료되고 새로운 역사국면이 전개되는 것으로 이해한다. 1980년대 말에서 1990년대 초는 소련과 동구의 공산주의가 붕괴되고 지구적 수준에서 실질적으로 냉전과 이념의 시대가 마감된 시기였다. 이른바 탈냉전의 시대가 개막된 것이다. 한국 사회는 이 시기에 1987년의 민주대항쟁을 거쳐 민주주의가 공고화하는 과정을 거침으로써 억압적 국가주의를 벗어났다는 점을 강조할 수 있다. 1990년대에는 동구 공산주의의 붕괴를 통해 냉전과 이념의 외피가 벗겨졌다는 점에서 세계사적 의의가 있지만 동시에 신자유주의라는

50

적나라한 시장주의 경쟁이 세계화의 이름으로 몰아치는 가혹한 자본의 시대가 열렸다. 특히 한국 사회에는 1997년 이른바 IMF 외환위기 이후 신자유주의 광풍이 너무도 가혹한 현실로 불어닥쳤다. 나는 냉전의 종료와 함께 오로지 시장의 각축만이 남은 이 새로운 역사국면의 시기를 '탈냉전·시장주의' 역사국면으로 이해하고자 한다. 그리고 이 역사국면의 역사적 프레임에 대응하는 새로운 운동주기를 '시민사회운동의 역사 주기'로 보고자 한다. '시민적 삶의 민주주의'라는 저항의 프레임을 구축한 시민사회운동의 주기는 민주화의 성과이자 민주화의 잔여적 과제를 추진하는 과정이기도 했다. 1990년대는 경실련, 참여연대, 환경운동연합 등의 시민단체들이 적어도 정당이 실천해 내지 못하는 정치개혁과 경제개혁의 이슈들을 추진함으로써 '정치경제개혁운동의 주기'를 형성했다.

2000년대 이후 한국의 사회운동은 세계금융위기와 같은 신자유주의의 왜곡된 경제질서와 고도화되는 불평등에 저항하는 반자본, 반신자유주의 운동이 확산하는 한편, 자유롭고 다양한 생활상의 권리와 정체성을 지향하는 시민운동이 확대됨으로써 '생활정치운동의 주기'를 맞았다. 정치경제개혁운동의 주기와 생활정치운동의 주기로 구성되는 시민사회운동의 주기에서는 탈냉전·시장주의 프레임에 저항하는 다양한 사회운동을 출현했다. 시민사회운동의 주기 내에서 냉전과 국가주의의 잔재에 저항하는 정치경제개혁운동으로는 낙천낙선운동과 함께 주요 시민단체들이 벌이는 입법운동들이 전개되었고, 생활정치운동으로는 2008년 미국산 쇠고기 수입반대 촛불시위를 시작으로 전개된 일상의 권리와 생활복지운동들이 시민사회운동의 다양한 순환적 소주기를 구성했다.

탈냉전·시장주의 역사국면은 1990년대 이후 최근까지 지속되고 있다. 그러나 다른 한편으로는 냉전이념의 해체와 시장주의로 인한 공공성의 해체적 경향이 주도하는 탈냉전·시장주의 역사국면이 종료되고 새로운 역사국면의 개막을 조심스럽게 전망할 수 있는 변화도 나타나고 있다. 2019년 코로나19 팬데믹 이후 자국중심주의가 강화하고, 개인주의적 민주주의가 후퇴하면서 권위적 국가통제의 효율성 등이 주목받는 한편, 정치적 양극화가 고도화하는 경향들도 새로운 역사국면의 출현을 암시하는 것인지도 모른다. 아울러 기후위기와 에너지 및 산업 전환에 대한 일국적 대응이나 지구적 연대의 대응 등이 새로운 역사국면에서 전에 없던 역사 프레임을 가능하게 만드는 징후를 보여 주는 것인지도 모른다. 새로운 역사국면의 개막은 당연히 새로운 사회운동의 역사주기를 배태하기 마련이다. 사회운동의 새로운 역사주기는 우리 시대 서사의 귀환을 알리는 징후일 수도 있다.

특정한 역사국면에 조응하는 사회운동의 역사주기는 다양한 순환적 소주기로 구성된다. 이 같은 순환적 소주기들은 다양한 정치 및 경제사회적 조건에 따라 서로 다른 특수한 저항의 프레임을 갖지만 동일한 역사주기 내에서 각각의 순환하는 저항운동들은 시간적으로 근접하거나 유사한 정치사회적 조건에서 발생하는 경우가 많다. 사회운동은 일반적으로 '저항주기에 있어서 시간적 위치'(Brockett, 1991)의 효과를 가질 수 있다. 저항의 주기가 인접한 사회운동의 경우 첫 번째 운동initiator movement은 저항의 역사주기를 알리는 중요성을

<표 1-1> 역사국면과 운동주기

역사국면	식민 · 군국주의	분단 · 국가주의	탈냉전 · 시장주의	
운동주기	민족해방(독립)운동	민족 · 민주운동	시민사회운동	
운동 프레임	민족해방/ 독립민족국가수립	민족주의/ 민중주의/민주주의	시민민주주의/ 참여민주주의	
순환소주기	2 · 8 독립운동 | 3 · 1 독립운동 | 6 · 10 만세운동	4월혁명 | 통일운동 | 6 · 3 항쟁 | 반유신운동 | 부마항쟁 | 광주항쟁 | 6월 항쟁	정치경제개혁운동주기	생활정치운동주기
			정치개혁운동 경제개혁운동 (경실련운동 참여연대운동) | 낙천낙선운동	반세계화운동 | 생명생태운동 | 공공성운동 | 미선·효순촛불시위 | 2008 촛불시위 | 2016 촛불시위
연도	← 1945	← 1960----1987 →	← 1990 – 2000 – 2002 – 2008 – 2016, 17 →	

출처: 조대엽. 2012: 427에서 수정 보완.

가지며, 두 번째로 나타나는 운동은 다양한 수준에서 첫 번째 운동의 효과를 반영하는 파생운동 spin-off movement 으로서의 특징을 갖는 경향이 있다(McAdam, 1996). 이러한 사실은 사회운동의 동일한 역사주기 내에서 선행하는 운동과 인접한 후발운동의 관계에 대해 다음과 같은 접근을 가능하게 한다.

첫째, 사회운동의 동일한 역사주기 내에서 선행운동은 후발운동의 '정치적 기회구조'로 작동할 수 있다. 사회운동의 정치적 기회구조는 사회운동에 '기회'로 작용하는 다양한 운동 외적 요소를 의미하는데, 동일한 운동의 주기에 있어서 기존에 출현한 운동이 새로운 운동의 프레임과 동원구조 등에 영향을 주는 중요한 기회구조로 작용할 수 있다는 사실에 주목할 필요가 있다.

둘째, 사회운동의 동일한 역사주기 내에서 선행운동은 후발운동의 '문화적 원천'으로 작용할 수 있다. 사회운동은 오랫동안 잠재되어 있던 특정집단의 불만과 사회적 비정의injustice에 대한 해석틀이 재구성되는 문화적 모순이 일련의 역사적 사건들에 의해 표면화됨으로써 지배적 문화로부터의 '문화적 결별cultural break'이 일어났을 때 발생한다(임희섭, 1999). 이 같은 문화적 모순의 표면화는 정부정책이나 역사적 사건 등에 의해서 갑자기 부과된 것일 수도 있고(Walsh, 1981) 기존체제의 통제능력 약화가 극적으로 드러남으로써 나타날 수도 있다(Zald, 1996). 이 점에서 문화적 모순이 표면화된 역사적 사건이나 이로 인해 출현한 최초의 사회운동과정은 사회운동의 '문화적 원천cultural roots'이라고 말할 수 있다(조대엽, 2010).

예컨대, 1960년 4월 혁명을 민족민주운동주기의 출발이라고 할 수 있다면, 1980년 광주항쟁은 1980년대 민주화운동의 문화적 원천이자 1987년 6월 항쟁의 정치적 기회구조라고 말할 수 있다. 광주항쟁은 무엇보다 전두환 신군부권위주의 세력의 집권과정에서 만들어진 비극이었기 때문에 전두환 정권기간에 전개된 민주화운동의 실질적 요인으로 작동했던 것이다. 이 점에서 광주항쟁은 1980년대 민족민주운동의 이념과 조직, 행위양식 등에 망라적으로 영향을 미친 기회구조였으며, 운동문화의 원천으로 작용했다.

이제 역사주기론의 시각은 다음과 같은 점에서 사회운동을 설명하는 기존 이론들의 분석적 한계를 보완할 수 있는 의의를 갖는다. 첫째, 사회운동의 이론구조 내에 한 사회의 역사적 특수성을 개입시킬 수 있는 장점이 있다. 기존의 이론적 도구들을 분석수단으로 삼기 전에 한 사회가 경험하는 특수한 역사국면을 하나의 역사주기로 설정함으로써 그러한 주기를 관통하는 특수한 역사적 조건과 운동의 주요 요소들을 부각시킬 수 있는 것이다. 무엇보다 기존의 사회운동이론이 고안한 중요한 개념적 도구로서의 정치적 기회구조, 운동조직과 자원동원, 운동 프레임 등을 역사국면과 역사주기의 규정을 통해 재구성할 수 있다.

둘째, 역사주기론은 사회운동에 관한 주기론적 설명이 갖는 한계를 넘어설 수 있다. 일반적으로 사회운동의 '주기론'은 운동 자체의 규칙성과 반복성, 순환성을 그려내기 때문에 운동에 영향을 미치는 객관적 구조보다는 운동 자체의 내부동학에 몰입하는 경향이 뚜렷하다. 그러나 역사주기론은 특수한 주기론을 반영하기 때문에 운동자체의 단순한 규칙성이나 반복성보다는 역사적으로 특수한 주기를 형성하는 독특한 정치·경제·문화적 조건, 나아가 국제적 조건과 같은 객관적 조건에 대한 관심을 부각한다.

셋째, 역사주기론은 비교적 장기간에 걸친 사회운동 궤적을 관찰할 수 있는 이점이 있다. 현대 사회운동은 국가와의 갈등구조가 일차적으로 부각되며 이때 국가와 사회운동의 관계는 일반적으로 특정 정권의 성격과 맞물려 있다. 특히 민주화운동 분석은 대체로 특정 정권을 배경으로 하기 때문에 분석 시기가 해당 정권에 국한된 비교적 짧은 기간의 정치경제적 조건을 분석하는 경향을 보인다. 그러나 역사주기론의 시각은 정권의 경계를 넘어서는 역사국면적 주기를 설정하기 때문에 비교적 장기간에 걸친 운동의 흐름을 분석할 수 있는 장점이 있다.

넷째, 역사주기 내에서 순환하는 사회운동의 소주기들 간에 순환적 연관관계를 분석할 수 있는 장점이 있다. 전술한 바와 같이 동일한 역사주기 내에서 선행하는 사회운동은 후발운동의 정치적 기회구조로 작동함으로써 먼저 발생한 운동이 새로운 파생적 운동을 배태시킬 수 있다는 점을 분석적으로 드러낼 수 있는 것이다. 이 같은 순환적 연관관계를 찾아내는 일은 전술한 바 사회운동을 정권적 특성에 따라 규정되는 것으로 분석하는 단기성의 한계를 넘어설 수 있을 뿐만 아니라 순환적 연관관계 자체에 내재된 사회운동의 역사적 특수성을 부각시키는 동반적 효과를 얻을 수 있다.

3. 사회운동의 역사주기와 정치적 기회구조

역사주기론의 시각에서 사회운동을 분석할 때, 기존의 사회운동이론에서 제시하는 가장 주목할 만한 분석적 개념은 '정치적 기회구조 structure of political opportunity'다. 정치적 기회구조는 사회운동의 주체가 정치적 불안정과 정치적 위기의 맥락에서 확보할 수 있는 사회운동의 촉발적 요인들을 의미한다. 정치적 기회구조로 범주화될 수 있는 이 같은 요인들은 사회운동의 발생과 유지, 변화에 영향을 주는 정치적·경제적·문화적 요소들 가운데 사회운동의 경험에 비교적 가까운 구조적 요소를 말한다.

　정치적 기회구조의 개념은 미국의 43개 도시의 폭동을 분석하면서 "저항의 발생은 한 도시의 정치적 기회구조의 특성과 관련되어 있다"고 말한 아이징거 Peter Eisinger의 연구에서 처음으로 제시되었다(Eisinger, 1973). 이 연구에서 아이징거는 정치적 기회구조를 "집단들이 권력에 대한 접근권을 얻고 정치체계의 이용을 가능하게 하는 정도"라고 규정했다. 아이징거의 연구 이후 사회운동 분석에서 '정치과정'을 강조하는 연구자들은 사회운동과 집합행동의 보편적 원인보다는 사회운동의 형성을 가능하게 하는 유인으로서의 정치구조에 관심을 기울였다(Jenkins & Perrow, 1977; McAdam, 1982; 1996; Tilly, 1978; 1984). 사회운동을 하나의 정치과정으로 간주하는 이 같은 연구들은 운동의 타이밍과 성패가 변화하는 제도적 구조와 권력 측의 이데올로기적 경향에 의해 제공되는 기회에 의존하는 데 주목하거나, 운동의 발생과 발전은 기회구조의 확대 및 축소에 기인한다는 데 주목했다.

또한 정치과정과 기회구조에 대한 관심이 증대하면서 정치적 기회구조에 대한 종합적 정의가 제시되기도 했다. 이러한 정의에 따르면 정치적 기회구조는 "사회변동의 목표와 사회운동의 조직화, 운동 전개의 일반적 결정에 직간접적으로 영향을 미치는 사회적·정치적·경제적 환경을 구성하는 요소"로 규정되었다(McCarthy, Britt, & Wolfson, 1991). 또 태로우S. Tarrow는 정치적 기회구조를 "사회운동의 형성을 위해 내적 자원의 이용을 촉발시키거나 제약하는 요소로서 사회적 혹은 정치적 행위자에게 일정하게 주어지는, 그러나 반드시 공식적이거나 영속적인 혹은 전국적 규모일 필요는 없는 다양한 계기들"이라고 규정하기도 했다(Tarrow, 1996).

정치적 기회구조는 사회운동에 관한 분석의 다양한 수준을 구체적인 지표로 삼을 수 있다. 특히 정치과정으로서 사회운동에 주목하는 연구자들 간에는 정치적 기회구조의 유사점과 차이점을 보여 주는 다양한 수준과 요소들을 설정한다. 브로켓은 정치적 기회구조를 정

<표 1-2> 정치적 기회구조의 수준들

구분＼학자		브로켓	크리시 외	루흐트	태로우
수준	1	정체에 대한 의미 있는 접근	공식적인 제도적 구조	정당체계에 대한 접근	정체의 개방성 혹은 폐쇄성
	2	동맹의 존재	도전에 관련된 비공식적 과정	정부의 정책실행능력	정치적 제휴의 안정성
	3	엘리트 분열과 갈등	도전자에 관련된 권력의 배치	도전자와 관련된 동맹구조	엘리트 동맹세력의 존재 여부
	4	억압의 수준	-	도전자와 관련된 갈등의 구조	엘리트 내부의 분열
	5	저항주기에서의 시기적 위치	-	-	-

체polity에 대한 의미 있는 접근, 동맹의 존재, 엘리트 분열과 갈등, 억압의 수준, 저항주기에서의 시간적 위치 등의 5가지 수준으로 구분한다(Brockett, 1991: 254). 크리시와 동료들은 정치적 기회구조의 수준을 공식적인 제도적 구조, 도전과 관련된 비공식적 과정, 도전자와 관련된 권력의 배치 등 3개 수준으로 구분한다(Kriesi et al., 1992).

루흐트는 정당체계에 대한 접근성, 정부의 정책실행 역량, 도전자와 관련된 동맹구조, 도전자와 관련된 갈등구조 등의 4가지 수준으로 설정한다(Rucht, 1996). 태로우의 경우는 정체의 개방성 혹은 폐쇄성, 정치적 제휴의 안정성, 엘리트동맹세력의 존재 여부, 엘리트 내부의 분열 등 4가지를 정치적 기회구조의 서로 다른 수준으로 제시한다.

맥애담은 학자에 따른 정치적 기회구조의 수준을 <표 1-2>와 같이 정리한다(McAdam, 1996: 26~27). <표 1-2>를 통해서 볼 때 네 학자의 연구는 기본적으로 주어진 시점을 특징짓는 권력관계의 비공식적 구조와 해당 정치체계의 공식적이고 제도적이며 법적인 구조를 구별한다. 각 학자의 첫 번째 수준은 해당 정치체계의 공식적인 법적 제도적 구조의 특성을 강조하며, 브로켓의 2~3수준, 태로우의 2~4수준, 루흐트의 3~4수준은 권력관계의 비공식적 구조를 반영한다. 맥애담은 정치적 기회구조에 관한 각 학자들의 입장을 〈표 1-2〉와 같이 정리하면서 정치적 기회구조의 주요 내용을, ① 제도화된 정치체제의 상대적 개방성 혹은 폐쇄성 ② 정체를 전형적으로 지탱하는 엘리트 배열의 안정성 혹은 불안정성 ③ 엘리트 동맹의 존재 혹은 부재 ④ 정부의 역량과 억압의 경향 등으로 분류했다. 맥애담은 정치적 기회구조에 대한 논의를 진전시키기 위해 저항 주기의 문제, 정치적 기회구조의 국제적 맥락, 종속변수로서의 정치적 기회구조에 대한 관심이 필요하다고 말한다(McAdam, 1996: 31~37).

정치적 기회구조는 '정치경제적 구조'나 '정치경제적 조건'이라는 개념과 같이 사회운동의 출현과 변화에 영향을 주는 질서로서의 보편적 조건을 의미하는 것이 아니라 '기회구조'라는 표현이 보여 주듯이 사회운동에 경험적으로 훨씬 더 가깝게 작동하는 요인을 의미한다. 그럼에도 불구하고 '정치적 기회구조'가 단순히 경험에 가까운 개념이 아니라 '역사적 경험' 속에서 역사성을 반영한 개념적 도구가 되기 위해서는 이를 역사주기론적으로 재해석할 필요가 있다. 무엇보다 정치적 기회구조를 역사국면의 특수한 프레임과 사회운동의 특수한 역사주기에 나타나는 저항의 프레임을 출현시키는 '국면적 기회구조'로 해석할 수 있다. 나아가 국면적 기회구조는 특정의 역사국면 내에서 순환적으로 나타나는 저항의 소주기에 직접적으로 작동하는 특수한 '순환적 기회구조'로 구체화될 수 있다.

먼저, 분단·국가주의 역사국면의 민족민주운동의 주기에서 정치적 개방과 봉쇄, 정치체계의 안정과 불안, 엘리트 동맹의 유무, 정부 억압의 경향 등의 차원을 배태하는 국면적 기회구조로는 선거정국과 개헌정국, 그리고 유화정국을 들 수 있다. 이러한 국면적 기회구조들은 동일한 국면적 프레임 안에서 시기별로 나타나는 다양한 순환적 소주기의 기회구조를 만들어 낸다.

우선, 선거정국은 무엇보다 일시적인 정치적 개방이나 봉쇄가 이루어지는 조건이 될 수 있고 엘리트의 균열과 동맹이 활발하게 작동하는 장이기도 하다. 민족민주운동의 주기에서 3·15 부정선거는 선거정국의 정치적 봉쇄를 시도하는 과정에서 강력한 저항을 촉발시켰고 마침내 4·19 혁명을 확산시키는 기회구조가 되었다. 다른 한편 1987년 6월 항쟁의 성과로 얻어낸 6·29 선언과 대통령 직접선거 정국은 민족민주운동 진영의 조직을 분열시키는 기회구조로 작용하기도 했다. 선거정국에서 정치적 봉쇄는 운동의 유리한 기회로 작동하기도 하고, 정치적 개방이 엘리트와 운동조직의 분열을 초래함으로써 불리한 기회가 되기도 한다.

둘째로 민족민주운동주기의 개헌정국은 정치적 개방과 봉쇄, 정치질서의 불안, 엘리트 동맹 등의 기회구조를 제공하기도 한다. 제1공화국 시기에 이승만을 제2대 대통령으로 다시 만든 1952년 부산정치파동과 발췌개헌, 현직 대통령에 한해 중임제한을 폐지하는 것을 골자로 한 1954년의 이른바 4사 5입 개헌 등은 4·19에 이르는 순환적 기회구조가 되었다. 1987년의 대통령 직선제 개헌 또한 민족민주운동 주기의 중요한 기회구조로 작용했다.

셋째로 새로운 정부의 출범 이후 정권의 정당성을 위해 조성된 일시적 유화정국도 민족민주운동주기의 중요한 순환적 기회구조로 작용하는 경향을 보인다. 제5공화국 출범 초기에 제한적으로 그리고 불가피하게 열린 일정 기간의 유화정국은 민족민주운동의 강력한 연합조직이 결성되는 국면사적 기회구조가 되었다. 1983년 민주화운동청년연합의 결성과 84년 민중민주운동협의회, 민주통일국민회의의 결성이 마침내 민주통일민중운동연합이라는 민족민주운동주기의 최대운동연합을 만드는 기회를 열었다(조대엽 1995: 126~127). 또한 노태우 정부 초기의 일련의 자유화 조치는 1987~1989년에 이르는 시기 동안 민족민주운동주기의 국면적 전환기에 노동운동을 비롯한 부문별 사회운동조직의 급속한 성장 및 새로운 운동조직의 형성을 촉발시켰다. 민족민주운동주기의 선거정국과 개헌정국, 유화정국은 분단·국가주의 역사국면의 냉전 이데올로기나 국가주의 이데올로기를 이완시키거나 불안정하게 하는 효과를 내면서 민족민주운동의 기회구조로 작동했다.

탈냉전·시장주의의 새로운 역사국면에서 전개된 시민사회운동의 주기는 정치경제개혁운동의 주기와 생활정치운동의 주기로 나누어 볼 수 있다. 먼저 시민사회운동주기의 정치경제개혁운동을 출현시키는 국면적 기회구조는 역사국면의 전환기라고 할 수 있는 제6공화국 출범 후의 유화국면과 자유화 조치, 1989년의 일련의 방북사건과 공안정국, 그리고 동구권의 대변혁 등을 들 수 있다. 이러한 세 가지 국면적 기회구조는 냉전과 분단의 이데올로기로 짜인 국가주의의 틀을 부분적으로 약화시키는 효과를 가져옴으로써 시민사회운동의 순환적 소주기를 형성하는 기회구조가 되었다.

먼저, 제6공화국 출범 후 노태우 정부의 자유화 조치는 탈냉전의 역사국면에서 민족민주운동을 넘어 각 부문운동을 활성화시키는 효과를 가져왔다. 특히 노동부문은 노동조합법의 개정을 통해 자유로운 노조설립과 노조의 자율성 증대, 노조의 민주성 보장 등을 확보했을 뿐만 아니라 기존 노조법이 기업별 노조만을 허용한 데서 업종별, 산업별, 직종별, 지역별 노조의 설립을 가능하게 만들었다. 이 같은 노동관계법 개정과 아울러 광주항쟁에 대한 '민주화운동' 규정과 치유방안 제시, 해직교사의 사면복권, 시국사범의 부분적 사면, 교수재임용제 폐지, 7·7 선언에 의한 통일논의 개방 등이 담긴 이른바 자유화 조치는 민족민주운동주기에서 시민사회운동주기로 역사주기가 바뀌는 전환기적 개방을 맞게 했던 것이다(조대엽, 1995: 132~133).

둘째로 탈냉전의 유화정국에서 기습적으로 시도된 연이은 방북사건과 그에 따른 공안정국은 민족민주운동 진영에게는 대단히 불리한 기회구조가 되었던 반면 시민사회운동으로서는 새로운 국면적 기회구조가 되기도 했다. 1989년 문익환 목사의 방북에 이은 임수경의 방북과 서경원 의원의 방북은 강력한 탄압으로 얼룩진 공안정국을 불러왔다. 방북사건과 공안정국은 재야, 종교, 학생, 문화예술계 인사들과 전민련을 비롯한 운동조직의 지도급 인사들을 대거 구속시킴으로써 민족민주운동진영에는 막대한 타격을 입혔다. 다른 한편 경제정의실천시민연합을 필두로 참교육학부모회의, 참교육시민모임, 노동과 건강연구회 등 제도적 시민사회운동단체들로서는 새로운 국면적 기회구조를 연 셈이 되었다.

셋째로 탈냉전·시장주의 새로운 역사국면을 여는 거대한 국면적 기회구조는 다른 무엇보다도 동구권의 대변혁을 통해서 나타났다. 1980년대 말 이후 급속하게 전개된 소련공산당의 해체와 동구 사회주의의 붕괴는 세계사적으로 냉전대결구조를 해체함으로써 탈냉전의 역사국면을 열었을 뿐만 아니라 한소수교를 통해 기존의 민족민주, 민중민주운동으로서는 대단히 불리한 국면적 기회를 맞이하게 했다. 동시에 시민사회운동의 주기에서 시민사회의 제도화된 시민단체들은 합법적 수준에서 정치제도와 경제제도의 개혁을 요구하는 다양한 입법운동을 확산시키는 새로운 국면적 기회구조를 얻었다.

시민사회운동의 주기 가운데 생활정치운동의 주기는 탈냉전·시장주의의 국면사적 프레임이 구체화된 신자유주의 정책과 국제협약, 반생태주의 개발정책, 엘리트 제휴와 동맹의 안정성 등이 새로운 국면적 기회구조로 작용함으로써 다양한 생활 정체성을 확보하고자 하는 생활정치운동을 촉발시켰다.

이러한 국면적 기회구조가 만드는 특정 시기의 순환적 기회구조로는, 먼저 신자유주의 정책으로 한미 FTA, 미국산 쇠고기 수입, 공공부문의 민영화 등이 공식적 제도가 만드는 기회구조로 작용하면서 생명가치운동과 노동권과 생존권 운동, 공존을 위한 공공성 운동을 출현시켰다. 둘째, 반생태주의 개발정책으로는 천성산 터널건설, 부안 방폐장 건설, 한반도 대운하 건설, 4대강 개발 정책 등이 정치체제의 공식적이고 제도적인 수준에서 기회구조로 작동함으로써 생명생태주의 운동을 확장시켰다. 셋째, 김대중 정부와 노무현 정부에서 엘리트들 간의 제휴와 재배치, 동맹이 안정성을 갖춤으로써 여성, 환경, 인권, 평화, 복지지향성을 갖는 운동들이 높은 수준의 제도적 성과를 얻었다. 적어도 다양한 생활영역에서 정체성 획득을 추구하는 생활정치운동을 지지하는 엘리트 동맹이 존재한다는 것은 무엇보다 새로운 역사국면에서 생활정치운동의 국면사적 기회구조가 되었다. 아울러 이러한 국면적 기회구조들은 공식적 제도영역에 대한 접근성과 정치체제의 개방성을 확대함으로써 정체성을 지향하는 다양한 생활정치운동의 직접적 요인이 되었다.

4. 사회운동의 역사주기와 자원동원의 구조

사회운동에 관한 역사주기론의 시각에서 볼 때, 기존 사회운동이론의 분석적 도구들 가운데 두 번째로 주목할 수 있는 개념은 '자원동원'과 '운동조직'이다. 어느 시대나 사회운동에 필요한 핵심요소는 집단에 의해 통제가능한 '자원'이며, 자원에 대한 집합적 통제를 가능하게 하는 과정으로서 '동원화'다. 사회운동에 가용한 자원은 다양한 방식으로 구분되었는데, 기반자원과 도구적 자원으로 구분하는가 하면(Rogers, 1974), 권력자원과 동원자원으로 구분하기도 한다(Jenkins, 1982). 또한 사회운동에 동원되는 자원의 목록으로 돈, 시설, 노동, 정당성을 들거나(McCarthy & Zald, 1977), 토지, 노동, 자본, 기술적 전문지식 등을 드는 경우도 있고(Tilly, 1978), 돈, 시설, 커뮤니케이션 수단 등을 유형자산으로 범주화한 후에 이를 보다 핵심적인 기반을 이루는 조직적·법률적 수단이나 지지자들의 일반적 노동을 포괄하는 무형자산 혹은 인간자산으로 구분하기도 한다.

사회운동에 관한 고전모델에서 '자원'은 노동운동, 민족해방운동, 흑인민권운동 등에서 보듯이 운동의 당사자 혹은 운동을 통한 직접적 수혜자로부터 나오는 것으로 간주되었다. 또 사회운동은 제도영역 밖에 위치하기 때문에 자원 또한 비제도적 영역에서 확보되는 것으로 보았다. 그러나 1970년대 이후 사회운동 모델들은 사회운동이 부유하고 풍요로운 중간계급의 양심적 구성원conscience constituency을 동원하고 사립재단이나 사회복지단체, 매스미디어, 대학, 정부, 기업으로부터 제도화된 자원을 확보하는 경향에 주목했다. 이 같은 자원동원의 핵심축으로서의 사회운동조직 또한 고전적 운동조직에서 전문사회운동조직으로 변화하는 경향을 보였다.

즉, 전통적 사회운동조직은 운동에 전념하고 헌신하는 고유한 리더십과 자원적 스텝, 공동성을 띠는 멤버십, 직접 수혜자의 자원, 대중참여 행위 등을 특징으로 하는 반면, 전문사회운동조직은 외부의 리더십, 전일제 스텝, 원자화된 멤버십, 양심적 구성원의 자원, 약자를 대변하는 행위 등을 특징으로 한다(McCarthy & Zald, 1973; 1977). 약 4세기 동안의 광범한 사회변동 속에서 집합행위의 근대화 과정을 분석한 틸리와 그 동료들의 연구는 공동체 조직과 결사체 조직의 고전적 차이를 설정하면서, 비공식적 연대집단 혹은 공동체의 단기간에 걸친 반동적 집합행위로부터 전문화된 목적을 가진 결사체집단이 추구하는 전향적 집합행위로의 장기적 변화에 주목한다(Tilly, 1978; Shorter & Tilly, 1974; Tilly, Tilly & Tilly, 1975; Tilly & Tilly, 1981).

나는 역사주기론의 시각에서 사회운동조직과 자원동원의 개념을 무엇보다 특수한 역사국면이 갖는 역사적 프레임을 반영하는 개념으로 재구성하고자 한다. 나는 분단·국가주의 역사국면의 민족민주운동주기에서 일반적 사회운동조직을 '공동체형'으로 특징화하고, 탈냉전·시장주의 역사국면에서 새롭게 부각되는 사회운동조직의 특징을 '시장형'으로 구분한다(조대엽, 1995: 119~125). 말하자면 역사국면의 전환에 따른 운동조직의 유형적 변화에 주목하는 것이다.

먼저, 공동체형은 지역, 직장, 학교, 기타 연고집단 등의 공동성이 사회운동조직의 미시적 기반으로 강조된다. 〈표 1-3〉에서 보듯이 공동체형 사회운동조직은 비교적 한정된 집단 내에서 맺는 공통의 사회적 관계에 기초한다. 따라서 공통의 정체성을 기반으로 형성되기 때문에 구성원의 개별적 헌신에 따른 자발적이고 집합적 의지가 중요하다. 공동체형의 운동소식은 해당 조직에 대한 특수한 이슈를 통해 갈등을 주도하는 경향이 있고 구성원의 직접적 참여를 통한 시위나 투쟁방식에 의존하는 경우가 많다.

이와 달리 시장형 운동조직의 구성원은 소비자 시장에서 시장관계에 놓여 있는 원자화된 소비자들이다. 시장형 운동조직은 마치 시장에서 경쟁적 상품에 대한 소비자 구매를 촉발시키는 방식 그대로 조직의 운동상품, 재정, 영향력, 지명도 등의 요소를 부각시키면서 구성원 모집에 주력하기 때문에 운동의 구성원은 소비자적 기능을 담당하고 운동의 리더는 관리자와 같은 기능을 수행한다. 따라서 시장형 운동조직은 전문화된 관리체계를 갖추는 경향이 있고, 자원의 유형도 보편적 가치수단으로 쉽게 교환 가능한 기금과 회비의 확보에

<表 1-3> 공동체형 운동조직과 시장형 운동조직

내용 \ 조직	공동체형 운동조직	시장형 운동조직
성원	한정된 집단성원	원자화된 소비자
성원관계	공동성 기반	시장적 교환관계
관리체계	미분화된 관리체계	전문화된 관리체계
주요자원	개별적 헌신, 의지	기금(돈)
이슈	특수한 이슈, 특수한 갈등	다양하고 부가적인 이슈
참여방식	직접참여	간접참여
행위양식	시위, 집회, 삭발, 분신 등 비제도화된 방식	공직자 로비, 정책대안제시, 입법운동, 캠페인, 여론, 공청회, 토론회 등 제도화된 방식

출처: 조대엽. 1999: 222.

의존한다. 기부자는 전국에 산재한 개인인 경우가 많다.

또한 활동방식에 있어서는 지명도 있는 인사를 영입하거나 대중매체를 적극 활용하여 조직활동을 광고하고, 공직자 접촉, 정책대안의 제시, 여론조성 등을 시도한다. 그리고 전국적 지향의 캠페인을 벌이거나 다양한 광고기법, 컴퓨터 기술 등을 활용하며 공청회, 토론회, 강연회, 성명발표 등의 제도화된 운동방식을 채택한다. 나아가 시장형 운동조직은 대부분 조직 자체의 재생산 기반을 갖추고 있기 때문에 운동의 이슈가 다양하고 지속적이며 대안적이고 부가적인 이슈를 개발하는 경향이 있다.

분단·국가주의 역사국면의 민족민주운동주기를 주도했던 운동조직들은 주로 공동체형의 특징들을 보인다. 분단·국가주의 역사 프레임은 외세에 의한 분단과 반공주의라는 냉전 이데올로기를 한 축으로 하고, 이러한 역사 프레임을 지키기 위한 강력한 억압적 국가주의

프레임을 다른 한 축으로 하여 구축되었다. 이러한 지배적 역사국면
의 프레임에 대항하는 운동 프레임은 무엇보다 공동체형 운동조직에
의해 확산되었다. 1980년대 중반 이후 결성된 민족민주운동의 최대
연합조직들은 대부분 지역과 직능과 대학을 기반으로 하는 공동체형
이었다. 1985년의 '민주통일민중운동연합'(민통련), 민통련을 중심
으로 한 1987년의 반독재연합 '민주헌법쟁취국민운동본부'(국본), 6
월 항쟁 이후 결성된 '전국민족민주운동연합'(전민련)과 전민련을 잇
는 1991년의 '민주주의민족통일전국연합'(전국연합) 등은 대표적인
민족민주운동의 연합체이다.

이러한 연합조직들은 대부분 〈표 1-3〉에서 구분된 공동체형의 특
징들을 보인다. 민족민주운동주기의 공동체형 조직의 특성을 이어
온 전국연합을 예로 보면 17개 부문조직과 12개 지역조직, 3개 참관
단체로 구성되었다. 민족민주운동 연합체를 구성하는 부문별 운동
조직으로서의 '전국농민회총연맹'을 예로 보면, 연맹의 가장 기본적
인 단위가 3개 이상의 면지회가 결합된 군농민회이다. 분단·국가주
의 역사국면에서 민족민주운동의 동력이 되었던 '전국학생총연맹'
(전학련)과 1987년 '전국대학생대표자협의회'(전대협), 1993년 '한
국대학총학생회연합'(한총련) 등의 대학생 조직의 경우도 역시 각 대
학의 총학생회, 단과대학생화, 학과학생회를 기반으로 구축되었다
(조대엽, 1995: 270~273). 이 같은 분단·국가주의 역사국면의 민족민
주운동조직이 갖는 공동체적 특성은 냉전 이데올로기와 국가주의에
전면적으로 저항하는 운동 프레임의 특성상 공동체적 결속과 강력한
연대의식을 필요로 했기 때문일 수 있다.

1987년 6월 항쟁 이후 민주화와 한국 민주주의가 공고해지는 과정은 무엇보다 시민사회의 운동공론장을 크게 확장시켰다. 탈냉전의 세계사적 조류와 함께 형성된 한국의 탈냉전·시장주의 역사국면은 사회운동의 새로운 역사주기로 시민사회운동의 시대를 열었다.

시민사회운동의 주기에서 1990년대 정치경제개혁운동을 주도한 시민운동단체들은 민주화로 개방된 시민사회의 공간에서 법적 제도적 조건을 갖춘 전문화된 시민운동조직의 모습을 갖추게 되었다. 이같은 시민운동조직들은 〈표 1-3〉에서 구분하는 시장형의 특성을 보였다. '경실련', '참여연대', '환경운동연합' 등 새로운 사회운동조직들은 개방된 시민사회 공간에서 운동 소비자를 회원으로 모집하고, 시민사회의 원자화된 개인을 회원으로 모집하기 위해 끊임없이 새로운 운동 이슈를 개발해 내는가 하면, 조직을 운영하고 관리하는 전문 스텝들을 갖추었다.

정치경제개혁운동의 주기 동안 시민운동조직들은 남은 정치민주화 및 경제민주화 과제들을 다양한 입법운동을 통해 실현하고자 했다. 탈냉전·시장주의 역사국면의 시장형 운동조직들은 냉전 이데올로기와 국가주의에 의해 억압되었던 모든 사회영역의 공공적 욕구를 다양한 제도적 행위양식으로 표출해 내는 일종의 대행자적 역할을 하는 경향이 있었다. 말하자면 기존 정당정치가 해결하지 못하는 정치개혁과 경제개혁의 이슈를 시장형 운동조직이 대신하는 이른바 준정당적 기능을 수행했다.

시민사회운동의 주기 가운데 2000년대 이후 생활정치운동의 주기는 1990년대의 정치경제개혁운동의 주기에 비해 훨씬 더 다양한 생활정치의 이슈가 주류화되는 경향을 보였다. '생활정치'는 계급운동이나 민족운동과 같은 구사회운동이 지향하는 '해방의 정치'와 대비되는 개념으로, 새로운 사회운동이 다양한 생활영역에서 자아와 정체성을 복원하기 위한 운동이라는 점이 강조된다. 탈냉전 시장주의 역사국면의 생활정치운동은 환경, 생태, 여성, 인권, 평화 등의 이슈뿐만 아니라 성소수자 운동이나 동물권 운동과 같이 기존에 소수나 개인적 취향으로 간주되던 가치들이 공적 이슈로 정치화되는 경향을 보인다. 아울러 2002년부터 2008년, 2016~2017년에 이어진 촛불집회는 탈냉전 시장주의 역사국면에서 전개된 한국 민주주의의 한 축이 되었다.

생활정치운동주기의 사회운동과 거대한 인원을 동원한 촛불집회는 기존의 시장형 운동조직의 경계를 넘어 일상적 동원이나 탈조직적 동원의 특징을 보였다. 2000년대 이후 탈냉전의 역사국면에서 전개된 다양하고 복잡한 이슈의 생활정치운동들과 연속적 촛불집회의 동원화 과정은 무엇보다 SNS를 기반으로 하는 디지털 네트워크에 힘입은 바가 크다.

나는 2000년대 이후 역사국면에서 전개되는 사회운동의 새로운 동원화 경향의 중심에 '전자적 공중과 탈조직적 시민행동'이 있다는 점을 강조한 바 있다. 온라인 네트워크 공간의 '전자적 대중'은 다양한 전자적 공론장을 주도하는 '전자적 공중'을 형성한다. 2000년대 탈냉전 시장주의 역사국면에서 전자적 공중은 가장 역동적인 시민으로 등장했다. 나는 전자적 대중을 역동적 시민으로 전환시키는 기제를 '유연자발집단'이라고 말한 바 있다(조대엽, 2007: 258~264).

생활정치운동주기의 가장 강력한 동원의 구심은 유연자발집단이라고 할 수 있다. 온라인 공간을 매개로 빠르게 확산되는 다양한 회원조직과 커뮤니티들은 특유의 유연성과 자발성을 특징으로 한다. 이 같은 네트워크형 조직들은 한시적이거나 상시적 혹은 필요에 따라 활성화되는 경우도 있으며, 대부분 가입과 탈퇴가 자유롭고 소속의식은 있다고 하더라도 구속력이 약하며, 조직 또한 자유롭고 느슨하게 운영되는 특징을 보인다는 점에서 '유연자발집단'이라고 할 수 있다. 정형화되지 않은 조직특성을 보이지만 일정한 가입형식과 소속감, 경계가 있기 때문에 단순한 네트워크로 볼 수 없다는 점에서 '제4의 결사체'라고도 할 수 있다(조대엽, 2007: 262). 유연자발집단은 특정 이슈의 온라인 공론장에서 폭발적으로 의견을 쏟아 내는 전자적 공중으로 나타났다가 어느덧 거리를 메우는 거대한 집합적 군중으로 등장할 수도 있기 때문에 온라인과 오프라인의 경계 없이 작동하는 특징을 갖는다.

2000년대 이후 생활정치운동의 주기에서 역동적 시민행동의 원천조직은 유연자발집단이다. 유연자발집단은 카페, 블로그, 미니홈피, 이슈별 사이트 등의 기호와 취향의 회원조직들로 존재하다가 최근에는 더욱 유연한 네트워크를 특징으로 하는 트위터, 페이스북, 유튜브 등으로 진화했다. 이와 아울러 2002년 미군장갑차에 희생된 미선·효순 사건 규탄 촛불집회, 2004년 대통령 탄핵규탄 촛불집회, 2008년 미국산 쇠고기 수입반대 촛불집회, 2016~2017년 박근혜 탄핵 촛불집회 등의 거대한 시민행동의 근본에도 유연자발집단이 있었다.

5. 사회운동의 역사주기와 운동 프레임의 분화

기존의 사회운동이론에서 제시된 분석도구 가운데 역사주기론적 시각으로 재구성할 수 있는 개념으로 정치적 기회구조, 자원동원과 운동조직에 대해 살펴보았다. 이제 기존의 사회운동이론에서 제시된 또 하나의 주목할 만한 개념 도구로 '운동 프레임'을 들 수 있다. 나는 이 장의 앞부분 논의에서 역사국면을 특징짓는 '국면사적 프레임'과 사회운동주기를 주도하는 '운동 프레임'을 구분한 바 있다.

특정 역사국면에서 형성되는 역사적 프레임은 해당 역사국면의 개인, 집단, 조직이 현실의 조건을 해석하고 정치·경제·문화적 지향을 설정하게 하며 나아가 국면적 프레임에 도전하는 사회운동을 조직하게 하는 거시적 규정력을 갖는다. 앞에서 강조한 바와 같이 하나의 역사적 프레임은 해당 역사국면의 가장 핵심적인 모순구조를 반영한다. 따라서 이러한 모순구조를 변화시키기 위해 형성되는 사회운동의 프레임은 무엇보다 해당 시기의 국면사적 프레임에 대항하는 프레임으로 작동한다. 하나의 역사국면에서 형성되는 사회운동의 역사주기는 해당 주기를 관통하는 보편 프레임 master frame 을 갖는다.[3] 나는 앞에서 사회운동의 역사주기 내에서는 정치권력의 특성이나 사회경제적 조

---

3   스노우와 벤포드는 특정 운동에 국한된 운동특수적 프레임 movement-specific frames과 보편 프레임 mater frames을 구분하고 후자는 사회운동부문에 속하는 다양한 사회운동들이 공유하는 기본 패러다임으로 본다(Snow, D. A. & R. D. Benford, 1992). 이 장에서는 시간적으로 역사성을 부여하여 역사국면이 공유하는 사회운동의 보편 프레임이 하나의 역사주기를 구성하는 것으로 본다.

건, 나아가 국제정세 변화에 따라 나타나는 소주기가 순환적으로 출현할 수 있다는 점에 주목했으며, 이러한 순환적 소주기는 보편 프레임 내에서 다양한 하위 프레임들로 구성된다는 사실을 강조했다.

사회운동 연구사를 볼 때, 가장 최근의 이론사적 경향으로는 사회운동의 사회적 구성, 즉 집합의식 혹은 집합적 의미의 사회적 구성을 다루는 다양한 관점들이 있다. 이러한 관점에서 제시된 주요 개념들로는 인지적 해방(McAdam, 1982), 공론형성(Gamson, 1975), 합의의 동원(Klandermans, 1984; 1989), 프레임 정렬(Snow et al., 1986) 등이 있는데, 사회운동의 '프레임'은 이처럼 집합의식에 관한 사회적 구성의 시각에서 제시된 개념이다.

갬슨은 운동 프레임이 정당하지 못한 불평등에 대한 불만과 도덕적 분노로 구성된 비정의 프레임 injustice frame, 그들과 우리를 구분짓는 정체성 프레임 identity frame, 행동을 통해 조건을 변화시킬 수 있다고 생각하는 대행자 프레임 agency frame으로 구성된다고 말한다(Gamson, 1992). 스노우와 벤포드 등은 개인의 인지적 프레임 cognitive frame이 운동조직의 이념적 프레임 ideological frame과 연결되는 과정을 프레임 정렬 frame alignment이라고 부르고, 프레임 정렬의 유형을 프레임 연결 frame bridging, 프레임 증폭 frame amplification, 프레임 확장 frame extension, 프레임 전환 frame transformation, 프레임 분쟁 frame disputes 등으로 구분했다(Snow et al., 1986). 이른바 인지적 실천론 theory of cognitive praxis의 시각에서 아이어만과 제미슨이 제시한 '운동지식 movement knowledge'의 개념이나 (Eyerman & Jamison, 1991), 클랜더만스가 제시한 '집합적 신념 collective beliefs'(Klandermans, 1992)의 개념들은 운동 프레임과 유사한 개념적 도구들이라고 말할 수 있다.

이제 운동 프레임의 개념을 역사주기론 속에 배치하면 민족민주운동의 주기와 시민사회운동의 주기, 그리고 시민사회운동 주기 가운데 정치경제개혁운동 주기와 생활정치운동 주기에 등장한 역사적으로 특수한 운동 프레임의 배열을 찾을 수 있다. 우선, 분단·국가주의 역사국면에서 민족민주운동은 4·19 혁명, 6·3 항쟁, 반유신운동, 부마항쟁, 광주항쟁, 6월 항쟁 등의 순환적 소주기로 나타났다. 무엇보다 이러한 순환적 소주기를 관통하는 민족민주운동의 프레임은 이승만, 박정희, 전두환으로 이어지는 독재적 국가주의에 대항하는 민주주의 프레임이었다. 민주주의 프레임은 일반시민의 수준에서는 자유민주주의의 온건한 프레임이 자리 잡고 있었다면 1980년대 광주항쟁 이후 민족민주운동 진영에 의해 혁명적 민주주의 프레임으로 급진화되었다.

민족민주운동의 주기를 주도하는 다른 하나의 프레임은 민족주의 프레임이다. 민족주의 프레임은 4·19 이후의 통일운동에서 통일민족주의 프레임으로 구체화되었다. 정전협정이 체결된 지 7년의 시점에서 발생한 4월 혁명의 민족주의는 민족공동체 의식에 기반을 둔 통일민족주의 프레임으로 나타났다. 민족민주운동주기의 민족주의 프레임은 통일민족주의에서 시작되어 1980년대 광주항쟁 이후 반외세 혹은 반미민족주의 혁명의 프레임으로 급진적 분화를 가져왔다. 민족민주운동주기를 주도한 또 다른 프레임은 노동계급 지향적인 민중주의 프레임이었다. 반독점자본주의를 근간으로 하는 민중주의 프레임은 민족주의 프레임과 함께 민족민주운동주기를 관통하는 두 축이었다. 민족주의와 민중주의 프레임은 민주주의 프레임과 결합되어 이 시기의 민주화운동 프레임은 민족민주주의 계열의 혁명 노선과 민중민주주의 계열의 혁명노선으로 나뉘기도 했다.

탈냉전·시장주의 역사국면에서 시민사회운동주기는 정치경제개 혁운동으로 시작되었다. 이 시기의 시민사회운동 프레임은 정치개 혁 프레임과 경제개혁 프레임을 구분할 수 있다. 이 같은 운동 프레 임의 조직적 기반은 경제정의실천시민연합, 참여연대, 환경운동연 합 등 1990년대 시민사회운동을 주도한 단체들이었다.

정치개혁 프레임은 정치자금법, 정당법, 국회법, 선거법 등의 개정 운동을 통한 깨끗한 정치 프레임이 있었는가 하면, 의정감시, 사법감 시, 공익소송 운동 등을 통한 참여민주 프레임이 있었다. 경제개혁 프레임은 무엇보다 경제정의 프레임이 공유되었고 부정부패 추방, 재산공개, 금융실명제 보완 등의 운동으로 나타났다. 또 이 시기의 경제개혁 프레임은 우루과이라운드 재협상과 우리쌀 지키기 운동 등 을 통해 구체화되기도 했다. 정치경제개혁운동주기의 운동 프레임 은 대체로 분단·국가주의 역사국면에서 전개된 민주화운동이 직선 제 개헌을 통해 마무리됨으로써 절차와 형식의 민주주의는 갖추어졌 으나, 보다 구체적인 정치제도와 경제제도의 실질적 민주주의는 미 완의 과제로 남았다는 데서 기원한다. 정치개혁과 경제개혁 프레임 은 미완의 민주화 과제를 해결하기 위한 시민사회의 욕구를 담았다.

2000년대 이후 시민사회운동의 주기는 생활정치운동의 주기로 구분한 바 있다. '생활정치'는 새로운 사회운동 프레임으로 삶의 양 식과 관련된 정치이며 자아실현의 정치를 가리킨다. 말하자면 환경,

여성, 평등, 인권, 반핵, 평화, 복지, 소수자, 대안공동체 등의 운동 가치를 '생활정치 프레임'으로 묶어 볼 수 있다.

생활정치 프레임은 일상적 삶의 미시적 현장 이슈에서부터 지구적 공공성의 과제에 이르기까지 다양한 수준에서 전개될 수 있다. 2000년대 이후 생활정치 프레임은 지구적 신자유주의 경제환경에서 삶의 양식을 지켜내기 위한 반신자유주의 혹은 반세계화 프레임, 생명과 환경의 파괴에 저항하는 생명생태주의 프레임, 사적 자본에 의한 민영화에 반대하는 공공성 프레임으로 구분해 볼 수 있다.

반세계화 프레임은 WTO 반대 국민행동, 다자간 무역협정 반대운동, 한미 FTA 반대운동, 2008 미국산 쇠고기수입반대 촛불집회 등으로 구체화되었다. 생명생태주의 프레임은 습지보전운동, 원자력에너지 반대운동, 천성산터널 반대운동, 새만금개발 반대운동, 한반도대운하 반대운동, 4대강 개발 반대운동, 부안방폐장 반대운동, 이라크 파병 반대운동 등으로 구체화되었다. 생활정치운동주기의 생명생태주의 프레임은 친환경마을 만들기, 로컬푸드 운동, 에너지 자립공동체 운동 등으로 나타나기도 했다. 이 시기의 공공성 프레임은 통신, 전력, 철도 등의 민영화 반대운동이나 의료공공성 운동, 교육공공성 운동 등으로 나타났다. 생활정치 프레임으로 호주제 폐지운동으로 나타난 여성주의 프레임도 주목할 만하다.

2000년대 이후 생활정치운동의 주기는 다른 무엇보다 촛불집회의 양식으로 나타난 생활정치운동의 순환적 소주기에 주목할 수 있다. 2002년 미선·효순 추모 촛불집회, 2008년 미국산 쇠고기수입반대 촛불집회, 2016~2017년 박근혜 탄핵 촛불집회 등은 생활정치운동의 주기에 세계의 이목을 집중시킨 거대한 시위였다. 생활정치를 다양한 삶의 영역에서 추구되는 자아실현의 정치라고 할 때, 생활정치운동의 주기에 전개된 거대한 촛불집회는 탈냉전의 역사국면에서 복원된 민족적 자아와 민주적 자아의 훼손에 대한 저항이라는 점에서 생활정치 프레임과 결부된다. 적어도 외세의 억압과 반민주적 독재의 정치가 지배하는 분단·국가주의 역사국면에서 민족과 민주의 프레임은 독재를 무너뜨리기 위한 해방의 이념이었다. 그러나 탈냉전·시장주의 역사국면에서 전개된 촛불집회는 여중생의 생명과 먹거리 주권, 주권적 자아의 훼손에 대한 민족적이고 민주적이며 시민적인 자존의 문제를 건드린 결과였다. 따라서 2000년대 이후 거듭되는 촛불집회는 적어도 탈냉전의 역사국면에서 훼손된 정체성의 정치가 발현된 것이라고 볼 수 있다.

다른 한편, 생활정치운동의 주기에도 1990년대 정치경제개혁운동의 연장에서 전개된 정치개혁 프레임은 작동하고 있었다. 이 같은 프레임은 2000년 총선시민연대의 낙천낙선운동, 2004년 총선시민연대, 총선여성연대, 물갈이 연대의 지지당선운동, 2012년 총선 및 대선을 겨냥한 야권연대운동 등으로 구체화되었다. 생활정치운동의 주기에 등장한 이념정치 프레임에도 주목할 수 있다. 분단·국가주의 역사국면의 우파이념을 체계적으로 윤색하여 진보지향 시민운동을 견제하고 보수세력의 집권을 위해 활동하는 이른바 '뉴라이트 운동'의 이념정치 프레임은 일종의 국가주의 정치운동이라고도 할 수 있다. 뉴라이트는 신자유주의 시장경제의 조건에서 작은 정부를 지향한다는 등 구좌파와 차별화를 시도하지만, 한국의 뉴라이트는 이승만과 박정희를 정통으로 설정하는 뚜렷한 국가주의 프레임과 대북관계의 입장, 진보의 가치를 냉전좌파 이념으로 재포장함으로써 보수이념의 강화를 시도하는 태도를 보이기 때문에 반역사적 프레임으로 간주하지 않을 수 없다.

6. 결론: 서사의 귀환과 역사주기론의 전망

나는 이 장에서 해방 이후 한국의 사회운동에 대한 새로운 접근방식으로 역사주기론의 시각을 설명했다. 역사주기론은 한국뿐만 아니라 제2차 세계대전 이후 탈식민과 냉전을 중첩적으로 경험한 국가들에도 적용될 수 있는 이론적 전망이 있다. 이 장에서 나는 역사주기론을 구성하는 개념적 요소로 무엇보다 장기지속의 구조사와 사건사 사이에 위치하는 역사의 층으로서 '역사국면'을 강조했다. 역사국면은 사회운동의 순환적 소주기들로 구성된 국면사적 사회운동의 주기를 만들어 낸다. 하나의 역사국면은 국면을 관통하는 역사적 프레임을 갖는데 이러한 국면적 프레임에 대항하는 사회운동의 프레임이 국면사적 운동주기를 구성하는 것이다.

　해방 이후 제1의 역사국면은 1980년대 말까지의 시간대에서 형성된 분단·국가주의 프레임의 시대라고 말할 수 있다. 분단·국가주의 역사국면에서 전개된 사회운동의 흐름을 민족민주운동 주기로 설정할 수 있다. 4·19 혁명, 6·3 항쟁, 반유신 민주화운동, 부마항쟁, 광주항쟁, 6월 항쟁 등이 민족민주운동의 주기를 구성하는 순환적 소주기들이라고 할 수 있다. 한국의 사회운동을 규정하는 제2의 역사국면은 1990년대 이후 지속되는 탈냉전·시장주의 프레임의 시대라고 할 수 있다. 탈냉전·시장주의 역사국면의 사회운동들은 시민사회운동주기를 형성한다. 시민사회운동주기는 다시 1990년대의 정치경제개혁운동주기와 2000년대 이후의 생활정치운동주기로 구분될 수 있다.

나는 한국의 사회운동을 역사주기론의 시각에서 분석하기 위해 두 개의 역사국면과 세 개의 운동주기라는 틀에 기존 사회운동이론에서 제시된 주요한 개념적 도구들을 배치하고자 했다. 하나의 역사국면 내에서 사회운동의 순환하는 소주기를 설명할 수 있는 개념도구로는 정치적 기회구조, 운동조직과 자원동원, 운동 프레임의 분화 등에 주목했다. 각 운동의 역사주기에서 작동한 국면사적 기회구조로는 정권의 정치적 개방과 폐쇄, 엘리트 동맹과 제휴, 정부 억압의 경향, 동구권의 붕괴와 같은 국제적 기회구조, 신자유주의 정책, 국제협약, 반생태 개발정책 등을 들 수 있다. 분단·국가주의 역사국면과 탈냉전·시장주의 역사국면의 서로 다른 운동주기에서 주목되는 운동조직과 자원동원의 특징으로는 공동체형 동원구조와 시장형 동원구조를 구분해 볼 수 있다. 나아가 각각의 역사국면과 운동주기를 구성하는 운동 프레임으로는 민족주의, 민중주의, 민주주의 프레임, 통일민족주의, 반외세, 반미민족주의 프레임, 정치개혁 프레임, 경제개혁 프레임, 생활정치 프레임 등을 들 수 있다.

'역사주기론'의 시각은 기존의 사회운동이론이 갖는 역사성의 한계를 보완하기 위한 이론적 시도이다. 어느 시대, 어떤 사회에서나 사회운동은 시대정신을 반영한다. 한 시대를 관통하는 시대정신은 해당 사회의 특수한 역사적 조건을 반영한다. 이러한 역사적 조건은 지역적이거나 일국적 조건과 아울러 지구적 변화의 조건까지도 포괄한다. 역사주기론의 시각은 해방 이후 냉전의 역사국면에서 탈냉전의 역사국면을 잇는 한국 사회운동의 역사성을 복원하는 데 유용성을 갖는다.

서구 사회운동의 경험에서 도출된 다양한 사회운동이론들을 통해 한국의 특수한 역사국면에서 출현한 사회운동을 분석하는 것은 개념과 현실의 격차를 드러내지 않을 수 없다. 일반적으로 사회혁명은 해당 사회의 독특하고도 총체적인 사회구성적 조건에서 발생하기 때문에 혁명이론은 역사적 특수성이 부각되는 역사구조적 설명이나 비교역사적 설명이 많다. 한국에서도 4월 혁명에 대한 연구 또한 이런 점에서 대부분이 역사적 특수성을 드러내는 데 주목한다. 그러나 4월 혁명 이후의 민주화운동과 후기 민주화운동의 연속적 과정을 분석하는 데 있어서 기존의 사회운동이론은 취약성을 드러낼 뿐만 아니라 제대로 된 운동분석이 시도되지 않고 있다. 해방 이후 분단·국가주의 역사국면과 탈냉전·시장주의 역사국면은 비교적 긴 시간대에 걸친 국면사적 특수성을 너무도 뚜렷하게 사회운동에 부여하기 때문에 서구 사회운동이론의 일반적 분석도구로는 분석상의 공허함을 남기기 마련이다. 역사주기론의 시각은 역사성을 중심으로 한 기존 연구에 사회운동의 일반적 설명 논리를 보완하는 한편, 기존 사회운동의 사회학에는 역사성을 복원함으로써 보다 실제적이고도 정교한 이론적 지형을 확보할 수 있게 한다.

역사주기론의 시각은 운동주기 내에서 출현하는 사회운동들 간의 관계를 뚜렷이 드러내기에 유용하다. 4월 혁명이나 광주항쟁은 인접한 시점에서 발생한 후속의 운동들과 직접적인 관련을 가지면서 민족민주운동의 순환구조를 형성하는 데 중요한 출발점이 되었다. 민족민주운동의 역사주기 내에서 동일한 운동 프레임이 사건사적 순환성을 가지고 출현하는 점에서 4·19 혁명과 같은 첫 번째 소주기가 후속하는 운동들의 문화적 원천으로 작용했다는 지점을 주목하게 만든다. 또한 사회운동의 순환적 소주기들은 앞선 운동과 후속운동의 관계에서 앞선 운동이 후발운동의 순환적 기회구조로 작용하는 점에도 주목할 수 있다.

역사주기론의 시각은 사회운동의 비교분석에 유용한 도구가 될 수 있다. 동일한 역사국면의 동일한 운동주기 내에서 운동과 운동의 관계를 역사성을 배제하지 않고 분석할 수 있을 뿐만 아니라 서로 다른 역사국면에서 발생하는 서로 다른 운동 주기를 비교 분석할 수도 있다. 특히 분단·국가주의의 역사국면은 냉전적 세계질서를 고착시킨 미국의 동아시아 전략과 결부된다. 적어도 제 2차 세계대전 이후 탈식민 국가에서 미국의 영향을 받는 경우 각국의 독특한 역사국면과 사회운동의 역사주기를 비교 분석하는 데 있어 역사주기론이 유용하다.

이와 같이 사회운동에 관한 역사주기론의 시각은 사회운동의 이론구조에 한 사회의 역사적 특수성을 개입시킬 수 있다는 점에서 의의가 크다. 아울러 역사주기론은 일반적 주기론이 운동 자체의 내적 요소가 갖는 규칙성과 순환성을 다루는 데 비해, 운동의 주기를 구성하는 독특한 정치·경제·문화적 조건 및 국제적 조건과 같은 객관적 요소를 동시에 고려하기 때문에 주기론적 설명이 갖는 한계를 넘어설 수 있다는 의의에도 주목할 수 있다.

이제 나는 역사주기론의 시각을 통해 사회운동의 역사성에 대한 관심을 우리 시대 사회과학의 보편적 전망으로 확장할 수 있는 가능성을 모색하고자 한다. 탈냉전·시장주의 역사국면은 1990년대 이후 최근까지 지속되고 있다. 나는 최근 들어 냉전이념의 해체와 시장주의로 인한 공공성의 해체적 경향이 주도하는 탈냉전·시장주의 역사국면이 종료되고 이제 새로운 역사국면을 전망할 수 있는 가능성에 주목하고 있다. 우리 시대 사회과학은 이른바 '탈현대 담론 postmodernism'의 확산을 통해 이성적 기획으로서 현대성의 해체와 거대서사의 종료를 선언한 이후, 동유럽 공산주의의 붕괴와 함께 현실적으로 이른바 역사의 종언에 공감하고 있는지도 모른다. 역사주기론의 시각에서 본다면 탈냉전·시장주의 역사국면은 기존의 국가중심 질서를 지탱했던 이데올로기와 공공적 제도가 해체됨으로써 현대성의 서사를 종결하는 국면이라고 말할 수 있을지도 모른다.

서사가 종료된 우리 시대 탈냉전·시장주의 역사국면은 어쩌면 거대한 불확실성과 직면한 데다 미래를 기획하지 못하는 혼돈의 시대와 다름없는지도 모른다. 나는 미래 없는 시대의 전망 속에서 사회운동에 관한 역사주기론적 시각을 통해 다시 '역사의 신은 죽었는가?'라는 질문을 던지고자 한다. 탈냉전·시장주의 역사국면에서도 사회운동은 시민사회운동의 주기로 이어지고 있다. 시민사회운동은 생활정치운동으로 이어지면서 일상적 자아를 집합적 이성으로 전환시키는 생활정치의 기획을 실천하고 있다.

특히 2019년 코로나19 팬데믹을 겪으면서 감염병 위기와 경제위기 탈출을 위한 국가의 귀환과 자국중심주의의 강화, 개인화된 민주주의가 후퇴하고 권위주의 국가통제의 효율성이 주목받는 현상 등이 새로운 역사의 기획을 알리는 것인지도 모른다. 아울러 기후위기에 대응하는 탄소중립의 과제를 수행하기 위한 지구적 연대는 사회운동의 수준을 넘어 국제협약으로 제도화되고 있다. 이에 따른 에너지 전환과 산업전환의 과제 또한 일국적 수준을 넘어 지구적 연대의 방식으로 추구되고 있다.

코로나19 팬데믹이라는 초거대 위기가 우리 시대 인류에게 던진 가장 뚜렷한 가르침은 '모두가 안전해야 나도 안전하다'라는 교훈이다. 인류의 집합적 이성은 끊임없이 기획해야 하고 인류 공동의 서사는 계속되어야 한다. 우리 시대 국가의 귀환과 일상의 수준에서부터 지구적 연대의 수준을 잇는 공공성의 재구성 과정은 새로운 역사국면에서 새로운 역사 프레임과 새로운 운동의 주기를 가능하게 만드는 징후일 수 있다. 새로운 역사국면은 새로운 사회운동의 역사주기를 배태하기 마련이다. 일상과 제도의 수준에서 실천되는 생활정치의 기획과 더불어 일국적 담론을 넘어서는 지구적 생존을 향한 초거대담론이야말로 우리 시대 역사의 새로운 기획을 알리는 '서사의 귀환'일 수 있다.

2
사회운동의 역사주기와 동원구조

1. 서론: 사회운동은 어떻게 동원되는가?

사회운동은 일종의 생애주기를 갖는 사회현상이다. 사회운동은 특정의 사회적·시대적 조건에서 발생해서 확산되었다가 운동이 추구하는 가치나 목표를 실현시키는 것이 성공하거나 좌절됨으로써 종결된다. 물론 하나의 사회운동이 종결되는 방식은 다양하다. 성공적으로 종료되는 경우는 사회 전체적으로 민주주의를 진전시키거나 보다 직접적으로는 운동 자체가 제도화되는 경향을 보인다.

반면에 운동은 출현과 함께 대중적 호응을 얻지 못하거나 잠시 확산하는 추세를 보이다가도 통제와 대항적 경향에 따라 실패함으로써 좌절되는 경우도 있다. 사회운동이 어떻게 마감되든지 간에 운동의 결과에 대한 해석은 사회운동을 설명하는 관점에 따라 다양할 수 있는데, 단순히 운동의 주기가 소멸하는 것으로 볼 수도 있고 보다 확대된 정치적 환경과 결합되거나 배제되는 훨씬 더 다양한 결과에 주목하는 경우도 있다. 어떤 식으로 보든 사회운동은 출현과 전개과정, 그리고 결과를 갖는 현상이다.

사회운동은 시각에 따라 초점을 맞추는 지점이 다르지만 대부분의 시각이 공유하는 기본적인 관심은 '동원'의 문제라고 할 수 있다. 사회운동을 시작과 끝이 있는 일련의 과정으로 볼 때 운동의 전체 과정은 어쩌면 동원의 과정 그 자체라고도 할 수 있을 것이다. 사회운동에 관한 다양한 이론을 분석을 중심으로 보면 사회운동의 '출현요인'에 대한 관심과 '전개과정'에 대한 관심으로 대별해 볼 수 있다. 이 두 가지 학술적 관심을 동원의 맥락에서 재규정하면 사회운동은 '왜' 동원되는가의 문제와 '어떻게' 동원되는가의 문제로 집약된다(Mellucci, 1981).

왜 동원되는가의 문제에 초점을 두는 시각은 다양한 사회운동이론 가운데 사회운동의 '원인론'으로 범주화할 수 있다. 사회운동 혹은 집합행동의 발생 원인을 소외와 불안, 인지부조화, 상대적 박탈감 등의 사회심리적 요인에 두는 고전모델이 여기에 포함되며 나아가 유럽적 전통에서 1970년대 이후 새로운 사회운동을 설명하는 '신사회운동론theory of new social movement' 또한 후기자본주의 혹은 탈근대 사회변동의 다양한 징후로부터 새로운 사회운동의 원인을 찾는다는 점에서 '왜'라는 문제를 강조하는 이론이라고 할 수 있다. 다른 한편, 어떻게 동원되는가에 관심을 두는 시각은 '과정론'적 접근이라고 할 수 있다. 사회운동의 상황적 요인이나 전략적 선택과정에 주목하는 미시적 현장중심의 과정론도 있지만 고전모델에 강력하게 도전하며 제기된 이른바 '자원동원의 시각resource mobilization theory'은 운동의 전 과정을 조직과 자원의 동원과정으로 풀어내는 대표적 관점이다. 자원동원의 시각은 지배연합의 변화, 체제구조의 변화, 체제위기의 문제 등을 포함하는 '정치적 기회구조'로 이론적 지평을 넓힘으로써 보다 거시적이고 광범위한 동원의 과정을 설명하기도 한다. 이론사적으로 가장 최근에 영향력을 얻은 이른바 '사회구성주의 시각social constructionism'은 문화와 정체성, 프레임 정렬, 운동지식의 형성 등에 초점을 둠으로써 원인론과 과정론을 포괄하고자 하는 시도를 보이지만 이 시각 또한 동원의 과정을 설명하는 데 유용하다. 실제로 주요 사회운동이론들은 원인론과 과정론으로 뚜렷이 나누어지기보다는 어디에 강조점을 두느냐의 문제로 보아야 할 것이다.

이제 사회운동의 발생 '원인'과 전개 '과정'을 동원의 맥락에서 볼 때 사회운동을 가능하게 하는 것은 무엇보다 유무형의 자원을 어떻게 동원하는가에 달렸다. 그리고 이러한 자원동원의 구심이자 운동의 핵심적 역량이 결집된 주체는 바로 '사회운동조직'이라고 할 수 있다. 예외적인 경우가 없지는 않으나 일반적으로 사회운동의 과정에서 운동조직은 동원을 주도하는 선도자이자 운동을 실어 나르는 운반자이기도 하다. 무엇보다 사회운동 분석에서 동원의 주체로서의 운동조직은 고정된 모습을 갖는 것이 아니라 역사적으로 그 특징이 변화해 왔다는 점에 주목해야 한다. 제 1장에서 보았듯이, 사회운동을 주기에 따라 역사적으로 변화하는 현상이라는 관점에서 보면 역사국면의 전환과 운동의 거대주기에 따라 사회운동조직 또한 성격이 변화되었다는 점을 알 수 있다.

한국의 경우 '민족민주운동의 주기'에서 사회운동을 선도한 민주화운동조직들은 물질적 자원을 기반으로 하기보다는 신념과 이념에 따른 헌신과 의지로 만들어졌고 지역, 학교, 종교 등을 거점으로 구성되었다. 그러나 탈냉전 혹은 민주화 이후 시민사회운동의 시대가 열리면서 전개된 '정치경제개혁운동의 주기'에서 시민운동은 경실련이나 환경운동연합, 참여연대 등 전문화된 시민운동단체가 주도했다. 말하자면 새로운 운동의 주기에 새로운 운동조직으로서의 전문운동조직이 출현한 것이고 이러한 단체들은 원자화된 시민을 대상으로 회원을 보다 많이 모집함으로써 단체의 영향력을 증대시키는 일종의 간접운동방식을 추구했다.

2000년대에 들어서도 한국의 시민운동은 이러한 전문운동단체들이 주도하는 것처럼 보였다. 그러나 2008년 미국산 쇠고기 수입을 반대하는 대규모 촛불집회를 겪으면서 전문운동조직들은 시민운동의 주도력을 크게 상실했다. 나중 다기한 온라인 회원조직들이 기존의 시민운동단체를 넘어서서 새로운 시민행동을 동원하는 주체가 되었고 최근에는 소셜 미디어와 같이 훨씬 더 수월한 동원의 장치가 작동하기에 이르렀다. 말하자면 탈냉전 시장주의 역사국면에서 정치경제개혁운동의 주기 이후 전개되는 2000년대의 '생활정치운동의 주기'에서는 온라인 네트워크를 통한 탈조직적 동원이 크게 확산한 것이다.

이 장은 시민운동의 동원구조를 설명하는 중요한 이론적 요소들을 검토하고, 동시에 이러한 설명도구들에 대한 이해를 돕기 위해 주요 시민운동의 경험을 예시적으로 활용하는 데 목적이 있다. 특히 최근 들어 정보통신기술의 발전과 세계화, 시장화, 민주화 등의 거대 효과와 아울러 전문운동조직의 결집력 둔화, 이슈에 따른 온라인 네트워크 확산, 생활정치 이슈 확산 등의 요인이 결부되어 시민운동은 획기적으로 새로운 동원구조를 드러낸다. 이 장에서는 이러한 새로운 동원구조에 주목함으로써 기존의 조직 동원방식과는 뚜렷이 차이를 보이는 탈조직동원의 방식에 대해서도 강조하고자 한다.

2. 사회운동의 동원과 운동조직

1) 미시동원과 자생조직

사회운동을 바라보는 서로 다른 관점에 따라 부각되는 요소도 서로 다르지만 다양한 시각을 종합하여 볼 때, 사회운동이란 "공유된 집합적 정체성에 기초해서 정치적, 문화적 갈등에 관여하는 개인, 집단, 조직들 간에 형성되는 비공식적 상호작용의 네트워크"라고 정의할 수 있다(Diani, 1992: 13; 조대엽, 1995: 10). 사회운동조직은 운동의 지도자와 전문활동가들이 만든 결사체로 이념과 가치를 제공하고 자원을 동원하며, 네트워크를 확산하는 운동의 실질적 구심을 말한다. 사회운동은 운동의 가치와 이념을 공유하는 유연하고 느슨한 네트워크로서의 특징을 보이지만, 사회운동조직은 구성원의 위계와 분업적 관계가 상대적으로 분명하며, 비교적 일관되고 단일한 체계를 갖추기 때문에 조직의 경계를 갖는다는 점에서 '운동'과는 구분되어야 할 분석단위이다. 다른 한편 특정 운동의 주기 동안 운동의 네트워크에 합류된 다양한 조직과 집단들은 그 자체로 운동조직이라 지칭할 수도 있을 것이다.

운동조직이 만들어지고 이 조직이 더 많은 자원을 동원함으로써 운동네트워크를 확산시키는 사회운동의 전 과정 가운데 우선 출현의 단계에서는 가장 미시적 수준의 동원과정을 포착할 수 있다. 일반적으로 미시적 분석단위는 개인의 심리적 요소를 들지만 미시동원과정은 행위가 동원되는 '미시구조적' 요소에 주목해야 한다. 무엇보다 사회운동이 출현하는 과정에서 가장 낮은 수준의 동원구조를 잘 드러내는 미시구조적 요소로는 '미시동원맥락micro-mobilization context'이 있다. 미시동원맥락은 사회운동의 동원 과정에서 가장 기초적인 조직형태로 결합된 소집단의 구성체라고 할 수 있는데(McAdam, McCarthy & Zald, 1988: 709), 일반적으로 비공식적으로 조직된 하위집단이나 친구관계를 말한다.

예를 들면 노동운동조직으로서의 노동조합은 노동자들에게 불만을 공유하고 그러한 불만을 구체적인 행동으로 옮길 수 있게 하는 핵심조직이다. 그러나 실제로 행동의 동원을 가능하게 하는 것은 노동조합 자체가 아니라 선후배관계, 실무중심 집단, 인종적 관계나 친구관계 등의 연결을 기초로 비공식적으로 조직된 조합 내 하위집단이다. 이러한 하위집단들은 보다 광범한 조합구조와는 독립적으로 동원을 위한 토대를 제공하는데 미시동원맥락은 바로 이와 같이 보다 친밀한 면접적 관계에 있는 친구, 학우, 동일교회 신도, 친지, 가족 등의 구조적 맥락을 지칭한다.

미시동원맥락은 사회운동조직이 형성되기 이전 혹은 보다 전면적인 사회운동이 출현하기 이전에 이미 존재하는 다양한 수준의 조직과 결부되어 있기 때문에 규모나 공식적 조직화 정도에 있어서 차이가 있을 수 있다. 이러한 차이에도 불구하고 미시동원맥락은 동원을 촉진시키는 몇 가지 주요기능을 갖는다. 첫째, 미시동원맥락은 사회운동의 집합적 과정이 발생할 수 있는 맥락context을 제공하며, 둘째로 집합의식을 행동으로 동원하는 데 필요한 조직적 기초를 제공한다. 미시동원맥락은 의사소통 기술과 지도자 등을 제공함으로써 행위가 나타나는데 필요한 역할과 상호작용의 네트워크를 형성시킨다. 셋째, 미시동원맥락은 대부분의 사회행동의 근거가 되는 연대적 유인의 구조를 만들어 낸다. 미시동원맥락 내에서 사람들은 연대를 통해 개인 간의 보상을 기대할 수 있고 지속적 참여의 욕구를 유발할 수도 있게 되는 것이다(McAdam, McCarthy & Zald, 1988: 710).

미시동원맥락은 무엇보다 사회운동의 출현 과정에서 작동하는 가장 원초적인 수준의 조직적 맥락을 강조한다는 점에서 의미가 있다. 그러나 몇몇 학자들은 이 개념이 동원의 주체로서 집합적 행위자와 그 환경을 구분하지 않는다는 점에서 비판한다. 말하자면 미시동원맥락이란 동원의 주체가 활동하는 환경을 지칭하는 것이기 때문에 주체로서의 집합적 행위자는 '미시동원자micro-mobilization actors'로 구별할 것을 제안하기도 한다(Gerhards & Rucht, 1992: 557~558). 이러한 논리에 따르면 미시동원자가 만드는 사회운동조직은 중위 동원자meso-mobilization actors가 된다.

미시동원맥락으로 지칭하든 미시동원자로 부르든 간에 사회운동의 출현 과정에서 운동조직이 형성되기 이전에 작동하는 면접적 하

〈그림 2-1〉 맥애담의 정치과정모델: 운동의 출현과정

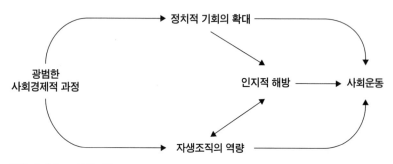

출처: McAdam. 1982: 31.

위집단의 존재는 미시동원과정에서 대단히 중요하다. 사회운동의 출현과정을 보다 완결된 형태로 제시하는 맥애담의 정치과정모델에서 이 같은 미시동원의 구조는 '자생적 조직력' 혹은 '토착적 조직력 indigenous organizational strength'으로 표현된다(McAdam, 1982). 정치과정 모델에서 사회운동의 출현은 산업화, 도시화, 국제정치질서 변화, 장기실업, 인구학적 변동 등 광범한 사회경제적 과정으로부터 간접적 영향을 받고 보다 직접적으로는 정치적 불안정이나 정치위기와 같은 정치적 기회구조의 영향을 받는다.

그러나 정치적 기회구조를 사회적 저항으로 조직화할 수 있어야 사회운동이 발생하게 되는데 이러한 전환을 가능하게 하는 것이 바로 소공동체 내에서 주민 간 네트워크와 같은 자생조직들이다. 사회운동이 출현하기 이전에 존재하는 노조, 교회, 학교 등의 내부에서 형성된 다양한 형태의 자생조직들은 상황에 대한 사람들의 주관적 의미를 전환시킴으로써 일종의 인지적 해방을 가능하게 하여 사회운동을 출현시키는 것이다(McAdam, 1982).

사회운동조직이 형성되기 전에 작동하는 미시동원구조는 미시동원맥락이나 미시동원자, 자생조직 등 어떤 식으로 개념화되든 간에 집합적 정체성을 형성하는 맥락과 지도자나 소통의 방식을 포함하는 조직적 기초, 나아가 연대적 유인의 구조를 제공함으로써 사회운동을 출현시키는 가장 근원적 조건이 된다. 한국의 민주화운동은 1980년대 중반에 이르러 학생운동, 노동운동, 농민운동 등 다양한 부문운동들이 부문별 전국조직을 결성하고 여기에 지역운동조직들이 결합하여 '민주통일민중운동연합'과 같은 거대전국조직이 만들어졌고 나아가 6월 항쟁을 이끈 '민주헌법 쟁취 국민운동본부'로 발전했다. '전국대학생대표자협의회'(전대협)과 같은 학생운동조직은 각 대학의 학생회가 결합하고 대학별 학생회는 단과대학과 학과 학생회가 결합하는 동원구조를 가졌다. 따라서 학생운동조직의 미시동원구조는 학생회, 동아리, 교회학생부, 동창회, 향우회, 친구집단 등의 자생조직이 기반을 이룬다고 말할 수 있다. 전국농민회와 같은 농민운동조직도 지역별 농민단체나 가톨릭농민회와 같은 종교관련 단체가 결합했는데 이러한 핵심농민단체들 역시 지역 교회 신도나 지역 내에서 친밀성에 바탕한 자생조직들에서 출발하는 미시동원구조를 기초로 한다.[1]

---

1 미시동원맥락의 분석단위를 한국의 민주화운동 분석에 적용한 연구로는 정철희(1995)의 논문을 참조할 수 있다.

2) 중위 동원과 사회운동조직

사회운동조직은 조직을 구성하는 미시적 단위나 조직의 외적 요소로서의 거시적 수준의 분석대상과 구분해 중위수준meso-level의 분석대상으로 설정되기도 한다. 사회운동조직을 '중위 동원자meso-mobilization actor'로 규정하는 것이 대표적인데, 일반적으로 사회과학의 분석대상을 미시와 거시수준으로 구분하는 관행이 갖는 지나친 이분논리를 넘어설 수 있는 장점이 있다. 사회운동 분석에서 중위 동원의 영역은 사회운동조직과 사회운동조직 간의 연계에 해당한다고 말할 수 있다.

사회운동의 모든 것은 자원을 어떻게 동원하는가에 달렸다고 보는 새로운 시각을 제시한 자원동원모델의 경우 사회운동조직은 가장 핵심적인 분석단위라고 할 수 있다. 1970년대 들어 이 도발적인 이론을 제시한 매카시와 졸드는 사회운동을 "특정 사회의 구조 또는 보상의 분배체계를 변화시키고자 하는 사람들의 의견과 신념의 집합"이라고 정의하고, 모든 사회에는 이 같은 변화를 지향하는 '사람'과 '신념'이 상존하는데 이 전체를 '사회운동부문social movement sector, SMS'이라고 불렀다(McCarthy & Zald, 1973).

사회운동조직social movement organization, SMO은 사회운동의 목표를 달성하기 위해 활동하는 공식조직으로 바로 사회운동부문에서 출현하게 되며 사회운동조직의 복합체를 경제학적 용어를 빌려 사회운동산업social movement industry, SMI이라고 했다(McCarthy & Zald, 1977). 이 같은 동원의 구조에서 사회운동조직과 조직이 주도하는 자원의 동원과정이야말로 중위 동원의 핵심적 과정이라고 할 수 있다.[2]

94

이 같은 사회운동조직은 사회변동과 사회의 새로운 분화 경향을 반영함으로써 역사적으로 서로 다른 유형적 특징이 보이기도 한다. 1970년대와 1980년대의 한국 민주화운동의 경우 운동조직들은 학교 학생회집단이나 교회, 노조를 기반으로 하는 비교적 한정된 집단 내에서 맺는 공통의 사회적 관계를 기초로 한다. 따라서 이 시기 운동조직은 공통의 정체성을 중심으로 형성되기 때문에 기금이나 회비와 같은 교환 가능한 자원보다는 오히려 헌신과 사명감, 역사적 책무의식과 같은 자발적이고 집합적인 의지의 요소가 무엇보다 중요한 자원이었다.

또한 이러한 운동조직은 그 관리체계가 전문화되기보다는 덜 분화된 관리체계를 가졌고 갈등의 이슈 또한 정치권력의 민주화에 몰입하는 경향이 있었다. 나아가 민주화운동조직의 경우 기금 확보와 운용에 중점을 두기보다는 운동의 구성원이 직접 시위나 집회에 가담하는 직접참여 방식이 주를 이루었다. 이 같은 특징들을 포괄적으로 볼 때, 제1장의 〈표 1-3〉에서 보듯이 학생운동조직이나 재야조직, 농민운동조직, 노동운동조직, 여성운동조직 등 다양한 민주화운동 조직들은 '공동체형'으로 유형화할 수도 있다(조대엽, 1995:

2　매카시와 졸드는 사회운동조직의 자원동원과정 분석이 사회운동연구의 핵심이라고 본다. 그들은 모든 운동조직은 돈과 시설, 노동자(참여자)와 운동의 정당성 등과 같은 자원을 어느 정도 확보하느냐에 따라 목표의 달성 여부가 결정된다고 보았다. 이 같은 자원동원의 기본 과제는 운동의 지지자들을 구성원으로, 그리고 방관자들을 지지자로 전환시키는 것이다. 이러한 사회운동조직의 구성원과 지지자는 잠재적 수혜자들과 양심적 지지자들로부터 충원된다(McCarthy & Zald, 1977: 임희섭, 1999에서 재인용).

115~122; 1999: 219~224).

중위 동원의 구조에 주목할 때 이 같은 공동체형 운동조직들은 조직 간의 연계와 연합을 통해 전대협이나 민통련과 같은 전국적 거대 운동조직을 구성하거나 1987년 6월 항쟁 시기에는 더 확대된 '국본' 같은 거대 조직을 가능하게 했다. 중위 동원의 수준에서 이 같은 운동조직들은 집단과 조직, 네트워크를 동원하는 구조적 통합과 의식과 가치, 정체성, 이념을 동원하는 문화적 통합을 통해 운동을 확장시킨다(Gerhards & Rucht, 1992; 정철희, 1996).

1987년 6월 항쟁 이후 한국정치는 직선제 개헌을 통한 절차와 제도의 민주화 경로에 들어섬으로써 민주화운동을 주도했던 민족주의와 민중주의 지향의 운동조직들이 급속히 쇠퇴했다. 1990년대 들어 정치적으로 개방된 시민사회의 공간에서 새로운 사회운동조직들이 등장했다. 1989년 경제정의실천시민연합을 필두로 환경운동연합, 참여연대, 녹색연합 등 이른바 시민운동단체들이 새로운 시민운동을 주도하기 시작한 것이다.

1990년대 이후 시민운동조직이 갖는 뚜렷한 특징은 회원들이 회비를 내는 간접동원의 방식을 추구한다는 점이다. 이런 점에서 시민운동단체의 회원은 운동시장에서 해당 조직의 운동상품을 구매하는 원자화된 운동소비자로 특징지어지기도 한다. 즉, 이 같은 운동조직들은 마치 시장에서 경쟁적 상품에 대한 소비자 구매를 촉발시키는 방식 그대로 자기 조직이 가진 운동상품, 수입, 영향력, 지명도 등의 요소를 부각시키면서 회원의 확보에 주력하기 때문에 단체의 회원은 소비자적 기능을 갖고 조직의 리더는 관리자적 기능을 갖게 되는 것이다. 이에 따라 운동조직은 전문화된 관리체계를 갖추는 경향이 있고 자원의 종류도 기금이나 회비의 확보에 주력한다. 활동 방식 또한 지명도 있는 인사를 영입하거나 대중매체를 활용하여 조직활동을 광고하고 공직자와의 접촉, 정책대안의 제시와 입법활동, 여론조성 등을 시도하며 이를 위해 캠페인, 공청회, 토론회, 강연회 성명발표 등의 주로 제도화된 운동방식을 채택하게 된다. 아울러 이러한 운동조직은 조직 자체의 재생산 기반이 갖추어짐으로써 운동의 이슈를 다양하게 생산하고 지속적으로 대안적이고 부가적인 이슈를 만들어 낸다(조대엽, 1995: 119~120; 1999: 221).

1990년대 이후의 새로운 시민운동단체들은 상설적인 조직으로 시민사회 내에 제도화되었기 때문에 수준 높은 전문성을 갖춘 '전문 사회운동조직'이라고 할 수 있다. 이러한 전문화된 시민운동단체들은 운동시장적 상황에서의 경쟁적 관계와 회비를 납부하는 간접 참여의 운동소비자로서 성격을 보인다는 점에서 공동체형 조직과 구분되는 '시장형'의 특징을 강조할 수도 있겠다(조대엽, 1999: 221) (〈표 1-3〉 참조). 특히 시장형 운동조직은 회원들이 직접적인 면대면의 관계를 갖기보다 회비를 납부하는 회원으로 일종의 우편 리스트 조직의 특징을 갖는다는 점에서 현대사회의 전형적인 2차 집단의 특징과는 다른 새로운 조직유형을 드러내기 때문에 이를 '제3의 결사체'로 간주하기도 한다(Putnam, 1995).

1990년대 한국에서 새로운 시민단체의 출현은 새로운 역사국면의 전환과 결부되어 있다. 해방 이후 1980년대 말까지 한국 사회는 세계적인 냉전적 조건에서 억압적 군부국가를 축으로 하는 분단·국가주의 역사국면이 지속되었다. 이러한 역사국면은 1990년대 이후 탈냉전적 조건에서 지구적인 신자유주의 시장화 경향에 따라 탈냉전·시장주의 역사국면으로 전환되었다. 한국의 민주화는 이 같은 역사국면의 전환과정과 동반적으로 나타났다. 민주화로 인한 시민사회의 개방적 공론장은 탈냉전의 지구적 조류와 함께 이전 역사국면의 민족적이고 민중적인 운동의 과제를 마감시켰고 민주화 이후의 새로운 사회운동 이슈를 등장시켰다. 환경, 평화, 여성, 인권 등 생활정치의 이슈들이 전문운동조직의 출현을 자극했던 것이다.

그러나 1990년대 한국 사회에는 시민운동을 생활정치운동으로 바로 전환하지 못하게 하는 제약조건이 있었다. 정치권력의 민주적 교체가 민주화운동의 소망과는 달리 지체되고 있었던 것이다. 이른바 6·29 선언 이후 대통령 직접선거에서 신군부의 핵심이었던 노태우의 집권과 연이은 보수대연합에 의한 보수정권의 집권은 정부와 의회의 인적 교체를 더디게 만들었다. 따라서 1990년대 새로운 시민운동단체들은 여전히 잔여적인 민주화의 과제를 추구해야만 했다. 시민단체들의 원래 목적과는 달리 실제로 정치, 경제제도의 민주적 개혁을 위한 권력감시와 저항행동을 동시에 추구하는 경향이 자리잡게 되었던 것이다. 경실련이나 참여연대와 같은 이 시기의 주요 시민운동단체들이 종합적 이슈를 다루고 더구나 정치경제개혁 이슈에 몰입함으로써 '준정당'의 기능을 수행한 것은 이러한 정치사회적 조건이 만든 결과였다(조희연, 1999).

이 시기 전문운동단체들이 민주화운동의 잔여적 과제를 추구했던 양상은 2000년 총선시민연대로 결집된 시민단체들의 낙천낙선운동에서 절정을 이루었다. 2000년 총선을 앞두고 주요 시민단체들은 구정치세력이 온존하는 의회권력을 교체하기 위한 방안으로 결격 사유를 가진 국회의원 후보를 공개하고 그들을 낙천, 낙선시키는 본격적인 선거개입운동을 전개했던 것이다. 총선이 끝날 때까지 981개 단체가 이 운동에 참여했고 지역에서도 부산을 비롯한 10여 개 광역총선연대가 조직되었다. 운동의 결과 수도권에서는 95%의 낙선율을 보였고 전국적으로는 68.6%의 낙선율을 기록했다. 총선시민연대는 전문운동조직들이 연대하는 중위 동원 과정을 잘 보여 준 사례라고 할 수 있다.

1990년대에 새롭게 등장한 시민운동단체들은 이처럼 민주적 정치권력으로 체제전환이 완료되지 않은 상태에서 정부와 의회에 대한 국민적 불신을 바탕으로 급속하게 성장했다. 새로 생겨난 시민운동단체에 대한 폭발적인 관심은 높은 신뢰로 이어졌으며, 이러한 시민사회의 분위기에 힘입어 1990년대는 시민운동단체의 시대가 되었다.

3. 탈조직 동원과 '유연자발집단'

1) 운동공론장의 구조변동과 탈조직 동원

2000년대 이후 세계적으로는 탈냉전·시장주의 역사국면이 그 성격을 훨씬 더 분명하게 드러내는 가운데 국내적으로나 지구적으로 시민운동의 지형에 획기적인 변화가 있었다. 먼저, 한국에서는 2002년 미군 장갑차에 사망한 이른바 미선·효순 추모촛불집회가 반미촛불집회로 확산했으며, 노무현 대통령 탄핵반대 촛불집회가 확산하기도 했다. 특히 2008년 미국산쇠고기 수입반대 촛불집회는 장기간에 걸친 대규모 시위로 이어지며 2000년대를 촛불집회의 시대로 만들었다.

세계적으로는 2008년 말 리먼 브러더스의 파산으로 촉발된 세계금융위기가 확산하는 가운데 위기의 주범으로 지목된 월스트리트에 대한 저항운동이 이른바 '월스트리트 점령운동 Occupy Wall Street'으로 나타났다. 이 '점령운동'은 2011년 10월 15일에 세계 1,500개 도시에서 동시에 전개됨으로써 극대화되었다. 이와 아울러 2010년 12월 튀니지에서 촉발된 '아랍의 봄' 또한 이슬람지역의 민주주의혁명으로 이어지면서 2000년대의 세계를 뒤흔들었다. '아랍의 봄'은 북아프리카와 아랍지역의 종교와 정치의 복잡한 역학관계 속에서 혁명과 반혁명의 정치과정으로 전개되었기 때문에 예외로 하더라도 한국의 촛불집회와 월스트리트 점령운동은 2000년대 시민운동의 획기적인 변화를 압축적으로 보여 주었다.

2000년대 시민운동의 뚜렷한 변화는 무엇보다 동원의 구조에 있었다. 1990년대 한국의 시민운동은 새롭게 등장한 시민운동단체들이 주도했다. 특히 경실련, 참여연대, 환경운동연합, 녹색연합 등 주요 시민단체들은 시민운동을 이끄는 핵심적인 동력이었다. 다른 한편 1990년대 지구적 수준에서 전개된 반세계화운동 또한 각국의 농민단체를 비롯한 시민운동단체의 네트워크가 가동함으로써 가능했다. 이런 점에서 1990년대 한국의 시민운동이나 지구적인 반세계화운동은 전문적인 시민운동단체가 주도하는 '조직 동원'의 구조를 가졌다고 말할 수 있다.

그러나 촛불집회와 월스트리트 발 점령운동은 달랐다. 운동은 조직이 이끈다는 명제를 비웃기라도 하듯이 이러한 운동들은 적어도 전문운동조직을 거치지 않고 온라인을 통한 '탈조직 동원'의 현상을 드러냈던 것이다.

2000년대의 어떤 조건이 이러한 변화를 가져왔는가? 무엇보다 2000년대의 정치사회 변동과 운동공론장의 변화에 주목하면 가장 포괄적으로는 2000년대 시민운동의 역사주기가 바뀌었다는 점을 강조할 수 있다. 〈표 2-1〉에서 보듯이 탈냉전·시장주의 역사국면에서 운동의 국면적 주기는 민족민주운동의 주기로부터 시민사회운동의 주기로 전환되었다. 이 국면적 주기는 2000년대를 기점으로 다시 정치경제개혁운동의 주기에서 생활정치운동의 주기로 전환되었다. 말하자면 시민사회운동주기라는 국면적 주기 내에서 다시 주기의 전환이 발생한 것이다. 이러한 주기전환의 내용은 보다 구체적으로 시민운동 환경변화와 시민운동부문 자체 분화로 구분해 살펴볼 수 있다.

〈표 2-1〉 민족민주운동주기와 시민사회운동주기

역사국면	분단 · 국가주의		탈냉전 · 시장주의	
국면주기	민족민주운동의 주기		시민사회운동의 주기	
보편 프레임	민족주의, 민주주의		시민(적 삶의) 민주주의	
국면 내 주기	반이승만, 반박정희(반군부), 반전두환(반신군부)민족민주운동주기		정치경제개혁 운동주기	생활정치 운동주기
순환적 소주기	4·19-6·3-반유신-부마-광주-6월 항쟁		정치개혁운동 | 경제개혁운동 | 낙천낙선운동	반세계화 | 생명생태운동 | 공공성운동 | 촛불집회
연도	1960　　1970　　1980		1990　　　2000　　　2010	

출처: 조대엽, 2012, 427쪽.

먼저, 2000년대 시민운동의 환경에는 어떤 변화가 있었는가? 첫째, 신자유주의 시장화 경향이 심화하는 현상이 가속했다는 점을 들 수 있다. 물론 2008년 미국발 세계금융위기 이후 세계적으로 신자유주의는 성찰의 모드로 전환되었지만 한국의 경우에는 2008년 이명박 정부의 출범과 함께 오히려 가속화하는 경향을 보였다. 신자유주의 정책에 따른 양극화와 공동체적 삶의 해체, 생태파괴의 현실을 직면하면서 시민운동부문은 생활정치운동의 주류화 경향이 두드러졌다.

둘째, 김대중 정권에 이어 2002년 집권한 노무현 정권의 이른바 진보정권 10년의 개혁정치와 의회 권력의 변화는 시민운동의 새로운 환경으로 작용했다. 무엇보다 개혁과제의 실현과정에서 정부와 시민운동단체의 파트너십이 확대됨으로써 기존 시민운동단체의 제도화 수준을 높였으며, 이와 아울러 진보정당과 여성운동계의 의회 진출은 생활정치이슈를 제도적으로 확대하는 계기가 되었다.

셋째, 전자적 공론장과 온라인 정보 네트워크의 비약적 발전은 시민운동의 새로운 전환을 자극했다. 급속하고도 지속적인 전자정보통신 기술혁신에 기반을 둔 공론장의 변화는 시민운동의 새로운 동원구조에 직접적인 영향을 미쳤다. 넷째, 2008년 집권한 이명박 정부의 맹목적 실용주의, 성장개발주의, 소통부재의 권력운용 방식은 기존 시민운동의 주요 조직을 무력화시킴으로써 조직 기반의 시민운동을 크게 약화시키는 한편 탈조직적 시민행동을 통한 시민불만을 자극하는 새로운 환경적 요인이 되었다.

2000년대의 이 같은 사회, 정치적 변동은 시민사회의 공론장을 분화시켰는데 특히 운동공론장의 동원구조에 있어서 분화가 뚜렷하게 드러났다. 분화의 제1경로는 조직운동의 제도화 수준이 높아지는 경향을 보였다. 말하자면 전문운동조직들이 제도적으로 빠르게 성장하는 추세를 보였던 것이다. 일반적으로 운동의 제도화는 사회운동이 안정적으로 조직화되는 것을 말하는데 현실적으로는 정당이나 이익집단의 형태로 전환되는 경우가 많다. 그러나 시민운동단체와 같은 전문운동조직의 경우 '제도화'는 다른 제도적인 조직과 일상적이고 규칙적인 관계를 맺고, 자원유입의 안정화와 조직의 내적 구조의 발달, 조직목적의 온건화와 행동양식의 관례화 등의 변화를 갖는 것으로 해석할 수 있다(Kreisi, 1996: 156~157; 조대엽, 2007: 259). 1990년대 말 한국의 시민단체는 4,023개로 집계되었고 지역지부까지 포함하면 약 2만 개가 넘는 것으로 추정되었는데 2003년 조사에서는 약 7,400개 단체가 포함되었고 지부를 합하면 약 2만 5,000개를 넘어선 것으로 본다(시민의 신문, 1999; 2003). 이 가운데 참여연대, 경실련, 환경운동연합을 비롯한 주요 시민운동단체와 YMCA를 비롯한 종교기반의 시민운동단체, 여성운동단체, 통일운동단체, 평화운동단체 가운데 주요 단체들은 훨씬 더 안정적으로 제도화되는 경향을 보였다.

이러한 제도화는 김대중 정부와 노무현 정부에서의 다양한 탈근대 정치의 실험과 정책공동체의 협치적 운영을 통해 시민단체와의 파트너십이 확대된 효과가 클 뿐만 아니라 기업의 전략적 사회공헌활동의 확대에 따라 시민단체와 기업의 협치가 늘어난 것도 중요한 요인으로 작용했다. 운동공론장의 제1의 분화경로인 이 같은 조직운동의 제도화는 그 수준이 높아지면 높아질수록 시민들의 직접적인 참여에 기반한 동원력을 약화시켰다. 전문운동조직이 갖는 본래적인 간접참여방식에다 제도화 수준이 더욱 높아진 데에 따른 당연한 귀결이었다.

운동공론장의 동원구조에 있어서 제2의 분화경로는 전자적 공론장의 확대에 기반을 둔 탈조직적 동원의 경향이라고 할 수 있다. 2000년대 이후 전문운동조직들은 시민들의 직접행동을 이끌어 내는 데 점점 더 무력해진 반면 인터넷 공론장에서의 소통과 이를 기초로 한 시민행동이 확대되는 탈조직적 동원의 경향이 증대했다. 2000년대 전자적 공중은 주로 인터넷공간의 다양한 회원조직들에 기반을 둔 것에서 2010년대에 들어서는 트윗이나 페이스북 등 이른바 SNS에 기반을 둔 동원으로 확대됨으로써 소셜미디어의 시대를 맞기도 했다. 2000년대 이후 촛불집회의 놀라운 시민동원은 이 같은 탈조직적 동원의 경향을 확인시켜 주었다.

탈조직적 동원의 분화는 인터넷이나 소셜 미디어와 같은 전자적 공론장의 발달을 기술적 기반으로 하지만 무엇보다 중요한 것은 새로운 운동주기에 주류화된 생활정치운동의 확산과도 결부된다. 생활정치는 원천적 의미에서 자아의 실현과 확장을 추구하고 나아가 자아실현을 억압하는 질서에 대한 저항을 포함하기 때문에 전문운동조직이 대신하는 것이 아니라 주민이나 시민이 직접참여를 통해 자아실현을 추구하는 운동이다. 따라서 생활정치운동은 지구적이거나 국가적인 이슈를 포함하지만 그 출발은 공동체나 지역에 기반을 둔 삶의 현장인 경우가 많다.

한국의 2000년대를 촛불집회의 시대라고 할 때 촛불집회와 생활정치의 관계를 고려해볼 필요가 있는데, 촛불집회가 가장 폭발적인 시민행동으로 확산된 것은 2008년 광우병 쇠고기 수입반대라는 생활정치이슈의 경우이다. 2002년의 미선·효순 촛불집회의 경우도 생활정치를 생활세계의 식민화에 대한 저항이라고 해석한다면 적어도 정치권력과 시장권력, 나아가 대미종속의 정치군사구조에 의한 생명과 일상의 파괴에 저항하는 운동이라고 말할 수 있을 것이다. 2000년대 이후 생활정치의 주류화 경향은 무엇보다 시장화에 따른 공동체와 삶의 해체에 대한 저항이며, 다양한 삶의 이슈를 시민행동으로 전환시키는 전자적 공론장의 팽창효과이고, 보다 직접적으로는 이명박 정부의 거대 성장개발주의에 대한 저항이었다.

시민행동의 동원이라는 점에서는 무엇보다 생활정치의 주류화는 탈조직 동원의 분화를 촉진했다. 2000년대 이후의 사회변동 속에서 전문운동조직들은 제도화의 여유를 누리는 것도 잠시였고 운동공론 장의 이러한 분화가 전문운동단체의 무력화를 드러냄으로써 일정한 위기국면을 만들기도 했다. 아울러 이처럼 거대하고도 은밀하게 진 행되는 시민사회의 새로운 변화에 적응적으로 물꼬를 틀 수 있는 전 망을 스스로 찾아내기 어렵다는 점에서 '전문운동조직의 딜레마'에 봉착한 것 또한 부인할 수 없는 현실이었다.

2) 탈조직 동원과 제 4의 결사체[3]

시민운동조직의 구조에 대한 오해가 반영된 표현이긴 하지만 '시민 없는 시민운동'으로까지 불렸던 전문운동단체의 운동을 떠올리면 수십만의 시민들이 쉽사리 동원되는 2008년 촛불집회는 놀라운 일 이 분명했다. 이 놀랍고도 새로운 시민행동에 대한 설명력을 얻기 위 해서는 시민단체의 직접적인 개입 없이 이러한 동원을 가능하게 한 운동공론장의 구조, 특히 전자적 공론장의 구조에 주목해야 한다.

온라인 전자정보공간을 기반으로 하는 전자적 공론장의 주체는 '전 자적 대중'이다(조대엽, 2002). 전자적 대중은 산업사회의 대중과는 달리 다양한 온라인 미디어로 네트워크화된 정보사회의 실질적 주체 라고 할 수 있다. 전자적 대중은 인터넷이나 최근의 소셜 미디어 공간 에서 다양한 공공 이슈를 주도하는 '전자적 공중'을 형성하는 바 이들

---

3 이 절의 주요 내용은 필자의 2007년 저서 《한국의 사회운동과 NGO: 새로운 운동주기 의 도래》의 제 8장 '시민사회의 재구조화와 전자적 공중'에서 관련 내용을 수정 발췌한 것임을 밝힌다.

이 오늘날 지식정보사회의 가장 역동적 '시민'으로 등장하고 있다. 전자적 대중을 역동적 시민으로 전환시키는 기제는 다른 무엇보다 인터넷 기반의 회원조직이나 최근 폭발적으로 증대하는 트위터, 페이스북, 카카오톡 등을 기반으로 만들어지는 자발집단의 존재이다(조대엽, 2007: 259).

이 같은 자발집단의 집단화 방식에 대한 설명은 주로 온라인 중심적 해석에 제한되어 있었다. 즉, 전자적 공중의 공론활동을 온라인에 국한시킴으로써 오프라인에서의 영향력은 부차적으로 간주하거나 심지어는 '사이버'의 의미가 강조되어 현실과는 분리된 가상공간의 활동으로 부각되기도 했다. 다른 한편 이러한 자발집단은 고도의 유연성으로 인해 단순히 '네트워크'로 이해되는 경향이 일반적이었다. 실제로 이 같은 회원조직들은 네트워크로서의 운동이나 집합행동의 특성을 보이기도 하기 때문에 집단이나 조직으로서의 정체성을 규정하기 어려운 것도 사실이었다(조대엽, 2007: 260). 그럼에도 불구하고 그 정체성을 혼란스럽게 하는 복잡성과 모호성을 반영하는 다음과 같은 몇 가지 특징들을 강조할 수 있다.

첫째, 이러한 자발집단은 한시적으로 형성되었다가 소멸하는 경우가 있는가하면 상시로 유지되는 경우도 있어 기존의 집단개념으로는 설명하기 어렵다. 이 집단은 대부분 가입과 탈퇴가 자유롭고 소속의식이 있다고 하더라도 구속력이 약하며, 조직 또한 자유롭고 느슨하게 운영되는 특징을 보인다는 점에서 '유연자발집단flexible voluntary group'이라고 부를 수 있다.

둘째, 유연자발집단은 비록 느슨한 결속력과 유연한 조직망, 비구속적인 조직운영, 수평적 관계 등을 특징으로 갖지만 구성원과 비구성원의 경계가 있으며, 일정한 소속의식이 있고, 목적지향적 활동을 추구하기 때문에 결사체로서의 성격을 갖는다. 유연자발집단은 조직의 유연성이 대단히 높지만 집단에 따라서는 일시적이지만 강한 소속감과 참여의지를 보이는 경우도 있어서 집합적 영향력 또한 높은 수준에서 낮은 수준까지 다양하다.

셋째, 유연자발집단은 정치, 경제, 문화적 이슈와 관련해서 시의적으로 결성되는 경우가 많은데 이 경우 특정 이슈의 사회운동과 구분하기 어렵다. 특히 인터넷을 비롯한 온라인 공론장은 이러한 운동 프레임 형성을 위한 가장 효과적인 매체이기 때문에 유연자발집단은 온라인을 통해 자연스럽게 활성화되는 경향이 있다.

넷째, 유연자발집단의 활동공간은 실제로 온라인과 오프라인의 제약이 없다. 2002년 대선에서 노무현 후보 지지집단 '노사모'와 같은 정치인 팬클럽을 비롯한 유명인의 팬클럽, 다양한 문화동호회의 활동은 오프라인과 연속성을 가진다. 2002년부터 새로운 시위양식으로 확산된 촛불시위와 함께 세계를 놀라게 한 월드컵 응원군중은 오프라인에서의 대규모 집합행동이라고 할 수 있는데, 그 실질적 동원력은 유연자발집단이었다고 할 수 있다(조대엽, 2007: 260~261).

실제로 온라인에 기반을 둔 유연자발집단의 존재양식은 대단히 다양하다. 크게 보더라도 유연자발집단은 우선 생활상식이나 쇼핑 정보 등 일상적 지식부터 전문적 지식까지 다양한 지식을 공유하고 학습하는 것을 목적으로 하는 '정보·학습지향형'이 있고, 개인의 사적 이슈를 공유하거나 공통의 관심사를 토대로 친목을 도모하는 '취미·친목

형' 유연자발집단도 있다. 또 사회 현안에 대한 토론 및 의제 설정 등
에 참여하며 공적 이슈에 관심을 갖고 정보를 생산, 유통, 재생산하는
회원조직을 '사회 참여형' 유연자발집단으로 구분할 수도 있다(정나
리, 2011). 이처럼 다양한 유연자발집단은 미국산 쇠고기 수입을 반대
하는 2008년 촛불집회와 같은 정치이슈가 등장하면 원래의 조직을
확대하거나 연대하는 등 다양한 방식으로 오프라인의 시민행동을 표
출하게 된다.

이 같은 '유연자발집단론'은 온라인 네트워크가 갖는 집단형성의
수월성에 기반을 둔 다양한 회원조직을 완전히 새로운 형태의 '사회
집단'으로 규정한다. 그것은 무엇보다 온라인과 오프라인의 현실적
연속성을 충분히 반영함으로써 이 집단에 대해 온라인 제한적인 폐
쇄적 설명을 넘어 시민사회의 새롭고도 핵심적인 행위자집단으로 개
방적 정체성을 부여하고자 하는 이론적 전략을 반영하는 것이다. 이
러한 입장에서 유연자발집단이 갖는 자발성과 일시성, 가입과 탈퇴
의 자유, 수평적 관계, 제도와 운동의 양가적 성격, 온라인과 오프라
인의 무제약성, 집단규모의 제한이 없는 고도의 유연성 등의 특징은
이 집단을 완전히 새로운 형태의 결사체로 규정하는 것을 가능하게
한다. 말하자면 유연자발집단은 2차 집단의 새로운 형태로 이른바
'제 3의 결사체'라고 할 수 있던 시민운동단체와도 전혀 다른 조직 특
성을 갖는다는 점에서 '제 4의 결사체'라고 말할 수 있다(조대엽,
2007: 262). 유연자발집단을 이처럼 완전히 새로운 결사체의 형태로
규정하는 것은 이러한 조직형태가 단순히 기술발전에 힘입은 온라인
네트워크로 존재하는 것이 아니라 다음과 같은 우리 시대의 탈근대

적 사회변동을 가장 적극적으로 반영하는 집단화의 의의를 갖기 때문이다.

첫째, 유연자발집단은 지식정보화와 탈근대성의 효과를 가장 잘 반영한 조직화의 특징을 보인다. 끊임없이 생겨나고 사라지며 변화하는 이 집단의 유연성은 탈근대적 '성찰성'을 사회조직 부문에서 핵심적으로 보여 주는 대목이 아닐 수 없다. 둘째, 유연자발집단은 온라인 네트워크를 기반으로 규모의 제약이 없기 때문에 조건에 따라서는 어떤 영역에서든 엄청난 변화를 가능하게 하는 예측불가능한 잠재력을 내재한다. 셋째, 유연자발집단은 탈근대사회의 공동체 해체를 메꾸는 새로운 친밀성의 공간으로 작용한다. 개인을 구속하는 엄격하고 억압적인 거대조직문화를 회피하면서도 해체된 개인의 고립을 벗어나고자하는 사회적 욕구는 유연자발집단을 미시적 일상을 공유하는 새로운 친밀성의 공간으로 자리매김함으로써 '미시공공성'의 새로운 질서를 구축한다. 이런 점에서 유연자발집단은 시민운동 부문에서도 전문운동조직을 거치지 않고 직접행동을 가능하게 하는 시민운동의 새로운 미시동원맥락으로 작동하는 것이다. 넷째, 유연자발집단은 대의적 정치질서와 1%가 지배하는 경제 질서, 살벌한 경쟁의 교육체계가 드러내는 숨 막히는 억압과 폐쇄적 현실을 넘어서는 개방적 소통의 공간을 형성한다. 특히 새로운 세대가 갖는 개방과 자유의 욕구는 유연자발집단의 진화를 자극한다.

2000년대 이후 운동공론장의 구조변동 가운데 가장 주목할 지점은 생활정치이슈의 주류화와 함께 유연자발집단을 기반으로 하는 탈조직 동원의 확대라고 할 수 있다. 기존 사회운동의 동원구조는 자생조직을 기초로 하는 미시동원맥락이 중위적 수준에서 운동조직으로 결합되어 운동을 출현, 확산시키는 과정을 거쳤다. 그러나 2000년대 이후 시민행동은 사회운동조직을 거치지 않고 유연자발집단을 통해 공적이슈가 소통하고 여기에서 집합적 정체성을 형성하고 공유함으로써 직접적인 시위행동을 가능하게 하는 방식으로 전환되었다. 유연자발집단은 그 자체가 미시동원맥락이자 중위 동원자의 역할을 동시에 하게 된 것이다. 동원구조의 획기적인 변화가 일어난 것이다.

4. 결론: 시민운동과 동원화의 전망

이 장은 사회운동의 동원구조를 설명하는 이론적 요소를 검토하면서, 아울러 시민운동의 역사주기에 따른 실제 동원구조의 변화를 통해 이 같은 이론적 분석단위를 설명하고자 했다. 사회운동을 자원동원의 측면에서 볼 때 무엇보다 중요한 동원의 구심은 사회운동조직이다. 사회운동 분석의 수준을 미시와 거시의 이분법적 틀을 넘어 보다 다원화할 경우 운동조직은 중위 동원의 구조로 분석할 수 있는데, 중위 동원과정의 운동조직에 결합되는 미시동원과정을 미시동원맥락이라는 분석단위로 설정해 볼 수 있다.

이 장에서는 우선 미시동원과 중위동원의 과정을 구분하고 미시동원의 요소를 지역이나 현장, 일상에서 친밀성을 바탕으로 만들어지는 자생조직이나 토착조직, 나아가 학교, 교회, 노조 등 기존에 소속된 조직 속에서 맺는 미시적 관계로 설명했으며, 중위동원의 요소로서의 사회운동조직은 전문운동조직을 중심으로 설명했다.

한국의 경우 전문운동조직은 사회운동의 역사주기에 따라 달리 나타났다. 말하자면 1990년대 이전 민족민주운동의 주기에서는 미시동원의 맥락으로부터 결합된 지역별, 부문별 운동조직이 중위 동원을 추동하는 운동조직으로 발전되었으며, 1990년대 이후 시민사회운동의 주기에 들어서는 시민사회에 상시적으로 운영되는 전문운동조직이 중위 동원자로 간주되었다.

적어도 1990년대 정치경제개혁운동의 주기까지는 민주화운동이든 그 이후의 시민운동이든 운동의 동원구조는 조직 동원이 당연한 것으로 간주되었다. 그러나 정치경제개혁운동의 주기가 생활정치운동주기로 전환된 2000년대 이후 시민운동의 동원은 탈조직 동원의 방식이 분화되는 경향을 보였다. 특히 이러한 탈조직 동원을 가능하게 한 것은 '전자적 공중'과 '유연자발집단'의 존재였다.

유연자발집단은 탈근대적 사회변동과 전자적 공론장의 획기적 발전에 따라 나타난 제4의 결사체라고도 할 수 있는데 2000년대 촛불집회와 세계금융위기 이후 세계적으로 확산된 '월스트리트 점령운동'을 가능하게 한 것도 바로 유연자발집단이 새로운 동원구조로 자리 잡았기 때문이다. 2000년대 이후 새로운 동원의 주기에서 유연자발집단은 운동의 정체성과 공감의 과정을 형성하는 미시동원맥락으로 작동하는데 이러한 미시동원의 과정이 중위적 운동조직을 거치지 않고 직접 시민행동으로 이어지면서 기존 전문운동조직의 동원력을 크게 떨어뜨리는 결과를 가져왔다.

시민운동의 주기 내에서 동원의 구조에 주목할 때 1990년대를 조직 동원의 시대라고 할 수 있다면 2000년대 이후 시민운동은 탈조직 동원의 시대를 맞았다고 할 수 있다. 오늘날 탈조직동원의 시대에 전문운동조직은 일종의 위기에 봉착해 있다. 1990년대 시민운동의 시대를 화려하게 이끌었던 전문운동조직 혹은 NGO의 입장에서 보면 현재의 무력감은 당황스러운 일이 아닐 수 없다.

다른 한편 탈조직동원의 시대를 선도한 유연자발집단 또한 딜레마에 있기는 마찬가지라고 할 수 있다. 촛불집회와 월스트리트 시위에서 보듯이 유연자발집단은 놀라울 정도로 대규모 동원의 가능성을 보여 주었으나 그러한 탈조직적 동원은 대안 없이 흩어져 버리는 뚜렷한 한계를 가졌다. 탈조직동원의 시대는 조직 동원만이 딜레마를 갖는 것이 아니라 탈조직 동원 또한 딜레마를 갖는 이중 딜레마의 시대라고 말하지 않을 수 없다.

이제 조직 동원의 구심이었던 전문사회운동조직과 탈조직동원의 구심인 유연자발집단은 이러한 딜레마를 넘어설 수 있는 새로운 전망을 모색해야 한다. 이러한 전망은 생활정치운동의 새로운 주기에 점점 더 주류화되는 '생활공공성운동'의 맥락에서 모색될 필요가 있다. "생활공공성운동은 삶의 보다 구체적인 영역에서 자아실현과 자아확장의 수준을 높일 수 있도록 모든 사회영역의 공적 질서를 재구성하고자 하는 집합적 실천"(조대엽, 2013)이라고 말할 수 있다.

이 같은 생활공공성운동은 '생활민주주의'를 보편적 프레임으로 추구한다. 여기서 생활민주주의는 민주주의가 구현되는 삶의 구체적인 장으로서 '생활'을 우리 시대의 보다 핵심적인 사회적 범주로 강조하는 것이라고 할 수 있다. 생활민주주의는 대의민주주의 질서에서 개인의 실존영역으로 배제되었을 뿐만 아니라 계급, 성, 지역, 소득, 학력 등의 구조에 의해 은폐되었던 '생활'범주를 공공적으로 재구성함으로써 공존과 공생의 질서를 추구하는 진화된 민주주의를 의미한다(조대엽, 2013).

오랫동안 정치경제개혁운동을 추구함으로써 정치와 시장의 제도권력에 대한 감시와 저항을 추구했던 전문운동조직으로서 시민운동단체들은, 특히 거대단체들은 이처럼 생활민주주의를 지향하는 생활공공성운동의 주류화 경향에 적응하기 어렵다. 반면에 유연자발집단은 공론장에서 생활공공성 이슈에 광범하게 참여하지만 독특한 유연성으로 인해 여전히 개별화의 수준이 높다. 따라서 전문운동조직은 기존의 운동방향을 생활민주주의 지향의 일상으로 하향화하는 것이 요구되고, 유연자발집단은 공공성의 수준을 높이는 상향화 전략이 필요하다.

우선 전문운동조직은 정부, 시장, 시민사회의 제도, 특히 대의적 거시제도를 시민적 삶과 결합시키는 방식으로 재편함으로써 시민과 주민의 실질적 삶을 향한 하향공공성을 지향해야 한다. 다양한 거시제도를 생활공공성의 질서로 재구성하는 혁신제도운동을 추구함으로써 전문운동조직은 훨씬 더 구체적인 전문성과 대안적 질서에 대한 폭넓은 제안을 만들어야 한다.

다른 한편 유연자발집단은 자아실현과 자아확장의 정치를 미시적 삶의 영역에서 스스로 실현함으로써 새로운 삶의 방식을 실천하는 방향으로 훨씬 더 공공성의 수준을 높여야 한다. 단순히 모였다가 흩어지는 시민행동을 넘어 새로운 삶을 실현하는 운동을 추구함으로써 생활혁신을 위한 상향공공성운동을 지향해야 하는 것이다. 전문운동조직과 유연자발집단이 서로 다른 방향으로 추구하는 이 같은 생활공공성운동은 전문성과 대안제시 능력을 강화한 전문운동조직과 운동의 동원력을 확보한 유연자발집단이 시민운동의 이원적 분업구조 속에서 결합할 수 있는 가능성을 전망할 수 있게 해야 한다.

2부

민족민주운동의
주기

3
민족민주운동과 4월 혁명의 순환구조

1. 서론: 시대와 운동

역사는 운동을 낳고, 운동은 역사를 낳는다. 사회운동이 추구하는 이념과 가치가 실현되면 사회는 새롭게 변한다. 새롭게 변화된 사회는 새로운 역사를 여는 셈이다. 말하자면 사회운동이 역사를 만드는 것이다. 그러면 거꾸로 역사는 어떻게 운동을 만드는가? 역사는 사회구성원들의 삶이 겹겹이 쌓인 궤적이다. 삶은 시간의 흐름에 따라 쌓인 끝에 역사가 되지만 삶의 횡단면 또한 중층적으로 구성되어 있다. 가치와 이념, 제도와 규범, 행위와 태도, 그리고 이 모든 것을 뒷받침하는 물질적 기반은 한 시대의 사회적 삶을 중층적으로 구성하는 요소들이고 그것은 곧 사회의 질서를 이룬다. 당대 사회의 질서를 구성하는 요소 가운데 가치와 이념은 구성원의 삶을 이끌고 안내하는 이정표다. 질서를 구성하는 여타의 다양한 요소들은 가치와 이념이 가리키는 방향을 따라 결집되고 조율된다. 한 시대를 이끄는 집합적 가치와 이념은 이른바 시대정신으로 드러나기 때문에 역사는 다른 무엇보다 시대정신의 응축이라고 말할 수 있다. 사회운동은 바로 시대정신이 잉태한 시대의 아들이다. 역사가 운동을 낳고 또 기르는 것이다.

인류의 역사를 이끌어 온 집합적 저항행동은 낮은 수준의 개혁을 지향하는 사회운동에서부터 사회를 구성하는 핵심적 지배질서를 근본적으로 바꾸는 혁명에 이르기까지 다양하게 구분할 수 있다. 모든 형태의 저항행동은 시대를 주도하는 집합적 의식구조로서의 '역사 프레임historical frame'과 관련되어 있을뿐더러 역사 프레임의 효과라고도 할 수 있다. 특히 광범한 역사시기를 틀 지우는 시대정신은 그만큼 광범하고 근본적인 저항행동을 만들기 마련이고 이러한 저항행동은 그만큼 긴 역사시기에 걸쳐 후속 저항운동에도 지속적으로 영향을 미친다. 이런 점에서 한 시대의 프레임은 저항행동을 기획하고 생성시키며, 저항행동의 범위와 목적이 근본적이고 광범할수록 그만큼 오랜 역사시기를 규정한다.

서구의 17~18세기는 계몽의 시대였다. 르네상스 인문주의를 기원으로 하는 계몽의 눈에 중세는 신이라는 이름으로 가려진 암흑의 시대였다. 이 암흑의 역사시기를 거부하는 다양한 계몽의 사상은 17~18세기의 긴 역사시기를 포괄하는 시대정신이 되었다. 경험과 합리를 근간으로 하는 계몽철학, 사회계약과 인민주권을 축으로 하는 정치이론과 자연법 사상 등은 중세의 오랜 기독교적 세계관과 정치질서를 깨트리는 새로운 시대정신의 구성요소였다. 17~18세기를 서구 시민혁명의 시대로 만든 것은 바로 이 시기의 시대정신이었던 계몽의 정신이었다. 봉건군주와 종교와 신학의 멍에를 벗어나 인간

이성의 해방을 추구했던 계몽의 시대정신은 마침내 시민혁명의 물꼬를 트게 만들었다. 이른바 서구 3대 시민혁명으로 불리는 영국의 청교도혁명(1640), 미국혁명(1776), 프랑스혁명(1789)은 계몽의 시대정신이 낳은 부르주아 혁명들이다. 이 같은 근대 시민혁명은 계몽의 기획이 만든 자유, 평등, 인권의 새로운 가치를 실현하는 새로운 출발이었다.

17~18세기의 서구 시민혁명은 오랜 봉건적·종교적 질서에 대한 근본적 저항이었기 때문에 세계 각국의 민주주의 혁명과 민주적 정치개혁의 원천으로 작용했다. 서구 중심부 국가에서는 이미 1960년대 말부터 이른바 '새로운 사회운동New Social movements'이 전개됨으로써 말하자면 혁명적 정치변혁을 추구하는 거대한 저항행동은 시효가 만료된 것으로 보였다. 그러나 주변부 국가에서는 1980년대 이후까지 민주화운동이 전개되었으며, 2000년대 이후 최근까지도 유라시아 신생국과 중동지역의 민주화운동에서 자유와 평등, 인권의 가치가 중심을 이루는 저항이 전개되기도 했다. 17~18세기 시민혁명을 기점으로 본다면 그야말로 지구적 차원에서는 '긴 시민혁명의 시대'라고 할 수 있다.

서구 시민혁명은 봉건적 질서를 무너뜨리고 근대 시민국가를 세우는 과정이었다. 한국에서 근대 국민국가 건설은 오랜 일제강점기를 마감한 제2차 세계대전의 종료와 함께 전후 처리과정에서 밖으로부터 주어졌다. 게다가 한국전쟁과 남북분단은 통일민족국가에 대한 염원을 내면화시킴으로써 민족적 가치를 무엇보다 강렬하게 누적시켰다. 따라서 민족주의는 해방 이후 한국 사회를 이끄는 시대정신이자 역사적 프레임으로 자리 잡았다. 이 시기 또 하나의 국민적 염원은 이승만 독재정치를 넘어서는 민주주의 정치질서에 대한 열망이다. 남한에서 이승만 독재의 현실은 자유민주주의에 대한 열망을 또 하나의 시대정신으로 자리 잡게 했다. 1960년 이승만 정권에 저항하는 4월 혁명은 이 같은 역사가 만든 귀결이다. 분단과 독재의 이중적 조건은 민족주의와 민주주의에 대한 열망을 시대정신으로 만들었고, 이 같은 시대정신이야말로 4월 혁명을 낳은 모태다.

서구 시민혁명이 계몽의 시대정신이 만든 거대한 저항행동이듯이, 4월 혁명은 민족주의와 민주주의의 시대정신이 만든 또 하나의 거대한 정치적 저항이었다. 17~18세기의 서구 시민혁명은 자유와 평등과 인권을 추구하는 시민혁명 이후의 모든 정치적 저항의 원천이 됨으로써 새로운 세계사를 만들었다. 서구 시민혁명의 세계사적 효과라고도 할 수 있는 한국의 4월 혁명은 1960년대 이후 약 30년 이상에 걸쳐 전개된 한국의 민족민주운동을 생산한 원천이었다. 역사와 시대는 저항을 낳고 저항은 또 새로운 역사를 출발시키는 것이다.

이 장은 1960년 4월 혁명 이후 전개된 한국의 사회운동을 4월 혁명의 영향을 중심으로 설명하는 데 목적이 있다. 4월 혁명 이후 한국의 사회운동은 1980년대 말까지 약 30년의 시기 동안 이른바 민주화운동이라는 큰 흐름으로 전개되었다. 민주화운동이 종료되면서 1990년대의 한국 사회운동은 '시민사회운동'이라고 부르는 완전히 새로운 사회운동의 시대를 맞았다. 나는 서로 다른 시대에 서로 다른 사회에서 나타나는 사회운동은 해당 사회의 독특한 역사적 조건 속에서 만들어지고 역사적 조건의 변화와 함께 사회운동은 새로운 주기를 맞는다는 이론적 입장을 갖는다. 이러한 논리를 사회운동을 설명하는 '역사주기론'의 시각historical cycle approach이라고 말할 수 있다 (조대엽, 2010a; 2010b). 해방 이후 1980년대 말까지 약 40년의 시기는 하나의 역사국면으로 해석되며, 이 역사국면 동안 한국의 민주화운동은 민족주의와 민주주의의 가치를 추구하는 '민족민주운동의 주기'를 형성했다. 이 장에서는 무엇보다 민족민주운동의 역사주기 동안에 전개된 한국의 사회운동이 4월 혁명을 원천으로 시기별 순환주기를 갖는다는 점을 강조한다. 나아가 민족주의와 민주주의의 이념이 4월 혁명 이후 한국의 사회운동을 순환시키는 핵심 프레임이라는 점에 주목하고자 한다.

2. 사회운동과 역사주기

사회운동은 특정한 사회적 조건에서 출현하여 성장하다가 소멸하는 생애주기를 갖는 현상이다. 따라서 사회운동의 발생원인과 전개과정, 그리고 쇠퇴와 운동의 결과 등을 설명하는 다양한 논리들이 사회운동연구를 풍부하게 했다. 사회운동을 설명하는 관점들을 대별해 보면, 우선 개인의 소외감이나 불안의식에 초점을 맞추는 사회심리적 측면을 강조하는 이론들이 있고, 운동에 동원되는 다양한 자원과 조직에 주목하는 이론이 있다. 또 서구의 후기 근대적 사회변동과 새로운 사회운동의 경향을 강조하는 이론, 집합적 정체성이나 운동의 의미구성에 주목하는 관점도 있다. 이 같은 사회운동의 설명방식들은 사회심리모델, 자원동원모델, 신사회운동모델, 사회구성주의모델 등으로 이론사적 진화를 거쳤다.

집합행동과 사회운동을 설명하는 가장 고전적 방식은 1960년대까지 주류를 이루었던 개인의 심리적 동기를 강조하는 이론들이다. 사회심리모델로 구분되는 이 설명방식은 대중사회에서 원자화된 개인의 소외감, 지위불일치로 인한 인지부조화, 상대적 박탈감 등 개인의 혼란스럽고 비정상적인 심리상태가 폭동이나 사회운동과 같은 집합행동을 야기한다고 했다.[1] 이 같은 사회심리적 관점은 군중행동을 귀족적 질서를 파괴하는 충동적이고 우발적이며 비정상적인 것으로 해석하는 19세기 이전의 전통에 닿아 있다.

1970년대 들어 사회운동이론은 획기적인 전환을 이루었다. 그간에 사회운동을 설명하는 주류적 입장이었던 사회심리적 모델은 비정상적 신리상태 즉 소외감이나 박탈감, 불만은 이느 사회에나 상존하는 일종의 상수이기 때문에 사회운동이나 폭동을 설명하는 변인이 될 수 없다는 점에서 전면적인 비판에 직면했다. 오히려 사회운동과 같은 저항행동은 얼핏 보아 비정상적 행위로 보이지만 제도화된 정

---

1   사회운동에 관한 사회심리적 모델 가운데 대중사회론적 관점에 대해서는 아렌트(Arendt, 1951), 호퍼(Hoffer, 1951), 셀즈닉(Selznick, 1952), 콘하우저(Kornhauser, 1959) 등을 참고할 수 있다. 지위불일치론적 접근으로는 렌스키(Lenski, 1954), 브룸(Broom, 1959), 소로킨(Sorokin, 1947), 게슈벤더(Geschwender, 1967) 등을 참고할 수 있다. 또 사회심리적 모델 가운데 집합행동론의 관점으로 구분할 수 있는 시각은 터너와 킬리안(Turner & Killian, 1972), 랑 부처(Lang & Lang, 1961), 스멜저(Smelser, 1962), 거스필드(Gusfield, 1970) 등을 참고할 수 있다. 상대적 박탈의 시각은 데이비스(Davies, 1962), 아벨(Aberle, 1966), 파이어아벤트(Feierabend, 1969) 게슈벤더(Geschwender, 1964), 거어(Gurr, 1970) 등을 참고할 수 있다.

상적 사회 행동과 다르지 않은 합리적이고 전략적 행동이라는 점이 강조되었다. 따라서 무엇보다 자원과 조직과 기회야말로 사회운동의 동원화를 설명하는 핵심 요소라는 점에 주목했다. 자원동원모델 resource mobilization model로 불린 이 같은 다양한 이론들 가운데 특히 사회운동부문을 운동산업과 운동조직이 경쟁하는 일종의 시장적 상황으로 설명하는 이론과 정치적 기회구조와 정치과정을 강조하는 이론 등이 크게 부각되었다.[2]

자원동원모델이 1970년대 이후 미국을 중심으로 확산된 이론이라면 같은 시기 유럽에서는 후기 근대의 사회변동과정에서 등장하는 새로운 사회운동에 주목했다. 이른바 68혁명 이후 새롭게 확산된 환경, 여성, 평화, 인권과 관련된 사회운동은 노동운동이나 민족운동과 같은 구사회운동과 다른 특성을 가진 신사회운동 New Social movements이었다. 신사회운동은 후기 근대의 모순이 드러내는 생활세계의 식민화, 복잡성과 과잉가변성으로 인한 후기 산업민주주의의 딜레마, 후기 근대의 프로그램화된 사회에서 드러나는 관리 권력의 문제 등이 만들어 내는 저항으로 진단되었으며 문화비판을 동반하는 광범한 이론적 경향을 만들었다.[3]

1980년대 말 이후 사회운동이론은 자원동원모델과 신사회운동모

---

2   자원동원모델에 관해서는 매카시와 잘드(McCarthy & Zald, 1977), 오버샬(Ober-schall, 1973), 틸리(Tilly, 1978), 갬슨(Gamson, 1975), 젠킨스(Jenkins, 1981) 등을 참고할 수 있다.
3   신사회운동모델에 관해서는 뚜렌(Touraine, 1980) 멜루치(Melucci, 1980), 하버마스(Habermas, 1981), 오페(Offe, 1985) 등을 참고할 수 있다.

델의 핵심을 포괄하고 사회심리적 요소의 중요성을 간과하지 않는 새로운 설명방식으로 진화했다. 이 새로운 접근방식은 사회운동의 의미 구성meaning construction에 주목하는데 이와 관련된 다양한 연구경향을 사회구성주의모델social constructionism model이라고 불렀다.[4] 집합적 정체성, 운동 프레임, 운동지식, 운동이념 등과 같은 사회운동의 핵심적 정신, 의식, 인지가 구축되는 과정에 자원, 조직, 기회 등 자원동원의 과정을 결합함으로써 사회구성주의 모델은 일종의 통합이론을 지향했다.

고전모델에서 1990년대 이후 사회구성주의 모델에 이르는 사회운동에 관한 다양한 설명방식들은 크게 사회운동의 '원인론'과 '과정론'으로 범주화될 수 있다. 사회운동이 출현하는 원인에 일차적 관심을 두는 이론과 운동의 전개과정에 주목하는 연구경향이 구분될 수 있다. 예컨대 사회심리 모델은 불만의식과 소외감, 박탈감 등을 운동을 발생시키는 원인으로 강조한다는 점에서 원인론으로 볼 수 있으며, 신사회운동모델 또한 보다 거시적 사회변동에 신사회운동의 원인을 둔다는 점에서 원인론으로 볼 수 있다. 자원동원모델과 사회구성주의모델은 동원과 프레임 형성의 과정을 설명하는 과정론적 접근이라고 할 수 있다. 말하자면 사회심리적 모델과 신사회운동모델은 사회운동은 '왜' 동원되는가를 설명하고자 하는 이론이며, 자원동원

---

4 사회구성주의모델에 관해서는 뷔클러(Buechler, 1997), 클랜더만스(Klandermans, 1989; 1992), 스노우와 벤포드(Snow & Benford, 1992), 아이어맨과 제미슨 (Eyerman & Jamison, 1991), 멜루치(Melucci, 1989), 뮐러(Mueller, 1992), 갬슨 과 모디그라니(Gamson & Modigliani, 1989) 등을 참고할 수 있다.

모델과 사회구성주의모델은 사회운동이 '어떻게' 동원되는가에 우선적 관심이 있는 이론이라고 할 수 있다(Mellucci 1981).

다른 한편 기존의 설명모델들은 '정체성 지향의 패러다임'과 '전략지향의 패러다임'으로 범주화될 수도 있다(Cohen, 1984). 신사회운동모델은 무엇을 얻기 위한 수단으로서의 운동이 아니라 운동 자체가 의미와 가치를 실현하는 과정이자 목적이라는 점에서 가장 뚜렷한 정체성 지향의 패러다임이다. 반면에 자원동원모델의 경우 사회운동은 운동이 추구하는 목적 실현을 위한 수단이며 이러한 수단으로서 운동이 얻어 내는 전략적 효과에 중점을 두는 이론이라고 말할 수 있다. 나아가 사회운동 이론들은 '분열모델breakdown model'과 '연대모델solidarity model'로 범주화될 수도 있다. 불만이론과 같은 사회심리적 고전모델은 사회해체적 징후를 반영하는 비정상적 심리상태를 강조한다는 점에서 분열모델이라 할 수 있고, 사회운동을 위한 결집의 정치과정을 강조하는 자원동원모델은 연대모델에 포함될 수 있다(Useem, 1980).

사회운동에 관한 기존의 다양한 설명방식들을 원인론과 과정론, 정체성 패러다임과 전략 패러다임, 나아가 분열모델과 연대모델 등으로 구분하는 것은 다른 무엇보다 개별 이론이 현실의 사회운동에 대해 일면적이고 제한된 설명력을 갖는다는 점을 보여 준다. 사회운동이 갖는 특정 부분을 강조함으로써 대상 자체를 온전하게 드러내는 데 한계가 있다는 사실을 말해 준다.

개별 사회운동이론이 갖는 일면적 설명력의 문제와 더불어 기존의 모든 사회운동이론이 서구 사회운동 분석의 도구로 만들어졌다는 점은 무엇보다 사회운동과 '역사성'의 문제에 주목하게 한다(조대엽, 2010a). 사회운동을 분석하는 다양한 이론들은 거의 모든 이론의 목적이 그렇듯이 어떤 사회운동에도 적용할 수 있는 일반이론을 추구한다. 물론 대부분의 사회운동이론은 사회현상 가운데 사회운동현상을 분석하는 도구라는 점에서 '중범위이론'이라고 할 수 있다. 그러나 중범위이론이라고 하더라도 적어도 중범위적 수준에서는 가급적 많은 설명력을 확보하고자 하는 보편적 설명틀을 추구하기 마련이다. 따라서 대부분의 사회운동이론은 서구적 기원과 일반 이론적 특성으로 인해 개별사회의 역사성을 반영하기 쉽지 않다.

사회운동은 무엇보다 개별 사회의 역사적 특수성을 반영한다. 역사적으로 특수한 시기에 역사적으로 특수한 조건 속에서 사회운동은 출현하고 성장하고 소멸하기 마련이다. 사회운동이론은 사회적 사실로서의 운동을 설명하는 도구이다. 모든 현재적 사실은 역사에 뿌리내리고 있지만 사회과학의 이론은 역사적 사실로서의 현상을 분석하는 데 취약하다. 역사는 원칙적으로 특수한 것인데 이론은 특수한 것을 설명하기보다는 보편적인 것을 설명해 내는 데서 힘을 갖기 때문이다. 사회운동과 역사성의 문제에 주목하는 것에는 무엇보다 사회운동의 설명방식에 해당 사회의 역사적 특수성을 반영해 내고자 하는 문제의식이 담겨 있다.

제1장에서 논의한 바 있듯이, 브로델Fernand Braudel은 역사를 서로 다른 층위로 보았다. 표층에는 단기적 시간 속에서 나타나는 '사건사'가 있고, 중간층으로는 '국면사histoire conjoncturelle'가 광범한 리듬을 따라 전개된다고 말했다. 브로델에 따르면, 국면사는 주로 물질적 생

활의 차원이나 경제적 주기의 차원에서 연구되는 경향이 있다고 한다. 국면을 받치고 있는 역사의 층에는 수 세기 단위로 이루어진 '구조사' 혹은 '장기지속사'가 있다. 브로델은 사건에 관해서는 지칠 줄 모르는 사회학적 상상력이 작동하지만 국면에 대해서는 간과된다고 지적했다(페르낭 브로델, 1982: 131~132). 이제 사건사를 넘어 브로델이 강조하는 국면사에 사회학적 상상력을 주입하면 하나의 '역사국면historical conjuncture'을 사회운동의 '주기'라는 측면에서 재구성해 볼 수 있다.

브로델의 논리로 보면, 하나의 역사국면은 수백 년간의 장기지속의 역사에서 수십 년 단위의 리듬으로 형성되는 특수한 역사적 시간대를 가리킨다. 하나의 역사국면은 브로델이 주목하는 단순히 물질적 삶과 경제적 주기뿐만 아니라 당대의 세계질서와 국내질서에 응축된 정치경제적 조건 속에서 전개되는 정치권력과 경제체제, 계급질서와 계급투쟁, 문화적 욕구 등의 요소들이 복합적으로 구성된다. 역사국면을 구성하는 이러한 요소들의 복합적 효과는 해당 역사국면에 광범하게 형성된 독특한 집합적 의미틀로서의 '역사적 프레임'을 구축한다.

사회학에서 '프레임frame'이라는 개념은 개인이 삶의 공간에서 일어나는 일들을 지각하고, 위치 짓고, 구별하고 이름 붙이는 것을 가능하게 해 주는 해석의 틀을 의미한다(Goffman, 1974). 따라서 프레임은 사건이나 현상에 의미를 부여함으로써 경험을 조직하고 개인행동이나 집합행동을 인도하는 기능을 수행한다. 사회운동 연구영역에서 스노우와 벤포드는 이 같은 프레임의 논리를 사회운동에 적용하여

운동참여와 동원의 과정을 프레임 정렬^{frame alignment}의 과정으로 설명한다. 이들은 특정 운동에 국한된 운동특수적 프레임^{movement-specific frame}과 보편 프레임^{master frame}을 구분한다(Snow et, al., 1986; Snow & Benford, 1992). 보편 프레임은 사회운동부문에 속하는 다양한 사회운동이 공유하는 가장 일반적 프레임을 의미한다. 이제 이 같은 운동 프레임의 논리를 역사적인 시간대로 확장해 보면, 특정 역사국면에서 형성되는 역사적 프레임은 해당 역사국면의 개인, 집단, 조직이 현실의 조건을 해석하고 정치적·문화적 지향을 설정하는 가장 광범한 보편 프레임이라고 할 수 있다(조대엽, 2010a: 5~6).

하나의 역사국면을 포괄하는 보편 프레임으로서의 역사 프레임은 지배적 프레임과 저항적 프레임으로 구분할 수 있다. 지배 프레임은 하나의 역사국면에 전일화된 지배적 질서를 구성한다. 동일한 프레임을 공유하는 역사국면에는 해당 시기의 역사적 프레임과 결부된 저항운동의 프레임이 형성될 수 있다. 저항적 역사 프레임은 해당 사회와 해당 시대의 가장 핵심적인 모순구조를 반영하고 이러한 모순구조를 바꾸기 위해 시도하는 사회운동이나 혁명의 프레임이다. 특정의 역사국면이 공유하는 저항의 프레임은 사회운동의 특수한 '주기^{cycle}'를 형성한다. 하나의 역사국면이 공유하는 특수한 역사 프레임으로 이루어지는 이러한 운동의 주기를 사회운동의 '역사주기^{historical cycle}'라고 말할 수 있다(조대엽, 2010a: 6~7). 역사국면을 관통하는 사회운동의 역사주기는 해당 사회의 역사적 조건에 따라 다르지만 수십 년에 걸친 시간대인 경우가 많다. 수십 년에 걸친 사회운동의 역사주기 내에는 해당 시기의 사회경제적 조건과 국제정세, 정치권력의 운용방식과 정책의 선택 등에 따라 순환적으로 나타나는 소주기가 만들어질 수 있다. 이 같은 사회운동의 순환적 소주기는 국면적 역사주기 내에서 등장하는 다양하고도 특수한 하위의 운동 프레임을 생성한다. 사회운동의 순환적 소주기는 역사국면 내에서 발생하는 사건사적 연속으로 구성되는 경향이 있다.

사회운동을 역사주기론의 시각으로 설명할 때 '주기'의 문제를 신중하게 다루어야 한다. '주기'는 말 그대로 일정한 시간대마다 동일한 현상이 나타나는 것을 의미한다. 따라서 주기는 무엇보다 규칙적인 반복성과 순환성을 의미하는 개념이다. 사회운동에 주기론을 적용하는 경우 우선 이처럼 고도의 규칙성을 반영하는 반복과 순환의 주기를 갖는지가 문제될 수 있다. 사회운동을 규칙적 주기론의 시각에서 보면 동일한 사회운동의 프레임이나 동원이 일정한 시간대마다 반복적으로 나타나는 것을 말한다(조대엽, 2010a: 7). 예를 들면 브란트가 주기론적 설명에서 강조하듯이 여성운동이나 평화운동이 약 60~70년의 간격으로 반복되는 경우 일종의 규칙적 주기론으로 해석할 수 있다(Brand, 1990). 그러나 사회운동의 주기는 주요 변수의 양적 지표의 등락으로 표현되는 경제주기와 같은 규칙성을 찾기가 쉽지 않다. 따라서 사회운동의 역사주기는 규칙적 주기론과는 다른 특수한 주기론이라고 말할 수 있다.

'역사주기'는 하나의 역사 프레임으로 구성된 특수한 역사국면 내에서 '저항의 주기'가 순환한다는 점에서 '주기'라고 말할 수 있지만, 운동의 프레임은 저항의 주기를 타고 특수한 이슈로 표출된다는 점에서 특수한 주기론이라고 할 수 있는 것이다. '역사주기'는 이런 점에서 규칙적 시간대마다 출현하는 주기보다는 특수한 역사국면 내에서 저항 프레임의 핵심내용이 반복적으로 순환되는 것을 강조하는 주기의 개념이다. 순환하는 하위의 운동 프레임은 반복적인 저항과 동원의 주기를 만든다.

앞에서 살펴본 기존의 서구 사회운동 이론은 비록 역사성을 담는 데 뚜렷한 한계를 보이지만 사회운동 분석을 위한 중요한 이론적 성과를 누적시켰다. 특히 사회운동을 설명하는 기존 이론의 주요 분석요소들은 역사주기론의 분석적 요소로서 여전히 유용성을 갖는다. 말하자면 하나의 역사국면에 조응하는 사회운동의 역사주기는 무엇보다 운동의 역사적 프레임과 프레임의 변화를 설명할 수 있어야 한다. 이 같은 운동의 역사 프레임은 특정 시점의 사회운동을 구성하는 미시적·거시적·중위적 수준의 다양한 분석단위들과 결부되어 있다. 요컨대 사회운동에 관한 역사주기론의 접근은 바로 운동주기 내에서 프레임의 변화를 추동하는 이 같은 분석적 요소들에 주목해야 한다.

사회운동 분석의 서로 다른 수준에 있어서 강조되는 분석적 요소는 다양하다. 미시적 분석수준은 개인의 심리적 동기를 강조하는 경향이 있지만 사회운동의 동원구조와 관련해서는 미시구조적 요소에 주목하는 것이 중요하다. 기존의 운동조직에 소속된 사람과의 사전 접촉이나 개인이 소속된 조직의 규모, 사회운동 참여의 경험, 개인의 생애적 환경 등이 미시구조적 요소로 의미를 갖는다. 특히 미시동원 맥락micro-mobilization context은 미시구조적 요소로서 특별한 의미를 갖는다. 미시동원맥락은 사회운동의 가장 낮은 단계에서 작동하는 기초적 조직형태로 구성된 소집단의 구성체로 비공식적으로 조직된 하위집단이나 친구관계 등을 의미한다. 거시적 분석 수준은 거시 정치적 조건, 거시 경제적 조건, 거시 조직적 조건 등으로 구분할 수 있다. 이 가운데 정치적 환경으로 사회운동과 긴밀하게 연결된 정치적 기회구조는 운동의 프레임과 연관된 핵심 요소이다. 경제적 호황과 불황의 기복이나 인구유입과 도시화와 같은 인구 지리적 변화의 요소도 거시적 분석 수준에서 중요한 내용들이다. 중위분석의 수준에서 강조되는 분석단위는 사회운동조직과 조직의 연계다.

이 같은 미시적·거시적·중위적 조건은 행위자의 사회적 위치를 설명하는 분석적 요소고 이러한 요소들은 운동의 역사적 프레임을 해석할 수 있는 이론적 자원이다. 이러한 분석적 요소들이 역사적으로 특수한 국면의 규정 속에서 사회운동의 역사주기를 구성하는 특수한 요소로 설명될 때 사회운동 분석에서 역사성은 새로운 이론적 지평을 열 수 있다.

3. 4월 혁명과 민족민주운동의 주기

1960년 4월 혁명은 한국에서 시민의 힘으로 국가권력을 무너뜨리는 데 성공한 정치적 대사건이었다. 이러한 정치사적 의의와 아울러 4월 혁명은 1980년대 말까지 전개된 한국 민주화운동의 문화적 원천으로 작용했다. 그럼에도 불구하고 4월 혁명이래 1980년대까지의 민주화운동에 관한 '사회운동론적 분석'은 크게 제한되어 있었다. 사회운동을 설명하는 서구 사회운동이론이 한국에 본격적으로 수용되고 이를 도구로 사회운동 분석이 활발하게 시도된 것은 1990년대 이후다. 이 점에서 1980년대 이전까지 한국에서 사회운동 분석은 크게 지체되어 있었다.

그러나 무엇보다 4월 혁명과 4월 혁명 이후 사회운동의 관계에 대한 분석이 제약되었던 핵심적 요인은 4월 혁명이 다른 사회운동과 달리 '혁명'으로 평가됨으로써 사회운동 분석과는 다른 차원에서 다루어진 데 있다. 사회운동은 혁명과 결합되는 경우가 많고 이론적 수준에서도 사회운동의 설명도구들은 혁명분석에 유용한 수단이 될 수 있다. 그러나 사회운동은 사회의 부분질서와 관련된 반면 혁명은 사회의 지배질서를 근본적으로 바꾸는 것이기 때문에 양자는 서로 다른 분석단위로 간주되었다. 따라서 혁명분석은 사회구성체의 총체적 변동에 관심을 가짐으로써 정치질서, 경제질서, 사회문화영역의 질서, 국제관계의 질서가 전환하는 것에 주목하게 된다.

4월 혁명은 봉건적 지배질서를 무너뜨린 부르주아 시민혁명이나 부르주아 지배질서를 무너뜨린 사회주의혁명과 같이 지배질서를 전복시키는 데 이르지는 못했다. 사회과학에서 혁명이란 용어는 지배질서를 무너뜨리고 보다 근본적으로 새로운 지배질서를 구축하는 것을 의미한다. 4월 혁명은 정치권력을 무너뜨렸으나 지배질서를 근본적으로 바꾸지 않았음에도 불구하고 4월 혁명을 '혁명'이라고 부르는 데 익숙하다. 왜 1960년 4월의 거대한 시민행동을 혁명이라고 부르는가?

4월 혁명에 대한 평가는 다양하게 제시되고 있다. 그 가운데 4월의 시민행동을 혁명으로 평가하는 입장도 다양하다. 무엇보다 혁명론적 입장은 4월 혁명의 이념이 이승만정권의 잘못된 출발에 대한 거부뿐만 아니라 처음부터 바로 세워졌어야 할 공동체의 이상을 지향했다는 시각(김정남, 2004)이 대표적이다. 이 시각은 4월 혁명의 이념을 반독재 민주, 반외세 민족자주, 반분열 통일, 반부패특권 민중 등으로 요약한다. 말하자면 혁명론적 시각은 4월 혁명이 단순히 이승만 정권의 부정선거에 대한 저항에 그치는 것이 아니라 일제와 미군정과 분단의 외세를 벗어나 애초에 봉건적 질서를 허물고 새로운 지배질서를 구축하고자 하는 시민혁명의 이상을 내재한다는 평가이다.

따라서 4월 혁명이 혁명인 것은 해방 이후 잘못된 지배질서가 누적시킨 부패와 사회악에 대한 근본적 불만이 표출된 것이며, 봉건적 인습과 친일로 얽힌 지배질서의 낡은 것과 썩은 것을 몰아내고자 하는 저항행동이기 때문이다(김성식, 1960; 서중석 2007). 아울러 4·19를 학생과 지식층이 중산계급을 대신해 궐기하여 신질대주의를 타도한 시민민주혁명으로 보는 시각(차기벽, 1983), 독재정권의 타도뿐만 아니라 독재정권과 결합한 특권적인 재벌이나 기업가층 몰락의 바탕을 마련했다는 시각(민석홍, 1960) 등도 4·19에 대한 혁명론적 입장을 보여 준다.

이 같은 혁명론의 관점은 4월 혁명을 단순히 현상으로만 관찰하는 것이 아니라 4월 혁명의 궁극적 본질을 드러내어 보다 근원적인 시대정신을 투영시킨 결과라고 할 수 있다. 이 장 또한 4월 혁명의 본질적 의의에 주목한다.

1945년 한국은 일본제국주의의 강점기에서 해방되었다. 민족해방을 위한 오랜 독립운동이 있었지만 해방은 밖에서부터 주어졌다. 제2차 세계대전을 승리로 이끈 연합국의 전승물과 중첩되어 찾아온 것이다. 제2차 세계대전 이후 냉전적 세계질서에서 한반도는 소련과 미국의 군정기를 맞았다. 신탁통치에 대한 격렬한 대립이후 1948년 남한과 북한은 서로 다른 단독정부를 수립했고, 마침내 1950년 한국전쟁을 거친 후 남북분단이라는 원하지 않는 현실을 맞게 되었다. 적어도 구한말에서 일제강점기를 거쳐 미군정과 분단을 맞은 시기까지 한국인의 열망은 통일민족국가의 건설에 있었다. 국민들이 염원하는 통일민족국가의 질서는 구한말에서 일제강점기와 미군정으로 가는 동안 변하지 않고 누적된 지배질서를 새로운 정치질서로 바꾸는 것을 의미했다. 이 같이 민족주의에 바탕을 둔 새로운 정치질서는 시민혁명적 수준의 과제였다.

다른 한편, 미군정 이후 한반도 남쪽에는 남한 단독정부가 수립되고 강력한 반공이념을 근간으로 하는 자유민주주의 정치체제를 출범시켰다. 1948년 이승만을 초대 대통령으로 하는 제1공화국 출범 이후 대통령 선출과정은 이승만의 종신집권을 위한 변칙과 파국의 연속이었다. 헌정을 유린하는 반민주적 정치과정을 통해 세 번 연속 집권한 이승만은 종신대통령을 꿈꾸며 1960년 네 번째 대통령 선거에 출마하면서 4월 혁명의 거대한 저항에 부딪혔다. 무엇보다 이승만 정권의 장기집권 시기는 자본주의 경제질서를 바탕으로 하는 자유민주주의 정치체제를 표방하고 있었음에도 불구하고 현실은 이승만이 봉건군주와 같이 행세하는 제왕적 독재로 얼룩져 있었다. 따라서 이 시기 국민이 열망하는 민주주의의 과제 또한 단순히 이승만 정권에 대한 불만을 넘어 이승만을 중심으로 하는 구지배질서와 봉건적 권위주의의 껍질을 벗는 데 있었다. 이 같은 민주주의적 지향 역시 본질적으로는 시민혁명적 민주주의의 과제였다.

남한 단독정부의 수립과 한국전쟁, 분단국가 형성 과정에서 반공이데올로기는 강력한 국가이념으로 작동했다. 남한의 반공이데올로기는 사회주의 이념을 기반으로 단독정부를 구성한 북한과의 극단적 대결을 위한 무기였으며 이른바 '북진통일'의 근거이기도 했다. 따라서 통일민족국가를 향한 국민적 염원은 반공이데올로기를 기반으로 하는 관제적 통일론을 제외하고는 철저히 통제되었다.

그러나 비록 통제되고 잠복되어 있었음에도 불구하고 통일민족국가를 향한 민족의식 나아가 민족주의 정신은 국민 각자에게 뚜렷하게 내면화되었다. 적어도 민족주의는 해방 이후 한국 사회를 이끄는 시대정신이자 역사적 프레임으로 자리 잡았다. 여기에 남한에서 이승만 독재의 현실은 자유민주주의에 대한 열망을 또 하나의 시대정신으로 자리 잡게 했다. 반공이데올로기의 강력한 통제 속에서 민족적이고 민주적인 혁명적 열망은 출구를 기다리고 있었다.

주지하듯이, 1960년 3월 15일의 대통령 선거는 이승만을 대통령으로 만들기 위해 모든 공권력과 모든 수단이 동원된 불법 부정선거로 진행되었다. 개표 과정에서 자유당의 이승만과 이기붕의 표가 너무 많아 조정을 위해 감표할 정도로 상상을 초월한 불법과 부정이 자행되었다. 유세 과정에서 공권력의 불법선거에 항의하는 대구지역 고등학생들의 이른바 2·28 시위가 저항의 첫발을 뗀 후 투표일인 3월 15일 마산에서 경찰의 발포로 8명의 사망자와 80여 명의 중상자가 발생한 최초의 유혈사태가 빚어졌다(민주화운동기념사업회 편, 2008: 114). 이 사태는 전국적인 시위를 불렀는데 이 시점까지 시위는 주로 고등학생이 주축이었다.

4월 들어 마산의 중앙부두에서 3월 15일 1차 마산 시위에서 행방불명되었던 김주열 군의 시체가 최루탄에 눈을 관통당한 처참한 모습으로 떠올랐다. 4월 11일 2차 마산시위는 걷잡을 수 없이 확산되어 전국의 주요도시로 번져 갔다. 1, 2차 마산 시위 이후 시위의 주체는 대학생들로 확대되었다. 4월 18일 고대생들의 시위를 탄압하는 데 흉기로 무장한 정치깡패들이 동원된 데 분노한 학생과 시민들에 의해 이른바 피의 화요일이라고 불린 4월 19일, 서울을 비롯한 전국에서 이승만 독재타도를 외치는 거대한 저항이 휘몰아 쳤다. 이 거대한 민심의 분노 앞에서 미국의 입장도 바뀌었지만 이승만은 주변을 정리하는 선에서 마무리 짓고 자신의 지위는 유지하고자 했다. 격앙된 저항의 분위기가 다소 가라앉는 듯했으나 4월 25일 '학생의 피에 보답하라'며 거리로 나선 대학교수들의 시위는 정국을 급변시켰다. 교수들을 따르는 시위는 4만~5만 명으로 불어났고, 다음 날인 4월 26일 서울의 중심거리인 세종로에는 10만 명이 넘는 시위대가 운집했다. 매카나기 주한 미국대사는 이승만의 다음 역할을 권고했고 이승만은 학생 및 시민대표와 면담 후 마침내 하야 성명을 발표했다. 승리의 화요일이었다.

4월 혁명은 부정한 국가권력을 온전히 시민의 힘으로 무너뜨린 현대사 초유의 혁명적 저항이었다는 점에서 한국에서 주권자로서 시민의 정치사는 여기에서부터 시작한다. 4월 혁명으로 집권한 민주당

정권은 근본적으로 새로운 지배질서를 구축한 것이 아니었고, 연이은 5월 박정희 쿠데타로 역사는 새로운 독재를 준비했다. 그럼에도 불구하고 4월 혁명은 일제와 해방, 이승만 체제로 이어지는 누적된 지배질서에 대한 저항의 분출이었다. 따라서 저항의 프레임으로 내장된 민족주의와 민주주의는 혁명적 가치를 갖는 것이었다. 비록 4월 혁명의 저항 프레임은 표면적으로는 반독재 민주주의의 정신이었지만 민주주의의 내면에는 통일민족국가에 대한 민족주의의 갈망이 내재되어 있었다. 말하자면 4월 혁명의 핵심 프레임은 민족주의가 뿜어낸 민주주의라는 점에서 민족주의와 민주주의가 두 개의 축이라고 말할 수 있다.

혁명과 사회운동의 동학을 역사주기의 시각에서 볼 때, 역사의 심층에는 수백 년을 주기로 하는 장기지속의 구조사가 있고 표층에는 단기간에 발생하는 사건사가 있다면 수십 년을 주기로 하는 국면사가 그 중간층을 이룬다. 나는 해방 이후 정부수립에서부터 1980년대 말까지를 하나의 국면사로 보고자 한다. 이 시기는 세계적으로는 제2차 세계대전이 끝나면서 냉전의 시대로 돌입한 이후부터 동구 사회주의의 붕괴와 함께 냉전의 시대가 마감된 시점까지 약 40년의 시기에 해당한다. 이 시기는 특히 자유진영과 공산진영이 이념적 대결을 통해 국가주의를 강화하는 극단적 정치의 시대였다. 한국에서 이 시기는 냉전의 효과가 가장 직접적으로 작용함으로써 분단의 질서가 고착되고 남한과 북한의 이념대결이 치열하게 나타났던 '분단'과 '국가주의'의 시대였다. 따라서 나는 이 시기를 민족분단이 고착화되고 외세의 규정력이 극대화된 '분단 상황'과 민간에서 군부로 이어지는 권위주의 정치권력의 억압적 '국가주의'가 결합됨으로써 반공이데 올로기와 국가주의 이념이 지배하는 '분단·국가주의 역사국면'으로 보고자 한다(조대엽, 2010a: 7).

　구한말의 정치변동과 일제강점기, 해방 후 미군정과 정부수립, 한국전쟁을 겪으면서도 남한의 지배질서는 근본적으로 바뀌지 않았다. 그러나 제2차 세계대전의 종전과 함께 냉전질서가 개막되었으며, 특히 한국에서 1948년의 정부수립을 비록 불완전한 수준이기는 하지만 근대국민국가의 제도적 틀을 중심으로 사회변동과 정치변동의 쟁점이 제기되는 새로운 역사국면의 시작점으로 해석할 수 있다(조대엽, 2010a: 8). 구한말의 정치적 혼란이후 약 40년 이상 지속된 일제의 강점기는 무력을 통한 제국주의 지배가 정당화된 '식민·군국주의 역사국면'이라고 말할 수 있다. 무엇보다 냉전의 세계질서와 함께 도래한 분단·국가주의 역사 프레임은 식민·군국주의 역사 프레임을 넘어 새로운 역사국면의 개막을 알렸다.

　분단·국가주의 프레임은 해방 이후 새로운 역사국면을 구성하는 지배 프레임이라고 할 수 있다. 이제 하나의 역사국면을 거대주기로 볼 때, 분단·국가주의 역사국면에서 나타나는 사회운동의 저항주기를 '민족·민주운동의 주기'라고 말할 수 있다. 분단과 국가주의의 지배 프레임에 저항하는 사회운동의 거대 프레임은 민족주의와 민주주의가 결합되어 나타났다. 이러한 민족주의와 민주주의 프레임은 약 40년에 걸친 시기 동안 반복적으로 나타나는 순환주기들을 만들어냄으로써 하나의 긴 역사주기를 이루었다. 이제 분단·국가주의 역사국면 내에서 전개되는 저항운동의 순환주기 전체를 '민족민주운동

〈표 3-1〉 민족민주운동의 역사주기와 순환주기

역사국면	분단 · 국가주의 국면			
역사주기	민족 · 민주운동의 주기			
순환주기	4월 혁명 주기	6·3 항쟁 주기	부마/ 광주 항쟁 주기	6월 항쟁 주기
연도	60 61 62 63 64 65 66 67 68 69 70 71 72 73 74 75 76 77 78 79 80 81 82 83 84 85 86 87 88 89 90			

출처: 조대엽. 2010a.

의 역사주기'라고 말할 수 있다면, 그 이전의 식민·군국주의 역사국면은 '민족해방운동의 주기'라고 할 수 있다. 나아가 1990년대 이후의 새로운 역사국면은 탈냉전·시장주의 역사국면에서 전개되는 '시민사회운동의 주기'라고 할 수 있다.[5]

4월 혁명은 혁명적 의의만큼이나 광범한 사회적 영향을 미쳤는데 무엇보다 4월 혁명이야말로 민족민주운동주기에 전개된 모든 사회운동의 역사적이고 문화적인 원천이 되었다는 점에 주목해야 한다(조대엽, 2010b: 87). 민족민주운동주기의 모든 사회운동은 민족주의와 민주주의라는 보편 프레임으로 전개되었다. 4월 혁명은 바로 이 같은 운동이념의 근원이었다.

---

5   제1장의 〈표 1-1〉 '역사국면과 운동주기'를 참조.

1960년 4월 혁명 직후 한국 사회에는 이승만 정권 동안 강력히 통제되었던 통일운동이 분출했다. 다양한 단체들이 주창했던 다양한 통일운동의 흐름은 민족주의에 바탕을 두었다. 4월 혁명 이듬해 박정희가 주도하는 군부쿠데타는 이후 오랜 군부독재의 개막을 알렸다. 1960년대에는 4월 혁명 이후 통일운동이 광범하게 전개되었고, 박정희 집권 이후 1964년에는 한일회담에 반대하는 6·3 항쟁이 있었다. 1970년대 들어 유신체제에 반대하는 반유신운동과 부마항쟁이 있었다. 그리고 1980년대 전두환 신군부에 저항하는 광주항쟁과 6월 항쟁이 민족민주운동주기의 거대한 분수령이 되었다.

민족민주운동주기의 모든 운동들, 이른바 민주화운동으로 표현되는 모든 운동들은 민족통일의 문제와 민주주의의 문제를 운동의 핵심 프레임으로 공유했다. 민족민주운동의 프레임은 근본적으로 1960년 4월 혁명의 민족·민주주의와 다르지 않았다. 민족민주운동의 역사수기 동안 반복되는 민족주의와 민주주의의 살래들은 4월 혁명의 거대한 저수지에 닿아 있다.

4. 민족민주운동과 민주주의 프레임

1) 1960년대 민족민주운동과 저항적 자유주의

민족주의와 민주주의는 근대국민국가의 보편적 이념이다. 제1공화국은 남한 단독정부 수립으로 불완전한 민족국가로 출발한 데다 한국전쟁과 남북분단은 민족통일이라는 민족적 과제를 국가공동체 제1의 과제로 새겼다. 그러나 냉전질서의 한복판에서 민족통일의 과제는 반공이데올로기라는 반통일의 이념을 통해서만 추구되었기 때문에 실질적인 통일에 대한 열망은 고도로 통제되었다. 분단에 기댄 명목뿐인 자유민주주의체제는 이념적 경직성과 편향성을 폭력적으로 드러냈다. 반공이데올로기는 민주적 정치과정을 기형적으로 뒤트는 원천으로 작동했다. 이러한 조건에서 민주주의의 과제는 국가공동체 제1의 과제였던 민족주의의 과제에 우선하는 제1공화국 정치공동체의 당면한 과제가 되었다.

이제 이승만 체제에서 민주주의의 과제는 독재의 현실 속에서 뚜렷한 당면과제로 등장했고 민족적 과제는 독재의 봉인 속에 갇힌 형국이 되었다. 민족적 과제를 짓누른 것은 독재의 현실이었고, 반독재의 민주주의 과제를 자극시킨 것은 1950년대 원조경제의 뚜렷한 감소와 함께 닥친 경제적 고통이었다. 4월 혁명은 해방 이후 누적된 민족공동체의 과제를 억누르던 정치적 억압의 외피를 걷어 내는 저항이었다. 민족적 과제와 민주적 과제를 위태롭게 내장한 채 봉합된 남한사회에서 먼저 풀린 봉인이 민주주의의 과제였다. 두 가지 태생적 모순을 억제하려면 무엇보다 현실정치과정을 비정상적이고 왜곡되게 운영할 수밖에 없었다. 그러한 비정상적 정치과정이야말로 민주주의의 과제를 우선적으로 드러나게 하는 직접적 요인이었다(조대엽, 2010a: 13).

4월 혁명의 민주주의 프레임을 3월 15일을 기준으로 구분하면 중고등학생들의 '학원 자유화 프레임'이 주류화된 가운데 추상적인 '부패와 독재배격'의 구호가 많았고 후기에는 보다 구체적인 부정선거 배격의 구호와 함께 '정권퇴진 프레임'이 확대된 것을 알 수 있다. 〈표 3-2〉에서 보듯이 전체적인 주장의 유형 가운데는 경찰, 사법부, 폭력배, 어용신문사 등에 대한 규탄과 같이 국가기구의 반민주적 운영에 대한 저항의식과, 학원자유, 공명선거, 시위권리 등과 같이 자유민주주의가 갖추어야 할 핵심적 지표에 대한 요구들이 혼재해 있다(조대엽, 2010a: 16).

학원 자유화 프레임에서 정권퇴진 프레임으로 이어지는 구호의 스펙트럼은 민주주의의 수준으로 보면 자유주의에 기초한 의회민주주의의 복원을 넘어서지 않는 수준에 있다. 민족민주운동의 첫 번째 순환주기에 해당하는 4월 혁명의 민주주의는 이처럼 냉전의 굴레에 갇힌 분단·국가주의 역사 프레임의 조건에서 형성된 '저항적 자유주의'에 머물렀다. 이러한 저항적 자유주의 지향의 민주주의 프레임은 민족민주운동의 주기 동안 오랜 기간 지속되다가 1980년대 민족민주운동의 순환주기에 변화가 있었다.

4월 혁명의 과제들이 새 정권에 의해 추진되는 중이던 1961년 5월 박정희는 군부쿠데타를 감행하고 집권했다. 박정희 군사정권은 일제 강점의 책임을 대일배상금을 통해 해결함으로써 한일 간 국교

<표 3-2> 4월 혁명 주기의 주요 이슈

이슈	총계		3·15 전		3·15 후	
	빈 도	%	빈 도	%	빈 도	%
학원의 자유	30	22	19	39.5	11	13
부정선거 배격	23	17	6	13	17	19
부패와 독재 배격	21	15	12	25	9	10
국민과 학생궐기 호소	15	11	7	14.5	8	9
경찰의 포학 규탄	12	9	0	0	12	14
시위권리 주장	11	8	0	0	11	13
정권사퇴 요구	7	5	0	0	7	8
구속학생석방 요구	4	3	1	2	3	3
폭력배 규탄	4	3	0	0	4	5
사법부 규탄	3	2	0	0	3	3
민주당 지지	2	1.5	2	4	0	0
공정보도 요구	1	1	0	0	1	1
신문강제구독 반대	1	1	1	2	0	0
기타	2	1.5	0	0	2	2
계	136	100	48	100	88	100

출처: 김성태, 1983: 107.

를 정상화하려고 시도했다. 4월 혁명 이후 가장 뚜렷한 민족민주운
동의 순환주기가 이른바 한일회담을 반대하는 6·3 항쟁으로 전개되
었다. 이 대규모 저항운동은 핵심 이슈가 대일외교로 부각된 민족주
의의 문제였지만 시간이 지날수록 박정희 정권의 비민주적 독재정치
를 겨냥함으로써 민주주의의 쟁점으로 전환되었다. 무엇보다 6·3 항
쟁의 전개과정에서 4월 혁명의 정신을 계승한다는 점이 명시적이고
반복적으로 제시된다. 4월 혁명의 민주주의 프레임은 적어도 6·3 항

쟁의 기회구조로 작용했던 것이다(조대엽, 2010a: 26).

6·3 항쟁의 민주주의 프레임은 관념적 수준에서 급진혁명을 지향하는 입장이 얼핏 등장했으나 대중적 수준에서 제시될 수 없었다. 말하자면 6·3의 민주주의 프레임의 가장 높은 수준이 반민주적 박정희 정권타도에 있었다는 점에서 의회질서를 중심으로 하는 자유민주주의 이상의 급진성을 찾기 어렵다. 6·3에 나타난 4월 혁명 계승정신은 적어도 민주주의 프레임에 있어서는 정상적 의회민주주의의 복원을 지향하는 저항적 자유주의의 프레임이라고 말할 수 있다(조대엽, 2010a: 26).

2) 1970년대 민족민주운동과 반유신 민주주의

1961년 군부쿠데타로 집권한 박정희는 1963년 민정이양을 위한 선거에 출마해 당선된 후 1967년 선거에서 재선되었다. 1969년에는 이른바 '3선 개헌'을 통해 세 번째 집권을 시도했고 1971년 대선에서 김대중과 94만 표 차이로 간신히 이겼다. 그리고 마침내 종신집권을 위한 계획을 실행함으로써 1972년 유신헌법을 선포하고 1979년까지 '유신체제'라는 유례없는 정치적 암흑기를 구축했다. 1972년의 유신헌법은 대통령 직선제를 폐지하고 간선제로 전환했으며 유신정우회를 신설하여 대통령이 국회의원의 3분의 1을 임명하도록 해서 의회를 대통령의 통제 아래 두었다. 유신체제는 의회민주주의의 유지가 불가능할 정도로 정치위기를 확대했으며 이에 대응해서 엄청나게 억압적인 폭력과 감시의 통제장치를 제도적으로 강화했다(민주화운동기념사업회 편, 2009: 19).

　유신체제에 대한 반정부시위를 비롯한 저항행동이 확산되자 박정희 정권은 대통령의 비상대권인 '긴급조치'로 대응했다. 1974년 유신헌법에 대한 논의 자체를 금지하는 긴급조치 1, 2호에 이어 1975년에는 모든 긴급조치의 내용을 망라한 것과도 같은 긴급조치 9호를 발동시켰다. 긴급조치 9호는 유언비어를 날조, 유포하는 행위, 다양한 수단을 통해 헌법을 부정·반대·왜곡 또는 비방하거나 그 개정 또는 폐지를 주장·청원·선동 또는 선전하는 행위, 이 조치를 공공연히 비방하는 행위, 그리고 사전허가를 받지 않은 학생의 집회·시위 또는 정치관여 행위 등을 금지했다.

　또 이를 위반하는 경우에는 주무장관이 위반자와 범행 당시의 소속 학교, 단체나 사업체 또는 그 대표자에 대해 제적·해임·해산·폐쇄·면허·취소 등의 조치를 취할 수 있게 했다. 아울러 이 조치에 의한 주무장관의 명령이나 조치는 사법적 심사의 대상이 되지 않는다는 내용을 담았다(민주화운동기념사업회 편, 2009: 181). 긴급조치로 인해 사실상 권력자가 무소불위의 절대권력을 갖게 된 1970년대 유신체제의 시기를 긴급조치의 시대라고도 불렀다. 긴급조치 9호는 박정희 사망 때까지 약 4년 6개월 동안 유지되었는데 이로 인한 구속인사는 1,387명에 이르고, 긴급조치 9호 관련 판결은 1,289건으로 피해자만 해도 974명에 이른다(진실화해를 위한 과거사 정리위원회, 2007: 291).

　민족민주운동의 주기 가운데 1970년대의 민주화운동은 '반유신 민주주의' 프레임으로 전개되었다. 유신체제 직후에 공개적인 학생운동은 실제로 불가했기 때문에 학생들은 소규모 지하활동을 통해 유신반대투쟁을 이어갔다. 이러한 투쟁은 고려대의 지하신문 〈민우〉지 사건과 〈야생화〉 사건, 전남대의 〈함성〉지 사건 등으로 표면화되었고 관련 회원들의 구속이 이어졌다(민주화운동기념사업회 편, 2009: 93~98). 학생들의 지하활동은 간첩단 사건이나 대규모 국가변란사건으로 조작되기 일쑤였다. 1973년에는 해외에서 반유신운동을 벌이던 김대중을 중앙정보부가 주도하여 납치하는 사건이 발생했고 이 사건은 대학과 재야, 언론의 반유신운동을 크게 활성화하는 계기가 되었다.

지하활동이 아닌 공개적인 대중투쟁은 1973년 10월 서울대 문리대가 주도하는 유신반대시위로 촉발되었다. 이어서 시위는 경북대, 이화여대, 고려대, 연세대, 성균관대 등으로 이어졌고 11월 말 이후에는 전국의 대학으로 확산되었다. 대학의 시위는 사회 전체적으로 반유신 투쟁을 확산시켰다. 기자들은 언론자유수호투쟁에 나섰고, 재야의 인사들은 '민주수호국민협의회'를 중심으로 다시 뭉치기 시작했다. 1973년 12월에는 '헌법개정청원운동본부'를 구성하고 '개헌청원 100만인 서명운동'을 전개함으로써 공개적이고 전면적인 반유신운동에 돌입했다(민주화운동기념사업회 편, 2009: 119~122)

1970년대 전반기 학생운동은 기독교 학생조직을 제외하면 전국적인 학생조직이 없었다. 1973년 말 전국적인 반유신시위의 확산과 함께 학생세력의 전국적 조직이 요구되었다. 이에 따라 '전국민주청년학생총연맹'(민청학련)의 결성을 위한 준비가 시작되었고 전국 주요대학의 이념서클 간의 연계를 하나로 연결하여 전국적 조직이 결성되었다.

민청학련은 1974년 3월 말에서 4월 초 사이에 대규모 시위를 계획하고 '민중민족민주선언'과 '민중의 소리' 등의 유인물을 뿌렸다. 각 대학에서의 시위는 이미 노출된 조직상황으로 인해 크게 성공적이지 못했다. 유신정권은 민청학련이라는 단체 하나를 목표로 긴급조치 4호라는 대통령의 비상대권을 발동했다(민주화운동기념사업회 편, 2009: 125~142). 그리고 정권은 인혁당 사건과 민청학련 사건을 연결시켜 수많은 학생과 교수, 종교계인사를 구속했다.

민청학련 사태 이후 재야의 활동은 오히려 활발해져 재야와 야당이 함께 참여하는 '민주회복국민회의'의 창립이라는 성과를 얻었고 국민회의는 전국적으로 호응을 얻었다. 유신체제에 대한 저항이 조직적이고도 강렬하게 전개되면서 유신정권은 유신헌법을 신성불가침의 영역으로 놓고 국민의 기본권을 박탈하는 긴급조치 9호를 발동시켰다.

긴급조치 9호 아래 재야운동은 연대와 결집을 강화했다. 1977년 3·1민주구국선언 이후 1978년에 민주화운동세력은 '민주주의 국민연합'으로 결집했고, 이 조직은 다시 1979년에 확대 개편되어 '민주주의와 민족통일을 위한 국민연합'(민주통일국민연합)을 출범시켰다. 민주통일국민연합은 민중주체의 민주정부 수립과 민족통일 달성을 목표로 함으로써 1970년대 민족민주운동의 민중지향성을 가시화했다. 이 같은 민중지향성은 1980년대 민족민주운동의 민중지향성으로 이어지는 가교적 기능을 가진 것으로도 이해할 수 있다.

1979년 유신의 말기에 부산·마산지역의 심각한 경기침체, 지역민주화운동의 성장, 그리고 부산·마산지역의 상징적 정치인 김영삼에 대한 탄압이 지역정서를 자극하면서 유신체제 최대의 대중적 저항이라고 할 수 있는 부마항쟁이 전개되었다. 부마항쟁은 민주화운동의 대중성을 가시적으로 확인시켰고, 반유신 항쟁이 전국적으로 확대되는 시점에서 박정희의 죽음으로 유신체제는 종말을 맞았다.

1970년대 민족민주운동의 순환주기 동안 반유신 민주주의 프레임은 기본적으로 국민의 기본권을 보장하는 자유민주체제의 확립에 중점을 두었다. 반유신 민주주의 프레임을 구성하는 보편적 내용들은 유신헌법철폐, 민주헌법제정, 언론자유보장, 민중생존권 보장, 자유민주주의 실현, 학원사찰 즉각 중지, 구속학생 석방, 정보파쇼통치 중지, 중앙정보부 해체, 학원언론자유 보장, 국민기본권 보장, 3권분립체제 재확립, 공명선거에 의한 평화적 정권교체, 개헌 등으로 선언되고 구호회되었다.

이 같은 내용들은 유신체제라는 명백한 독재정치질서를 의회주의적 자유민주주의 질서로 전환시키기 위한 기본적인 요구들이라고 할 수 있다. 민청학련이나 민주통일국민연합의 이념은 변혁주체로서 민중에 대한 자각과 민중연대의 과제를 인식하고 실천하고자 했다는 점에서 진보적 요소를 찾을 수 있다. 그러나 비록 1970년대 학생 재야 민주화운동세력의 민중연대 지향성은 민중을 변혁주체로 상정하는 데까지 나아가지는 못했다(김대영, 2007: 104~105). 이 점에서 1970년대 반유신 민주주의 프레임은 자유주의에 기초하는 민주주의 질서를 추구함으로써 저항적 자유주의의 프레임을 유지했다는 점에서 4월 혁명의 민주주의와 크게 다르지 않다.

3) 1980년대 민족민주운동과 혁명적 민주주의

1979년 10월 26일 부마항쟁이 전국적으로 확산조짐을 보이는 시점에서 박정희 대통령은 측근에게 시해되고 마침내 유신체제가 막을 내렸다. 박정희 시해사건 수사를 주도하던 당시 보안사령관 전두환은 12·12 쿠데타로 권력의 핵심을 장악했고 1980년 5월 학생시위가 전국적으로 확산되는 것을 우려해 비상계엄확대조치를 취하면서 5월 18일 광주민주항쟁이 촉발되었다.

공수특전단을 직접 투입한 군은 광주시민을 향한 무자비한 진압에 돌입했다. 163명의 사망자, 65명의 실종자, 항쟁 이후 사망자 87명, 부상자 3,076명, 구속자 429명, 연행 및 구금자 662명 등의 희생자를 만들어 한국 현대사에 깊게 파인 또 하나의 상처가 되었다. 1980년대는 광주의 전국화라고 말할 수 있을 정도로 신군부에 대한 저항운동이 전국적으로 확산되었다. 1979년 부마항쟁에서 민주화운동의 대중적 성장을 경험한 후 1980년대는 민주화운동이 광범한 대중성을 확보했다.

1980년대 중반에 들어 민주화운동세력은 민중지향성을 강화하면서 광범한 조직적 기반을 구축했고 전국적인 연대조직을 만들었다. 1984년에 출범한 '민중민주운동협의회'(민민협)와 '민주통일국민회의'(국민회의)가 통합되어 1985년 민주화운동 최대조직인 '민주통일민중운동연합'(민통련)이 출범했다. 학생과 재야운동은 더욱더 격렬해졌고 민중혁명을 지향하는 급진성을 띠기도 했다. 1987년 1월 서울대생 박종철 군의 고문치사 사건이 발생하면서 시위는 더욱 격렬해졌고 대통령 직선제 개헌을 요구하는 시민에게 전두환은 4월 13일 개헌할 수 없다는 이른바 호헌선언을 했다. 1987년 5월 민통련의 주도로 범국민적인 반신군부 민주화운동기구라고 할 수 있는 '민주헌법쟁취국민운동본부'(국본)가 결성되었으며, 국본의 주도로 전국적 규모의 거대한 시위가 가능했다. 1987년 6월 항쟁은 신군부 정권이 직선제 개헌을 수용하게 했고 이에 따라 정국은 선거국면으로 급속히 전환되었다. 6월 항쟁은 민족민주운동주기의 분수령이 되었다.

1980년대 민족민주운동에서 민주주의 프레임은 1970년대까지와는 다른 양상을 보이기 시작했다. 주지하듯이 4월 혁명 이래 1960년대의 민주주의 프레임은 자유주의에 기초한 의회민주주의의 복원이라고 말할 수 있다. 반이승만 민주주의 프레임이든 반박정희 민주주의 프레임이든 동일한 자유민주주의를 지향한 운동인 것이다. 1970년대 반유신민주주의 또한 저항적 자유주의를 근간으로 하는 민주주의 프레임이라는 점에서는 다르지 않다. 그러나 1980년대 민족민주운동의 민주주의 프레임은 직전 시기와는 뚜렷하게 다른 특징을 보였다.

1980년대 민족민주운동주기의 민주주의 프레임은 다음과 같은 세 가지 측면을 강조할 수 있다(조대엽, 2007: 118~119). 첫째, 민주주의 프레임의 이원화를 들 수 있다. 교회를 비롯한 종교단체의 온건 세력과 보수야당이 추구하는 자유민주주의의 신념체계가 일반시민과 함께 하나의 흐름을 이루었고, 학생운동권 및 재야민주화세력들은 '혁명적 민주주의'에 대한 열망이 컸다.

둘째, 민주주의 프레임의 급진화를 들 수 있다. 1960년대 6·3을 주도한 학생운동 내에 민족해방노선이 눈에 띄기 시작했고, 1970년 대 민청학련과 민주통일국민연합의 민주주의 프레임에서 민중지향 성이 드러나기도 했으나 이 시기까지 민주주의 프레임은 계급적 주 체를 전면화한 것으로 보이지는 않는다. 그러나 1980년대 민주주의 프레임은 이른바 민족민주혁명이나 민중민주혁명을 지향하는 계급 혁명적 급진주의의 경향을 보였다.

셋째, 혁명적 민주주의 프레임의 내부분화를 들 수 있다. 혁명적 민주주의 프레임 내부에서도 이념의 분화가 심했다. 1983년 창립해 서 민주화운동의 새로운 구심이 되었던 '민주화운동청년연합' 내부 의 민주주의 혁명노선에 관한 이른바 CNP 논쟁 이후 급진혁명노선 은 다양하게 분화되었다.[6]

결국 1980년대 민족민주운동의 민주주의 프레임은 혁명적 급진 성의 분화라는 특징을 갖는다. 이 같은 민족민주운동 프레임의 이원 화는 적어도 분단·국가주의 역사국면 내에서 1980년대 순환주기에 영향을 미치는 몇 가지 요인을 반영한다. 첫째로는 사회경제적 구조 변동을 반영하는 계급구조의 변화이다. 1960년대 농업기반의 사회 에서 농어민 중심의 계층구조는 1970년대 중화학공업화 이후 조직 노동자층의 급속한 팽창으로 노동자 중심의 계층구조로 바뀌었다.

둘째로는 노동자 중심의 계층구조가 민중운동의 계급적 기반을 크 게 확장시켰다. 따라서 부문운동 기반을 확충했으며, 동시에 대학생

---

6   당시 한국의 현 단계 혁명조건에 대한 진단을 통해 시민민주주의 혁명론, 민족민주주의 혁명론, 민중민주주의 혁명론 간의 논쟁이 있었고 이러한 논쟁은 한국 사회의 성격을 규 명하는 이른바 사회구성체논쟁과 함께 더욱 세분화되었다.

의 규모도 크게 늘어나 학생운동의 저변도 확충되었고 아울러 지역운동 기반도 확장되었다. 이 같은 저항의 기반 확장은 운동의 급진성을 자극했다.

셋째로 1980년대 민족민주운동의 원천적 요소라고 할 수 있는 광주민주항쟁의 효과를 들 수 있다. 광주항쟁 기간 극단적 국가폭력의 경험은 국가권력에 대한 근본적 도전을 자극했고 이러한 도전을 위한 정교한 노선의 설정을 압박했다. 말하자면 광주민주항쟁에 대한 성찰이야말로 한국 사회의 근본적 변혁을 위한 운동노선을 생산하게 함으로써 민주주의 프레임을 급진화시켰다.

그럼에도 불구하고 박종철 고문치사와 6월 항쟁의 시위도중 쓰러져 마침내 숨진 이한열의 죽음은 다양한 분파가 결합된 '국본'의 민주주의 프레임을 '직선제 개헌'이라는 가장 온건한 수준으로 만들었다. 직선제 개헌의 프레임은 가장 낮은 수준의 목표로 가장 광범한 국민적 동원을 가능하게 했다. 무엇보다 이 같은 직선제 민주주의 프레임은 여전히 분단과 냉전의 조건 속에서 일반시민이 공유한 민주주의 프레임은 자유주의에 기반을 둔 온건한 민주주의였다는 사실을 반영한다. 따라서 1980년대 민족민주운동 주기의 반신군부 민주주의 프레임은 민중주의적 급진성을 보였으나 최종적으로 구성된 범국민적 저항의 프레임은 민족민주운동주기의 첫 순환주기였던 4월 혁명의 프레임에서 시작된 연속성을 가졌다.

5. 민족민주운동과 민족주의 프레임

1) 1960년대 민족민주운동과 통일-자립 민족주의

앞의 1960년대 민주주의 프레임에서 언급했듯이 민족공동체 제1의 과제였던 민족문제는 제1공화국의 반민주적 억압의 정치질서에 갇혀 있었다. 따라서 제2의 과제였던 민주주의의 문제가 해결하지 않고는 민족적 과제는 가시화할 수 없는 조건에 있었다. 4월 혁명은 시민들 스스로가 민주주의의 과제를 우선적으로 대면하고 독재정치를 무너뜨리는 과정이었다. 민주주의를 억압하는 독재의 봉인이 풀린 후 민족적 과제가 전면적으로 등장하는 것은 너무도 당연한 일이다. 4월 혁명은 민족민주운동의 주기에 전개된 민족적 과제로서 통일운동의 문을 열어 재낀 셈이다.

4월 혁명으로 조성된 정치적 개방국면은 민주주의 프레임을 자연스럽게 '통일민족주의' 프레임으로 전환시켰다. 국가보안법이 완화 개정되고 언론자유와 정치활동의 자유를 확대하는 법안들의 통과가 '통일민족주의' 운동의 기회구조가 되었다. 국제적 맥락의 기회구조 또한 의미 있는 배경이 되었다. 미소간의 공존구조가 자리 잡고, 제3세계 민족주의가 1955년의 반둥회의를 통해 고양되었으며, 북한 수상 김일성의 남북교류 제안은 4월 혁명 직후의 통일민족주의를 자극하는 요인이 되었다(민주화운동기념사업회 연구소 편, 2008: 286~287).

이 시기 통일민족주의 프레임을 구축한 통일론은 다양했다. 한국을 영세중립국으로 만들어 통일하자는 온건주의적인 '중립화통일론'의 흐름에서부터 통일과 민족해방혁명을 동시적 과제로 설정한 급진적인 '남북협상론'에 이르기까지 다양한 통일논의가 제기되었다. 이 같은 다양한 스펙트럼의 통일운동 흐름을 '통일민족주의' 프레임으로 본다면 이러한 프레임을 구축하는 조직기반은 학생통일운동조직과 통일운동시민사회단체, 혁신계 정당 등을 들 수 있다(조대엽, 2010a: 19).

학생통일운동조직은 대학생 '민족통일연맹' 결성으로 많은 대학에 확산되었으며 민족통일전국학생연맹 결성준비위원회를 개최하는 단계까지 이르렀다. 통일운동시민사회단체들은 민족민주청년동맹, 통일민주청년동맹, 경북 민족통일연맹 등이 큰 규모로 활동하다가 민족자주통일협의회라는 전국적 조직결성을 준비했다. 혁신계 정당으로는 통일사회당, 사회대중당, 혁신당, 사회당 등이 있었다. 학생과 사회단체, 혁신정당 내에서도 통일민족주의 운동은 온건한 노선에서부터 급진적 노선까지 다양했다 (민주화운동기념사업회 연구소 편, 2008: 288~317).

1960년대 4월 혁명기의 통일민족주의는 전국적으로 통일운동조직이 확산되는 시점에서 박정희의 군부쿠데타로 좌절되었다. 박정희 정권의 출범과 함께 통일논의는 다시 정부의 전유물로 엄격하게 통제되었다. 통일민족주의는 극우적 지향으로 변질되어 정권의 유지를 위한 전략으로만 존재했다.

민족민주운동의 주기에서 1960년대 6·3 항쟁의 주기는 또 하나의 민족주의 프레임을 제시했다. 6·3 항쟁은 민족민주운동의 주기 가운데 4월 혁명에 이어 두 번째로 나타난 격렬한 저항의 순환주기다. 주지하듯이 6·3의 순환주기는 1964년에서 1965년에 걸쳐 전개된 한일협정반대투쟁의 시기다. 이 운동주기 또한 민족주의 프레임과 민주주의 프레임이 복합적으로 작동함으로써 민족적 과제와 민주주의의 과제가 불완전한 민족국가에서 중첩되어 있다는 사실을 다시 확인하게 했다(조대엽, 2010a: 22).

이 시기 민족주의 프레임은 박정희 군사정권에 특수한 것이었는데 4월 혁명 주기의 '통일민족주의' 프레임이 대일외교의 '자립민족주의' 프레임으로 전환되었다. 이 시기 민족민주운동의 흐름에서 학생운동 진영에서 민족혁명론의 자주적 시각이 잠시 등장하기도 했다. 그러나 이러한 급진적 입장은 보편성을 얻지 못하고 다만 외교적 수준의 자립민족주의 프레임이 확산되었다.

이 시기 한일협상의 국제적 배경은 미국의 동아시아 지역통합전략이다. 제2차 세계대전 이후 미국은 자기 주도의 자유주의 질서를 더욱 공고화하기 위해 유럽과 동아시아에서 지역통합전략을 시도하는데 동아시아에서 한미일 삼각동맹의 구축은 그 핵심과제였다. 미국의 의도와 박정희 군사정권의 욕구가 결합하면서 한일협정은 급물살을 타기 시작했다.

1964년 3월 24일 쿠데타 이후 최초의 대규모 시위가 전개되었다. 이 시위에서 제기된 것은 한일회담의 즉각 중지, 평화선 고수, 일본 독점자본의 축출, 친일국내매판 자본가 타살, 미국의 한일회담 관여 거부 등의 요구였다.(대학신문, 1964. 3. 26). 이러한 주장들은 6·3 항쟁이 점차 박정희 정권에 대한 항거로 확산되었으나 그 출발은 대일 굴욕외교에 대한 반대였고, 부당한 외세의 압력에 대한 항의였다는 사실을 말해 준다. 대일 혹은 국제관계에 있어서 자립적 외교를 지향하는 민족주의 프레임이라고 할 수 있다.

2) 1970년대 민족민주운동과 자립-통일 민족주의

긴급조치로 얼룩진 유신체제는 반공이데올로기와 국가폭력을 통해 고도로 폐쇄적이고 억압적 정치질서를 만들었다. 이러한 반민주적 반공이데올로기 사회에서 민족문제는, 특히 남북한 통일을 지향하는 민족주의는 등장하는 순간 '용공'이나 '간첩'으로 몰려 고강도 탄압의 대상이 되었다. 반민주적 정치사회공간에서 민족문제는 제기되기 어려웠고, 이에 따라 1970년대 민족민주운동의 우선적 과제는 민주주의적 기반을 회복하는 데 있었다. 마치 이승만 독재에 저항하는 민족민주운동의 첫 번째 순환주기에서 4월 혁명으로 민주주의의 문이 우선 열렸듯이 1970년대의 민족민주운동의 순환주기에서도 민주주의의 문을 여는 것이 우선적 과제였던 것이다.

그럼에도 불구하고 민족문제는 민족민주운동주기의 본질적 운동 프레임이었다. 정치적 억압이 극심하고 민족민주운동의 기반이 취약한 시기에는 외교 및 경제적 자립을 지향하는 낮은 수준의 민족주의 프레임이 등장하지만, 정치적 공간이 조금이라도 열리고 민족민주운동의 기반이 확장되면 민족문제는 즉시 통일 민족주의의 프레임으로 전환했다.

1970년대 유신체제는 어떤 시기보다 정치적 탄압이 고도화되었고 민족민주운동의 기반은 이른바 재야라는 이름으로 고립되어 있었다. 이러한 조건에서 민족주의 프레임은 일본과의 외교적·경제적 자립의 문제에 초점이 맞추어졌고, 유신체제의 말기 반유신운동의 대중성이 확장되는 조건에서 민족통일의 프레임이 등장했으나 아직은 구호 수준에 머물러 있었다.

유신체제 수립 이후 공개적인 첫 유신반대 시위는 1973년 10월 서울대 문리대 학생시위였다. 11월에 고려대 시위, 서울대 상대 시위가 이어지고 이후 시위는 전국 대학으로 확산되었다. 11월에만 전국 35개 대학에서 시위가 있었고, 12월에는 22개 대학과 고등학교로도 시위는 확산되었다. 이 시기 학생시위의 선언문에는 '국민의 기본권을 보장하는 자유민주체제의 확립'과 함께 '대일예속화의 즉각 중지 및 민족자립경제체제의 확립'이라는 민족적 과제가 동시적으로 제기되었다(한국기독교교회협의회 인권위원회 편, 1987: 274~275). 대부분의 대학시위에서 대일굴욕외교 중지와 대외 의존적 경제정책 청산, 자립경제 확립 등은 결의문의 핵심조항이었다. 이 시기 학생운동의 민족주의 프레임은 6·3 항쟁주기에서 전면적으로 제기되었던 박정희 정권의 대일밀실외교에 대한 의혹이 대일예속의 문제로 재생산되고 있음을 알 수 있게 한다. 그리고 이러한 대일예속의 문제는 국민을 위한 경제정책 수립 및 외자도입 중단, 한일경제 흑막공개, 일본의 경제침략 현황 고발 등의 구호로 등장했다. 이러한 구호에는 빈부격차의 확대와 종속경제, 민중생활 파탄 등과 결부된 경제적 자립문제가 반영되어 있다.

1970년대 민족민주운동의 경제적 자립에 관한 이 같은 프레임은 1974년 전국적인 반유신투쟁조직으로 준비되었던 민청학련의 이념으로 응축되었다. 1970년대는 전태일의 분신과 광주대단지 사태 등으로 노동자, 농민, 도시빈민 등의 사회경제적 문제가 전면에 떠오른 시기였다. 1970년대 민족민주운동에서 사회경제적 문제제기는 '민중'의 존재를 쟁점화하는 계기가 되었다.

민청학련의 1974년 4월 3일 시위에서 배포된 '민중·민족·민주선언'에서는 민중의 삶과 민족문제, 민주주의의 문제가 분리되지 않는다는 점을 밝히고 있다. 이 선언에는 한국 사회의 지배구조가 부패특권체제이며 "기아수출입국, GNP 신앙을 교리로 내걸고 민족자본의 압살과 매판화를 종용하여 수십억 달러의 부채를 국민에게 전가"시키고 있다는 점을 강조했다. 동시에, "반민족적 대외의존경제를 청산하고 자립경제를 확립"할 것 등의 사회경제적 자립을 중심으로 하는 민족적 과제를 제시함으로써 민중적 과제와 민족적 과제가 중첩된다는 사실을 강조했다(한국기독교교회협의회 인권위원회 편, 1987a: 355~357).

민중과 민족에 관한 이 같은 일원적 이해는 민청학련의 다음과 같은 구호에도 잘 나타나 있다(한국기독교교회협의회 인권위원회 편, 1987a: 357). ① 굶어 죽을 자유 말고 먹고 살 권리 찾자! ② 배고파서 못 살겠다. 기아 임금 인상하라! ③ 유신이란 간판 걸고 국민 자유 박탈 마라! ④ 남북통일 사탕발림 영구집권 최후 수단 ⑤ 재벌 위한 경제성장 정권 위한 국민총화 ⑥ 왜놈 위한 공업화에 민중들만 죽어난다 등의 구호에는 민중 삶의 곤궁한 현실과 대일예속 경제의 문제, 민주주의의 문제가 분리되어 있지 않다는 사실을 잘 보여 준다.

이 같은 대일 자립경제를 지향하는 민족주의와 나아가 민중지향의 민족주의 프레임은 유신체제 말기로 갈수록 점차 민중 주체의 통일담론으로 제기되는 데 이른다. 1975년 5월부터 1979년 10월 유신의 종말까지의 시기, 이른바 긴급조치 9호 시기의 학생운동은 반유신 민주화뿐만 아니라 노동자와 농민의 현실 해결과 분단체제 극복과 민족통일을 운동의 핵심과제로 분명하게 설정했다. 나아가 정치적 사안을 당면문제로 이슈화했던 앞 세대들과 달리 연속성, 기획성, 조직성을 갖춘 운동을 전개했다(정태헌, 2007: 272~273). 재야민주화운동진영에서는 1974년 '민주회복국민회의'와 1978년의 '민주주의국민연합'을 계승하는 '민주통일국민연합'을 출범시켰다. 민주통일국민연합은 민중이 중심이 된 민주주의와 민족통일 달성을 천명했는데, 특히 '평화적 민족통일'을 지상과제로 했다는 점(한국기독교교회협의회 인권위원회 편, 1987b: 1,727)은 통일논의의 진화라고 할 수 있다.

1970년대 민족민주운동 주기에 전개된 민족주의의 과제는 이처럼 대일예속경제를 거부하는 자립경제 지향의 민족주의와 민중지향의 민족주의, 나아가 통일지향의 민족주의가 다양하게 등장한 시기였다. 그러나 비록 민중지향성과 통일지향성이 민족문제의 핵심과제로 인식되고 구호가 되었지만 민중적 존재가 변혁운동의 주체로 설정되거나 통일민족주의가 구체적으로 실행되는 수준에 이르지는 못했다. 유신체제의 엄혹한 조건과 민족민주운동 기반의 취약성은 적어도 민족적 과제에 관한 한 경제적 '자립 민족주의'를 주류 프레임으로 만들었다.

3) 1980년대 민족민주운동과 반미-통일 민족주의

1980년대 민족민주운동주기의 민족주의 프레임은 반미, 반제국주의적 지향이 분명히 드러났다는 점에서 가장 주목할 만한 지점이다 (조대엽, 2007: 123). 1980년 광주사태는 너무도 잔인하고 노골적인 국가폭력이 만든 참사였기 때문에 이 사태에 대한 미국의 역할을 규탄하는 투쟁이 광주항쟁 이후 곧바로 전개되었다. 광주민주항쟁이 전개되는 기간 동안 미국은 방관자적 입장을 취했다. 이러한 입장은 미국의 작전지휘권 아래 있는 전방부대를 이동하도록 미국이 허용함으로써 시민 살육을 지원하는 결과를 가져왔다는 점에서 학생운동은 무엇보다 반미구호를 노골적으로 외치기 시작했다.

1980년 12월 9일 광주미공보관 방화사건은 1980년대 민족민주운동주기에 전개된 반미투쟁의 신호탄이 되었다. 1982년 3월에는 부산미문화원 방화사건, 1983년 9월에는 대구미문화원 폭발사건이 있었다. 1985년 5월에는 서울대, 고려대, 연세대를 비롯한 5개 대학의 학생 76명이 서울 미문화원을 점거하고 단식농성에 돌입하면서 미국과의 대화를 시도하는 사태가 발생했다.

또 11월에도 주한미상공회의소 점거사건이 발생하기도 했다. 미국관련 기관에 대한 방화와 점거농성으로 표출되던 반미행동주의는 주로 광주항쟁에 대한 미국의 책임을 묻는 것이었다. 따라서 "자유와 민주주의를 사랑하는 미국 국민에게"라는 표현에서도 알 수 있듯이 기본적으로 자유주의적 지향의 반미주의라고 할 수 있다. 1980년대 중반까지의 이 같은 자유주의적 반미민족주의는 광주항쟁에서 미국의 처신을 문제 삼는 수준에 있었고 남한 학생운동의 맥락에서 출현했다는 점에서 일종의 '자생적 반미민족주의'라고 말할 수 있다(조대엽, 2007: 149~150).

1980년대 중반이 지나면서 특히 학생운동의 자생적 반미민족주의는 급속하게 급진적 경향을 띠기 시작했다. 이 시기 학생운동 진영에서는 이른바 민족해방민중민주혁명노선NLPDR, NL그룹이 대세를 이루면서 NL그룹 내부에서는 북한의 주체사상을 적극적으로 수용하기도 했다. NL그룹은 1986년 서울대 구국학생연맹(구학련), 고려대 애국학생회(애학회), 연세대 구국학생동맹(구학동) 등 각 대학에 선도적인 혁명적 대중조직들을 만들었다. 나아가 공개적 투쟁기구가 필요했기 때문에 각 대학별로 이른바 '반미자주화반파쇼민주화투쟁위원회'(자민투)를 결성했으며 그 산하에 다양한 투쟁조직을 두기도 했다.

학생운동의 이 같은 NL계열은 "미제국주의에 대한 불타는 적개심"을 강조하며 반미자주화투쟁을 최상위에 두고 조국통일촉진투쟁을 핵심적 투쟁목표로 삼았다. 다른 한편, NL계열과 당시 정세에 대한 진단을 달리하는 그룹들이 이른바 '반제반파쇼민족민주투쟁위원회'(민민투)를 각 대학에 결성함으로써 이 시기 학생운동의 이념적 분화를 가속시켰다.

반미민족주의 프레임을 주도했던 자민투 진영은 지역별로 투쟁위원회 연합을 조직하고 마침내 1986년 10월 28일 건국대에서 '전국반외세반독재애국학생투쟁연합'(애학투련) 결성을 시도했다. 이른바 건대사태로 기록된 이 민족해방계열의 집회는 1,525명이 연행되고 이 가운데 1,288명이 구속됨으로써 단일사건으로 세계최다 구속자의 기록을 세우며 마감되었으며, NL계열 학생운동은 엄청난 타격을 입었고 이에 따라 학생운동은 새로운 방향으로 1987년 6월 항쟁을 향한 대열에 합류했다.

1980년대 중반의 반미자주화투쟁과 조국통일투쟁을 목표로 하는 민족해방계열의 학생운동은 1980년대 전반기 학생운동의 자생적 반미민족주의와는 뚜렷한 차이를 보였다. NL노선을 주도한 반미주의는 무엇보다 북한의 김일성 주체사상을 교조적으로 수용하는 경향을 보였다. 당시의 주요 선언문에 등장하는 "미제에 대한 적개심과 그 앞잡이 전두환 괴뢰도당에 대한 분노로 피 끓는 애국청년 학우여…"로 시작하는 내용은 주체사상에 입각한 북한의 역사인식을 그대로 반영했고 어법이나 표현 또한 북한의 주장을 그대로 담았다. 이런 점에서 1980년대 중반 학생운동의 반미민족주의 프레임은 1980년대 전반기의 자생적 반미민족주의와는 확연히 다른 '교조적 반미민족주의'라고 말할 수 있다.

1980년대 민족민주운동 주기의 또 하나의 핵심 축이었던 재야민주화운동 진영에서는 기독교 통일운동이 남북한의 접촉을 시도하는 등 가장 적극적으로 전개되었다. 이와 아울러 재야의 새로운 연대조직들은 대부분 민족통일이 민주화운동의 궁극목표라는 점을 반영하는 이념적 목표를 명시적으로 제시했다.

1980년대 민족민주운동의 구심이었던 '민주화운동청년연합'은 1983년 창립선언문에서 "민족통일의 대과업을 성취하기 위하여 참된 민주정치는 반드시 확립되어야 한다"고 밝혔다. 또한 1984년 '민주통일국민회의'는 창립선언서에서 "분단의 극복과 민족통일 없이는 민족의 해방과 민족의 자주가 이루어질 수 없으며, 민주화의 길을 통하지 않고는 분단의 극복과 민족통일이 성취될 수 없다는 것이 우리의 확신"이라는 입장을 분명히 했다. 1985년 민족민주운동 주기의 최대 규모 운동단체로 결성된 '민주통일민중운동연합'(민통련)은 민주화와 통일의 과제가 동일한 것이며 그 주체가 민중이라는 점을 명확하게 했다. "민족의 분단, 국토의 분단, 자원의 분단, 이데올로기의 분단이라는 험난한 장벽을 안고 있다. 이 치욕의 장벽, 통탄의 장벽은 우리 민족 스스로 세운 것이 아니라 외세가 강요한 것이다. … 민주화와 통일은 양립된 개념이 아니라 표리일체의 관계에 있는 과제라는 진리가 자명해졌다"는 민통련의 주장은 이러한 사실을 잘 보여 준다(민주화운동기념사업회, 2010: 919~920). 나아가 민통련의 '민주통일민중운동선언'에는 정치부문에서는 "민족통일의 과정으로서의 민주화"를 강조하고, 경제영역에서는 "민족통일은 통일의 물질적 기반인 민족자주경제의 달성"을 강조했으며, 문화영역에서는 "민족문화의 새로운 건설, 민중정서의 주권 회복을 위한 과정을 거치는 민족통일"을 강조함으로써 1980년대 민족민주운동의 통일민족주의 프레임을 명확하게 했다.

1980년대 민족민주운동 주기의 학생운동과 재야운동의 반미민족주의와 통일민족주의 프레임은 무엇보다 전두환 정권의 비정통성과 혁명운동의 정당성을 드러내기 위한 정치적 규정에 실질적 의의를 두었다. 따라서 실제로 반미, 반외세의 민족주의 프레임이 대중적 통일운동으로 전환한 것은 1987년 6월 항쟁으로 민주주의의 기초가 일정하게 확보된 이후의 일이었다.

6월 항쟁 다음 해인 1988년에 폭발한 통일운동의 주인공도 역시 학생들이었다. 1988년 3월 서울대 총학생회장 후보 김중기의 '남북한 대학생 체육대회'와 '국토종단순례대행진' 제안이 통일운동의 기폭제가 되었다(민주화운동기념사업회, 2010: 923). 이 제안을 구체화하기 위한 남북학생회담이 제의되면서 국민적 관심을 일으킨 한편, 민통련을 비롯한 사회단체들은 남북공동올림픽과 6·10 남북학생회담 성사를 촉구하는 시국선언을 발표함으로써 통일운동은 더욱 활발하게 전개되었다. 1980년대 민족민주운동 주기의 통일민족주의 운동이 세계적 이목을 집중시킨 것은 방북열풍이었다. 1989년 문익환 목사의 방북에 이어 황석영 작가의 방북, 서경원 의원의 방북이 충격을 주었고, 전대협 대표 임수경의 방북은 통일민족주의 프레임을 최고조에 이르게 했다.

1980년대 민족민주운동주기의 민족주의 프레임은 반미주의 프레임이 주류를 이루는 가운데 통일민족주의 담론이 학생 및 재야운동의 핵심프레임으로 등장했다. 그러나 통일민족주의가 대중적인 실천운동으로 전개된 것은 1987년 6월 항쟁으로 개방된 운동공간에서 가능한 일이었다. 1988년 이후 남북한의 실질적인 교류를 시도하고 또 연속적인 방북의 시도는 이러한 점을 잘 보여 주고 있다. 1960년 4월 혁명으로 이승만 독재정권이 무너지자 바로 통일운동이 봇물처럼 터져 나온 것은 민족민주운동 주기 내에서 민족문제와 민주주의의 문제가 순차적으로 제기되는 일종의 순환모델을 보여 주었다. 1987년의 민주화 과정 역시 직선제 개헌이 쟁취되고 일정한 개방국면에서 조성된 후 통일민족주의 운동은 폭발적으로 전개되었다.

1990년대 들어 탈냉전의 세계사적 역사국면이 전개되면서 민족민주운동 주기는 쇠락하기 시작했다. 한국의 사회운동은 새로운 주기를 준비했고, 민족민주운동의 통일민족주의를 계승하는 운동은 이른바 '조국통일범민족연합'(범민련)으로 이어졌다. 1990년대 새로운 역사국면의 새로운 사회운동주기에서 '민족주의' 프레임은 크게 약화되었다. 말하자면 1990년대 이후 통일운동은 통일민족주의 프레임을 넘어 시민사회단체에서 주도하는 시민·평화 프레임으로 전환되는 경향을 보였다.

6. 결론: 민족민주운동의 주기 이후

해방 이후 1980년대 말까지의 역사시기는 세계적으로나 한국적 맥락에서나 냉전이념과 국가주의 패러다임이 지배한 냉전·국가주의 역사국면(분단·국가주의 역사국면)이라고 할 수 있다. 이 역사국면에서 발생한 1960년의 4월 혁명은 냉전·국가주의 역사국면 전체에 걸쳐 전개된 사회운동의 원천이자 모태가 되었다.

4월 혁명은 한국 현대사의 유일무이한 시민혁명적 성격을 갖는다는 점에서 정치사적 의의를 갖는다. 한국민족의 손으로 얻지 못한 주어진 해방이 갖는 대내외적 모순이 마침내 4월 혁명으로 분출했고, 4월 혁명에 내재된 한국 사회의 모순구조는 이후 현대 한국의 사회운동이 드러내는 모든 모순을 내장했다. 이 장은 사회운동을 분석하는 역사주기론의 시각에서 냉전·국가주의 역사국면의 각 시기별 사회운동의 주요 프레임을 4월 혁명과의 관계라는 맥락에서 분석하고자 했다.

우선, 4월 혁명의 핵심 프레임은 무엇보다 민주주의와 민족주의 프레임이라고 말할 수 있다. 이에 따라 냉전·국가주의 역사국면 내에서 4월 혁명으로부터 시작하여 1990년 전후의 시기까지를 민족주의와 민주주의의 두 가지 운동 프레임이 작동하는 '민족민주운동의 주기'라고 본다. 나아가 이 운동주기 내에서 다시 소주기들을 통해 4월 혁명의 핵심적 프레임이라고 할 수 있는 민족주의와 민주주의 프레임이 순환하는 과정을 보고자 한 것이다. 민족민주운동의 주기 내에서 순환하는 소주기는 일단 1960년대, 1970년대, 1980년대의 시기로 구분한 후, 각 시기 내에서 4월 혁명과 6·3 항쟁, 반유신운동과 부마항쟁, 광주민주항쟁과 6월 민주대항쟁의 순환주기를 중심으로 민족주의와 민주주의 프레임의 특징을 분석했다.

4월 혁명과 6·3 항쟁을 주요 순환주기로 하는 1960년대 민족민주운동의 경우, 우선 4월 혁명을 주도한 민주주의 프레임은 저항적 자유주의라고 말할 수 있으며, 4월 혁명 직후 등장한 민족주의 프레임은 민족통일을 지향하는 통일 민족주의라고 할 수 있다. 군부쿠데타로 집권한 박정희 정권에서 분출한 6·3 항쟁은 굴욕적 한일회담을 반대하며 외교적 자립을 지향하는 자립민족주의 프레임으로 시작되어 박정희 정권의 민주적 운영을 요구하는 저항적 자유주의 프레임으로 순환되었다.

1970년대 민족민주운동의 주기에서 유신체제에 반대하는 반유신민주화운동 또한 고도로 억압된 국민의 기본권을 쟁취하고자 하는 저항적 자유주의의 수준에 있었다. 1970년대 민족민주운동의 민족주의 프레임은 주로 대일예속경제에 대한 비판을 중심으로 경제적 자립을 지향하는 민족주의가 강조되었다. 이러한 경제적 자립 지향의 민족주의 프레임은 '민중'과의 연대를 주장함으로써 민족민주운동의 새로운 단계를 준비했다. 긴급조치의 시대 이후 유신말기에 이르기까지 주요 재야단체에서 민족통일의 문제를 강조하는 통일민족주의 경향을 보이기도 했다. 1970년대 말 민족민주운동의 통일민족주의 프레임은 1980년대 민족민주운동의 가교적 역할을 했다. 그러나 1970년대 등장한 '민중'은 변혁의 주체라기보다는 연대의 대상으로 간주되었으며, 통일 민족주의 또한 선언적 수준에 있었다.

1980년대는 민족민주운동이 대중적으로 팽창한 시기였다. 민족민주운동의 기반이 크게 확장됨에 따라 운동 프레임 또한 급진화되는 경향이 있었다. 민중주의에 기초한 민족민주운동이 확산되면서 민주주의 프레임은 대단히 급진화된 혁명적 민주주의가 큰 흐름을 이루었으며, 민족주의 또한 반미민족주의가 민족민주운동 주기 내에서 처음으로 공개적인 운동으로 등장했다. 나아가 1980년대 민족민주운동은 확장된 운동기반과 함께 민주화의 궁극적 목표로 설정된 통일민족주의 프레임을 분명하게 제시하기도 했다. 이 시기 통일민족주의 프레임은 당면한 민주주의 과제가 직선제 개헌이라는 성과로 확보된 1987년 이후 대중적이고 실천적인 통일운동으로 표출되었다. 특히 1988년부터 남북교류지향의 실천적 통일운동이 전개되었고 '방북열풍'이라고 할 정도의 연속적인 방북사건들이 통일민족주의를 확산시키는 효과를 보였다.

1980년대 말의 통일민족주의 프레임은 탈냉전의 세계사적 흐름을 반영한 것이기도 했다. 1990년대 이후 세계질서는 약 40년에 걸친 냉전·국가주의 역사국면에서 탈냉전·시장주의 역사국면으로 전환했다. 이에 따라 사회운동의 역사주기 또한 민족민주운동의 주기가 종료되고 '시민민주운동의 주기'로 전환되었다. 탈냉전·시장주의 역사국면에서 새로운 사회운동은 민족문제를 해결하기 위한 민주주의의 과제가 아니라 시민의 문제를 해결하기 위한 민주주의의 과제를 추구했다는 점에서 시민민주주의 프레임으로 전환했다. 1989년 경제정의실천시민연합(경실련)의 출범과 1993년 환경운동연합의 출범, 1994년 참여연대의 출범은 시민주체 민주주의 시대의 개막을 알렸고 시민주권을 강화하는 다양한 시민운동을 전개했다.

적어도 냉전·국가주의의 동일한 역사국면 내에서 4월 혁명은 민주주의와 민족주의 프레임을 순환시키는 민족민주운동의 원천으로 작동했다. 이제 민족민주운동의 주기 이후 새로운 역사국면에서 출현한 주요 시민운동단체들은 무엇보다 1980년대 이전 민족민주운동에 복무하던 활동가들의 중심적 역할로 만들어졌다는 점에 주목해야 한다. 말하자면 새로운 역사국면에서 전개되는 시민민주운동의 주기는 민족민주운동을 이끌었던 활동가들과 연속성을 갖는다는 점이 강조되어야 한다. 이러한 점에서 민족민주운동의 근본적 출발지라고 할 수 있는 4월 혁명은 비록 새로운 역사국면과 새로운 운동주기에도 불구하고 여전히 운동내적 연쇄성을 갖는다고 말할 수 있다.

4
4월 혁명의 순환구조와 6·3 항쟁

1. 서론: 4월 혁명과 운동의 재생산

1948년의 정부수립은 비록 남한 단독정부라는 점에서 불완전한 형태이기는 하지만 근대민족국가의 제도적 요소가 구축된 것으로 볼 수 있다. 해방 이후 정부수립까지의 과정은 수많은 정치세력들의 근대국가 건설에 대한 다양한 입장이 배타적인 단일이념의 틀 속에 봉합되는 과정이었다. 이 같은 이념의 봉쇄는 한국전쟁을 거치면서 더욱 강고해져서 새롭게 출범하는 근대적 국가권력의 민주주의와 민족주의의 내용에 대한 어떠한 평가나 요구도 허용하지 않는 조건을 만들었다. 이러한 조건은 국가권력의 정당성에 대한 국민적 판단정지 상태를 말해 주는 것이기도 했다.

4월 혁명은 국가권력의 정당성에 대한 이 같은 판단정지 상태를 깨뜨린 거대한 저항의 출발이었다.[1] 어쩌면 4월 혁명은 국민국가의 질서와 시민적 권리를 학습하지 못한 채 여전히 온존하는 신민(臣民)

의 습성을 탈각하고 국가권력에 대해 '말'하기 시작하는 저항하는 시민의 탄생을 알리는 대사건이라고도 할 수 있다. 이런 점에서 4월 혁명은 한국 현대사에서 가장 주목되는 정치사적 전환의 지점으로 간주되며 4월 혁명 이후 이어지는 6·3 항쟁, 반유신운동, 부마항쟁, 광주항쟁, 6월 항쟁 등의 과정은 4월 혁명의 운동적 재생산과정이라고도 말할 수 있다.

4월 혁명은 정치사적 의의가 큰 만큼 학술적 연구관심 또한 클 수밖에 없었다. 거시 역사적으로는 일제하의 항일민족해방운동과 해방 후 분단체제에서의 통일운동을 잇는 통일민족국가건설운동의 연속선에서 해석하는 연구(강만길, 1983)에서부터 4월 혁명의 실제적 전개과정이나 참여자의 특성 등을 분석하는 현장중심의 미시적 분석(김성태, 1983)에 이르기까지 인문학과 사회과학의 여러 분야에서 학술적 성과가 누적되었다.

그러나 최근 사회운동 분석이 활발히 시도되었던 사회학분야의 학술풍토에서 본다면 4월 혁명에 대한 사회운동론적 분석은 크게 제한되어 있는 것이 사실이다. 1990년대 이후 국내에서 활발하게 전개되었던 '사회운동의 사회학'이라는 시각에서 볼 때, 4월 혁명에 대한 사회운동론적 분석의 결핍은 다음과 같은 몇 가지 요인에 따른 것으로

---

1   일반적으로 '혁명'은 사회구성의 총체적 전환을 수반하는 정치변혁을 지칭하기 때문에 4월 혁명에 관한 혁명으로서의 의의에 대해서는 서로 다른 시각들이 있다. 그러나 4월 혁명은 우리 현대사에서 정권을 붕괴시킨 유일한 정치저항이었을 뿐만 아니라 4월 혁명 이후 연속적 사회변혁의 과제와 결부시킬 때 '미완의 혁명'(백낙청, 1983)이라는 평가에서도 알 수 있듯이 혁명적 가치를 갖는 거대한 시민저항이었다는 점은 부인하기 어렵다.

보인다.

첫째, 사회운동은 실제에 있어서 혁명과 연속성을 가질 수 있고, 이론적으로도 사회운동이론은 혁명분석에 적용할 수 있지만 일반적으로 혁명에 대한 분석은 한 사회 내부의 부분질서와 관련된 사회운동 분석에 비해 사회구성체의 총체적 구조변동에 관심을 갖기 마련이다. 따라서 혁명과 연관된 정치질서, 경제질서, 사회문화영역 질서, 국제관계 질서 등에 주목하는 경향이 많은 것이다. 4월 혁명에 대한 연구 역시 사회운동 분석의 시각보다는 실제로 서유럽의 부르주아 혁명의 시각에서 설명하는 연구경향들이 한 흐름[2]을 이루기도 했다.

둘째, 1990년대 이후 사회운동에 관한 학술적 관심은 새롭게 전개되는 시민운동의 다양한 흐름에 크게 주목했다. 민주화운동에 대한 관심도 광주항쟁과 6월 항쟁 등 1980년대 민주화운동이 주요 연구 쟁점화 되면서 4월 혁명에 대한 관심은 자연스럽게 위축되었다. 여기에는 사회운동세대의 현재적 주류가 1980년대의 민주화운동을 선도했던 이른바 386세대로 이전되었던 요인도 연관이 있다.

셋째, 한국에서 사회운동연구가 서구에서 누적된 다양한 사회운동이론을 수용함으로써 활발하게 시작된 것은 아무래도 1990년대 이후로 보는 것이 맞을 듯하다. 따라서 4월 혁명에 대한 사회운동론적 분석의 결핍은 사회운동이론의 적극적 수용시기와 4월 혁명의 시간적 거리의 문제와도 무관하지 않다.

서구에서 사회운동이론은 1960년대까지 주로 개인의 불만이나

2   최문환(1960), 차기벽(1975) 등의 연구가 있다.

상대적 박탈감과 같은 심리적 요인으로 운동의 발생을 설명하는 논리를 지배적으로 사용했다. 1970년대부터는 미국에서 확산된 자원동원론적 접근과 유럽을 중심으로 활발하게 논의된 신사회운동론적 접근이 지속적으로 이론적 발전을 보였으며 1980년대 말에 들어서는 사회구성주의적 접근이 기존 이론의 지평을 넓혔다. 각각의 접근방식 내에서도 다양한 발전적 모색이 있었고, 한국에서 1990년대 이후 활발하게 연구되었던 사회운동의 사회학은 무엇보다 이러한 사회운동연구의 다양한 접근방식이 폭넓게 수용되고 적용됨으로써 가능했다.

사회운동에 대한 다양한 접근방식은 기본적으로 일반이론을 추구한다. 물론 대부분의 사회운동이론은 사회현상 가운데 '사회운동'을 분석하는 도구라는 점에서 중범위적 수준에 있는 이론이라고 말할 수 있다. 그러나 추상수준에 있어서는 가급적 많은 사회운동에 적용할 수 있도록 보편적 설명틀을 추구한다. 따라서 이러한 이론들에는 특정사회의 독특한 역사성이 배제될 수밖에 없기 때문에 이론과 현실의 간극이 드러나게 될 뿐 만 아니라 현실에 대한 일면적 설명력만을 갖게 되는 경우가 많다.

이 장은 4월 혁명과 그 이후의 연속적 저항운동, 특히 6·3 항쟁과의 관계를 '역사주기론'의 시각에서 분석하는 것이 목적이다. 제1장에서 강조한 바 있듯이 '역사주기론'은 기존의 사회운동이론이 갖는 역사성의 한계를 보완하기 위한 이론적 시도라고 할 수 있다. 4월 혁명은 제2공화국이 출범하면서 제도화 과정을 거치게 된다. 이러한 과정을 4월 혁명의 제도적 재생산이라고 한다면, 4월 혁명 이후 지속적으로 전개되는 저항 운동들은 4월 혁명의 운동적 재생산과정이라고 말할 수 있다. 이 장에서는 역사주기론의 시각에서 4월 혁명의 운동적 재생산과정을 6·3 항쟁에 조망함으로써 민족민주운동의 순환구조로 설명하고자 한다.

2. 민족민주운동의 역사주기와 4월 혁명

1) 4월 혁명과 민주주의 프레임의 출현

제2차 세계대전 이후 대부분의 신생독립국가들의 공통된 과제는 독립된 근대민족국가 건설에 있었다. 사회주의적 경로와 자유주의적 경로가 차이를 보이기는 했지만 '민족주의'와 '민주주의' 이념은 근대 민족국가가 추구하는 공유된 내용이었다. 한국 또한 예외가 아니라고 할 때 남한단독정부로 출범한 제1공화국은 이미 심각한 내상을 입은 채 출발하는 뚜렷한 한계를 가진 셈이었다.

무엇보다 제1공화국은 남한 단독정부로 출발함으로써 민족공동체에 기반을 둔 민족국가의 불완전성을 드러냈기 때문에 국가정당성의 기반이 대단히 취약했다. 이어진 한국전쟁과 남북분단은 민족통일이라고 하는 깊고도 거대한 민족적 과제를 한반도에 각인시켰다.[3]

---

3   단독정부 수립에 따른 민족국가의 정당성에 대한 국민적 반감은 1950년 제2대 국회의원 선거결과에 잘 반영된 것으로 보인다. 이 선거에서 조소앙, 안재홍, 조봉암, 윤기섭, 원세훈 등 중도적 민족주의계열의 인사들이 당선된 것이나 무소속 당선자가 126명으로

둘째로 이승만 정권은 강력한 반공이데올로기를 규율화함으로써 (조희연 편, 2003) 분단에 기댄 자유민주주의 체제의 이념적 경직성과 편향성을 폭력적으로 드러냈다. 반공이데올로기는 노선이 다른 정치세력을 배제하거나 국민들을 통제하는 수단으로 활용됨에 따라 민주적 정치과정을 파괴하고 강제와 억압의 정치를 생산하는 원천으로 작동했다. 이 같은 정치질서는 신생한국의 국민들에게 민주주의의 과제를 학습시키는 과정과도 같았다.

셋째로 1950년대 원조경제체제가 드러내는 국민생활의 실질적 악화 경향은 국민들의 현실적 불만을 가중시켰다. 1950년대 말 미국의 경제적 원조가 뚜렷이 감소함에 따라 경제성장률이 둔화되고 실업이 증가했으며 인플레이션이 가속화됨으로써 국민들의 실질적 삶은 점점 더 피폐해져 갔다.[4] 특히 원조경제의 운용과정에서 부패가 만연하고 상류층의 삶은 대단히 호사스러웠던 반면 도시지역의 극심한 실업 특히 대학졸업자 등 고급인력의 취업률이 크게 저하되면서 상대적 박탈감이 심화되었다.

이 같은 점에서 이승만 정권은 민족적 과제와 민주주의의 과제가 어설프고도 일방적으로 봉합된 불안정한 사회였다. 여기에 원조경

60%에 이른 것은 이승만 정권하에서 민족적 과제에 대한 국민적 열망을 보여 주는 대목이다(민주화운동 기념사업회연구소, 2008: 33~34).

4 한국전쟁 이후 1960년까지 한국의 경제성장률은 연평균 7.3%로 후진국 일반에 비해 훨씬 더 높았다. 그러나 미국의 원조가 1957년 3.8억 달러를 고비로 1959년에는 2.2억 달러로 줄어들었고, 경제성장률 또한 1959년에는 2.1%로 크게 둔화되었다. 이에 따라 실업률이 크게 증가했는데 1960년의 실업률은 잠재실업률까지 고려할 때 34.2%에 이르고 특히 비농가의 경우 42.0%의 높은 실업상태를 보였다(전철환, 1983).

제가 드러낸 국민생활의 불안정성은 이러한 과제에 대한 열망을 자극하는 요인으로 작용했다. 이승만 정권이 불안하게 봉합한 이 같은 현실적 모순은 계기만 주어진다면 언제든지 표출될 수밖에 없는 근본적인 문제들이었기 때문에 그러한 기회를 봉쇄하기 위해서는 비정상적이고 비민주적 정치과정이 연속적으로 전개되기 마련이었다.

민족적 과제와 민주적 과제를 위태롭게 내장한 채 봉합된 남한사회에서 첫 번째 봉인이 풀린 것은 민주주의의 과제였다. 두 가지 태생적 모순을 억제하기 위해서는 무엇보다 현실정치과정을 비정상적이고 왜곡되게 운영할 수밖에 없었는데, 그러한 비정상적 정치과정이야말로 민주주의의 과제를 우선적으로 드러나게 하는 직접적 요인이었다.

주지하듯이 이승만을 제2대 대통령으로 다시 만든 1952년의 부산정치파동과 발췌개헌안의 통과, 현직 대통령에 한해 중임제한을 폐지하는 것을 골자로 한 1954년의 이른바 4사 5입 개헌 등은 파행적 정치과정의 전형을 보여 주는 것이었다. 이 같은 정치과정에서 국민들에게 반이승만 정서는 이미 팽배했다. 1956년 대통령 선거에서 야당의 선거구호가 '못 살겠다. 갈아 보자'라는 데에도 그러한 정서가 반영되어 있지만 실제 투표 결과에도 반이승만 정서는 뚜렷이 반영되어 있었다. 비록 이승만이 온갖 정략과 폭력, 테러를 통해 504만 표로 이기기는 했지만 조봉암의 216만 표와 급작스럽게 서거한 신익희의 추모표로 해석되는 185만의 무효표, 특히 서울의 경우 이승만의 20만 5,000표를 넘어선 28만 4,000표의 무효표는 이승만 정권에 대한 국민적 불신을 잘 보여 주는 것이었다(민주화운동기념사업회연구소, 2008: 59).[5] 1956년 선거 후 이승만 정권의 위기의식이 반영된 장면부통령 저격사건, 진보당 창당방해사건 및 조봉암의 처형, 연이은 언론탄압과 경향신문 폐간사건 등은 국민들에게 자유민주주의의 저항 프레임을 형성시키는 비정상적이고 굴절된 정치과정이었다.

1960년 4월 혁명은 3·15 정부통령 선거를 직접적인 계기로 분출했다. 4월 혁명에서부터 약 30여 년간에 걸친 민족민주운동의 역사주기가 시작된다고 볼 때, 이러한 역사주기 내에서 4월 혁명의 순환적 주기는 대구에서 고등학생들이 주도한 2·28 학생시위, 3월 15일 제1차 마산시위, 4월 11일 제2차 마산시위, 4월 19일 서울을 비롯한 전국 규모의 시위, 4월 25일 대학교수단 시위, 4월 26일 이승만 하야에 이르는 연속적 과정으로 이루어졌다. 나아가 1960년 말부터 1961년 쿠데타 이전까지 전개된 통일운동 또한 4월 혁명의 주기에 포괄할 수 있다. 이러한 과정이야말로 민족민주운동의 프레임이 주도하는 역사주기의 첫 번째 소주기를 형성했던 것이다.

일반적으로 사회운동의 과정에서 나타나는 다양한 구호와 주장들은 운동의 보다 보편적 프레임을 구체적으로 표현해 낸다. 4월 혁명의 운동주기 동안에 나타난 구호와 주장 역시 4월 혁명이 추구하는 본질적인 프레임을 구체화한 것이라고 말할 수 있다. 2월 28일부터 4월 19일까지의 시기에 등장한 구호와 주장의 내용을 보면 3월 15일

---

5   민주당의 조병옥은 "3대 대통령 선거에 있어서 내 판단에는 만일 자유 분위기의 선거가 행해졌더라면, 이 대통령이 얻은 표는 200만 표 내외에 지나지 못하리라고 나는 판단합니다"라고 말했다(《대한민국국회속기록》 8, 4쪽, 민주화운동기념사업회연구소 편, 《한국민주화운동사 1》 59쪽에서 재인용).

을 전후해서 상당한 차이를 발견할 수 있다. 2·28에서 3·15까지는 주요 구호가 '학원의 자유'와 '민주주의 수호', '부정선거 배격', '부패 정치 및 독재의 배격' 등과 같이 제한적이고 추상적인 내용이 지배적이었다.

그러나 3·15 이후에는 이전에 없었던 구호가 등장하는 한편 요구의 수위가 정권퇴진에 이를 정도로 높아졌을 뿐만 아니라 정권의 반민주적 행태에 대해 구체적으로 규탄한다. 예컨대 3·15 이전에는 보이지 않던 경찰의 폭력성, 정권사퇴 주장, 구속학생 석방, 폭력배 규탄, 사법부 규탄, 공정보도 요구 등의 내용이 등장함으로써 정권의 반민주성을 뚜렷이 각인시키고 있다. 이 시기에는 학원자유화 주장이나 부패정치와 독재에 대해 추상적으로 규탄하는 내용들은 뚜렷이 줄어들었다(김성태, 1983: 107~108).[6]

3·15를 기점으로 4월 혁명의 민주주의 프레임을 구분해 본다면 주로 중고등학생들이 주도한 전기의 '학원자유화 프레임'에서 대학생과 시민들이 주도한 후기의 '정권퇴진 프레임'으로 전환되었다고 말할 수 있다. 제3장의 〈표 3-2〉에서 보듯이 전체적인 주장의 유형 가운데는 경찰, 사법부, 폭력배, 어용신문사 등에 대한 규탄과 같이 국가기구의 반민주적 운영에 대한 저항의식과, 학원자유, 공명선거, 시위권리 등과 같이 민주주의가 갖추어야 할 핵심적 지표에 대한 요구들이 혼재한다. 이러한 내용들은 학원자유화 프레임이든 정권퇴진 프레임이든 적어도 의회민주주의의 복원을 넘어서지 않는 수준에

---

6   제3장의 〈표 3-2〉 '4월 혁명주기의 주요 이슈'를 참조할 것.

있다. 따라서 4월 혁명기에 바야흐로 한국 사회운동의 민주주의 프레임이 출현했으며 그러한 민주주의 프레임은 자유민주주의 프레임이라고 말할 수 있다.

2) 4월 혁명과 통일민족주의 프레임의 출현

한국전쟁 이후 한반도 분단은 고착화 과정에 들어섰다. 그러나 4월 혁명 직후에 민간통일 논의와 통일운동이 크게 분출했는데 그것은 분단의 고착화 과정에서 가장 주목할 만한 현상이었다. 이제 이승만 정권이 내장한 모순 가운데 민족적 과제라는 두 번째 봉인이 4월 혁명을 통해 풀어진 것이다. 민족민주운동의 역사주기를 구성하는 민족주의 프레임은 이 시기 통일운동에서부터 출발하는 것으로 볼 수 있다.

4월 혁명은 정전협정이 체결된 지 7년 된 시점에서 발생한 것이기 때문에 분단에 대한 사회의식이 현재처럼 강고하게 자리 잡은 상태가 아니었다. 이 시기에는 분단문제가 민족주의나 민족적 명분의 문제로 객체화되어 있지 않고 훨씬 더 구체적이고 생생한 삶의 문제와 결부되어 있었다(민주화운동기념사업회연구소, 2008: 286). 따라서 이 시기 민족주의운동은 무엇보다 민족공동체 의식에 기반을 둔 '통일민족주의' 프레임이 주도한 것이라고 말할 수 있다.

이 시기 통일운동은 민족민주운동의 역사주기의 첫 번째 순환주기라고 할 수 있는 4월 혁명의 주기가 마감하는 시점에 있다. 이 시점에서 통일운동을 출현하게 만든 정치적 기회구조는 몇 가지 국내외적 정세의 변화를 주목할 수 있다.

첫째, 미소간의 냉전체제가 공존의 구조로 자리 잡으면서 극단적 대립이 완화되는 경향을 보였다. 특히 1959년 흐루시초프의 미국방문은 한국전쟁을 치른 한국인에게는 충격이었다.

둘째, 1950년대 중반부터 세계적으로 대두된 제3세계 민족주의의 고양도 통일운동에 영향을 미쳤다. 아시아, 아프리카의 신생국들은 1955년 반둥회의를 거쳐 제3의 세력으로 국제사회에 부각되었고 유엔회원국으로 가입함으로써 유엔의 질서가 바뀌었는데 매년 유엔총회에서 한국의 통일문제가 논의되는 당시의 상황에서 볼 때 제3세계 민족주의는 통일운동에 크게 영향을 미쳤다.

셋째, 4월 혁명 직후 북한의 대남통일공세가 적극적으로 전개되었다. 북한 수상 김일성은 '과도적 연방제안'을 제시하며 남북교류를 제안했고 이러한 제안에 대해 남한은 대응하지 않을 수 없었던 것이다[7](민주화운동기념사업회 연구소 편, 2008: 286~287).

이 같은 국제사회의 변화는 4월 혁명 직후의 통일운동을 출현시키는 국제적 맥락의 기회구조로 작동했다. 그러나 통일운동의 보다 직접적인 기회구조는 4월 혁명을 통해 조성된 정권의 개방구조라고 할 수 있다. 무엇보다 4월 혁명 후 과도정부에서 국가보안법이 보다 완

---

[7] 4월 혁명의 운동주기에 형성된 이러한 변화로 인해 7·29 총선시기부터 통일문제는 보수정당과 혁신정당 간의 중요한 정치쟁점이 되었다. 장면정권은 국내외의 활발한 통일논의에 당황해서 '유엔 감시하 남북한 총선거를 통한 평화적 자유민주통일방안'이란 것을 내놓았으나 젊은 세대뿐만 아니라 언론으로부터도 지지받을 수 없었다(강만길, 1983). 총선 당시 혁신정당 역시 유엔감시하의 총선거론을 주장해서 보수정당과 차이를 보이지 않았으나 일부에서는 '남북교류론'을 주장해서 파문이 일기도 했다(민주화운동기념사업회 연구소 편, 2008: 287).

화된 내용으로 개정되었을 뿐만 아니라 언론자유와 정치활동의 자유를 확대하는 법안들이 국회에서 통과함으로써 통일문제가 논의될 수 있는 기회를 맞게 된 것이다. 이 점에서 4월혁명의 민주주의 프레임은 자연스럽게 통일민족주의 프레임으로 이어졌고 이를 운동주기론의 시각에서 본다면 4월 혁명의 민주주의 프레임 자체가 통일운동의 정치적 기회구조로 작용했다는 점이 강조될 수 있다.

이 시기 통일민족주의 프레임을 구성하는 주요 내용은, 우선 '중립화통일론'의 흐름을 들 수 있다. 중립화통일론은 스위스나 오스트리아의 방식으로 주변 강대국이 협정을 맺거나 국제적 보장을 마련하는 방식으로 한국을 영세중립국으로 만들어 통일을 이루자는 입장이었다. 이에 따르면 한반도의 분단은 주로 군사적 이해관계에 원인이 있기 때문에 한반도 주변의 강대국들이 한반도에 대한 불가침조약을 맺고, 한국 또한 군사동맹이나 군사원조를 받지 않는 방식으로 영세중립화하면 통일이 가능한 것으로 보았던 것이다. 이 같은 중립화통일론은 동서 대립의 국제관계적 맥락에서 문제를 해결하고자 하는 입장으로 일종의 점진적이고 타협적인 통일론이라고 할 수 있다. 따라서 주로 개혁적 자유주의진영의 단체와 인사들이 주도한 통일운동 프레임이라고 할 수 있다.

통일운동의 프레임을 구성하는 다른 하나의 주요 흐름은 '남북협상론'이다. 중립화통일론이 비교적 온건한 수준에서 국제관계적 해결을 모색했다면 남북협상론의 흐름은 반외세의 급진적 관점에서 통일문제의 해결을 추구했다. 이 흐름의 반외세, 민족자주적 지향은 이른바 반제, 반봉건, 반매판의 민족혁명노선에 기반을 둔 것이라고 할 수 있다. 남북협상론은 기본적으로 통일과 민족해방혁명을 중첩된 과제로 이해했지만 당시 통일운동의 일반적 흐름은 '계급혁명적 민족주의'가 아니라 민족공동체 지향의 '통일' 자체에 초점이 맞추어진 '통일민족주의' 프레임이었다. 따라서 남북협상론 역시 일종의 단계론적 입장에서 민족혁명론보다는 통일론 자체를 강조할 수밖에 없었다. 따라서 중립화통일론이나 남북협상론은 궁극적 지향은 다르다고 할지라도 현실적인 통일운동의 맥락에서는 공히 '통일민족주의' 프레임으로 귀결되었던 것이다.

이 같은 통일민족주의 프레임의 조직기반은 학생통일운동조직과 통일운동시민사회단체, 그리고 혁신계정당 등을 들 수 있다. 4월 혁명 직후의 개방적 공간에서 통일논의가 크게 확산된 조건에서 4월 혁명을 주도한 학생들은 통일문제에 대해서도 가장 민감했다. 4월 혁명 후 학생운동은 학도호국단이 해체되면서 새롭게 구성된 자치학생회가 국민계몽대활동이나 신생활운동 등을 주도하는 흐름이 있었고, 1950년대 후반부터 서울대, 고려대 등에서 만들어졌던 이념서클들을 기반으로 한 학생통일운동의 흐름이 있었다.[8] 1960년 9월부터 고려대 정경대 학생회가 주최하는 '전국학생통일문제 토론회'를 출발로 학생통일논의가 빠르게 확산되었다. 11월에 서울대에서 사회과학 이념서클을 기반으로 '민족통일연맹'이 통일운동단체로는 처음 발족함으로써 장면정권에 충격을 주었다(서중석, 1991). 이후 경

---

8   이를 개량주의적 운동과 변혁운동적 성격을 지닌 운동으로 구분하기도 한다(김동춘, 1990: 326).

북대의 '민족통일촉진학생연구회', 경희대 '민족통일연구회', 성균관대 '민족통일연맹결성준비위원회' 등이 결성되었고, 1961년 들어한국외국어대 '민족통일연맹결성준비위원회', 건국대 '민족통일연구회', 그리고 항공대, 국악대, 고려대, 연세대, 단국대 등에서 조직이 건설됨으로써 1961년 5월 군부쿠데타 이전까지 18개 대학과 1개고등학교에서 학생통일운동조직이 결성되었다. 학생통일운동조직들은 통일관련 강연회와 토론회를 주도하고 각종 선전활동을 전개했는데 민족통일연맹 내부에는 중립화통일론 뿐만 아니라 남북협상론의 입장을 가진 학생들도 있었다(민주화운동기념사업회연구소, 2008: 289~297).

학생통일운동조직의 확산과 함께 시민사회에서도 통일운동단체들이 빠르게 조직되었다. 먼저 진보적인 학생운동단체들과 연계된 '민주민족청년동맹'과 '통일민주청년동맹' 등 민족혁명노선을 추구하는 진보적 청년단체들이 통일운동에서 주요 역할을 했나. 또 경북지역 항일운동가조직인 '구국동지회'와 경북지역 혁신정당 및 각종사회단체구성원들이 결성한 '경북 민족통일연맹', 마산지역의 혁신계정당 활동으로부터 대중운동으로 전환한 '한국영세중립화통일추진위원회', 사회당 계열의 '조국통일민족전선' 등이 시민사회의 통일운동을 주도했다. 이 시기 통일운동단체들은 대체로 진보적 성향의인사들이 주축이었기 때문에 '한국영세중립화통일추진위원회'를 제외하고 대부분의 단체가 남북협상론의 입장에 있었다(홍석률, 2001).

1961년 초에 4월 혁명 이후 활동했던 사회단체를 거의 망라한 최대 연합체로 '민족자주통일협의회'(민자통)가 조직되었다. 민자통은 임시정부 활동가들이 해방 직후 만든 '민족건양회'의 주도로 경북 민통, 사회당, 민민청, 통민청 등이 합류하면서 당시 진보운동의 방향을 혁신정당보다는 일종의 연합체를 구축하고 반보수 민족혁명세력을 총결집하는 것으로 설정한 흐름의 큰 성과였다. 1961년 1월 1,000명의 준비위원 명단이 공식 발표되면서 통일선언서와 강령이 발표되었다. 2월에 중앙협의회는 정식결성대회를 갖고 이어서 지방협의회를 조직함으로써 민자통은 통일운동에 관련된 혁신정당과 사회단체를 거의 망라하는 전국적인 규모의 최대 사회단체로 부각되었다.

민자통은 자주, 평화, 민주를 기본원칙으로 하는 강령을 발표했으며 주도단체들을 볼 때 남북협상론을 주장하는 것으로 비쳤지만 실제로 구체적인 통일방안이 결정되지 않았다. 조직결성 이후 민자통은 '통일방안심의위원회'를 구성했고 여기에서 영세중립화통일론으로 뜻이 모이는 듯했으나 내부의 반발로 합의를 얻지 못하다가 5월 군부 쿠데타를 맞고 말았다(민주화운동기념사업회 연구소, 2008: 307~316).

4월 혁명과 그 직후의 통일운동은 사회운동의 이슈와 프레임이라는 점에서는 민주화와 남북통일의 이슈, 자유민주주의 프레임과 통일민족주의 프레임 등으로 뚜렷이 구분될 수 있다. 그러나 운동의 인적구성과 조직기반의 요소를 본다면 4월 혁명과 그 직후의 통일운동은 발생시기의 연속성뿐만 아니라 동원의 인적기반이 중첩되어 있다.

따라서 4월 혁명의 자유민주주의 프레임과 통일민족주의 프레임은 민족민주운동의 첫 번째 소주기로서의 '4월 혁명의 주기'를 구성하는 두 개의 주요 운동 프레임이라고 할 수 있다. 4월 혁명의 주기 내부를 분석적으로 본다면 선행하는 운동은 후발운동의 기회구조로 작동한다는 점에서 4월 혁명의 자유민주주의 운동 프레임은 통일민족주의 운동을 잉태하고 추동하는 정치적 기회구조로 작용함으로써 동일한 하나의 순환적 소주기를 형성했고, 이것이 이후 약 30년간에 걸친 민족민주운동의 주기 가운데 제1 순환주기에 해당하는 것이었다.

3. 민족민주운동의 역사주기와 6·3 항쟁

1) 6·3 항쟁의 주기와 자주적 민족주의 프레임

민주주의와 민족주의의 프레임을 출현시켰던 4월 혁명의 주기는 1961년 5월 16일의 군부쿠데타로 종료되었다. 이승만 정권과 장면 정권으로 이어지는 4월 혁명의 주기에 민주주의의 프레임과 민족주의의 프레임은 순차적으로 나타남으로써 근대 민족국가의 과제로서 민족주의와 민주주의가 동시적 과제라는 사실을 알려 주었다. 해방 이후 분단·국가주의의 역사국면에서 사회운동의 가장 보편적 프레임으로 등장한 민족·민주주의는 4월 혁명의 주기에 이어서 박정희 정권에서 6·3 항쟁이라는 제2의 순환주기를 출현시켰다.

6·3 항쟁 주기는 1964년에서 65년에 걸쳐 격렬하게 전개된 한일협정반대투쟁의 시기를 지칭한다. 이 시기의 저항운동은 민족주의 프레임과 민주주의 프레임이 동시에 복합적으로 작동함으로써 민족적 과제와 민주주의의 과제는 불완전한 민족국가에서 중첩되어 있다는 사실을 다시 확인하게 했다. 그러나 이러한 과제는 박정희 군사정

권의 조건에서 보다 구체적인 운동의 프레임과 이슈를 생산했다. 특히 민족주의 프레임은 4월 혁명 주기에 통일민족주의 프레임이 주도하던 것으로부터 6·3 항쟁 주기에는 대일 자주적 민족주의 프레임으로 구체화되었다. 이 같은 '자주적 민족주의' 프레임은 6·3 항쟁의 확장기에 민족혁명론의 자주적 시각이 등장하기도 했으나 일반적으로는 외교적 수준의 자주민족주의 프레임이 주도한 것으로 볼 수 있다.

주지하듯이 한일협상의 배경에는 미국이 주도하는 동아시아에서의 지역통합전략이 있다. 제2차 세계대전 후 미국은 미국 주도의 자본주의질서를 공고화하기 위해 유럽과 동아시아에서 지역통합전략을 시도하는데 동아시아에서는 일본을 반공과 지역통합의 거점으로 삼았다. 그러나 한국전쟁 후 한국의 전략적 가치가 높아지면서 한국과 일본의 관계정상화가 동아시아에서 한미일의 삼각동맹을 구축하는 데 핵심적 과제가 되었다.

여기에 박정희 정권의 욕구가 보태지면서 1950년대 이래 난항을 겪던 한일회담이 급속히 진행되었던 것이다. 말하자면 한일협정은 미국의 전략적 구상이 관철되는 것을 의미하며 이를 통해 권력기반을 다지고 경제개발의 자원을 확보하려는 박정희 정권의 급박한 정치경제적 요구가 관철되는 것을 의미했다. 따라서 대일 굴욕외교 반대는 곧 박정희 정권에 대한 항거였으며 외세의 부당한 압력에 대한 항의였다(6·3동지회, 2001: 49).

1964년 3월 초 박정희 정권의 굴욕적 한일회담을 반대하며 야당과 재야세력들이 '대일굴욕외교반대 범국민투쟁위원회'를 결성하여 전국을 순회하며 집회가 개최되는 가운데, 한일회담이 진행 중인 일본으로 김종필을 파견함으로써 정부의 협상타결의지가 분명히 확인되었다. 이와 함께 3월 24일 서울대, 고려대, 연세대를 중심으로 쿠데타 이후 최초의 대규모 가두시위가 전개되었다.

학생운동의 새로운 방향을 모색하며 제3세계민족해방주의에 관심을 가졌던 서울대 문리대 학생서클 '민족주의비교연구회'(이하 민비연)가 주도한 이 시위에서는 한일회담의 즉각중지, 평화선 고수, 일본독점자본의 축출, 친일국내매판자본가 타살, 미국의 한일회담 관여거부 등이 요구되었다(대학신문, 1964년 3월 26일자). 3·24 시위를 주도한 학생들 가운데는 이미 이때 박정희 정권 타도를 의도하거나 반미적 시각을 가진 경우도 있었으나 일반학생의 의식과는 거리가 있었기 때문에 정책적 이슈를 부각시켰고 적어도 반정부나 반미 시위가 아니라는 점을 분명히 하기도 했다.

3·24 시위 이후 일본으로부터 거액의 정치자금 수수 의혹이 불거진 것을 시작으로, 대규모 국공유지 부정불하사건, 야당의원과 시위 주동학생들을 친북좌익세력으로 몰기 위한 공작으로 알려진 이른바 괴소포배달사건, 학원사찰 폭로 등의 사건을 거치면서 박정희 정권의 부정부패와 비민주성에 대한 국민적 분노는 급속히 고조되었다. 한일회담 반대투쟁은 이제 반정부투쟁으로 변화되었다(민주화운동 기념사업회 연구소 편, 2008: 419).

이러한 변화는 5월 20일 이른바 '황소식 민족적 민주주의 장례식'에서 뚜렷이 드러났다. 학생들은 민족적 민주주의 장례식 선언문에서 "4월 항쟁의 참다운 가치성은 반외압세력, 반매판, 반봉건에 있으며 민족민주의 참된 길로 나가기 위한 도정이었다. 5월 쿠데타는 이러한 민족민주 이념에 대한 정면적인 도전이었으며 노골적인 대중탄압의 시작이었다"라고 강조했다(6·3동지회, 2001: 466).

박정희 정권의 정체성으로 부각된 '민족적 민주주의'의 장례를 치르는 것은 박정희 정권 자체에 대한 부정에 다름 아니었다. 그러나 이 시점까지만 해도 학생들 사이에 민족적 민주주의에 대한 인식의 차이가 있었으나 박정권의 폭력적 시위진압과 무장군인을 동원한 사법부 협박, 학생납치 및 린치 등은 박정희 정권의 비민주성을 명백하게 보여 줌으로써 비교적 온건한 입장에서 한일회담 반대를 주장하던 학생들도 박정희 정권을 부정하는 흐름에 합류해 갔다. 민족적 민주주의 장례식을 주도한 학생들이 경찰수배로 잠적하거나 체포되면서 이제 각 대학 학생회가 전면에 나서서 이른바 '난국타개 학생대책위원회'를 결성하고 '난국타개궐기대회'를 대학별로 가짐으로써 공식기구인 학생회가 한일협정반대투쟁의 중심을 이끌게 되었던 것이다 (민주화운동기념사업회 연구소 편, 2008: 422~424). 5월 25일과 26일 대학별 난국타개궐기대회에서는 부정부패 규명과 사죄, 학원난입경찰처벌, 법원난입군인처벌, 구속학생석방, 민생고 타개를 위한 독점, 매판자본 몰수 등을 요구했다. 학생들은 이러한 요구가 관철될 획기적 전기가 없을 경우 4·19 정신으로 실력투쟁을 불사할 것을 천명함으로써 6·3 항쟁의 거대한 분출을 예고했다.

학생들은 6월 2일 시위를 재개했고 구호는 박정희 정권 타도에 모아졌다. 6월 3일 서울을 비롯한 전국에서 4월 혁명에 비견되는 군사쿠데타 이후 최대의 항쟁이 전개되었다. 6·3 항쟁에서 학생들은 박정권 하야, 악덕재벌 처단, 학원사찰 중지, 여야 정객의 반성 촉구, 민생고 시급 해결, 부정부패 원흉 처단 등의 구호를 외침으로써 굴욕적 한일회담 반대의 수준에서 시작된 저항이 박정희 정권 자체에 대한 부정으로 확산되었다.

1964년의 6·3 항쟁은 계엄령 선포로 좌절되고 말았다. 1964년 12월 말 박정권은 한일회담을 재개했으며 이듬해 2월 한일회담기본조약에 합의하고 6월 22일 한일협정이 조인되었으며 8월 14일 비준안이 국회를 통과했다. 이 과정에서 6·3 이후 최대의 가두시위인 4.13시위를 비롯해서 한일협정 조인 반대, 한일협정 비준반대 투쟁이 지속적으로 전개되었다. 1965년으로 이어진 한일협정 조인, 비준반대투쟁은 학생시위를 발본하겠다는 박정희의 대국민담화에 이어 내려진 8월 26일 위수령으로 대학과 학생들에 대한 대대적인 검거와 탄압이 시도됨으로써 크게 위축되었다. 그리고 1964년과 1965년에 걸친 6·3 항쟁의 주기는 마감되었다.

4월 혁명에 비해 학생중심의 운동경향을 보였던 6·3 항쟁은 학생운동의 이념적 지향이 곧 운동의 주요 프레임을 구성했다. 적어도 6·3 항쟁을 주도했던 학생운동 진영 가운데 민비연을 중심으로 하는 핵심주도세력은 제3세계 민족해방론을 학습함으로써 상당히 급진적 민족혁명론을 수용한 것으로 볼 수 있다.

그러나 '민족적 민주주의 장례식'에서조차 '민족적 민주주의'에 대한 전면적 거부를 자제했던 점을 보더라도[9] 대부분의 학생들은 정

---

9 민비연을 비롯한 민족적 민주주의 장례식을 추진한 학생들은 민족적 민주주의에 대해 일찍부터 비판적이었지만 대부분의 학생들을 의식하여 반대의 대상을 민족적 민주주의 자체가 아니라 그것을 제대로 수행하지 않는 박정희 정권으로 한정하고자 했다. 따라서

책적 수준에서 대일 굴욕외교를 반대하는 자주외교 지향의 민족주의 프레임을 공유한 것으로 볼 수 있다. 이 같은 자주적 민족주의 프레임은 4월 혁명의 주기에 분출했던 통일민족주의 운동이 박정희 군부 정권이라는 필터를 거치면서 새로운 민족적 이슈로 재구성됨으로써 민족민주운동의 역사주기를 구성하는 제 2의 순환주기를 만들었던 것이다.

2) 4월 혁명의 순환구조와 6 · 3 항쟁의 민주주의 프레임

4월 혁명의 주기는 이승만 정권에 내재된 민주적 과제와 민족적 과제의 봉인이 순차적으로 풀어지는 과정이었고 그것은 분단·국가주의의 역사국면에 공유된 보편적 운동 프레임으로서의 민족민주운동의 주기를 여는 첫 번째 순환주기이기도 했다. 따라서 4월 혁명의 민족민주 프레임은 민족주의와 민주주의가 민족국가의 형성과정에서 분리된 문제가 아니라는 점을 보여 주었다. 분단·국가주의의 역사국면에서 6·3 항쟁은 박정희 정권의 군부 권위주의에 저항하는 민족민주운동의 제 2의 순환주기를 형성했다.

6·3 항쟁의 주기는 한일협상 반대라는 정책 수준의 자주적 민족주의 프레임이 박정희 정권 퇴진이라는 반정부 민주화 프레임으로 극대화되는 과정을 거쳤다. 계엄령까지 맞게 된 이 시기의 반정부운동

공화당을 상징하는 '황소식'이란 수식어를 붙여서 황소식 민족적 민주주의 장례식으로 했던 것이다(김도현의 증언, 민주화운동기념사업회 연구소 편, 2008: 420).

은 초기의 민족주의 프레임을 포괄하는 민주화 프레임으로 확대되었다는 점에서 운동 프레임의 확산을 의미한다고 할 수 있다. 이 같은 6·3 항쟁의 민주주의 프레임은 민족민주운동의 역사주기 내에서 선행했던 첫 번째 순환주기로서의 4월 혁명의 민주주의 프레임이 일종의 정치적 기회구조로 작용했다. 4월 혁명이 6·3 항쟁의 기회구조로 작용한 것은 다른 무엇보다 4월 혁명이 6·3 항쟁에 경험적으로 가깝게 위치한 요인이 크다. 6·3 항쟁의 주기에 주장된 많은 선언문에는 4월 혁명이 6·3 항쟁과 분리될 수 없다는 점을 알게 해 주는 내용이 다양하게 반영되어 있다.

역사주기론의 시각에서 4월 혁명의 민족민주 프레임을 6·3 항쟁의 정치적 기회구조로 볼 때 이를 이념, 조직, 행위의 기회구조라는 세 가지 수준으로 구분해 볼 수 있다. 먼저 4월 혁명의 민주주의 프레임을 구성하는 민족민주 이념은 6·3 항쟁의 민주화 프레임을 형성하는 '이념의 기회구조'로 작용했다. 6·3 항쟁의 이념은 민족주의 이념에 있어서는 관념적 수준에 머물기는 했지만 반봉건, 반외세, 반매판의 민족혁명을 추구하는 입장도 있었다. 그러나 민주주의 이념에 있어서는 가장 높은 수준이 반민주적 박정희 정권타도에 있었기 때문에 자유민주주의 질서 이외에 여타의 급진민주주의의 지향은 찾아보기 어렵다.

따라서 6·3 항쟁의 과정에서 다양한 선언문에 나타나는 4월 혁명 계승의 정신은 적어도 민주주의에 있어서는 정상적 의회민주주의의 복원을 의미하는 민주화 프레임이었던 것이다. 무엇보다 6·3 항쟁에서 4월 혁명의 정신은 어디에서나 5·16 쿠데타와 박정희 군사정권을 부정하는 이념적 준거로 작용했다.

4월 혁명은 해방 이후 처음으로 민주주의의 가치를 엄청난 희생을 치르면서 학습하는 과정이었고 민주주의 이념에 대한 이 같은 학습의 효과가 바로 6·3 항쟁의 민주화 프레임으로 이어졌던 것이다. 따라서 4월 혁명 주기의 반이승만 자유민주주의 프레임은 6·3 항쟁의 반5·16, 반박정희 민주주의 프레임을 출현시키는 이념의 기회구조라고 말할 수 있다.

둘째, 4월 혁명은 조직의 수준에서도 6·3 항쟁의 기회구조로 작동했다. 4월 혁명이나 6·3 항쟁은 공히 학생조직을 대중적 기반으로 하고 있다. 사회단체들과 관련되어 있기도 하지만 대학사회의 특수성은 학생운동을 선배와 후배의 관계에서 연속적으로 재생산시킨다. 물론 직접적 연관을 갖지 않는 경우도 있지만 이 경우에도 학생활동가들은 해당조직의 존재에 대해 학습하거나 인지함으로써 영향을 입는다. 당시 대학생 조직은 공개적이고 덜 급진화된 그래서 다소 개량화된 학생회 조직과 다른 한편으로는 이념서클 혹은 사회과학서클의 흐름이 있었다.

대체로 1950년대 후반부터 결성된 학생서클은 우선 서울대 문리대의 신진회(후진사회연구회로 명칭변경), 서울대 법대의 신조회(사회법학회로 재발족), 서울대 문리대의 정문회, 사회학과 중심의 농촌사회연구회, 후진사회문제연구회, 서울대 상대의 경우회, 자립경제연구회, 사회경제학회, 고려대 경제학과 중심의 협진회 등이 활동했는데 이러한 조직들이 우선 4·19 직후의 학생주도 통일운동단체 활동의 기반이 되었다. 4·19 직후 1960년 11월에 서울대에서 '민족통일

연맹'이 발족하고 다른 대학에도 민통련이 건설됨으로써 학생통일
운동조직이 급속히 확산되었으나 1961년 군부쿠데타로 인해 새로
운 상황을 맞게 되었다.

6·3 항쟁을 주도한 서울대 문리대의 민비연은 1963년 10월 발족
했으며 제3세계 민족해방주의에 관심이 많았다. 이 같은 민비연 조
직의 결성은 4월 혁명주기의 학생통일운동조직으로부터 영향을 입
은 바 크고 그러한 조직들이 곧 민비연의 조직적 기회구조로 작용했
던 것이다.[10] 다른 한편 학생회 조직은 공개적이고 다소 개량화된 듯
했지만 박정희 정권의 부패와 반민주성이 노골화되고 학원 침탈의
심각성이 더해지면서 학생회도 정권타도의 대열에 서게 되었다. 6·3
항쟁과 관련된 앞의 각종 선언문에서 본 대로 4월 혁명은 이념적 기
회뿐만 아니라 대학 내 활동가를 재생산하는 조직적 기회구조로도
작동했던 것이다.

---

10 서구 사회운동론의 흐름에서 볼 때, 정치적 기회구조는 사회운동에 경험적으로 가깝게
위치함으로써 사회운동에 직접적으로 영향을 주는 사회운동의 밖에 존재하는 요인을
의미한다. 그러나 동맹적 요인 등이 사회운동의 정치적 기회구조로 강조되면서 말하자
면 운동의 안과 밖을 구분하는 것이 애매한 경우도 없지 않다. 일반적인 서구사회운동론
의 입장에서 본다면 운동조직의 기반이 되는 서클, 동호회 등은 운동조직을 만드는 원천
집단으로서의 의의를 갖는다. 이 경우 원천조직들은 운동조직의 기초가 됨으로써 운동
의 기회구조보다는 운동 내적 요소로 구분되는 것이다(McAdam, 1982; McAdam, D.,
J. D. McCarthy & M. N. Zald, 1988). 이 장에서는 4월 혁명주기에 활동한 학생운동조
직과 6·3 항쟁의 학생운동조직이 연관성과 연속성을 갖더라도 서로 다른 순환주기에서
선행과 후발의 시간적 차이를 가지기 때문에 이를 조직적 '기회구조'로 보고자 하는 것
이다. 조직의 문제는 운동의 내부와 외부 구분이 모호한 경우가 많다는 점을 고려하더라
도 이러한 시각은 가능할 것으로 보인다.

〈표 4-1〉 6·3 항쟁의 각종 선언문에 나타난 4월 혁명의 계승

내용	일자	출처
4·19의 혈흔이 아직 사라지지 않았고 … 4·19의 후예들은 말한다. 4·19는 살아 있다고 ! … 우리는 민주주의의 최후의 보루임을 알라	1964년 3월 24일	고려대학교 3·24 선언문
4월 항쟁의 참다운 가치성은 반외압세력, 반매판, 반봉건에 있으며 민족민주의 참된 길로 나가기 위한 도정이었다. 5월 쿠데타는 이러한 민족민주이념에 대한 정면적인 도전이었으며 노골적인 대중탄압의 시작이었다.	1964년 5월 20일	서울대학교 5·20 선언문
1. 우리의 행동은 헌법수호와 자유민주주의의 원칙하에 … 1. 금주 내에 우리의 의로운 주장이 관철될 획기적 전기가 이룩되지 않을 때는 4·19정신으로 실력투쟁도 불사할 것을 천명한다.	1964년 5월 21일	고려대학교 구국비상결의 선언문
4·19의 정기가 조국사에 던진 민족적 희망이 확고한 민주지도체제를 구현치 못했다는 어쩔 수 없는 퇴영의 역사는 비합법적 군사쿠데타에 의한 정권탈취의 합리화를 결과했으며, 또다시 각성과 자체 성장을 망각한 오늘의 난국을 역산하여 우리를 이 광장에 끌어냈다.	1964년 5월 25일	난국타개 학생총궐기대회 선언문
4월의 젊은 사자들이 부정부패에 저항하여 자유와 정의와 역사의 요구를 구현키 위하여 봉기했던 위대한 행진의 서곡에 뒤이어, 우리는 무지·무능·무책임·공포정치에 항거하고 꺾여지려는 4월의 민주주의의 나무에 '피의 거름'을 주기 위해 이 자리에 모였다.	1964년 6월 1일	숭실대학교 6·1선언문
나 아니면 안 된다는 이승만 씨의 정치철학을 당신은 꽃다발을 보내고 받아온 것입니까 ! 우리는 다시 한 번 자유 민주주의의 진정한 진로를 모색하기 위해 박정권의 타도를 선언할 것을 전 국민과 아울러 결의하는 바이다.	1964년 6월 2일	고려대학교 구국투쟁위원회 6·2 선언문
4·19 혁명의 정신은 지금 우리들이 산 교훈으로서 물려받은 조국수호의 심벌이 되는 것이며 또 다음 우리들 후배들에게 물려주어야 할 정신적 유산인 것이다.	1964년 9월	6·3운동관련 구속자석방운동 결의문
6. 4·19정신에 위배되는 모든 정치적 망동을 삼가라.	1965년 6월	연세대학교 단식투쟁위원회 성명서

셋째, 역사주기론의 시각에서 볼 때 저항의 다양한 행위양식들은 선행운동의 효과를 가진다는 점에서 4월 혁명은 6·3 항쟁의 행위적 수준의 기회구조를 제공했다. 6·3 항쟁의 주기 동안 나타난 저항행위는 4월 혁명 기념일의 의례행위를 통해 증폭되는 경우가 많았다. 4월 혁명 1주년이 되는 1961년 4월 19일 서울대 학생들은 '서울대학교 4·19 혁명 제2 선언문'을 발표했는데 이 선언문에는 이 시기 통일운동의 이념 가운데 가장 급진적이라고 할 수 있는 민족혁명론의 입장이 반영되어 있다. 1963년 4월 혁명 3주년을 맞아서도 서울대 문리대 학생을 중심으로 '서울대학교 4·19 혁명 제4선언문'이 발표되었고 제2선언문에서 언급된 반봉건, 반매판, 반외세론의 입장에서 군사정권을 비판했다. 4월 혁명 4주년을 맞은 1964년 4월 19일에는 각 대학에서 기념식과 함께 시위가 전개되었다. 서울대 문리대 학생회는 '4·19 혁명 제5선언문'을 통해 한일회담은 민족자립과 민족주체성을 유지하며 평등한 입장에서 재출발해야 한다는 점을 천명했다. 이날 시청 앞에서 기념식을 가진 17개 대학의 학생 1천여 명이 선언문을 채택하고 가두시위를 벌였다(민주화운동기념사업회 연구소, 2008: 413~414).

이처럼 4월 혁명 주기의 반이승만 민주화 프레임은 이념, 조직, 행위의 수준에서 6·3 항쟁의 기회구조로 작용함으로써 반박정희 민주화 프레임으로 재생산되었다. 적어도 남한단독정부 수립 이후 1990년대 초까지 전개되는 분단·국가주의의 역사국면에서 형성된 민족민주운동의 역사주기는 4월 혁명으로부터 시작되는 제1주기 이래 6·3 항쟁의 주기에서 이념과 조직, 행위의 순환구조를 통해 민족민주운동의 제2주기를 형성했던 것이다.

4. 결론: 4월 민주주의의 진화론적 전망

한국 현대사의 비교적 장기간에 걸친 역사적 시기를 하나의 거시적 분석단위로 두고 해당 시기 안에서 사회운동의 순환과정을 보고자 하는 역사주기론의 시각은 사회운동을 분석하는 새로운 분석틀이라고 할 수 있다. 이 시각은 서로 다른 정권에서 발생하는 저항운동들 간의 관계를 드러내 주는 한편, 한 정권의 특성을 넘어 시대를 관통하는 역사적 규정력을 고려할 수 있다는 점에 특히 주목할 수 있다.

이 장은 해방 이후 정부수립에서 1990년대 초까지의 시기를 민족분단의 상황과 외세규정력이 극대화되었던 '분단체제'와 권위주의 지배의 억압적 '국가주의'가 결합된 분단·국가주의의 역사국면으로 설정했다. 분단·국가주의의 역사국면에서 사회운동은 이 국면이 내재한 주요 모순으로서 민족주의의 과제와 민주주의의 과제를 겨냥했고 그것은 곧 분단·국가주의의 역사국면에 공유된 민족민주운동의 역사주기를 형성했다.

민족민주운동은 자신의 역사주기 내에서 시기에 따라 혹은 정권의 특성에 따라 새로운 순환적 주기를 만들었다. 1960년의 4월 혁명은 민족민주운동의 첫 번째 순환주기로 제1공화국의 분단·국가주의가 봉합한 민족적 과제와 민주적 과제의 봉인을 뜯어내는 역사적 효과를 가졌다. 4월 혁명의 주기가 제기한 민족민주운동의 프레임에는 이승만 정권의 교체에 집중된 민주화 프레임과 통일에 집중된 통일민족주의 프레임이 순차적으로 결합했다.

1961년 5월의 군부쿠데타는 4월 혁명이 풀어내고자 했던 민족주의와 민주주의의 과제가 재봉인되는 과정이었다. 그리고 6·3 항쟁은 박정희 정권이 재봉인하고자 하는 민족민주의 과제를 다시 분출시켰다. 이 과정에서 민족민주운동의 프레임은 대일 및 대미 자주외교적 지향의 자주적 민족주의 프레임과 박정희 정권의 퇴진을 주장한 민주화 프레임이 결합됨으로써 민족민주운동의 제2의 순환주기를 이루었다.

4월 혁명의 주기와 6·3 항쟁의 주기는 민족민주운동의 역사주기 내에서 가장 근접한 시기에 발생한 운동이기 때문에 4월 혁명의 프레임은 6·3 항쟁의 프레임을 만드는 대단히 중요한 정치적 기회구조로 작용했다. 4월 혁명이 6·3 항쟁의 정치적 기회구조로 작용했다는 사실은 다른 무엇보다 민족민주운동의 제1주기로서의 4월 혁명의 순환구조를 잘 보여 주는 대목이다. 4월 혁명은 이념 및 가치, 조직, 행위에 있어서 6·3 항쟁의 기회구조로 작용했다. 4월 혁명의 이념, 즉 4월의 민족주의와 민주주의는 6·3 항쟁의 민족민주이념을 생산하는 핵심적 준거가 되었을 뿐만 아니라 이러한 이념을 근거로 한 저항의 가치를 64년 6월로 전달했다.

1950년대 말부터 대학에 만들어지기 시작한 이념서클들은 4월 혁명 이후 학생통일운동조직으로 거듭나고 이러한 대학 내의 이념서클들은 학생회조직과 더불어 6·3 항쟁의 조직적 기초가 되었다. 학생들이 모이고 시위하는 행위의 측면에서도 4월 혁명은 6·3의 기회구조가 되었다. 4월 혁명 기념일에 4월 혁명의 의례를 통해 집회와 시위가 확대되고 나아가 선언문이 발표되는 점들은 '4월'이 '6월'의 행위의 기회구조라는 점을 말해 준다.

4월의 민주주의는 민족민주운동의 역사주기에서 이념, 조직, 행위의 순환구조로 6·3 항쟁에 재현되었고 제3, 제4의 순환주기로 이어졌다. 새로운 순환의 주기에서 4월의 민주주의는 정치변동과 사회변동에 따라 다른 모습으로 재생산되었다. 이처럼 되풀이되는 순환의 주기마다 4월의 민주주의는 진화했다. 4월 민주주의의 이념은 순환의 주기마다 정교하고도 구체화된 이념으로 진화했고, 조직은 학생조직을 넘어 재야와 시민사회의 조직으로, 나아가 공개적이고 대중기반이 확장된 형태로 진화되었으며, 행위양식 또한 사회문화변동에 따른 운동문화의 다양성이 확대되는 방향으로 진화했다.

그러나 1990년대 초까지의 이러한 진화는 분단·국가주의의 역사국면에서 전개되는 민족민주운동의 주기 내적 진화였다. 비록 한반도에서 분단상황은 여전히 지속되고 있지만 1980년대 말 동구 사회주의 붕괴 이후 빠르게 전개된 지구적 시장화의 경향과 국내정치적으로 1990년대 이후 민주화 경향은 분단·국가주의의 역사국면을 새로운 역사국면으로 전환시켰다. 동구의 붕괴는 한반도에서 분단의 이념적 조건을 크게 약화시켰으며 비록 남북통일에 이르지는 못하고 있지만 2000년 남북정상회담과 6·15 선언, 2007년 남북정상회담 등으로 남북 간의 교류의 폭을 확장시켰다. 아울러 민주화와 지구화, 시장화와 정보화의 거대경향은 국가주의의 구조를 빠르게 해체시킴으로써 지구적 수준의 시장주의 프레임이 광범하게 구축되었다. 이런 점에서 최근 한국의 사회변동은 해방 이후 정부수립에서부터 1990년대 초까지의 약 40년의 기간을 규정했던 '분단·국가주의'의 역사국면을 '탈냉전·시장주의'의 새로운 역사국면으로 전환시켰다고 말할 수 있다.

분단·국가주의의 역사국면에서 전개된 민족민주운동의 역사주기 내에서 4월 민주주의의 진화가 양적 진화라고 할 수 있다면 이제 새로운 역사국면에서 4월 민주주의는 질적 전환의 과제를 안고 있다. 1990년대 이후 시민운동이나 2000년대 촛불집회와 같이 한국의 새로운 시민행동들은 이러한 점을 잘 보여 준다.

무엇보다 탈냉전·시장주의의 역사국면이 전개되는 현실에서 억압적 국가권력의 민주화를 넘어 시민사회에 산재한 사회권력의 민주화가 추구되어야 하고, 일상적 삶의 영역에서 작동하는 미시권력의 민주화에 주목해야 한다. 나아가 대의민주주의의 거시적 제도뿐만 아니라 그러한 제도 내에서 작동되는 민주주의의 미시적 과정에 대한 관심이 요구된다. 4월의 민주주의는 민족민주운동의 역사주기를 넘어 이제 사회운동의 새로운 역사주기에서 질적으로 전환된 진화를 이루어야 한다.

5
민족민주운동과 4·18 고대행동
고대 민주주의의 기원

1. 서론: 왜 고대 민주주의인가?

한국의 민주주의는 1990년대 이후 공고화 과정을 거쳐 오늘에 이른다. 이 같은 민주주 공고화를 가능하게 한 요인을 든다면 다른 무엇보다 '민주화운동'이 강조될 수 있다. 한국의 민주화운동은 신군부의 제5공화국 체제에서 이른바 대통령 직선제의 개헌을 이루어낸 1987년 6월 항쟁을 거대한 분수령으로 한 시대를 마감하게 된다.

해방 이후 남한 단독정부의 수립에서 1990년대 초에 이르는 약 40년의 기간을 분단체제와 억압적 국가주의가 작동하는 '분단·국가주의'의 특수한 역사국면으로 이해할 수 있다. 이 시기를 사회운동의 흐름에 주목할 때 '민족·민주운동의 역사주기'로 규정할 수 있다. 민족·민주운동의 역사주기는 1987년 6월 항쟁에서의 거대한 분출로 일종의 쇠퇴기를 맞게 된다고 할 때 이 운동주기의 시작은 1960년의 4월 혁명이라고 할 수 있다. 민족·민주운동주기의 민주화운동이야말로 한국 민주주의를 성취하는 데 가장 중요한 동력이었다고 한다면 4월 혁명은 민주주의에 대한 국민적 열망의 문을 열어젖힌 출발점이라고 말할 수 있다.

1948년 남한 단독정부 수립은 한국 사회가 민족문제를 지속적 과제로 내장하게 되는 계기였으며 나아가 민족적 과제가 반공이데올로기의 억압적 정치체제를 통해 봉인되는 과정이기도 했다. 해방 이후 다양한 정치세력의 서로 다른 정치적 지향을 단일한 이념의 구도 아래 틀 짓기 하는 권위주의 정치과정은 그러한 정치과정에 내재된 비민주성을 또 하나의 주요한 모순으로 구조화하는 과정이기도 했다. 민족문제는 통일 민족국가건설의 과제라는 맥락에서 본다면 일제하의 민족해방운동과도 결부되는 연속적 과제였다. 그러나 민주주의의 과제는 분단·국가주의의 역사국면에서 현실화된 것이며 제1공화국이라는 근대민족국가의 실험 속에서 권위주의정치의 학습을 통해 현실화된 이념이었다.

4월 혁명은 제1공화국으로 구현된 분단·국가주의의 역사국면이 강제적으로 봉합했던 민족적 과제와 민주주의의 과제가 분출하는 과정이었다. 무엇보다 민족적 과제는 권위주의 정치질서에 의해 봉인되어 있었기 때문에 4월 혁명은 자유민주주의의 가치를 봉쇄하고 있는 억압적 권위주의의 봉인을 우선적으로 뜯게 했고, 연이어 전개된 통일운동으로 민족적 과제라는 두 번째 봉인을 연속적으로 풀어낸 것이다. 이 점에서 4월 혁명은 분단·국가주의의 봉인을 처음으로 개봉하는 효과를 가졌다.

한국의 민주주의가 분단·국가주의의 역사국면에서 전개된 민주화운동의 성과였다면 4월 혁명은 한국 민주화운동의 '진앙'으로서 의의를 갖는다. '4·18 고대행동'[1]은 바로 그러한 4월 혁명의 한가운데 자리한다. 2·28 대구시위, 3월 15일과 4월 11일의 제1, 2차 마산시위로 이어지는 4월 혁명의 전개과정에서 4·18 고대행동은 4월 혁명의 저항 프레임을 부정선거반대 프레임에서 이승만 정권 퇴진프레임으로 전환시킴으로써 4월 혁명을 전국적으로 승화시키는 결정적 계기가 되었다. 그러나 4·18 고대행동을 4월 혁명의 전개과정에서 스쳐가는 하나의 지점으로 보거나 혹은 4월 혁명을 확산시킨 단순한 촉발사건으로만 해석하는 것은 4·18 고대행동의 의미와 의의를 단순화하거나 제한할 수 있다.

4월 혁명은 한국 민주화운동, 엄밀하게는 분단·국가주의의 역사 국면에서 민족주의와 민주주의를 내용으로 하는 민주화운동의 서막을 열었다는 점에서 한국 민주주의의 기원이라고도 할 수 있다. 그 연장에서 우리는 4월 혁명의 중심에 있는 4·18 고대행동을 고려대학교가 생산하고 고려대학교가 내재한 민주주의 가치라고 할 수 있는 '고대 민주주의'의 시각에서 이해할 필요가 있다. 고대 민주주의

---

1 그동안 4·18은 '4·18 고대생 시위'로 많이 표현되어 왔고, 단순히 '4·18 시위', 혹은 고려대 출신들 간에는 그냥 '4·18'로 불리기도 했다. '시위'라는 개념은 사회운동의 다양한 행위양식들 가운데 하나를 지칭하기 때문에 운동의 가치와 이념을 포괄하는 표현으로 보기 어렵다. 따라서 4·18을 지칭할 때 고려대학교가 역사적으로 숙성시킨 실천주의 혹은 행동주의activism의 표출이라는 의미를 반영한 보다 확장된 개념화가 요구된다. 이 점에서 나는 1960년 4월 18일에 있었던 고대생의 시위를 '4·18 고대행동'으로 부르고자 한다. '고대행동'이란 시위행위를 포함하면서도 고려대학교가 내재한 이념과 가치의 실천주의를 포괄하는 개념으로 '고대 행동주의'의 약어적 표현이라고 할 수 있다.

는 민주주의와 민족주의의 과제를 민주화운동의 핵심동력으로 만드는 근원으로 작용했다는 점에서 한국 민주주의의 '문화적 원천'이라고도 말할 수 있다.

이 장의 내용은 4·18 고대행동을 '고대 민주주의'의 논리로 설명하고, 이를 한국 민주주의에 대한 이해로 확장시키는 데 목적이 있다. 4·18 고대행동을 '고대 민주주의론'의 시각으로 보는 데 다음과 같은 몇 가지 사실을 강조할 수 있다.

첫째, 4·18 고대행동은 순간적이거나 충동적으로 발생한 사건이 아니라 고려대학교의 역사 속에서 형성되고 고대생에게 내면화된 '가치'가 발현된 것이라고 할 때 그러한 가치는 무엇보다 고대 민주주의로 요약될 수 있다. 둘째, 고려대학교가 주도한 민주화운동은 4·18 고대행동에 그친 것이 아니라 1960, 70, 80년대를 이어 연속적으로 전개되었다는 점에서 고대민주주의는 실체로서 의미를 갖는다. 셋째, 고대민주주의에 대한 국민적 동의의 구조를 강조할 수 있다. 4·18 고대행동은 4월 혁명의 시기에 출현한 수많은 시위들 가운데 하나로 단순하게 인식된 것이 아니다. 4·18을 통해 4월 혁명이 전국적으로 확산될 수 있었던 것은 '고려대학교'에 대한 국민적 신뢰와 지지의 구조가 전제되어야 한다. 따라서 4월 혁명의 확산은 '고려대학교'가 생산한 가치와 행동으로서의 고대 민주주의에 대한 신뢰의 구조가 국민적 저항의 구조로 전환되는 과정이었다고도 할 수 있다.

이 같은 점들을 전제로 이 장에서는 우선 4·18 고대행동과 4월 혁명을 한국 저항운동의 거시적 역사주기를 반영한 민족민주운동의 주기론으로 설명한 후, 그러한 역사주기 내에서 작동하는 고대 민주주의의 문화적 원천으로 4·18 고대행동을 해석하고자 한다.

민족민주운동의 역사주기를 구성하는 다양한 순환적 소주기들은 시기마다 특징적인 민주화운동으로 나타났다. 고려대학교의 학생운동은 4월 혁명뿐만 아니라 그 이후의 순환적 소주기마다 민주주의와 민족주의 프레임을 주도했기 때문에 민족민주운동의 역사주기는 고대 민주주의 구현 과정이라고도 할 수 있다.

이제 관점을 고대 민주주의에 두고 민족민주운동의 역사주기를 본다면 4·18 고대행동은 민족민주운동의 역사주기 내에서 고대 민주주의의 출발점이자 고대 민주주의가 가장 직접적이고 뚜렷하게 표출된 사례라고 할 수 있다.[2] 적어도 민족민주운동의 역사주기 내에서 고대 민주주의는 4·18 고대행동 이후 6·3 항쟁, 1970년대 반유신운동, 1980년대 민주화운동과 1987년 6월 항쟁에 이르기까지 지속적으로 진화했다.[3] 나아가 4·18 고대행동이 4월 혁명으로 확산된 것은 적어도 고대 민주주의가 시민적 동의와 승인을 통한 수용구조를 가졌다는 점에서 이를 고대 민주주의의 '정당성 legitimacy' 구조로 논의를 확장하고자 한다.

---

2 이 장에서는 '고대 민주주의'를 분단·국가주의의 역사국면에서 형성된 가치이자 운동 프레임으로 본다. 그 이전의 역사국면에서는 다른 내용의 가치, 말하자면 일제강점기에는 '항일민족주의' 등이 고대의 가치로 형성되었던 것이다. 고대 민주주의는 적어도 근대민족국가의 제도적 기반 위에서 민주주의 과제가 현실적으로 등장한 시대적 조건에 상응하는 것이다.
3 제1장 '사회운동 분석과 역사주기론의 시각'을 참조할 것.

2. 4·18 고대행동과 고대 민주주의의 문화적 원천

4·18 고대행동은 4월 혁명의 중심에 있다. 적어도 4월 혁명의 주기에서 4·18 고대행동 이전에는 중고등학생 중심이거나 지역 주도의 시위가 전개되었다. 4월 혁명이 3·15 마산시위 이후 전국적으로 확산된 데에는 무엇보다 4·18 고대행동의 효과가 크다. 고대 민주주의가 4·18 고대행동으로 구현되면서 그 서막을 올린 것이다. 분단체제에서 불완전한 민족국가의 민족주의과제가 지속되는 한편, 이승만·장면 정권에 이은 군부 권위주의에서 민주주의 과제가 끊임없이 제기됨에 따라 고대 민주주의 또한 4·18 고대행동 이래 지속적으로 새로운 저항운동을 표출시켰다.

사회운동은 오랫동안 잠재되어 있던 특정집단의 불만과 사회적 비정의injustice에 대한 해석틀이 재구성되는 과정으로, 문화적 모순이 일련의 역사적 사건들에 의해 표면화됨으로써 지배적 문화로부터의 '문화적 결별cultural break'이 일어났을 때 발생한다(임희섭, 1999). 이같은 문화적 모순의 표면화는 정부정책이나 역사적 사건 등에 의해서 갑자기 부과된 것일 수도 있고(Walsh, 1981) 기존체제의 통제능력 약화가 극적으로 드러남으로써 나타날 수도 있다(Zald, 1996). 이점에서 문화적 모순이 표면화된 역사적 사건이나 이로 인해 출현한 최초의 사회운동과정은 사회운동의 '문화적 원천cultural roots'이라고 말할 수 있다. 민족민주운동의 거대주기에서 본다면 4월 혁명은 이러한 주기의 문화적 원천이라고 할 수 있다. 나아가 4월 혁명의 주기 내에서는 김주열의 시신이 드러남으로써 격화된 3·15 마산시위나 용역깡패에 의한 피습으로 인해 국민적 공분을 일으킨 4·18 고대행동 등은 민주주의의 문화적 모순이 표면화된 사건이자 민족민주운동의 출현과정으로 설정된다는 점에서 그 자체가 4월 혁명의 문화적 원천이라고 말할 수 있다. 민족민주운동의 역사주기 전체에 걸쳐 나타난 고대 민주주의의 실천과정에서 볼 때 4·18 고대행동은 바로 고대 민주주의의 '문화적 원천'이라고 할 수 있고, 나아가 4월 혁명과 고대행동은 분리될 수 없는 역사적 사실이라는 점에서는 4·18 고대행동이 한국 민주주의의 문화적 원천이라고도 할 수 있는 것이다.

독재와 민주주의의 문화적 모순이 충돌하는 지점으로서 4·18 고대행동에는 고대 민주주의의 문화적 원천을 구성하는 의미 있는 문화적 내용을 포괄한다. 첫째는 4·18 고대행동에 투영된 '로고스logos적 원천'으로 이성과 과학적 지식에 바탕을 둔 '지성주의'를 강조할 수 있다. 무엇보다 '4·18 선언문'에는 대학생 본연의 학문과 지식탐구에 복무하지 못하고 투쟁해야 하는 현실에 대한 대단히 깊은 지성적 성찰이 담겨 있다. "학생이 상아탑에 안주치 못하고 대사회 투쟁에 참여해야만 하는 오늘의 20대는 확실히 불쌍한 세대이다. 그러나 동족의 손으로 동족의 피를 뽑고 있는 이 악랄한 현실을 방관하랴"라는 대목은 4·18 고대행동이 경망한 행동주의나 무분별한 충동이 아니라 대학에 대한 진지한 지적 성찰을 토대로 한다는 점을 보여 준다. 〈고대신문〉의 다음과 같은 사설에는 과학적 지식에 바탕을 두고 행동하는 지식인이 되라는 현실참여에 대한 진지하고도 차분한 독려를 담았다.

작금의 청년들은 잔혹한 역사적 현실을 운명으로 돌리고, 학문한다는 遁辭만을 일삼는 도피적 경향이 있다. … 제군은 부디 자기 학문에 노력하는 인간이 되라. 그러나 현실과 연연치 말고 민감하되 저돌하지 말라. 이리하여 제군은 베이컨의 이른바 현실에 대한 "예리한 관찰에 의해 얻어진 지혜"로서 진지하게 학문하여 성실하게 행동할 줄 아는 인간이 되라. 이런 의미에서 우리는 행동성이 결여된 기형적 지식인을 거부한다.

- 고려대학교 100년사 편찬위원회, 2005: 141; 〈고대신문〉, 사설, 1960. 4. 2.

고대의 지성주의는 다른 무엇보다 이성적 공론의 장이라고 할 수 있는 언론의 기능에서 찾아진다. 〈고대신문〉은 우리나라 대학신문의 효시로 1947년 11월 3일 광주학생운동기념일인 학생의 날을 맞아 창간되었다(고려대학교 100년사 편찬위원회, 2005: 141). 고대 민주주의의 로고스적 원천은 어쩌면 당대의 대학과 사회를 선도했던 비판적 지성주의를 표출해 낸 〈고대신문〉으로부터 나온 것인지도 모른다.

아울러 4·18 고대행동은 우발적이거나 충동적인 것이 아니라 대단히 체계적인 이성적 조직화 과정을 거쳤다는 점도 지성주의의 일각을 보여 준다. 4월 1일 개학 이후 고대 교정에는 3·15 부정선거와 마산사태에 대한 토론이 이어졌다. 이 과정에서 단과대 학생간부들이 신입생 환영회 명목으로 모여서 시위 계획을 세웠는데, 일정과 함께 실패를 대비한 후계조직까지 1진, 2진, 3진으로 구축해 시위의 지속 방안까지 마련했던 것이다(고려대학교 100년사 편찬위원회, 2005: 142).

이뿐만 아니라 4월 혁명 직후 5월에 대부분의 대학에서, 특히 사립대에서 어용교수 퇴진 및 학내 민주화 문제로 혼란스러울 때 "고대만이 아무 소리 없이 학업을 계속"함으로써 "정말 대학 중의 대학이라고 칭송이 자자"했다는 사실은 고대 민주주의의 지성주의적 측면을 유감없이 보여 준다(고려대학교 100년사 편찬위원회, 2005: 149; 〈고대신문〉, 1960. 5. 14). 이와 아울러 이승만 하야 이후 1960년 5월 4일 고성민, 김규석, 김중위를 비롯한 10여 명의 학생들이 전 대통령 이승만을 비롯해서 발췌 개헌안과 4사 5입 개헌에 가담했던 국무위원과 국회의원을 내란죄로 서울지검에 고발한 것은 법치를 추구하는 고대 민주주의의 냉철한 지성주의를 엿볼 수 있는 대목이다.

둘째, 고대 민주주의에 내재된 '파토스pathos적 원천'으로 뜨거운 감성과 기개에 바탕을 둔 실천 지향적 '열정주의'를 들 수 있다. 우선 '4·18 선언문'에는 다음과 같은 내용으로 고대생 특유의 파토스가 드러난다.

> … 역사의 생생한 증언자적 사명을 띤 우리들 청년학도는 이 이상 역류하는 피의 분노를 억제할 수 없다. 만약 이와 같은 극단의 악덕과 패륜을 포용하고 있는 이 탁류의 역사를 정화시키지 못한다면 우리는 후세의 영원한 저주를 면치 못하리라. …
>
> - 고려대학교 100년사 편찬위원회, 2005: 143

1960년 5월 3일자 〈고대신문〉 특집 합병호 1면에 실린 조지훈 선생의 시 〈늬들 마음을 우리가 안다〉에는 학생들의 열정주의에 대한 찬사와 그러한 열정을 평소에 알지 못한 스승의 뉘우침이 배어 있다.

… 그러나 이것은 어쩐 까닭이냐.

밤늦게 집으로 돌아오는 나의 발길은 무거웠다.

나의 두 뺨을 적시는 아 그것은 뉘우침이었다.

늬들 가슴 속에 그렇게 뜨거운 불덩어리를 간직한 줄 알았더라면

우린 그런 얘기를 하지 않았을 것이다.

요즘 학생들은 氣槪가 없다고

병든 先輩의 썩은 風習을 배워 不義에 팔린다고

사람이란 늙으면 썩느니라 나도 썩어가고 있는 사람

늬들도 자칫하면 썩는다고

그것은 정말 우리가 몰랐던 탓이다. …

- 〈고대신문〉, 1960. 5. 3.

조지훈 선생의 시에 비친 학생들에 대한 애정, 스승의 자기성찰, 그리고 학생들의 뜨거운 열정에 대한 칭송은 고대 민주주의만이 가질 수 있는 스승과 제자의 파토스적 교감이라고 말하지 않을 수 없다. 이 같은 교감은 고대 민주주의의 열정주의적 원천이 끊임없이 재생산될 수 있는 학습의 장이기도 했다.

다른 한편, 감시와 통제가 삼엄했던 1960년 4월의 여건에서 다른 대학들이 시위에 나서기 전 4월 18일에 선도적으로 뛰쳐나올 수 있었던 고대행동 자체에 고대의 파토스적 에너지가 반영되어 있다. 당시 대학생 연합시위를 준비하던 각 대학 주도 학생들의 증언을 보면 시위일정계획에 대해 일치하지 않는 경우가 많다. 3·15 부정선거 규탄 투쟁위원회 명의의 대학연합총궐기 일정을 4월 21일로 하고 미수

에 그칠 때 24일로 한다는 견해가 있고(4·19 혁명기념사업회, 2003a), 이러한 견해에 따르면 고대가 약속을 파기한 것으로 판단하기도 한다. 그러나 다른 증언에 따르면 당시 4학년 각 대학대표들의 모의가 노출되면서 3학년 대표들이 14일 만났는데, 고대 측에서는 4월 18일 신입생을 선동해서 나가자고 제안했고, 동대 측은 22일에 하자고 하고, 중대 측은 19일에 하자고 했고, 성대측은 고대부터 하면 성대는 따라 한다고 실랑이를 벌여 결정되지 않은 채 헤어져 각각 선동 활동을 벌인 것이라는 주장도 있다(4·19 혁명기념사업회, 2003b). 종합적으로 보면 당시 각 대학별로 학도호국단과 협의가 잘 이루어지지 않은 점 등을 고려할 때 어느 대학도 전면적 시위를 할 수 있는 준비가 갖추어지지 않은 것으로 보이며 이러한 여건에서 고대가 가장 먼저 나설 수 있었던 것은 고대 민주주의 특유의 파토스가 작용한 것으로 해석할 수 있는 것이다.

4·18 고대행동에 내재된 세 번째 문화적 내용은 고대 민주주의의 '에토스ethos적 원천'을 강조할 수 있다. 이 같은 에토스적 원천은 민족 정서와 공동체 정신에 바탕을 둔 고대 민주주의의 '윤리주의'적 내용을 들 수 있다. 4·18 고대행동에는 민족과 함께하며 시대정신을 이끌었던 고려대학교가 나서는 것은 너무도 당연한 일이라는 정서가 짙게 배어 있다. 4·18 선언문에는 "우리 고대는 과거 일제하에서는 항일투쟁의 총본산이었으며 해방 후에는 인간의 자유와 존엄을 사수하기 위하여 멸공전선의 전위적 대열에 섰으나 오늘은 진정한 민주이념의 쟁취를 위한 반항의 봉화를 높이 들어야 하겠다"고 했다. 또 시위의 모의과정에서 "민족과 민주 수호의 투사임을 자임하는 고려

대생이 이대로 좌시할 수 있겠느냐"(고려대학교 100년사 편찬위원회, 2005: 142)는 인식을 공유했다. 일선에서 선동 활동을 한 학생들의 의식에도 이러한 윤리적 자부심은 대단히 컸던 것으로 보인다.

> 우리들은 새롭게 창단한 유도부 후배들과 함께 항일운동의 민족고대이고 자유, 정의, 진리의 고대가 안암골 호랑이가 보고만 있을 수는 없다고 교정과 하숙가를 선동하고 다닌 바 ⋯ .
>
> — 4·19 혁명기념사업회, 2003b.

이처럼 항일투쟁의 본산이나 민족고대, 자유·정의·진리의 고대, 안암골 호랑이 등의 표현에는 고대인에게 내재된 민족정신과 시대정신에 복무해야만 한다는 윤리적, 역사적 책임의식이 강하게 반영되어 있다. 이러한 책임의식이야말로 고대 민주주의의 에토스적 원천이라고 말할 수 있다.

4·18 고대행동에는 고대 민주주의의 이 같은 세 가지 구분되는 문화적 내용들 ― 로고스적 원천으로서의 지성주의, 파토스적 원천으로서의 열정주의, 에토스적 원천으로서의 윤리주의 ― 이 포괄되어 있다. 지성주의와 열정주의, 윤리주의를 내재한 4·18 고대행동이 고대 민주주의의 문화적 원천으로 간주될 수 있는 것은 다른 무엇보다 4월 혁명 이후 민족민주운동의 역사주기에서도 고대 민주주의가 끊임없이 발현되었기 때문이다.

3. 4 · 18 고대행동과 고대 민주주의의 정당성 구조

4·18 고대행동은 대학연합시위에 대한 논의가 대학별로 혹은 대학 간에 무성했으나 실행의 어려움이 있는 가운데 고대생들이 선도적으로 나섬으로써 다른 대학생과 시민들에게 촉발적 자극을 주었다. 나아가 귀교 길의 고대생들을 정권의 사주를 받은 조직폭력배들이 습격해 수백 명의 학생이 부상으로 쓰러진 장면이 언론을 타고 알려지면서 국민적 공분을 일으키는 계기가 되었다. 3·15 부정선거를 규탄하는 마산시위에서 사망자가 나오면서 정권 퇴진의 분위기는 전국적으로 확산되는 조짐을 보였지만, 반이승만 민주주의의 프레임을 확산시킴으로써 이른바 '피의 화요일'로 불리는 4월 19일에 전국적 수준에서 혁명적 분출을 가능하게 한 직접적 요인은 4·18 고대행동이라고 할 수 있었다.

4·18이 4·19로 전화되는 대목에서 우리는 고대 민주주의의 시민적 수용과 동의의 구조를 주목할 수 있다. 이 같은 시민적 승인의 구조를 고대 민주주의의 '정당성 구조'라고 표현할 수 있다면 그것은 고대 민주주의에 내재된 한국 민주화운동의 문화적 원천으로서의 지성주의, 열정주의, 윤리주의가 당대 시민사회의 문화적 욕구와 결합되는 지점이라고 말할 수 있을 것이다. 그러한 정당성 구조는 무엇보다 고려대학교에 대한 국민적 인식과도 결부되어 있는 바, '정의성'과 '대중성', '역사성'의 세 차원으로 구분해서 조망할 수 있다.

첫째, 고대 민주주의의 '정의로움'에 대한 인식이 국민들에게 공유되어 있었다. 이 같은 정의성은 고려대학교가 추구해온 가치의 정의

로움에 주목할 때 뚜렷해진다. 고려대학교는 구한말 건립 과정에서
부터 4·18 고대행동에 이르기까지 민족주의와 민주주의 가치를 추
구하고 또 생산해 왔다. 민족주의와 민주주의가 민족적 정의와 민주
적 정의로 인식될 수 있는 것은 그러한 가치가 '옳은 것'이라는 합의
에 바탕을 둔다. 정의는 무엇보다 도덕과 규범, 법의 잣대에서 옳음
을 추구하는 가치라고 할 수 있다. 따라서 정의는 우선적으로 윤리적
정당성과 결부되기 때문에 한 사회가 지향하는 시대정신으로 자리
잡는다. 그러한 윤리적 정당성을 뒷받침하는 것은 논리적 정당성이
라고 할 수 있다. 민족주의와 민주주의가 윤리적 정당성을 얻게 되는
과정은 그러한 가치가 다른 형태의 가치보다 우월하고 타당하다는
점을 논리적으로 설득함으로써 사회적 승인을 얻게 된다. 이런 점에
서 고대 민주주의의 정의성은 그 문화적 원천으로서의 지성주의와
윤리주의에 근거한다.

　고대 민주주의의 정의성은 민족주의와 민주주의의 가치가 갖는 옳
음의 상태에 머무는 것이 아니라 옳은 것을 행동으로 옮기는 고려대학
교의 실천주의에 의해 확인될 수 있고 그러한 확인은 국민적 공감구조
를 확장시키는 효과를 냈다. 주지하듯이 고려대학교의 전신 보성전문
학교의 건립과정은 국운이 위태로운 구한말 구국과 국권회복운동의
한 형태로 교육구국의 실천이었다고 할 수 있다. 당대의 여건에서 교
육구국의 실천이 옳은 일이고 의로운 일이라는 데 대한 공감과 그것이
민족정의를 추구하는 일이라는 데 대한 합의에 기초한다는 점이 강조
되어야 한다. 1935년 보성전문 창립 30주년을 맞아 추진한 도서관,
대강당, 체육관 건립을 위한 모금사업에 거국적 호응이 있었던 것은

고려대학교의 '민족정의'에 대한 지지에 다름 아니었다.

1960년 4월 19일에 4월 혁명이 전국적으로 확산된 것 또한 4·18 고대행동이 추구하는 '민주정의'에 대한 시민적 동의의 구조가 기반이 되었다. 민족정의와 민주정의를 실천함으로써 국민적 공감대를 얻었다는 점에서 고대 민주주의의 정의성은 그 문화적 원천으로서의 열정주의와도 결부되어 있는 것이다.

둘째로 강조할 수 있는 고대 민주주의의 정당성 구조는 '대중성'이다. 4월 혁명이 발생한 1960년 당시 대학생 수는 1945년 7,819명에서 약 10만 명(9만 7,819명)으로 급증했으나(민주화운동기념사업회연구소, 2008: 90~91), 대학의 이미지는 여전히 귀족주의와 엘리트주의에 기초해 있었다. 그러나 설립의 기원을 달리하는 다른 주요 대학들과는 달리 고려대학교는 "개인의 영달만을 꿈꾸는 귀족주의적인 출세형 관학풍과는 달리 이른바 '보전 기질'이 핍박받는 민족 속으로 들어가 민족과 더불어 민족을 위한 봉사를 다짐하는 민족적 일체감을 바탕으로 소박한 서민성을 자랑으로 삼았다"(고려대학교, 1995: 378).

민족주의의 일상적 토대를 '민속성'과 '서민성'이라고 할 때 고려대학교는 그러한 지향에 가장 가까운 대학이었고, 그것은 곧 고대 민주주의의 대중성으로 표출되었다. 고대 민주주의의 대중성을 이른바 '막걸리 대학'과 '남성성'에만 주목함으로써 토속적이고 거친 대중성으로 이해하는 것은 일면만을 보는 것일 수 있다. 적어도 고대 민주주의의 대중성에는 그 문화적 원천으로서의 열정주의와 지성주의, 나아가 윤리주의가 깊이 내재되어 있다.

대중성은 무엇보다 카리스마, 매력, 대중적 규범의 요소를 갖춤으

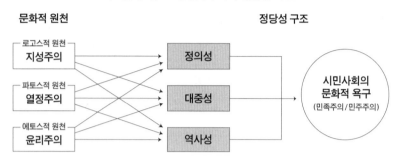

〈그림 5-1〉 고대 민주주의의 정당성 구조

문화적 원천

로고스적 원천
지성주의

파토스적 원천
열정주의

에토스적 원천
윤리주의

정당성 구조

정의성

대중성

역사성

**시민사회의
문화적 욕구**
(민족주의/민주주의)

로써 보다 광범하게 획득될 수 있다. 고대 민주주의는 민족적 과제를 앞장서서 주창하고 실천하는 선각적 요소를 내재한다. 차가운 이성과 냉철한 논리가 열정적으로 실천되지 않는다면 그것은 강단의 사색으로 그치기 쉽다. 고대 민주주의는 언제나 민족적 과제를 선도함으로써 시대정신을 이끄는 존재로 인식되었기 때문에 열정주의에 기반한 강력한 카리스마를 갖게 되었다.

다른 한편 고려대학교에 부여된 대중적 매력 또한 단순히 서민성과 토속성에 의한 '끌림'이 아니라 고려대학교의 지성주의에 근거한 지성적 매력이 강조되어야 한다. 앞에서 언급한 대로 최초의 대학신문인 〈고대신문〉은 가장 지성적 공론의 장으로 전국의 대학에 손에 손을 거쳐 배포되는 것이 일반적 현실이었다. 여기에는 문·사·철을 기초로 하는 인문학의 가장 탁월한 지성들이 고대에 모여 있었다는 사실이 강조되어야 마땅하고 그러한 지성주의야말로 고대 민주주의가 대중성을 얻게 만든 근본적 매력이었다는 점을 주목해야 한다.

카리스마, 지성적 매력과 아울러 고대 민주주의의 대중성을 구성하는 것은 서민적 규범이라고 할 수 있다. 민족 정서가 일상적 삶 속에서 공유되는 방식은 다른 무엇보다 문화로서의 서민적 규범이 있다. 자칫 엘리트 지향성을 드러내기 쉬운 대학문화를 민족의 일상과 접목시킴으로써 대중성을 확보하는 것이다. 그런 점에서 고려대학교의 '막걸리 문화'는 민속과 서민을 지향하는 윤리주의에 기반을 둔 대중성의 요소라고 할 수 있다.

셋째로 강조할 수 있는 고대 민주주의의 정당성 구조는 '역사성'을 들 수 있다. 구한말 보성전문학교 창설 자체가 구국운동이었던 데서부터 3·1 운동과 항일투쟁, 독립국가건설을 위한 반탁학생운동, 4월 혁명, 6·3 항쟁, 반유신민주화운동, 1980년대 신군부독재에 대한 저항과 6월 민주항쟁에 이르기까지 고려대학교가 추구한 민족·민주의 가치는 구한말부터 현재에 이르는 한국 근현대사의 역사적 굴곡을 그대로 반영한다. 이 같은 고려대학교의 민족·민주운동의 역사는 민족과 역사에 대한 책임의식의 구현과정이었다고도 말할 수 있다.

정당성의 문제는 시민적 욕구의 충족과 결부되어 있다. 대체로 한 국가의 정당성은 국민들의 경제적 욕구와 정치적 욕구를 만족시킴으로써 확보된다. 그러나 고대 민주주의의 정당성은 '나라 없는 민족' 시기의 민족적 욕구에까지 거슬러 올라갈 만큼 역사성에 기반을 둔다. 민족해방에 대한 '민족적 욕구'에 고려대학교는 가장 빨리 화답했으며 남한 단독정부라는 민족국가의 수립 이후에는 민주주의에 대한 '시민적 욕구'에 가장 민첩하게 응했다. 또 분단체제에서 통일민족주의에 관한 민족적 열망에 응답하기도 했다.

고려대학교가 민족의 대학으로 민주주의의 선도자로 국민적 승인을 얻게 된 것은 한두 번의 사건으로 가능한 일이 아니다. 적어도 역사적으로 지속적인 확인 과정이 있어야만 그러한 승인이 가능하다. 역사는 전통을 만들고 그 전통이 사회적 승인을 얻어 '권위'가 된다. 따라서 고려대학교가 민족민주운동의 역사성을 갖게 되고 그러한 역사성이 전통이 되었고 전통이 사회적 승인을 얻음으로써 고대 민주주의는 정당성을 갖게 된 것이다. 이 같은 고대 민주주의의 역사성이 지성주의와 열정주의, 윤리주의적 원천과 결부되어 있다는 점은 당연한 일이다.

요컨대, 4·18 고대행동으로 표출된 고대 민주주의는 세 가지 서로 구분되는 문화적 원천을 갖는 바, 이러한 원천은 4·18 고대행동을 시민혁명으로 확산시키는 시민적 승인의 기제로서 정당성기반과 연결되어 있다. 4·18 고대행동, 나아가 고대 민주주의가 시민적 설득과 지지를 얻는 정당성은 고대 민주주의의 정의성, 대중성, 역사성의 구조로부터 가능했고 그러한 정당성은 시민사회의 문화적 욕구로서의 민주주의, 즉 한국 사회의 민주화와 결합되었던 것이다.

4. 결론: 고대 민주주의의 진화론적 전망

이 장에서는 남한 단독정부의 수립에서 1990년대 초까지의 시기를 '분단·국가주의'의 역사국면으로 보고 이 시기에 전개된 사회운동의 흐름을 역사적으로 특수하게 전개된 민족민주운동의 역사주기로 설정했다. 1960년의 4월 혁명은 민족민주운동의 주기를 개막하는 소시기에 해당하며 4월 혁명의 중심에 4·18 고대행동이 있다. 고려대학교가 역사적으로 생산하고 내재하는 민주주의 가치를 고대 민주주의라고 할 때, 4·18 고대행동은 민족민주운동의 주기에 전개된 고대민주주의의 출발점이었다. 따라서 4·18 고대행동은 고대 민주주의의 문화적 원천이라고 할 수 있다.

고대 민주주의는 로고스적 원천으로서 지성주의, 파토스적 원천으로서 열정주의, 에토스적 원천으로서 윤리주의를 기반으로 하며, 이러한 원천들은 고대 민주주의가 시민사회의 승인을 얻게 되는 정당성 구조의 기반이 되기도 한다. 적어도 4·18 고대행동이 전국적으로 확산되어 4월 혁명을 가능하게 한 것은 다른 대학교 학생들뿐만 아니라 시민들의 고대 민주주의에 대한 동의의 구조를 전제로 한다. 이 장에서는 이러한 정당성의 구조를 고대 민주주의의 정의성, 대중성, 역사성의 세 차원에서 살펴보았다. 결국 고대 민주주의의 정당성 구조는 시민사회의 욕구와 연결됨으로써 한국 민주주의와 결합되는 지점이라고 말할 수 있다.

민족민주운동의 주기는 분단·국가주의 역사국면을 배경으로 한다. 분단·국가주의의 역사국면에서 아래로부터의 민족주의운동은 필연적으로 탄압받았기 때문에 민주주의 문제를 동반할 수밖에 없다. 따라서 민족주의의 과제와 민주주의의 과제가 결합된 민족민주운동의 특수한 역사주기가 형성되었던 것이다. 민족민주운동의 역사주기는 민족국가의 제도가 구축된 뒤 전개된 현상이다. 그러나 독립된 민족국가를 갖지 못한 시기의 민족해방운동은 분단·국가주의 이전의 역사국면을 배경으로 한다. 물론 일제하의 민족주의운동도 민족자결이라는 국가 간 혹은 민족 간 관계의 민주주의를 내재한다는 점에서 민족민주의 내용이 부각될 수는 있으나 이 시기의 역사국면에서는 무엇보다 민족주의가 절대적 가치로 작동함으로써 다른 가치는 의미를 갖기 어려웠던 것이다. 중요한 점은 이러한 서로 다른 역사국면에서, 나아가 하나의 역사국면 내에서도 민주주의는 진화해 왔다는 사실이다.

고대 민주주의 또한 한국 민주주의의 성장과정 속에서 함께 진화해 왔다. 문제는 오늘날 분단·국가주의의 역사국면이 해체되는 시점에서 고대 민주주의는 새로운 진화를 모색하지 않고 비정상적 해체의 현실에 있다는 점이다. '탈냉전·시장주의'의 역사국면에 들어섰다고도 할 수 있는 오늘의 현실에서 고대 민주주의는 벌거벗은 시장의 반지성적 전제주의에 저항함으로써 새로운 민주주의의 가치를 생산하기보다는 스스로 앞장서서 시장주의에 동화되고 있다. 특히 최근에 고려대학교가 추종하는 시장주의는 실질적 경쟁력을 갖는 방향이 아니라 수사적 광고와 홍보 위주의 '포장형 시장주의'를 지향하고 있다. 그 와중에 막걸리의 역사를 폐절하고 와인의 역사를 새로 만드는 일이 벌어지는가 하면 최근에는 막걸리에 대한 국민적 관심에 편승해 다시 막걸리 잔을 만지작거리는 참으로 고대답지 않은 일도 벌어졌다.

이 같은 현실에서 고대 민주주의의 정당성 기반은 크게 훼손되었다. 세계 100대 대학, 와인과 클래식의 향기, 명품학생이 드러내는 천박한 일류주의는 고대 민주주의의 '대중성'을 해체시켰고, 기업과 정부가 풀어 놓는 돈의 향배를 좇는 동안 고대 민주주의의 '정의성'

이 소실되었다. 나아가 경쟁과 효율만능의 무분별한 자기변신은 고대 민주주의의 '역사성'을 단절시키고 있다. '민족을 버려라'라는 레토릭은 이제 수사적 과장이 아니라 현실이 되고 말았다.

고대 민주주의의 정당성 기반이 더 이상 훼손되어서는 안 된다. 고대 민주주의는 정당성 기반을 복원함으로써 새로운 시대정신으로 새롭게 진화해야 한다. 고려대학교는 과도한 시장주의를 경계하고 공존의 공동체를 지향할 수 있는 새로운 가치를 생산해야 한다. 세계시장주의에 편승하는 '학문시장주의'에 몰입할 것이 아니라 세계가 주목하고 지지하는 '가치'의 생산을 고민해야 한다.

무엇보다 고대 민주주의의 정당성 기반을 새로운 내용으로 채움으로써 민주주의의 진화를 모색해야 한다. 고대 민주주의의 민족정의와 민주정의는 오늘날 생태주의, 평화주의, 참여주의를 지향하는 정의로 진화해야 하며, 민족적 대중성은 세계시민적 대중성으로 진화하고, 역사성 또한 폐절하거나 부정하는 것이 아니라 새로운 가치생산의 전망을 갖는 생산적 역사성으로 재해석되어야 한다. 이 같은 새로운 정당성의 구조로 현실화되는 진화된 고대 민주주의는 한국 민주주의, 나아가 세계 민주주의와 연속선에 있어야만 하는 것이다.

사람이든 대학이든 연륜과 역사가 쌓이면 그만큼의 품격이 동반되어야 한다. 몇몇 평가기관의 양적 지표에 목을 매고 100대든 일류든 등수를 향해 맹목적으로 돌진하는 경박성이 아니라 고대 민주주의의 새로운 가치 — 예컨대 세계시민의 가치 — 를 생산할 수 있는 장기적 안목으로의 방향전환이 요구된다. 고려대학교에 대한 진정한 평가는 사회로부터 의미 있는 평판을 얻음으로써 이루어진다. 고려대학교에 대한 평가는 시민, 나아가 세계시민이 고려대학교의 가치와 실천주의를 감동적으로 승인하는 데서 판가름 나는 것이다.

6
민족민주운동의 주기와
1980년대 학생운동의 반미주의*

1. 서론: 민주화운동의 전환

해방 이후 1970년대까지 한국 사회에서는 제도정치의 강력한 억압
구조로 인해 사회운동이 크게 제약되었다. 해방 후 미군정과 한국전
쟁, 분단을 겪으면서 제도정치가 반공이데올로기로 무장해 다른 이
념적 지향은 철저히 통제했다. 나아가 1960년대에는 쿠데타로 집권
한 군부정권이 전 국민을 개발독재의 총동원체제에 몰입시켰으며,
1970년대에는 유신체제하에서 삼엄한 긴장의 시대가 전개됨으로써
사회운동의 존립기반이라고 할 수 있는 시민사회는 원천적으로 봉쇄
되었다. 이처럼 봉쇄된 시민사회에서 저항의 공간을 형성하기 시작
한 것이 이른바 '재야'의 활동이었다.

---

* 이 장의 내용은 필자의 2007년 저서 《한국의 사회운동과 NGO: 새로운 운동주기의 도
래》의 제4장 '1980년대 학생운동의 반미주의와 대중화 전략'을 수정하여 재수록한 것
임을 밝힌다.

한국의 민주화운동 과정에서 출현한 '재야'는 제도정치의 바깥에 위치하며 극도로 제약된 운동정치의 공간에서 저항활동을 추구했던 민주화운동의 네트워크라고 말할 수 있다. 현대 한국정치에서 특수하게 형성된 재야의 개념과 기원에 대해서는 다양한 견해가 있다(정해구, 2002; 최장집, 1996; 조희연, 1990; 박태균, 1993). 이러한 견해 가운데는 1960년대 초 한일협정에 반대하는 '대일굴욕외교반대 범국민투쟁위원회'나 박정희 정권의 3선 개헌에 저항하는 '3선 개헌반대 범국민투쟁위원회' 등에서 기원을 찾는 경우도 있다(최장집, 1997; 정해구, 2002). 다른 한편 민주화운동의 연속성, 특히 인적 연속성의 맥락에서 재야의 출발점으로 종교계, 학계 등 비제도정치권 인사들이 중심이 되어 민주화운동의 네트워크를 형성한 1970년대를 강조하는 견해도 있다(조희연, 1990). '재야'라는 개념에는 제도정치로부터의 배제성과 탄압으로부터의 수세적 입장, 소규모 네트워크, 활동의 은밀성 등이 반영되어 있다는 점을 고려할 때 재야운동의 의의는 1970년대의 정치적 조건에 적합성을 가진다고 할 수 있다.

1980년대 들어 한국의 민주화운동은 전국적 규모로 확산되고 민족주의와 민중주의가 결합된 급진성을 보였다. 특히 학생운동, 노동운동, 농민운동 등이 조직적으로 확대되면서 이른바 민중운동의 대중적 기반이 크게 확산되는 경향을 가졌다. 따라서 1980년대의 민주화운동은 재야운동의 한계를 넘어 광범한 대중성과 계급적 급진성에 기초한 공세적 성격을 띠게 되었던 것이다.

재야민주화운동에서 민중민주주의운동[1]으로의 전환은 운동의 '대중화'와 민중주의적 '급진화'를 내용으로 한다는 점에서 민주화운동의 급진적 확산이라고 말할 수 있다. 이러한 전환 과정에는 무엇보다 학생운동의 역할이 핵심적이었다. 한국의 민주화운동에서 학생운동은 언제나 운동의 전위이자 주축이었다. 또한 학생운동은 민주화운동의 인적 충원의 기제이며 대중적 동원력이었다. 민주화운동의 과정에서 이러한 학생운동의 역할이 가장 적극적으로 작동된 시기는 1980년대 중반이라고 할 수 있다. 특히 광주항쟁 이후 표면화되기 시작해서 이 시기에 학생운동 부문에 빠르게 확산된 반미 이념은 분화의 과정을 거치면서 '대중화 전략'에 따라 학생운동 자체를 빠른 속도로 급진화시켰고 그 효과는 민주화운동의 급진적 확산을 가져왔던 것이다.

이 장은 민족민주운동의 역사주기 가운데 1980년대 민주화운동의 급진적 확산을 학생운동 내부에 나타난 반미주의의 분화와 그에 따른 '대중화 전략'을 중심으로 설명하는 것을 목적으로 한다. 사회운동의 출현과 발전에 관해서는 다양한 방식의 설명이 가능하다. 일반적으로 사회운동의 부침은 운동의 객관적 조건이나 참여자의 개인적 요인으로 설명되는 이론적 흐름들이 있었다. 그러나 이 장에서는 사회운동의 급진적 확산과정을 운동의 '이념과 전략'을 중심으로 설명하고자 한다. 사회운동에 관한 이념과 전략 중심적 설명은 조직적

1 1980년대는 분단·국가주의 역사국면의 민족민주운동주기에 해당하는 시기다. 이 시기 민주화운동의 주류적 흐름을 역사주기론에서는 민족민주운동으로 표현하지만, 급진화된 이념의 갈래로는 민중민주계열과 민족민주계열이 뚜렷이 구별되는 분파였다. 그러나 여기서의 민중민주주의운동은 민족민주운동주기의 계급적 급진성을 포괄하는 개념으로 사용했다.

주체의 목적성을 전제로 한 접근방식으로 사회운동에 관한 여타의 접근방식을 보완할 수 있는 가능성을 갖는다. 또한 이러한 설명방식은 한국의 민주화에 관한 '사회운동 중심적 접근'을 다양화 혹은 구체화하는 작업이라고도 할 수 있다. 아울러 이 같은 이념 및 운동전략 중심적 설명은 한국의 학생운동이 왜 그토록 빠르게 급진화되었는가라는 궁극적 질문에 대한 해명을 동시적으로 제공한다.

2. 사회운동의 이념과 전략: '대중화 전략'에 관하여

현실의 사회운동에 있어서 운동의 이념과 전략은 운동의 방향과 실천을 결정하는 핵심요소이기 때문에 사회운동 그 자체라고도 말할 수 있다. 더구나 사회운동의 이념과 전략은 사회운동이 단순히 비합리적이고 비구조화된 대중행동이라는 인식을 넘어 조직된 행동으로 해석하는 데 있어서 근본적 요소라고 할 수 있다. 그러나 사회운동 분석에 있어서 이념과 전략에 주목하는 연구는 상대적으로 드문 형편이다(디이터 루흐트, 1996). 자원동원론적 접근의 영향 이후 사회운동에 대한 설명은 '정치적 기회구조'를 강조하는 설명방식(Jenkins & Perrow, 1977; McAdam, 1982; 1991; Kriesi et al.,1992; Tarrow, 1994; 1996)이나 중위동원meso-mobilization 및 미시동원맥락을 강조하는 설명방식(McAdam, McCarthy, & Zald, 1998; Gehards & Rucht, 1992; 정철희, 1996)에 치중하는 경향이 있었다. 따라서 이 같은 흐름이 주도하는 연구동향에서 사회운동의 이념과 전략에 대한 관심은 상대적으로 소홀했던 것이 사실이다.

대부분의 조직행동과 마찬가지로 사회운동의 행위자들은 강력한 억압적 세력에 대항하여 목표를 성공적으로 추진하기 위한 적절한 이념과 전략 그리고 행위양식을 개발하고자 한다. 특히 국가권력에 대해 저항하는 사회운동의 경우 전략적 쟁점들이 운동 내부에서 치열한 논쟁을 불러일으키기 마련이며 그러한 가운데 운동의 전략은 운동의 성공에 핵심적인 역할을 했던 것이다. 현대사회의 일상적 조건에서도 행동의 결정은 단순히 주어진 것이 아니라 면밀한 고려 끝에 선택된 것으로 이해된다. 더구나 생존의 문제가 결부된 억압적 조건에서 전개되는 사회운동의 경우 이념과 전략, 전술의 결정은 더욱더 중요한 요소가 아닐 수 없다. 이러한 점에서 사회운동에 관한 이념과 전략중심의 설명방식은 복잡한 운동조건에서 운동조직과 주체의 주도적 선택의 측면을 강조함과 동시에 이러한 선택에 영향을 미친 요인을 분석함으로써 사회운동을 가장 현실적으로 드러내는 접근방식이라고 할 수 있다.

사회운동의 '이념'은 운동주체의 세계관 및 가치가 사회운동의 정치적 이상과 목적에 맞게 정교화된 관념체계라고 할 수 있다. 운동이념은 실제 사회운동에서 운동의 목표와 방향, 조직구성, 전략과 전술, 그리고 행위양식 등에 서로 다른 정도로 반영되어 나타난다. 사회운동의 '전략'은 '전술'과 구분되는 개념으로 행위자들의 갈등 행동에 대한 종합적인 상황에 기초하여, 특히 주요상대의 내재적인 강점과 약점에 역점을 두고 의식적이고 장기적인 계획에 의해 통합된 총체적 기획을 말한다(디이터 루흐트, 1996: 228). 이에 반해 전술은 구체적 갈등 행동에 대한 계획으로 우연적 상황을 포함하기 때문에 반드시 전반적인 전략적 기획 속에 이루어지는 것은 아니다(Jenkins, 1981). 이런 점에서 사회운동의 '전략'은 이념이 추구하는 바를 구체화하는 실행적 기획이라고 할 수 있으며 전술보다 직접적으로 운동이념과 결부되어 있다.

사회운동의 전략을 서로 다른 관점에서 기술하는 연구들이 있으나 대부분은 분명한 이론적 틀을 갖추지 못했다.[2] 비교적 명확한 개념적 토대를 가진 운동전략의 구분방식으로는 '체계의 통제를 둘러싼 갈등'과 '생활세계의 양식을 둘러싼 갈등'의 구분에 근거한 유형화가 있다(Habermas, 1981). 이 같은 서로 다른 갈등 상황에서 두 가지 행위의 논리가 분석적으로 설정될 수 있으며, 각각에 상응하는 두 가지 이상형적 행위전략이 도출될 수 있다(Rucht, 1988). 즉, 체계의 통제와 관련된 갈등에는 도구적 instrumental 행위논리가 작용하며, 이러한 행위논리는 권력지향적 전략power-oriented strategy을 함의하고 있기 때문에 정치적 의사결정의 결과 및 정치권력의 배분에 관심을 갖는다. 다른 한편 생활세계의 양식과 관련된 갈등에는 표출적expressive 행위논리가 작용하며, 이러한 행위논리는 정체성지향적identity-oriented 전략과 상응하기 때문에 문화적 관례, 역할행동, 자기충족, 개인적 정체감, 진정성 등이 강조된다. 말하자면 권력지향적 전략은 외부의 권력을 향한 투쟁적 전략이라고 할 수 있으며 정체성지향의 전략은 집합

---

2 이러한 연구로는 갬슨(Gamson, 1975), 젠킨스(Jenkins, 1981), 프리만(Freeman, 1983), 키쉘트(Kitschelt, 1986) 등의 시도가 있다.

적 정체성의 확인이나 유지를 위해 문화적 기제가 작동하는 전략을 말한다.

실제 사회운동에 있어서 이러한 전략들은 뚜렷이 구분되기보다는 혼재되어 나타난다. 정체성지향의 운동도 자신을 방어하기 위해 권력투쟁에 개입할 필요가 있으며 권력지향적 운동도 문화적 상징을 채택함으로써 집합적 정체성을 유지하는 것이 요구되기 때문이다.

1980년대 학생운동 이념의 두 축은 민중주의와 반미주의였다. 특히 광주항쟁의 진상과 관련된 문제제기는 학생운동 영역에 반미주의를 공개적으로 확산시키는 계기가 되었으며, 이러한 반미주의는 1980년대 중반 학생운동의 지배적 이념으로 자리 잡았다. 이 같은 반미주의가 빠르게 확산된 데는 무엇보다 다른 운동노선들이 갖지 못했던 '대중화 전략'이 중요했음을 고려해야 한다.

1980년대 중반 반미주의 학생운동의 과정에서 이른바 '대중노선'으로 정착된 대중화 전략은 급진적 학생운동이 정치투쟁이라는 점에서 기본적으로는 권력지향적 전략이라고 말할 수 있다. 그러나 분석적으로 보면 권력지향적 전략은 대체로 적대적 권력에 대한 외적 투쟁의 행위양식들로 구체화되는 경향이 있는 반면, 대중화 전략은 대중적 기반을 넓히기 위한 운동의 내부자원 확충전략이라고 할 수 있기 때문에 광범한 관계의 확장을 위해 삶의 양식과 관련된 행위양식이 문화적 차원에서 중요하게 부각된다. 말하자면 활동가와 학생대중의 내적 공동성을 강화하고 현실에 대한 이해의 폭을 넓혀 공통의 정체성을 갖게 만드는 전략이라고 할 수 있는 것이다. 이러한 전략에서는 무엇보다 대중들의 인지적 해방을 위해 보다 쉽고 친밀하며 보편적 방식의 행위양식을 요구한다. 따라서 대중화 전략은 권력지향적 전략의 과정에서 오히려 정체성지향의 전략적 요소가 훨씬 더 강조되는 운동방식이라고 말할 수 있다.

1970년대 이후 민주화운동 및 학생운동의 과정에서 외부지향적 투쟁방식은 군부독재권력이 위기의식을 갖게 하는 데는 효과적이었지만 운동의 대중기반을 확장하기 위해서는 정체성지향의 전략이 동시적으로 요구되었다.[3] 1980년대 중반 반미학생운동의 대중화 전략은 이런 점에서 가장 광범한 운동의 확산효과를 일으켰다.

3. 민주화운동의 급진적 확산과 학생운동

1) 1970년대의 재야 민주화운동

1960년대 들어 이승만 독재에 대한 불만이 4·19로 표출되었으나 정권교체로 매듭지어진 후, 군부쿠데타로 집권한 박정희 정권에서 1964년에 대일 굴욕외교에 대한 저항과 1969년의 삼선개헌 반대운동 등이 전개되었다. 한국전쟁 이후 진보적 사회운동이 원천적으로 봉쇄된 냉전 분단이데올로기 상황에서 바로 이러한 저항들이 군부

---

3   1970년대 중반 이후 학생운동의 노선대립은 이러한 전략적 요소의 중요성을 동시적으로 부각시킨다. 이른바 '현장준비론'과 '정치투쟁우위론'의 대립, 1980년대 들어 '단계적 투쟁론'과 '전면적 투쟁론', 그리고 이른바 '무림'과 '학림', '야학운동비판'과 '학생운동의 전망' 논쟁 등은 두 가지 전략적 요소의 필요성을 말해 주는 것이기도 하다.

권위주의체제에서 '재야운동'의 기원이 되었던 것이다. 비록 1964년과 1969년의 저항이 제도정치의 한 축이었던 당시 야당을 중심으로 전개되었다는 점에서 본격적인 재야활동으로 보기 어려운 점은 있지만 이러한 저항에 연대했던 종교계, 학계, 법조계 인사들이 1970년대 재야민주화운동의 구심점이 되었다.

제도정치권 밖의 다양한 인사들을 중심으로 공개적인 저항조직을 만들어 활동한 본격적인 재야세력이 형성된 기원을 1970년대 민주화운동에서 찾을 수 있다. 무엇보다 1971년 대통령선거를 대비해서 종교계, 학계의 명망가들로 구성된 '민주수호 국민협의회'가 실질적이고 공개적인 재야활동의 출발을 알렸다고 볼 수 있다. 박정희 정권의 장기독재음모에 저항하여 이 조직에 참여한 인사들이 1972년 유신정권수립 직후부터 전개된 '재야'라는 이름의 1970년대 반독재민주화운동의 흐름을 만들었던 것이다.

1970년대 재야민주화운동은 공개적 기구를 만들어 조직을 확대함으로써 1980년대로 이어지는 민주화운동의 실질적인 인적 연속성을 구축했다. 그 대표적인 예가 1974년 반유신운동의 확산을 막기 위해 정부에서 발표한 이른바 '전국민주청년학생총연맹사건'(민청학련사건)이 조작되었다는 데 대한 각계의 반발이 확산되어 결성된 '민주회복국민회의'이다.[4] 이 단체를 기반으로 재야민주화운동은 1976년 '민주구국선언', 1977년 '민주구국헌장' 발표에 이어 1978년 '민주

---

4   재야인사 71명이 주도한 '민주회복국민회의'는 정계, 불교, 개신교, 가톨릭 등의 종교계, 학계, 문인, 언론인, 법조인, 독립투사, 여성계 등이 참여했고, 출범 2개월 만에 50여 개의 지방 지부가 결성되었다

주의국민연합'의 결성, 1979년 '민주주의와 민족통일을 위한 국민연합' 등으로 확대되었다.[5]

1970년대 재야 민주화운동은 종교단체와 관련된 공개기구운동 또한 주요한 조직기반으로 작용했다. 유신체제 아래 합법적 운동공간이 극히 제약된 조건에서 교회를 중심으로 만들어진 조직들은 당시 민주화운동의 중요한 활동공간이 되었던 것이다. 민청학련세대를 비롯한 학생운동 출신 활동가들 가운데 상당수가 '민주수호기독청년협의회', '가톨릭노동청년회', '산업선교회', '크리스찬아카데미' 등의 교회기구운동에 참여했으며, '가톨릭농민회', '천주교정의구현전국사제단' 등도 중요한 역할을 했다. 이러한 운동은 대중접근이 제약된 상황에서 재야민주화운동의 미시적 동원을 가능하게 하는 중요한 기능을 담당했던 것이다(정철희, 1995).

유신체제 아래 집단시위 역시 대학생들의 몫이었다. 1973년 서울대 시위에서부터 1978년 광화문시위와 1979년 부마항쟁으로 이어지는 격렬한 시위는 대부분 학생들이 주도했다는 점에서 재야민주화운동과 학생운동은 분리될 수 없는 것이었다. 이러한 1970년대 학생운동을 포함한 재야 민주화운동은 반유신(반독재)민주화라는 단순하고 온건한 수준의 지향성을 가졌다. 물론 1970년 전태일의 분신 이후 노동운동과 학생운동의 연계가 확대되고, 또 1974년 민청학련

---

5   민주주의와 민족통일을 위한 국민연합은 윤보선, 김대중, 함석헌이 중심이 되었고, 문익환, 함세웅, 박형규 등의 종교계 인사와 계훈제, 백기완 등 재야 명망가, 한완상, 이우정, 백낙청 등 교수들이 참여했으며, 민중운동계열의 인사들과 여러 가지 형태의 단체들도 참여했다.

사건 당시 각 대학에 뿌려진 '민중·민족·민주선언'의 내용과 아울러 1970년대 후반으로 갈수록 노동운동과의 연계가 강화되는 점 등은 1970년대 민주화운동의 민중 중심적 급진성을 엿볼 수 있는 대목이기도 하다.

그러나 '긴급조치시대'라고도 불리는 삼엄한 긴장의 시대에 노동운동의 싹을 자르기 위한 탄압과 재야민주화운동을 봉쇄하기 위한 끊임없는 용공조작은 당시의 대중의식을 크게 억압했다. 나아가 이러한 조건에서 학생운동의 지도부 또한 급진적 전망을 갖지 못한 상태였기 때문에 자유민주주의적 정치절차를 확보하고자 하는 수준에서 운동의 지향이 설정되었던 것이다.

이러한 제약 속에서 전개되었던 1970년대의 재야민주화운동은 다음과 같은 일반적 특징을 갖는 것으로 보인다. 첫째, 재야운동은 대중적 기반을 갖추지 못한 양심적이고 비판적인 지식인 명망가 중심의 네트워크가 주도했다. 둘째, 재야운동은 제도정치권의 강력한 탄압에 따라 수세적이고 방어적인 수준에 머물렀다. 셋째로 1970년대의 재야민주화운동은 이념적 지향이 자유민주주의를 크게 넘어서지 않았다.

재야민주화운동을 이와 같이 한계적으로 규정짓게 만든 것은 다른 무엇보다 유신정권의 억압적 통제이다. 재야세력은 의미 그대로 제도정치권 밖에 위치하는 세력이기 때문에 운동방식 또한 제도적 수단을 거의 가질 수 없는 조건에 있었다. 민주화운동 자체가 탄압의 대상이었고 이러한 탄압을 고발해야 할 언론 역시 정부의 강력한 통제를 받았다. 따라서 비록 공개기구를 만들어 활동하더라도 정보기관의 집요한 사찰로 인해 내부 활동은 은밀하게 진행될 수밖에 없었던 것이다. 민주화운동과정에서 언제나 선도적인 투쟁을 해왔던 학생운동은 이 같이 강력한 억압적 조건에 의해 아직은 존립기반이 미약할 수밖에 없었다. 또한 1960, 70년대의 산업화 과정에서 노동계급의 규모가 빠르게 늘어나기는 했지만 1970년대 당시는 여전히 자생적인 노동자조직이 성장하지 않은 상태에 있었다. 따라서 노동계급의 불만표출은 개별적으로 나타나는 수준에 머물렀다. 이 같은 계급적 조건의 한계도 있었기 때문에 재야민주화운동의 대중적 기반은 대단히 취약할 수밖에 없었던 것이다.[6]

재야운동은 이 같은 한계를 가졌음에도 불구하고 1980년대 민주화운동을 잇는 구심이 되었다. 말하자면 민청학련세대와 같은 1970년대 학생운동을 주도하던 활동가들이 재야운동을 선도하면서 1970년대 후반 이후의 민주화투쟁에서 중간지도층을 형성하였다. 바로 이들이 1980년대 말까지 이어지는 민중지향적 민주화운동의 핵심적인 인맥을 형성시켰다는 사실은 1970년대의 재야운동이 이후 운동정치의 근간이 되었다는 사실을 말해 주는 것이다.

---

6   1980년대 초 학생운동진영에서는 재야운동에 대해 민중지향적 성격이 불분명하고 구성층이 지나치게 다양하기 때문에 이념집단인지 이익집단인지가 불분명해서 운동의 성격이 불분명하다는 점과 진정한 대중적 기반 위에 있지 못하다는 점, 타협적이며 기회주의적 속성이 짙다는 점, 대외의존적 외교론에 빠지기 쉽다는 점 등을 지적하고 있다(조희연, 1990: 99).

2) 1980년대의 급진민중주의와 학생운동

1980년대의 민주화운동은 이전에 비해 근본적인 사회변혁을 추구하는 급진적 경향을 보였다. 이러한 운동경향에 무엇보다 중요한 영향을 미친 것은 1980년 광주항쟁이었다. 1970년대 막바지에 반유신 민주화운동이 걷잡을 수 없이 확산되는 시점에서 발생한 박정희 시해사건은 유신체제의 종말을 가져왔다. 그러나 전두환을 중심으로 하는 신군부 세력의 야심은 새로운 쿠데타를 준비하기에 이르렀고, 이들의 집권과정에서 분출된 광주항쟁은 1980년대의 민주화운동을 폭발시키는 도화선이 되었다.

10여 일에 걸친 광주시민의 처절한 투쟁은 계엄군의 대규모 진압작전으로 마감되었다. 모든 언론이 통제된 상태에서 전개된 광주시민의 고독한 투쟁과 엄청난 희생, 그리고 무자비한 살육전에 대한 미국의 묵인 등 광주항쟁의 여파와 과제는 1980년대에 확산된 민주화운동의 내적 동력으로 자리 잡게 되었다. 1970년대 말에 재야민주화운동 진영에서는 민중·민족의 담론이 등장했으나 제약된 조건 속에서 한계를 보였다.

그러나 광주항쟁의 과정에서 미국의 역할에 대한 인식이 확산되면서 1980년대 민주화운동에서 본격적인 '반미주의' 혹은 '반제국주의' 이념이 제기되는 계기가 되었다. 특히 이 시기 반미주의는 한국전쟁 이후 반미의 구호가 공개적으로는 처음 등장한 것이라는 점에서 학생운동진영에서 계급지향의 민중주의가 정교화되는 경향에 새롭게 부가된 이념적 경향이었다.

이와 아울러 광주항쟁은 신군부정권타도에 범국민적인 결집력을 보인 1980년대 민주화운동의 정서적 근간이 되었다. '80년대 민주화운동에 참여한 사람들은 광주의 기억을 끊임없이 환기했으며 살아남은 자로서의 수치심을 집권자에 대한 증오감으로 전화시켰던 것이다.' 또한 광주항쟁은 '운동에 적극적으로 참여하지 않은 사람에게도 강한 영향을 미쳐 하나의 세대적 수치심과 책임의식의 공감대'를 만들었다(김동춘, 1997). 이처럼 1980년대 민주화운동의 급진화를 특징짓는 반미주의와 민중주의 그리고 반신군부의 강한 공감대 등은 광주항쟁의 영향이 크게 작용한 결과라는 점을 강조할 수 있다. 바로 이런 점에서 1980년대 민주화운동의 절정을 이루는 1987년의 6월 항쟁은 '광주의 전국화'라고 할 수 있는 것이다(김동춘, 1997).

광주항쟁으로부터 기인하는 반미주의의 확산, 노동운동의 조직화로 확산되는 민중주의, 나아가 박종철과 이한열의 죽음으로 촉발된 6월 항쟁의 거대한 저항에 이르는 1980년대 운동과정에는 가장 강력한 반정부 저항세력이었던 학생운동의 역할이 크게 자리하고 있다. 이 시기 대학은 이념생산의 기지였고, 학생운동은 대학 내에서뿐만 아니라 대학의 공간을 넘어 급진적 저항이념을 실어 나르는 운반자였다.

이러한 상황에서 대학생 규모가 늘어나는 것과 학생운동의 확장은 곧 정비례하였다. 박정희체제 이래 군부 권위주의 정권의 기간 동안 경제성장이 빠르게 진행된 결과 대학생 수도 지속적으로 증가했다. 경제성장에 따라 자연스럽게 대학생 수가 늘어나는 경향도 있었지만 특히 1980년대 들어서는 정책적으로 졸업정원제를 채택함으로써 대학생 수가 급증하게 되었다. 이른바 '100만 학도'로 불린 1980년대의 조건은 대학생의 엘리트주의를 크게 약화시켰고 학생운동을 대중화하는 계기를 만들었다.

1980년대의 대학생들은 광주항쟁을 비롯한 투쟁의 기억을 가진 채 조직화된 세력이었다. 비록 대학이라는 제도 안에 있었지만 학생들에게는 대학제도보다는 과거의 기억과 그 기억의 실체인 선배들의 가르침이 더욱 중요한 역할을 했던 것이다. 많은 학생들에게 현실은 강단의 강의내용이 아니라 억압적 정치현실을 의미했으며, 대학 내에서는 선배에서 후배로 내려온 서클과 학습과정, 집단의식과 행사가 더욱 의미 있는 삶의 기회였다(김동춘, 1997: 99). 결국 이들이 체험하는 정치적 현실과 그러한 현실에 대한 학습과정은 대학을 구성하는 '제2의 커리큘럼'이었던 것이다.

이와 같은 대학문화와 함께 학생운동을 선도하는 그룹들은 끊임없이 급진적 이념을 정교화하는 한편 조직의 정비와 확산을 시도했다. 1980년대 초에는 이른바 무림-학림논쟁, 야학비판-학생운동의 전망 논쟁 등이 전개되면서 현장기반의 확충과 정치투쟁의 우위라는 두 입장 간의 대립이 있었다.

또한 1983년에 오면 '인식과 전략'을 비롯한 다양한 문건 속에서 한국 사회를 신식민지사회로 규정하고 현재의 변혁운동을 민족해방혁명이라고 전제하면서 구체적으로는 반제민족주의혁명, 반파쇼민주주의혁명, 민중해방혁명, 북한과의 통일적 혁명 등을 강조하는 급진적 이념화 경향이 전개되었다(김용기·박승옥, 1989: 49~83; 조희연, 1990: 249). 이러한 흐름 가운데 1985년과 1986년에 걸쳐 '민족해방

민중민주주의혁명NLPDR'이라는 급진적 반미주의노선이 크게 확장되면서 학생운동 전반에 걸친 이념의 급진화가 고조되었다.

이념의 급진화는 학생운동의 조직적 확장을 수반했다. 특히 학생회조직을 비롯한 학생운동조직 자체를 체계화함으로써 학생운동의 조직역량을 극대화하려는 모색들이 있었다. 나아가 학생운동의 조직은 대학을 넘어 노동현장으로 대중기반을 확장하는 데도 크게 기여했다. 1980년대 초 이른바 '야학비판' 계열에서는 학생운동출신자들이 현장에 대대적으로 이전할 것을 촉구했다(조희연, 1990: 248). 이러한 학생운동의 전략은 1970년대 노동현장 준비론의 연속선에서 1980년대의 단계투쟁론으로 이어졌다. 이 같은 대중화 전략은 1980년대 중반 고조된 반제민족해방노선의 조직전략이었던 '혁명적 대중조직론'에 이르기까지 학생운동의 흐름에 지속적으로 내재된 전략적 지향이었던 것이다.

다른 한편 1980년대 중반까지는 학생운동 자체 조직의 강화를 위한 시도 또한 전체 학생운동을 확장시키는 데 기여했다. 1983년 말 전두환 정권의 학원자율화정책으로 유화국면을 맞으면서 학생운동은 대중적 기반을 넓히게 되었다. 1984년에 대학에서는 학원민주화투쟁이 전개되었고 그 결과 총학생회가 부활되었다. 1985년 각 대학에는 총학생회 산하에 '삼민투'와 같은 투쟁위원회, '민주화추진위원회'와 같은 합법대중조직, 그리고 반합법정치조직과 비합법전위조직에 이르는 다양한 활동조직이 움직였다.

특히 이 시기 활성화된 서클활동과 함께 서클들이 합쳐져 만들어진 지하서클 조직으로서 이른바 '패밀리체계' 등은 학생운동을 대중화하는 데 주요한 역할을 했다(조희연, 1990: 268). 1985년 말부터 학생운동의 큰 흐름을 이룬 반제민족해방계열^{NL}은 1986년부터 북한의 김일성 주체사상이 수용된 '혁명적 대중조직론'을 표방함으로써 서울대학교의 '구국학생연맹', 고려대학교의 '애국학생회', 연세대학교의 '반미구국학생동맹' 등의 비합법조직을 결성했다(강신철, 1988). 이러한 비합법적인 '지도조직'의 단일한 정치적 지도 아래 대중조직을 재구성함으로써 운동역량을 결집하고자 했던 것이다.

그러나 1986년 10월 건대사태로 인해 세계학생운동사상 가장 많은 1,290여 명의 구속자가 생기면서 조직들은 해체되고 건대사태에 대한 평가와 반성으로 대중노선과 총학생회 강화의 필요성을 대두시켰다. 1987년 이후 학생운동은 이른바 제헌의회^{CA} 소집이라는 비현실적이고 급진적인 노선을 채택한 진영이 대중적 기반을 상실하는 한편 이에 비해 야당과의 연대를 강조하는 민족해방계열이 다시 부각되었다. 이 노선은 1987년 6월 항쟁 당시 직선제 개헌을 내세워 6월 항쟁을 선도하는 데 기여했으며 1987년 대선 이후 '한총련'의 전신인 '전대협'을 발족시키는 등 학생운동의 주도적 흐름으로 자리 잡았다.

4. 반미주의의 확산과 대중화 전략

1) 민중주의의 관념성과 운동의 급진화

1980년대 전반기까지 학생운동은 사회운동의 전략적 측면에서 크게 두 가지의 흐름을 가졌다. 말하자면 정치투쟁강화 전략과 대중기반강화 전략 가운데 어느 것에 우위를 두느냐에 따라 서로 다른 운동노선으로 분화되었던 것이다. 1970년대의 정치투쟁론과 노동현장준비론까지 연결될 수 있는 이러한 전략의 분화는 1980년대 들어 '전면적 투쟁론'(이하 주전론)과 '단계적 투쟁론'(이하 주화론), '무림'과 '학림', '야학비판'과 '학생운동의 전망(이하 전망)' 논쟁, 그리고 1984년의 이른바 'MT'와 'MC'의 논쟁으로 이어지면서 1980년대 학생운동의 전략적 흐름을 이루었다.

1984년 하반기 서울대에서 나온 정치신문 〈깃발〉은 1980년대 후반기까지의 시기를 독점자본의 축적위기가 가중된 시기로 평가했다. 아울러 이 시기를 권력재편을 둘러싼 상부구조의 위기라는 총체적 위기에 따른 공세기로 판단했던 것이다(권형택, 1987: 277). 따라서 이 시기 한국의 변혁운동은 반제반파쇼투쟁을 통한 민족민주혁명이 되어야 하며, 노동자를 주도세력으로 학생을 선도세력으로 농민과 도시빈민을 보조세력으로 하는 연대투쟁을 벌여야 한다고 했다. 말하자면 이 시기 한국 사회에서의 혁명은 조직된 대중의 민중봉기에 의한 폭력혁명이어야 한다고 강조했던 것이다(강신철 외, 1988: 66~67). 여기에서 학생운동은 "대적투쟁의 선도체, 지원 및 기지역량의 강화, 전위배출의 주요 보급로 등의 역할을 함으로써 적의 본질을 폭로하고 정치적 기반을 붕괴시켜야 한다"라고 주장했다(강신철 외, 1988: 67~68).

이러한 주장에 대해 서울대학교의 학생운동을 지도하던 주류 운동 세력이었던 이른바 MC계열에서는 대중화 전략의 우선성을 강조하며 반론을 제기했다. 즉 "현 상황은 주체역량이 미약한 방어기이며, 토대의 위기를 곧바로 현실적 변혁위기로 연결시키는 것은 위험한 발상이다. 당면과제는 민중주체역량의 강화를 위한 각 부분운동에의 역량투입이며, 각 부분운동의 대중적 바탕 확보를 위한 대중투쟁에 주력하면서 광범한 공동전선을 형성하고 나아가 중심적 지도체의 건설기반을 마련해야 한다"(권형택, 1987: 277)라는 것이다. 학생운동에 대해서도 이 그룹은 학생운동은 비계급적 운동이므로 대중조직의 일상적 존재적 기반을 만들기 위해 일상투쟁을 지속적으로 전개하여 대중조직형성의 기반을 만들어야 한다는 점을 강조했다(최연구, 1990: 254).

〈깃발〉의 논리를 수용한 MT그룹은 정치투쟁론과 주전론, 학림과 전망의 맥을 잇는 정치투쟁 강화론의 입장에 있었으며 민주화추진위원회를 결성했으나 탄압에 의해 곧 해체되었으며 1986년 이후에는 이른바 더욱 급진적인 '제헌의회(CA)' 소집 진영으로 재편되었다. 반면에 MC그룹은 현장준비론과 주화론, 무림과 야학비판을 잇는 대중기반강화론의 입장에서 대중노선을 정립하고 '민족해방 민중민주주의혁명론'을 수용하여 1980년대 후반 주류의 운동세력인 민족해방NL그룹으로 발전하게 되었다(최연구, 1990: 254).

이와 같은 1980년대 전반기 학생운동의 전략에 있어서 정치투쟁 강화론의 흐름은 학생운동이 외부지향적 투쟁을 강화함으로써 민중 운동의 선도적 역할을 해야 한다는 입장에 있었다. 이러한 운동의 전략은 운동의 구성원들이 스스로의 정체성을 확인하거나 강화함으로써 자체적인 조직의 역량을 확대하는 운동방식보다는 반민중적 독재 권력에 대한 과격하고 폭력적인 시위를 시도함으로써 운동주체로서의 대중을 만들어 나가는 데는 소홀히 했다. 이러한 주전론적 전략에서 대중은 운동의 목적을 위해 움직이는 단순한 도구로 간주될 수밖에 없었던 것이다. 이 같은 운동전략은 학생운동이 스스로 관념성을 드러낸 것이라고 할 수 있으며 이러한 관념성이 운동을 더욱 급진적인 것으로 만들었다.

이와 달리 대중기반강화론의 흐름은 훨씬 더 대중화 전략을 우위를 두는 입장이라고 할 수 있다. 말하자면 운동주체로서의 대중을 끊임없이 접촉하고 설득함으로써 대중들 스스로가 민족적·민중적 정체성을 갖게 만들어 운동 내부의 역량을 극대화한다는 점에서는 정체성지향의 전략을 우선시한 것으로 볼 수 있는 것이다. 그러나 내부지향적 대중화 전략을 강조했던 흐름도 주체적 역량의 강화나 대중화에 대한 인식은 바람직했으나 이러한 전략을 실천적으로 확대시키는 데는 미치지 못했다. 이러한 점에서 대중기반강화론의 입장 역시 '관념적 급진성'을 가질 수밖에 없었던 것이다.

1980년대 학생운동의 민중주의는 관념적 성격을 넘어설 수 없었고, 이러한 관념성은 학생운동을 급진화하는 데 무엇보다 중요한 요인이었다고 할 수 있다. 민중주의의 관념성은 1980년대 학생운동의 전위적 활동가들이 공유했던 세대적 특성에서도 일정한 요인을 발견할 수 있다. 말하자면 1980년대 학생운동세대는 고도의 경제성장을 통한 성과가 현실적으로 나타나 한국전쟁 이후의 빈곤으로부터 탈출한 시점에서 자랐던, 성장의 수혜자들이었다.

예컨대 1970년대 학생운동세대는 한국전쟁의 그늘에서 벗어나지 못한 빈곤의 문화와 노동자, 농민의 삶을 생애적으로 경험한 세대라고 할 수 있다. 그런 점에서 1970년대 운동세대의 민중적 지향이 체험적인 것이었다면, 1980년대 학생운동의 민중주의는 노동자, 농민의 현실적 삶에서 시작하기보다는 착취와 억압의 '상상'으로 설정되는 약자로서의 민중에 대한 보편적 애정에서 출발했다고 말할 수 있다. 따라서 이들의 민중주의는 이론적 수준에서 사회구조의 모순을 인식하고 이를 통해서 민중을 해석하는 '관념의 민중주의'였던 것이다(조대엽, 2002: 135~136). 그것은 곧 상상된 민중공동체였으며 의식수준에서의 민중이었던 것이다(김원, 1999: 114; 은기수, 2000: 17). 이전 세대와 다른 1980년 학생운동세대의 생애적 경험은 거침없이 이론적 당위성을 급진적 행동으로 옮길 수 있게 하는 동력이 되었다.

민중주의의 관념성은 운동의 논리를 학습하는 과정에서도 학생대중에게 내재화되기 어려운 이론과 방법으로 인식되어 대중적 수용을 어렵게 함으로써 운동문화를 확산시키는 데 한계를 보였다. 당시 학생운동가들의 다음과 같은 진술에는 이러한 민중주의의 관념성이 잘 나타나 있다.

보통 학습을 하면 한국경제, 서양경제사, 정치경제학, 철학에세이, 소비에트판 철학교정, 러알사(러시아혁명사의 약어), 중알사(중국혁명사)를 하고, 그 과정에서 TBD(레닌의《무엇을 할 것인가What is to be done》의 약어), ONE STEP(레닌의《일보전진 이보후퇴》) 같은 걸 했지. 하지만 실제 그 학습이 당시 우리 고민하고 연결되기보다는 당위적이었고 … 그만큼 열악한 이데올로기적 수준이지.

- 김원, 1999: 125.

이념과 사상, 이론에서의 관념적 노동계급과 노동현장과 일상의 삶에서 맞닥뜨리는 노동자는 대단히 다른 모습이었다는 점은 당시 활동가들을 당혹하게 만들기도 했다. 자신들이 느끼는 민중의식은 사회적 약자에 대한 감성적 애정에 기초해 있고 그러한 애정은 현실을 넘어서 이론과 책 속에서 형상화된 노동계급일 뿐이라는 현실을 보게 된 것이다.

FT(factory team의 약어) 때 가장 큰 고민은 노동자를 지나치게 우러러본다는 사실. 그런데 실제로는 별로였지. 사실 87년 이전에는 민중은 약자로서의 이미지가 강했지. 그래서 순수하게 우리는 약자의 편에 서야 한다는 의미가 강했어

- 김원, 1999: 123.

1980년대 민중주의의 이론적 원천이 되었던 마르크스-레닌주의에 대한 집착은 학생운동이 민중적 삶에 긴밀히 다가가게 하는 것이 아니라 오히려 사회구조의 총체적 모순에 천착하게 하거나 변혁의 구호만을 양산해냄으로써 민중주의를 더욱 관념적으로 만들었던 것

이다. 이 시기 학생운동은 현실의 민중이 아니라 관념으로서의 민중
주의를 먼저 설정하고 있었기 때문에 자신들의 의식과 세계관에 가
장 가까운 것으로 이해했던 동구의 현실사회주의가 몰락하자 운동의
현장에서 빠르게 철수할 수도 있었던 것이다(조대엽. 2004: 68).
1980년대의 학생운동이 어느 시기보다 급진화되었던 반면 너무도
빠르게 침체했던 데는 이러한 요인도 작용했다.

2) 반미주의의 분화와 대중화 전략

1980년대 학생운동권에서 반미행동이 가시화된 것은 광주사태의 영
향이 컸다. 광주사태가 발발한 1980년 말 광주미공보관 방화사건을
시발로 1982년 3월에는 부산미문화원방화사건, 1983년 9월에는 대
구미문화원 폭발사건, 1985년 5월에 서울 미문화원점거농성사건,
1985년 11월에 주한미상공회의소 점거사건 등이 연속적으로 발생함
으로써 학생운동에 반미주의가 점차 보편화되고 있음을 보여 주었다.
　해방 이후에 남한사회에서 반미구호가 조직적으로 나타난 것은
1980년대 학생운동권에서 처음 있었던 일이다. 1970년대까지 반미
의식은 공개적으로 드러낼 수 없었기 때문에 지하로 스며들거나 온
건한 민족주의의 수준에서 나타났다. 1980년대 들어 광주항쟁을 계
기로 미국에 대해 그 책임을 묻는 시위가 미국관련 기관에 대한 방화
사건으로 이어졌다.
　다른 한편 1986년부터 학생운동에서는 북한의 김일성주체사상을
그대로 수용한 이른바 반미자주화노선이 확산되기 시작했다. 이런

점에서 1980년대 전반기 학생운동에서 나타난 반미행동주의를 광주항쟁을 계기로 한 '자생적 반미주의'라고 한다면, 북한의 주체사상을 교범으로 삼고 있는 1986년 이후 민족해방계열의 반미는 '교조적 반미주의'라고도 할 수 있다.[7]

이 같은 반미주의의 분화는 1980년대 전반기에서 중반기를 잇는 일련의 반미행동주의와 관련된 문건 속에도 뚜렷이 반영되어 있다. 즉 1982년 부산미문화원 방화사건을 주도한 문부식의 다음과 같은 주장을 보면 이들의 반미주의가 1980년대 중반이후 주체사상을 적극적으로 수용한 민족해방계열의 교조적 반미주의와는 뚜렷한 차이를 보이는 것으로 광주학살의 직접적인 영향을 받은 자발적 시도였음이 드러난다.

> (방화의) 목적은 네 가지로 요약할 수 있다. 첫째는, 자신들의 경제적 이익을 위해서 한국의 독재정권을 지원해 왔던 미국에 대해 경고하기 위함이었고, 둘째로는 광주사태에 일정한 책임이 있는 미국의 처사에 한국 국민으로서 정당한 응징을 하기 위함이었고, 셋째로는 우리 국민에게 민족적 자각을 호소하고, 또한 자유와 민주주의를 사랑하는 미국 국민들에게 한국 국민의 충정을 알리기 위함이었으며, 넷째로는 또 다른 측면에서 한국지배를 꿈꾸는 일본 세력에 대해 경고하는 의미로 했다.
>
> ─ 문부식의 재판기록, 강신철 외, 1988: 361.

---

7   1980년대 후반 민족해방계열은 마르크스-레닌주의의 계급노선에 보다 충실했던 민중민주계열 PD에 대해 사대주의, 교조주의라고 비난한 적이 있다(한정민, 1989). 그러나 여기서는 반미반제국주의를 강조하는 주체사상 주도의 민족해방계열 역시 북한의 김일성주의를 그대로 추종한다는 점에서 교조적 반미주의라고 개념화한 것이다.

문부식의 주장에 따르면 급진적 반미반제자주화의 입장에 있는 것이 아니라 미국에 분노를 표현하고 '자유와 민주주의를 사랑하는 미국 국민에게' 호소하기 위해 기본적으로는 자유민주주의적 지향에서 나온 행동을 했다는 것을 알 수 있게 한다. 1985년 5월 서울대, 고려대, 연세대생 73명이 서울 미문화원을 점거한 후 3일간 농성했을 때, '전국학생총연합 광주학살원흉처단 투쟁위원회' 명의로 만든 성명서 또한 광주학살을 묵인한 데 대해 미국이 사과하고 전두환 군사독재에 대한 지원을 중단할 것을 촉구한 바 있다. 그러나 여기서도 한미관계 역사를 거론하며 우방 관계였다는 점을 강조하거나 자유민주주의체제 자체를 거부하기보다 전두환 군사독재정권에 대한 저항을 강조한 점, 나아가 바람직한 한미관계를 위해 양심적 미국 국민에게 호소하는 방식 등(강신철, 1988: 364~365)은 이때의 반미의식이 외부로부터 이식되었다기보다는 남한 학생운동의 맥락에서 형성된 자생적 반미주의라는 점을 알 수 있게 한다.

다른 한편 1986년 4월 서울대학교 '반미자주화 반파쇼민주화투쟁위원회' 명의로 발표된 선언문은 이전의 반미의식과는 뚜렷한 차이를 보인다.

미제에 대한 적개심과 그 앞잡이 전두환 괴뢰도당에 대한 분노로 피 끓는 애국 청년학우여! 반미자주화 반파쇼민주화투쟁의 대열에 총집결하라! 19세기 말이래 한반도의 역사는 미일 제국주의의 침략의 역사였고, 이에 대한 민중의 치열한 투쟁의 역사였다. … 한국 민중의 반제민족해방투쟁은 미제의 군홧발과 총칼에 철저히 탄압되고, 미제는 자신의 정치·경제·군사적 이익을 철저히 대변하는 괴뢰정권을 수립하였다. … 민중의 철천지원수 미제와

그 앞잡이 전두환 괴뢰정권에 대한 치 떨리는 적개심에 불타는 애국청년학
우여 … .

- 강신철 외, 1988: 367~368.

이 선언문은 급진적 반제국주의의 입장에 있을 뿐만 아니라 주체
사상에 입각한 북한의 역사해석이 그대로 반영되어 있고 어법이나
표현 또한 북한의 주장을 그대로 담았다. 말하자면 1980년 광주사태
에 대한 미국의 책임을 묻는 1980년대 전반기의 반미행동주의는 자
생적 반미주의의 특징을 보이지만, 1986년 이후 학생운동의 대세를
이룬 이른바 NL노선을 주도한 반미주의는 북한의 주체사상을 적극
적으로 수용함으로써 김일성주의에 입각한 교조적 반미주의의 성격
을 그대로 보이고 있는 것이다.

이 같은 교조적 반미주의는 실제로 1986년부터 민족해방민중민
주혁명론NLPDR을 채택하고 조직노선으로는 혁명적 대중조직론을 표
방하면서 세력이 크게 확장되었다. 그러나 1986년 건대사태에서 엄
청난 타격을 입어 이에 대한 평가와 반성을 거치며 1987년에 들어
학생운동권은 보다 확장된 대중노선을 구현하게 된다. 즉, 학원민주
화투쟁 등으로 총학생회를 강화하고 연대투쟁을 위해 '서울지역대
학생대표자협의회(서대협)', '부산지역총학생회협의회(부총협)', '대
구지역대학생대표자협의회(대대협)' 등의 대학 간 연합조직을 차례
로 만들면서 6월 항쟁을 선도하는 데 큰 역할을 담당하게 되었다(최
연구, 1990: 261).

그렇다면 분단한국의 상황에서 교조적 반미주의가 왜 그토록 빠르
게 확산되었으며 이러한 이념이 학생운동의 주류를 형성하게 된 요

인은 무엇인가? 이 질문은 한국의 학생운동이 왜 그토록 급진화되었는가라는 질문과 동일한 의미를 갖는다는 점에서 주목할 대목이 아닐 수 없다. 다른 무엇보다 교조적 반미주의가 갖는 '운동이념의 내재성'과 '운동전략의 대중성'에서 그러한 요인을 찾을 수 있다.

1980년대 학생운동의 이념적 급진화를 선도한 운동지식은 마르크스-레닌주의였다. 그러나 마르크스-레닌주의는 당시 학생들에게 계급모순에 대한 선험적 지식과 혁명의 당위성을 심어주기는 했을지언정 한국적 현실을 구체적으로 반영한 이론으로 수용하기에는 너무나 경직되고 추상적인 '관념의 민중주의'였다. 이러한 학생운동의 갈증을 채워 준 것이 민족적 현실을 내재적으로 끌어당겨 해명하는 북한의 주체사상이었고, 학생운동에 있어 그것은 남한정권에 대한 가장 효과적인 비판과 전복의 논리로 간주되었다.

여기에는 1980년대의 학생운동세대가 가진 민족문제에 대한 친화성도 크게 작용한 것으로 보인다. 이 시기 대학생들은 성장과정에서 '한국적 민주주의'라는 박정희식 민족주의에 길들어 있었고 주체사상은 이른바 '우리식 사회주의'라는 김일성식 민족주의라는 점에서 학생들에게 내재적 이론으로서 친화성을 보인 것이다. 어쩌면 박정희체제와 김일성체제가 공유하는 민족주의적 성향이 1980년대 학생운동에 내재화된 것인지도 모른다.

다른 한편 교조적 반미주의가 추구하는 '대중화 전략'은 학생운동의 어떠한 노선보다도 정체성 지향의 특성을 보임으로써 운동기반의 확산을 가져왔다. 1985년 말과 1986년에 걸쳐 대학가에 뿌려져 학생운동의 방향을 바꾼 이른바 '강철서신'이라는 문건은 '품성론'을 특히 강조한다. 소박한 품성, 겸손한 품성, 용감한 사람의 품성 등과 함께 대중에게 유리되지 않는 용어와 말투, 예술 활동, 시청각매체, '연희演戱'에 이르기까지 대중적 일체성을 가질 수 있는 대단히 구체적인 행동방식이 제시되었다(편집부 엮음, 1989).

말하자면 여기에는 관념적 수준이 아니라 현장에서 대중화 전략을 구현하기 위한 실천적 지침들로 채워져 있었다. 이와 같은 교조적 반미주의의 대중화 전략은 학생과 노동자들에게 민족적 정체성과 계급적 정체성을 갖도록 하는 가장 현실적이고 효과적인 행동방식을 선전한 셈이다. 그러한 방식은 인간적 친밀성과 공동성을 구체적으로 느끼게 함으로써 대중적 기반을 강화하는 것으로 기존의 운동이념과 전략이 가진 한계를 깨뜨리는 것이었다. 학생운동권에게 이러한 운동의 전략과 행위양식은 황량한 투쟁의 벌판에서 따뜻한 인간적 동질성을 느끼게 하는 정서적 운동방식으로 수용되었던 것이다.

1980년대 학생운동이 가진 관념성과 마르크스-레닌주의의 교조성은 또 다른 교조주의로서의 주체사상을 수용한 민족해방계열의 운동노선을 만들었다. 그러나 이러한 운동노선이 추구한 교조적 반미주의가 급속히 확산하게 된 데는 바로 이 노선이 가진 이념의 내재성과 전략의 대중성이 1980년대 학생운동의 조건과 친화성이 있었기 때문이다.

5. 결론: 교조적 반미와 대중화 전략 이후

1970년대 재야민주화운동에 비해 1980년대 민주화운동은 대중적 기반이 크게 확장되었다. 재야의 1970년대 민주화운동이 소규모 네트워크 중심이고 지식인 중심이었으며 수세적 성격이 강했다면, 1980년대 민주화운동은 학생, 노동자, 농민 등 운동의 각 부문별로 대중기반이 넓어졌고 이념적으로는 민중지향의 급진성을 보임으로써 공세적 특성을 보였다. 이러한 급진적 이념이 확산되고 대중적 기반이 강화된 데는 다른 무엇보다 학생운동의 영향이 컸다.

이 장의 기본적 문제의식은 1980년대 학생운동이 그토록 급진화되고 그러한 급진적 이념을 빠르게 확산시킬 수 있었던 요인이 도대체 무엇인가라는 것이다. 이 장에서는 그러한 요인을 설명하기 위해 사회운동에 관한 이념 및 전략중심적 접근을 시도했다. 이념 및 전략중심적 접근은 사회운동의 주체가 갖는 성격과 조건을 잘 보여 줄 수 있기 때문에 사회운동에 관한 객관적 조건 중심의 설명방식이 가진 한계를 보완할 수 있는 장점이 있다.

이 장에서는 우선 1980년대 학생운동의 민중주의 이념이 가진 관념성을 강조한다. 1980년대 학생운동의 큰 흐름을 이룬 정치투쟁강화론의 입장이든 대중기반강화론의 입장이든 간에 학생대중이나 노동대중의 정서적 현실적 조건을 충분히 감안하지 않은 관념적 민중주의 특징을 보였다. 이러한 경향은 마르크스–레닌주의에 대한 맹목적 추구가 한국적 현실에 보다 경험적으로 접합되지 못하고 당위적 이론으로만 작동함으로써 학생운동권에서 '민중'은 상상된 공동체로 작용한 측면이 크다.

　이러한 조건에서 광주항쟁의 영향으로 파급된 반미주의가 새로운 이념으로 부가되어 학생운동의 급진성을 확대했다. 이 같은 반미주의는 1980년대 중반부터 북한의 주체이념을 수용한 교조적 반미주의로 분화하는 양상을 보이면서 이 이념을 중심으로 하는 민족해방민중민주주의 계열이 학생운동의 주류가 되었다. 김일성 주체사상을 수용한 교조적 반미주의는 학생운동을 확대시키고 대중적 기반을 확장하는 데 이전의 이념적 지향보다 훨씬 더 강력한 힘을 발휘했다. 반공이데올로기의 규제가 독재권력에 의해 엄격하게 유지되고 시민적 정서 또한 적색에 대한 거부감이 여전한 분단 상황에서 학생운동권에 이 같은 교조적 반미주의가 크게 확산된 요인은 무엇인가?

　이 장에서는 교조적 반미주의가 확산된 다른 무엇보다 중요한 요인으로 '운동이념의 내재성'과 '운동전략의 대중성'을 강조한다. 기존의 운동이념은 객관적 자본주의의 착취논리로부터 선험적으로 설정한 당위적 혁명론을 강요함으로써 현실과 유리된 이념성격을 드러냈다. 이러한 운동이념은 학생들의 보다 현실에 착근된 이론에 대한 욕구를 해소시키지 못함으로써 대중성을 얻지 못한 한계를 보였다. 주체사상을 근간으로 하는 교조적 반미주의는 민족적 현실을 우선시하여 외래적 이론이 아니라 우리의 현실을 우리 스스로의 조건에서 설명하는 내재적 특성을 보임으로써 학생들의 민족주의적 욕구에 대해 친화적이었다. 다른 한편 교조적 반미주의는 운동전략에서도 '품성론'과 같은 아주 구체적이고 적극적인 대중화 전략을 시도함으로써 운동의 정체성을 확산시켰다.

1980년대 학생운동의 대중적 확산을 주도했던 교조적 반미주의
는 1986년 건국대 사태 이후 일정하게 침체되었다. 그러나 건국대
사태에 대한 반성과 함께 총학생회 강화론이 힘을 얻게 되고 민족해
방계열의 학생운동은 주류의 흐름을 이어갔다. 이러한 학생운동의
경향은 1987년 6월 항쟁으로 이어졌다. 이러한 점들은 비록 교조적
반미주의가 극단적인 친북사상을 수용했고 그 결과 1987년 이후 학
생운동을 고립화시키는 계기가 되었으나 적어도 이들이 추구했던 대
중화 전략은 1986년 이후에도 지속성을 가졌고 1987년 6월 항쟁에
대해서도 유연하게 접근하는 경향을 갖게 했단 것을 알려 준다.

3부

시민사회운동의
주기

7
탈냉전의 역사국면과 시민사회운동의 시대

1. 서론: 시민운동의 탈냉전적 기원

현대사회에서 개인은 국가 혹은 정부영역에 의해 강제된 의무를 수행하거나 법으로 보장된 권리를 행사함으로써 공공적 존재로 살아가는 한편, 직장에서 경제활동을 통해 자유롭게 개인의 이익을 추구하는 존재이기도 하다. 생산과 교환, 소비의 시장질서 속에서 사적 이익을 추구하는 것이다. 따라서 시장의 영역은 가장 뚜렷한 사적 삶의 영역이라고 할 수 있다.

사적 삶의 영역에는 시장과는 구분되는 또 다른 영역이 있다. 사람들은 이익추구적 경제활동이 아니라 가족이나 친구와 친밀함을 나누거나 동호회 활동을 하고 주민 자치모임에 참여하거나 시민단체에 가입해서 회원 활동을 하는 등 비영리적이고 비정부적인 공공활동을 하기도 한다. 이러한 활동들은 공적 영역으로서의 국가영역과는 구분되는 사적 영역에서 이루어지는 공공활동이라고 할 수 있다(위르겐 하버마스, 2001: 15~20). 이 같은 공공활동은 사적 세계에서 자발적이고 자율적으로 뜻을 같이하는 사람들끼리 모여서 추구하기 때문에 국가 및 시장의 질서와는 달리 시민사회의 질서로 구분하기도 한다(Cohen & Arato, 1992: 346).

일국적 단위로 볼 때 현대 자본주의 사회구성체에서 '국가'는 정부를 중심으로 하는 법과 제도의 실질적 운영자로서 공권력에 기반을 둔 강제의 영역이며 권력을 매개로 작동하는 지배와 복종의 정치적 질서라고 할 수 있다. 다른 한편, '시장'은 사적 이익을 목적으로 재화와 서비스의 생산 및 교환, 소비가 이루어지는 영역이며 노동과 화폐를 매개로 형성된 질서이다. 따라서 시장질서는 본질적으로 이윤의 추구와 경쟁의 논리가 지배하는 사적 영역이라고 할 수 있다(조대엽, 2007a: 41).

이와 달리 '시민사회'는 국가와 시장경제 사이에 있는 사회적 상호작용의 영역으로 가족과 같은 친밀성 영역, 결사체 영역, 사회운동, 공적 의사소통의 형태들로 구성된다(Cohen & Arato, 1992: ix). 시민사회는 공적 담론의 생산과 소통이 이루어지는 영역일 뿐만 아니라 결사와 연대를 기반으로 국가 및 시장을 견제하고 감시하는 기능을 갖는 영역이다.

사회운동은 이러한 시민사회의 영역에서 나타나는 가장 적극적인 정치형태라고 말할 수 있다. 사회운동의 특수한 형태로서의 시민운동은 시민사회에 기반을 두고 탈계급적 '시민'이 주체가 되어 다양한 시민적 권리를 추구하는 운동이라고 할 수 있다. 시민운동은 시대적 조건에 따라 민족주의나 민주주의의 이념과 결합되어 권위주의 정치질서에 저항하는 거대한 민주화운동으로 나타나기도 하고, 민주주의가 보장된 조건에서는 제도화된 시민단체들이 중심이 되어 정책지향적이고 일상적 운동 이슈를 만들기도 한다.

시민사회는 당대 사회구성원들의 정치, 경제, 문화적 욕구의 장이자 존재양식이며 시민운동은 그러한 욕구의 가장 적극적이고 직접적인 정치적 표현방식이다. 따라서 시민사회와 시민운동은 사회변동의 효과가 응축된 영역일 뿐 아니라 동시에 그 자체가 사회변동을 추동하는 요소이기도 하다. 특히 시민사회와 시민운동은 역사변동의 국면에 따른 국가권력의 특성이나 시장권력의 성격 변화와 맞물려 있을 뿐만 아니라 아래로부터의 사회변동의 내용을 가장 풍부하게 담고 있기 때문에 지구적 수준의 거대한 구조변동의 효과를 반영하는 오늘날의 사회변동을 설명하는 데 가장 핵심적인 사회영역이라고 할 수 있다.

한국의 경우 민족주의와 민주주의의 과제가 동시에 대두하는 냉전적 국가질서 아래에서 전개되었던 시민운동과 오늘날의 시민운동은 확연히 다른 모습을 보인다. 오늘날 시민운동은 환경, 평화, 여성, 평등, 반전, 반핵 등 서구 신사회운동의 새로운 이슈들을 반영하며 우리 사회의 독특하고 구체적인 이슈들로 다양화되고 있다. 또 최근의 시민운동은 시민사회의 안정되고 제도화된 조직을 기반으로 전개되며 이러한 조직들은 점점 더 지역적·주민적 수준으로 세분화되는 경향이 있다. 아울러 온라인 네트워크의 획기적 발달에 따라 기존의 조직기반 운동과 아울러 다양한 온라인 매체를 통한 동원이 확대되는 경향도 보인다.

한국의 시민사회와 시민운동이 획기적으로 변화한 기점은 1990
년대로 볼 수 있다. 무엇보다 시민운동은 국가권력의 민주화와 개방
성의 수준에 따라 뚜렷한 차이를 보인다. 시민사회가 폐쇄된 조건과
자율적 시민사회의 공간이 확대된 조건에서 시민운동은 다르게 나타
나는 것이다. 남한 단독정부의 수립 이후 이승만 독재와 군부독재의
오랜 기간 동안 한국의 시민운동은 민주주의, 민족주의, 민중주의의
이념이 결합된 민주화운동의 형태로 급진화되는 경향을 보이다가
1990년대 이후 비교적 온건한 시민운동으로 전환되었다.

　시민운동의 이러한 전환은 그 무엇보다 권위주의 정치권력의 민주
화가 결정적이고 직접적인 계기가 되었지만 보다 광범한 사회변동의
맥락에서 보면 1990년대 지구적 수준의 탈냉전적 전환이 시민운동
을 변화시킨 거시巨視구조적 조건이었다. 1980년대 말부터 전개된 동
구 사회주의의 변혁은 1990년 베를린 장벽의 붕괴로 탈냉전의 지구
적 전환이 본격화되었음을 알렸다. 그런 전환은 바로 신자유주의적
시장질서의 세계화를 가속화시켰고 이 거대한 변화야말로 한국의 시
민사회와 시민운동을 변화시키는 보다 근원적 동력이 되었던 것이다.

　1989년 '경제정의실천시민연합'(경실련)을 필두로 1993년 환경
운동연합, 1994년 '참여연대' 등 주요 시민단체의 출범은 한국 시민
운동의 새로운 경향을 알리는 획기적 사건들이었다(조대엽, 2007:
194). 이전까지의 사회운동, 특히 1980년대 한국의 민주화운동 과정
에서 사회운동이란 민중주의에 기초한 급진적 저항운동으로 인식되
었다. 그러나 이 시기 시민단체의 잇따른 출범으로 한국의 사회운동
은 '민중의 영역'에서 '시민의 영역'으로 이동했다. 말하자면 시민단

체가 시민사회의 '제도적' 요소로 자리 잡고 이 조직들이 주도하는 '시민운동의 시대'가 열린 것이다. 이 장은 1990년대 초를 기점으로 한국의 시민사회와 시민운동에는 어떤 변화가 있었으며, 나아가 시민운동은 어떻게 변화되고 있는가에 주목하고자 한다.

2. 역사국면의 전환과 시민운동의 새로운 주기[1]

1) 역사국면과 역사주기

역사를 보는 시각은 다양할 수 있다. 역사의 표면에 나타난 수많은 사건들에 주목해서 그러한 사건들의 단순한 시계열적 흐름을 보는 시각이 있는가 하면, 다른 한편으로 표면에 나타난 사건의 배후에 보다 긴 시간대를 규정하는 구조화된 질서가 있어서 그러한 질서가 사건을 규정한다고 보는 시각도 있다. 후자는 보다 장기간의 역사적 시간대를 거시적 맥락에서 관찰하는 관점이라고 할 수 있다.

'역사국면'이란 개념은 이처럼 역사를 보다 긴 시간대에 걸쳐 형성된 질서의 변화란 관점에서 볼 때 유용성이 크다. 우리 시대 시민운동의 현재적 기원에 대한 문제제기는 바로 현재와 같은 시민운동을 공유하는 거시적 시간대의 시작을 언제로 볼 것인가에 관한 질문이다. 말

---

1   이 장의 내용은 제1장 '사회운동 분석과 역사주기론의 시각'의 내용 가운데 필요한 부분을 발췌 수정해서 구성했기 때문에 중복성을 갖는다. 이 같은 중복 구성은 이 책 제3부의 가독성을 위한 것임을 밝힌다.

하자면 현재의 질서를 공유하는 '역사국면' 출현에 주목하는 것이다.

브로델Fernand Braudel은 역사를 서로 다른 수많은 층과 다양한 시간 지속들로 이루어진 것으로 보고 이를 편의적으로 단순화해서 세 가지의 층을 강조한 바 있다. 역사의 가장 표층에는 단기적 시간 동안 나타나는 사건들이 일종의 미시적 역사를 이루는 '사건사'가 자리하고 있다. 역사의 중간층에는 사건사보다 광범하고 완만한 리듬을 좇아 전개되는 '국면사'가 있는데 대체로 물질적 생활이나 경제적 주기 혹은 각 주기들이 맺는 관계의 차원에서 연구되었다. 하나의 '역사국면'은 몇십 년을 단위로 형성되며 이러한 국면을 넘어서면 세기를 단위로 하는 '구조사' 혹은 '장기 지속사'가 문제시된다. 따라서 하나의 역사국면은 수백 년에 걸친 장기지속의 역사 속에서 수십 년 단위로 형성되는 특수한 역사적 시기를 의미한다(페르낭 브로델, 1982: 131~132).

수십 년을 단위로 하는 하나의 역사국면에 주목할 때 국면을 규정하는 것은 물질적 생활이나 경제적 주기의 측면이다. 그러나 물질적 삶이 근본적 중요성을 갖지만 사회구성의 특성에 따라서는 오히려 정치적 조건이나 이데올로기적 조건이 해당 역사국면을 특징짓는 경우도 있다.[2] 즉, 특정의 역사국면은 경제적 요소뿐만 아니라 정치적·

---

2 브로델은 역사학과 경제학의 연구성과가 국면을 분석하는 데 충분하지 않다고 말하면서 경제적 침체나 발전에 수반되는 사회적 국면과 그 밖의 국면들에 대한 연구가 경제적 국면의 연구에 부가되어야만 한다고 강조한다. 즉 하나의 역사국면을 구성하는 경제, 정치, 문화의 층위들에 대해 밝히는 것이 중요하며 이러한 층위들의 착종된 관계를 드러내는 것이 사회학의 의미 있는 영역이라고 말한다(페르낭 브로델, 1982: 133).

이데올로기적 요소가 복합적으로 구성되어 국면적 특징을 드러내게 되며, 사회구성의 특정층위가 상대적 우위를 가지고 역사국면을 특징짓는 하나의 경향을 보이게 되는 것이다.

이처럼 특정의 역사국면에서 다양한 사회구성 요소들이 결합되어 독특하게 형성하는 국면사적 의미의 구성을 '역사적 프레임'이라고 표현할 수 있다. '프레임frame'은 개인이 삶의 공간과 세계에서 일어나는 일을 지각하고, 위치 짓고, 구별하고 이름 붙이는 것을 가능하게 해 주는 해석의 틀schemata of interpretation을 말한다. 따라서 프레임은 사건이나 현상에 의미를 부여함으로써 개인으로 하여금 자신의 경험을 조직하게 하고 개인행동이나 집합적 행동을 인도하는 기능을 수행한다(Goffman, 1974).

사회운동에서 이 같은 프레임은 운동에 참여하는 사람들의 집합적 정체성이나 운동의 이념 등에 내재된 의미들로 나타난다. 개인이 처한 현실적 상황의 문제가 무엇인지 진단하고, 어떻게 해야 한다는 행동방침을 정함으로써 대안을 처방하며, 직접 사회운동에 참여하도록 동기화시키는 것이 바로 운동 프레임의 기능인 것이다(Snow et.al., 1986). 이러한 프레임의 논리를 역사적 과정으로 확장할 때, 하나의 역사국면은 당대의 세계질서와 국내에 응축된 정치경제적 조건 속에서 경제체제와 정치권력, 계급질서, 문화구성과 사회적 욕구, 사회운동 등의 요소가 결부되어 해당 역사국면에 독특한 역사적 프레임을 형성한다. 이 같이 특정의 역사국면에서 형성되는 프레임은 해당 역사국면의 개인, 집단, 조직이 현실의 조건을 해석하고 정치적 지향을 설정하거나 사회운동을 조직하게 하는 거시적 규정력을 갖는다. 동일한 프레임을 공유하는 특정의 시기로서의 역사국면에는 해당 시기의 역사적 프레임과 결부된 저항운동의 프레임이 형성될 수 있다. 하나의 역사적 프레임은 해당 사회와 해당 시대의 가장 주요한 모순구조를 반영한다. 따라서 이러한 모순구조를 변화시키기 위해 형성되는 사회운동의 프레임은 무엇보다 해당 시기의 역사적 프레임을 구성하는 하나의 축이 되는 것이다(조대엽, 2010: 5~6).

특정의 역사국면에서 공유되는 사회운동의 프레임은 역사적 프레임을 반영하는 사회운동의 특수한 '주기'를 형성한다.[3] 하나의 역사국면을 포괄하는 역사 프레임을 반영하고 아울러 역사적 프레임을 구성하는 한 축으로서의 운동 프레임은 거시적 사회운동의 주기를 만들어 낸다. 하나의 역사국면에서 공유되는 특수한 프레임으로 이루어지는 이러한 거시적 운동주기를 사회운동의 '국면적 주기'라고 부를 수 있다. 나아가 대체로 수십 년의 기간 동안 형성되는 사회운동의 국면적 주기 내에서도 정치권력의 특성이나 사회경제적 조건, 나아가 국제정세의 변화에 따라 순환적으로 나타나는 소주기가 형성될 수 있는데 이를 '국면 내 주기'라고 할 수 있다. 이처럼 국면 내에서 거듭되는 순환적 소주기는 사회운동의 역사주기 내에서 등장하는 하위의 프레임들로 구성되는데 주로 정권의 성격이 드러내는 정치경

---

3   스노우와 벤포드는 특정의 운동에 국한된 운동특수적 프레임movement-specific frames과 보편 프레임mater frames을 구분하고 후자는 사회운동부문에 속하는 다양한 사회운동들이 공유하는 기본 패러다임으로 본다(Snow, D. A., & R. D. Benford, 1992). 이 장에서는 프레임의 유형화에 역사성을 부여하여 역사국면이 공유하는 사회운동의 프레임이 하나의 역사주기를 구성하는 것으로 본다.

제적 조건이 순환주기의 프레임을 구축하는 경향이 있다.

일반적으로 '주기 cycle'는 일정한 시간마다 동일한 현상이 나타나는 것을 말하기 때문에 반복성과 순환성을 반영하는 개념이다. 사회운동에 주기론을 적용하는 경우 고도의 규칙성을 반영하는 규칙적 주기론의 입장과 특수한 주기론의 입장을 구분해 볼 수 있다.

규칙적 주기론은 동일한 사회운동의 프레임이 반복적으로 순환하는 것을 말한다. 예컨대 1800년대 이후 서구 주요국가에 여성운동이나 평화운동 등이 약 200년의 시기에 걸쳐 60~70년 간격으로 반복해서 등장하는 경우와 같이 프레임이 일정한 규칙성을 가지는 것을 의미한다(Brand, 1990). 특수한 주기론은 사회운동의 동일한 이슈나 프레임이 규칙적으로 나타나기보다는 특정의 역사국면에서 특수한 프레임이 형성된다는 점을 강조한다. 특수한 주기론에서 사회운동의 국면적 프레임은 특수하게 나타나지만 동일한 국면 내에서 집합적 저항행동이 순환적으로 나타난다는 점에서 저항주기 혹은 동원주기가 반복된다는 것을 의미한다. 특수한 주기론은 서로 다른 국면적 주기가 나타나더라도 저항적 집합행동은 되풀이되는 것으로 본다는 점에서 광의의 주기론이라고 할 수 있다(조대엽, 2010: 7).

이 장은 탈냉전 시대의 새로운 역사국면에서 시민운동의 특수한 국면적 프레임이 형성되고 이러한 프레임을 공유하는 국면적 주기 내에서 운동이 순환적으로 반복되는 경우에 주목한다. 따라서 이 장에서 다루는 시민운동에 대한 설명방식은 한국 시민운동의 순환적 반복성에 주목하면서도 시민운동의 국면 프레임이 역사적으로 특수하게 형성된다는 점을 강조하는 '역사주기론'의 시각을 갖는다고 말할 수 있다. 이제 사회운동을 역사주기론의 시각, 즉 역사 국면적 주기와 그러한 국면적 주기 내에서 작동하는 순환주기를 설명틀로 삼을 때 무엇보다 각 사회에서 나타나는 특수한 사회운동에 대해 더 많은 설명력을 확보할 수 있게 된다.

첫째, 역사주기론은 사회운동의 이론구조 내에 한 사회의 역사적 특수성을 개입시킬 수 있는 장점이 있다. 기존의 이론적 도구들을 분석수단으로 삼기 전에 한 사회가 경험하는 특수한 역사국면을 하나의 역사주기로 설정함으로써 그러한 주기를 관통하는 특수한 역사적 조건과 운동의 프레임을 부각시킬 수 있는 것이다.

둘째, 역사주기론은 사회운동에 관한 주기론적 설명이 갖는 한계를 넘어설 수 있다. 일반적으로 사회운동의 주기론은 운동 자체의 반복적이고 순환적 부침을 그려내기 때문에 운동에 영향을 미치는 객관적 구조보다 운동 자체의 연속성에 몰입하는 경향이 뚜렷하다. 그러나 역사주기론은 규칙적 주기론과 특수한 주기론을 종합적으로 반영하기 때문에 단순한 연속성을 넘어 역사적으로 특수한 주기를 형성하는 정치경제적·국제적 조건에 대한 관심을 반영한다.

셋째, 비교적 장기간에 걸친 사회운동의 궤적을 관찰할 수 있는 이점이 있다. 현대의 사회운동은 국가와의 갈등구조가 일차적으로 부각되며 이때 국가와 사회운동의 관계는 일반적으로 특정 정권의 성격과 맞물린다. 특히 민주화운동의 분석은 대체로 특정 정권을 배경으로 하기 때문에 분석 시기가 해당 정권에 국한된 비교적 짧은 기간의 정치경제적 조건을 분석하는 경향이 있다. 그러나 역사주기론의 시각은 정권의 경계를 넘어서는 역사주기를 설정하기 때문에 비교적 장기간에 걸친 운동의 흐름을 분석할 수 있는 장점이 있다.

넷째, 국면적 역사주기 내에서 순환하는 사회운동의 소주기들 간에 순환적 연관관계를 분석할 수 있는 장점이 있다. 특히 동일한 국면적 주기 내에서 선행하는 사회운동이 후발운동의 정치적 기회구조로 작동함으로써 먼저 발생한 운동이 새로운 파생적 운동을 배태시킬 수 있다는 점을 분석적으로 드러낼 수 있는 것이다. 이 같은 순환적 연관관계를 찾아내는 일은 전술한 바 사회운동을 정권적 특성에 따라 규정되는 것으로 분석하는 단기성의 한계를 넘어설 수 있을 뿐만 아니라 순환적 연관관계 자체에 내재된 사회운동의 역사적 특수성을 부각시키는 동반적 효과를 얻을 수 있다.

2) 민족민주운동의 주기와 시민사회운동의 주기

제2차 세계대전 이후 세계질서의 재편과정에서 한반도에는 새로운 역사국면이 형성되었다. 동서 양 진영의 이념경쟁과 세계자본주의의 국제 분업질서에 따라 한반도에는 분단체제가 형성되었고 한국전쟁을 거치면서 분단의 질서는 빠르게 고착되었다. 나는 해방 이후부터 1980년대 말까지의 시기를 하나의 역사국면으로 보고, 이 시기를 민족분단이 고착화되고 외세의 규정력이 극대화된 '분단 상황'과 민간에서 군부로 이어지는 권위주의 정치권력의 억압적 '국가주의'가 결합됨으로써 반공이데올로기와 국가주의이념이 지배하는 '분단·국가주의'의 역사적 프레임이 지배한 시기로 보고자 한다. 아울러 분단·국가주의 국면에서 나타나는 사회운동 시기 특히 1960년 4월 혁명에서 1987년 6월 항쟁으로 이어지는 시기를 '민족민주운동의 역사주기'로 설정할 수 있다.

구한말과 일제강점기까지는 강대국의 외압과 직접침탈로부터 벗어나기 위한 민족해방과 근대민족국가 건설의 과제가 하나의 거대 프레임을 형성했던 민족해방운동의 시기라고 할 수 있다. 해방 이후 미군정과 정부수립의 과정을 거치면서 비록 분단민족이라는 불완전한 형태이지만 근대적 국민국가의 제도적 틀을 중심으로 사회발전과 정치변동의 쟁점이 제기되는 새로운 역사적 운동주기가 출현했던 것이다. 사회운동을 중심으로 본다면 민족국가건설을 목표로 하는 민족해방투쟁과 해방 이후 국민국가의 질서 내에서 작동하는 사회운동은 서로 다른 역사적 프레임 속에서 서로 다른 국면적 운동주기를 형성한다.

해방 이후 분단·국가주의 역사국면은 제2차 세계대전 이후 국제관계의 변화에 따라 규정된 바 크다. 따라서 분단·국가주의 역사국면을 형성시킨 가장 보편적 요인은 제2차 세계대전 이후 전개된 미국과 소련 중심 세계정치질서의 냉전적 재편이라고 할 수 있다. 종전 이후 미국과 소련에 의한 남북한의 분할점령과 남한 단독정부의 수립, 그리고 한국전쟁에 이르는 일련의 정치과정은 이러한 냉전적 세계정치질서의 직접적 효과였다. 둘째로는 대미 종속적 경제구조의 효과를 들 수 있다. 미국과 일본, 한국으로 이어지는 세계자본주의의 지역분업체계는 다른 무엇보다 한반도 분단체제가 동북아에서 미국의 정치군사적 보루 역할을 할 수 있도록 하는 경제적 원천으로 작용했던 것이다. 셋째로는 이데올로기의 차원에서 반공주의의 요인을 들 수 있다. 반공주의는 냉전적 정치질서의 직접적 효과이지만 적어도 국내 정치의 조건에서도 분단 상황과 억압적 국가주의 정치질서를 재생산하는 정치세력의 확장에 결정적 배경이 되었던 것이다.

분단·국가주의 역사국면에서 시민운동 프레임은 다른 무엇보다 분단 상황과 국가주의 조건에 대한 문제제기로부터 형성되기 마련이다. 따라서 분단 상황에 내재된 외세 억압적이거나 외세 의존적 여건은 무엇보다 통일 민족주의나 반외세 자주적 민족주의를 포함하는 민족주의 프레임을 시민운동과 저항의 프레임으로 구축했다. 동시에 억압적 민간 권위주의와 병영兵營 국가적 군부 권위주의의 독재적 국가주의 상황은 자유민주주의와 민중민주주의를 포함하는 저항 프레임을 만들었다. 말하자면 분단·국가주의 역사국면에서 민족주의와 민주주의를 저항 프레임으로 갖는 민족민주운동의 주기가 형성되었던 것이다.

이 같은 시각에서 볼 때 4월 혁명은 근대 민족국가의 질서 내에서 전개되는 민주주의와 민족주의운동의 출발을 의미한다고 말할 수 있다. 사회운동으로서의 민주주의와 민족주의 프레임은 4월 혁명 이후 6·3 항쟁, 1970년대의 반反유신 민주화운동, 1980년대의 반反신군부 민주화운동과 그 연장에서 진행되었던 통일운동까지를 관통함으로써 1980년대 마지막까지의 시민운동 프레임을 형성한다. 말하자면 민족주의와 민주주의의 프레임은 1960년 4월 혁명에서 1980년대 말까지 약 30년간 민족민주운동이라는 한국 시민운동의 특수한 역사 국면적 주기를 형성한다. 나아가 민족민주운동의 국면주기 내에서 다양한 저항들이 순환적 소주기를 형성하는데, 4월 혁명 이후 6·3 항쟁, 1970년대의 반유신운동과 부마항쟁, 1980년대 광주항쟁과 1987년

〈표 7-1〉 한국 시민사회운동의 역사주기

역사국면	분단 · 국가주의		탈냉전 · 시장주의	
국면주기	민족민주운동의 주기		시민사회운동의 주기	
보편 프레임	민족주의, 민주주의		시민(적 삶의) 민주주의	
국면 내 주기	반이승만, 반박정희(반군부), 반전두환(반신군부)민족민주운동주기		정치경제개혁 운동주기	생활정치 운동주기
순환적 소주기	4·19-6 ·3-반유신-부마-광주-6월 항쟁		정치개혁운동 ⎮ 경제개혁운동 ⎮ 낙천낙선운동	반세계화 ⎮ 생명생태운동 ⎮ 공공성운동 ⎮ 촛불집회
연도	1960	1970	1980	1990	2000	2010

6월 항쟁으로 이어지는 저항운동들이 그러하다.

1990년대 들어 한국의 시민운동은 새로운 모습으로 변화되었다. 적어도 분단·국가주의 역사국면의 오랜 기간 지속되었던 민족주의와 민주주의의 운동 프레임은 1990년대 이후 빠른 속도로 쇠퇴한 반면, 새로운 시민운동의 프레임이 등장했던 것이다. 1989년 경제정의실천 시민연합(경실련)의 출범과 함께 1990년대 들어서는 환경운동연합, 참여연대, 녹색연합, 여성운동단체 등 새롭고 다양한 시민단체들이 설립되었다. 1987년 6월 항쟁 이후 민주주의 전환과 공고화 과정에서 시민사회의 개방적 공간이 크게 확장되었고 이러한 공간에서 경제정의, 권력감시, 환경, 여성, 평화, 인권 등의 이슈를 추구하는 자율적이고 자발적인 시민단체들이 다양하게 등장하고 이 단체들이 새로운 시민운동을 펼쳤다.

시민사회와 시민운동은 한 사회의 거시적 구조나 질서와 긴밀하게 결합되어 있기 때문에 1990년대 시민운동의 획기적 변화는 단순한 사건사적 현상이 아니라 훨씬 더 광범한 역사국면의 전환을 수반하는 현상으로 볼 필요가 있다. 말하자면 해방 이후 구축된 분단·국가주의 역사국면은 1980년대 말을 끝으로 약 40년간의 시효가 만료했고 1990년대 들어 새로운 역사국면이 등장한 것으로 해석할 수 있게 한다.

새로운 역사국면의 전환은 1990년대 들어 본격적으로 확산된 이른바 지구화·정보화·민주화 등 지구적 수준의 거대 사회변동과 맞물린다. 이 같은 거대전환의 사회변동을 추동하는 현실적 변화 가운데 첫째로 들 수 있는 것이 동구 사회주의의 해체이다. 비록 한반도에서 분단 상황은 1990년대 이후에도 여전히 지속되고 있지만 1980년대 말 이후 동구의 체제전환과 함께 빠르게 전개된 탈냉전의 지구적 경향은 분단·국가주의의 역사 국면을 새로운 역사국면으로 전환시키는 실질적 동력이었다. 동구의 붕괴는 한반도에서 분단의 이념적 조건을 크게 약화시켰으며 비록 남북통일에 이르지는 못하고 있지만 2000년 남북정상회담과 6·15 선언, 2007년 남북정상회담 등으로 이어지는 남북 간 교류의 폭을 확장시켰다.

둘째, 1980년대부터 나타나 1990년대에 크게 확산된 신자유주의적 시장화의 경향을 주목할 만하다. 신자유주의는 사회주의 붕괴 이후 세계질서를 시장주의 프레임으로 전일화하는 핵심 내용이었다. 실제로 시장주의의 위력은 사회구성의 거의 모든 질서를 경쟁과 효율의 가치로 대체함으로써 전통적 국가영역을 크게 위축시켰다. 아울러 정치영역의 민주화 경향은 억압적 국가주의를 약화시키는 동시에 국가주의 경향을 시장주의로 전환시키는 데 기여했다.

셋째, 전자정보 네트워크의 급속한 팽창은 지구촌을 시공간적으로 응축시킴으로써 시장주의의 확산과 아울러 시민사회의 소통을 확장시켜 일국적 혹은 일민족적 국가주의의 기반을 크게 흔들었다. 일종의 근대 민족국가 질서의 해체적 경향을 드러내고 이른바 네트워크 사회의 도래를 알렸다.

한국 사회의 경우, 냉전의 유산이 응결된 분단구조와 대외의존적 경제구조, 선진화된 IT 산업의 조건에서 전자정보화의 거대변동을 수반하는 탈냉전과 시장주의 프레임이 훨씬 더 직접적으로 작동함으로써 역사국면의 전환을 보다 뚜렷하게 했다. 이러한 변화의 경향을 반영할 때 최근 한국의 사회변동은 해방 이후 정부수립에서부터 1980년대 말까지의 약 40년의 기간을 규정했던 '분단·국가주의'의 역사적 프레임을 '탈냉전·시장주의'의 새로운 프레임으로 전환시켰다고 말할 수 있다.

1990년대 이래의 탈냉전·시장주의 역사국면에서 시민운동 또한 새로운 역사주기를 맞았다. 민족민주운동의 주기를 형성했던 저항적이고 민중지향적이었던 민족민주운동단체는 빠르게 쇠퇴하고 새로운 시민단체들이 생겨났고 이러한 단체들이 새로운 시민운동을 주도했다. 이제 '민족민주운동'의 역사주기는 '시민사회운동'의 '역사주기'로 전환됨으로써 민족주의와 민주주의의 국면적 프레임이 '시민민주주의'의 프레임으로 전환되었다. 시민민주주의는 국가주의의 역사국면이 규정하는 민족주의와 민주주의의 프레임이 해체됨으로써 나타난 시민적 삶의 민주주의 프레임이라고도 말할 수 있다. 그것은 광의의 민족해방을 수반하는 민주주의와 같이 거대한 시민운동 프로젝트가 아니라 경제적 삶과 시민들의 구체적 일상에 결부된 정책, 일상 공동체의 변화 등과 맞물린 경제민주주의, 정책민주주의, 생활민주주의 등의 내용으로 구성되어 있다.

이제 1990년대 이래 탈냉전·시장주의 역사국면에서 전개된 시민사회운동의 주기 내에서, 1990년대는 새로운 시민단체들이 주도한 '정치경제개혁'의 프레임이 운동의 주류를 이루었다. 정치경제개혁운동의 프레임은 1990년대 시민운동의 순환구조를 거쳐 2000년 낙천·낙선운동에서 정점을 이루었다. 시민사회운동의 주기 내에서 2000년대 시민운동은 다시 새로운 프레임을 갖는데 주로 일상의 삶과 정체성의 실현에 관련된 이슈가 다양하게 제기됨으로써 '생활정치'의 프레임을 갖게 되었다. 2000년대 생활정치운동의 프레임은 2008년 촛불집회에서 가장 광범한 시민행동을 표출했다.

시민사회운동의 주기 내에서 정치경제개혁운동이 주류를 이루었던 1990년대에서 2000년대 생활정치운동으로 전환되면서 한국의 시민사회와 시민운동은 많은 변화를 보였다. 그러한 변화는 첫째, 시장주의의 확산에 따라 시민단체 자체가 높은 수준으로 제도화되고 시장경쟁화하는 경향, 둘째, 탈근대적 문화변동을 반영함으로써 시민운동이 정보화·탈조직화하는 경향, 셋째, 정치경제민주화운동에서 탈냉전과 탈이념의 생활정치운동으로 전환하는 경향 등으로 나타났다.

3. 탈냉전 · 시장주의 역사국면과 1990년대 시민운동

1) 새로운 시민단체와 새로운 시민운동

민족민주운동의 주기 가운데 1980년대의 시민운동은 전두환 신군부정권에 저항하는 민주화운동에 집중되었다. 이 시기 시민운동의 이념적 분포는 비교적 온건한 노선에서부터 대단히 급진적인 민중혁명노선에 이르기까지 다양했으나 민주화운동을 주도한 것은 민족주의와 민중주의를 기반으로 한 급진적 운동단체들이었다. 민족해방과 민중민주주의를 지향하는 급진적 운동단체들과 함께 학생운동은 당시 민주화운동의 또 하나의 축이었다. 독재타도와 민족해방, 민주쟁취와 민중생존권을 부르짖고 최루탄과 화염병이 난무하는 거리에서 수많은 학생들이 피를 흘리는 것이 당시의 운동 현실이었다.

그러나 1980년대 말부터 기존의 민주화운동을 주도하던 민중지향의 운동단체들은 빠르게 쇠퇴하는 반면, 1990년대 들어 새로운 시민단체들이 등장하기 시작했다. 빠르게는 1989년 경실련의 설립과 1993년 환경운동연합의 설립, 1994년 참여연대의 설립은 1990년대가 한국 시민사회를 새롭게 확장하고 새로운 시민운동이 전개되는 시기라는 점을 알렸다. 1990년대에 활동한 시민단체 수는 1999년까지 약 4,023개로 집계되며, 각 단체의 지부를 포함하면 약 2만 개가 넘는 것으로 추정된다. 2000년대 들어서면 시민단체는 더욱 늘어나 2003년 기준으로 약 7,400개에 이르렀으며 지부를 포함할 경우 약 2만 5,000개가 넘는 것으로 알려졌다(시민의 신문, 2003). 이러한 시민단체들은 탈냉전의 사회변동을 반영하는 시민사회의 다양한 공적 이슈들을 제기했는데, 대체로 계급운동 이후 서구 신사회운동의 이슈들을 포괄하는 것이었다.

이 시기에 거대 보수언론들은 시민운동이 이전의 급진적 민중주의와 민족주의를 지향했던 체제 전복적 저항운동에 비해 크게 온건해졌고 정책지향적 운동으로 전환한 것을 누구보다도 반겼다. 뿐만 아니라 주요 언론들은 언론환경운동이라고도 할 수 있는 시민운동을 직접 주도하기도 했다. 예컨대, 〈조선일보〉에서는 '샛강 살리기 운동'이라는 환경운동을 시도했는가 하면, 〈동아일보〉는 '그린스카우트 운동'을 주도해서 각급 학교와 정부기관, 기업들도 동참하는 환경운동으로 확대시켰고, 나아가 〈중앙일보〉는 '자원봉사운동'을 전개하기도 했다. 한국 민주화의 첫 10년이기도 한 1990년대는 이처럼 새로운 시민단체와 시민운동이 활발하게 등장함으로써 시민사회가 새로운 활력으로 넘치는 시기였다.

1990년대 한국 시민사회의 변화와 새로운 시민운동의 등장은 다른 무엇보다 역사국면의 전환이라는 거대 사회변동의 요인에 따른 것이라고 할 수 있다. 1990년대 들어 탈냉전·시장주의 역사국면의 도래는 시민운동을 민족민주운동의 역사주기에서 시민사회운동의 주기로 전환시켰다. 그러한 역사국면전환의 요인은 전술한 바와 같이 동구 사회주의 붕괴와 탈냉전의 사회변동, 신자유주의적 시장의 지구화, 정보기술혁신에 따른 정보네트워크의 팽창 등을 들 수 있다.

역사국면의 전환과 함께 부각되는 국내적 요인은 1980년대 후반 한국 자본주의의 구조변화에 따른 중간계급과 노동계급의 물질적 기반의 향상을 들 수 있다(김호기, 2000). 특히 중간계급의 확대와 이들의 선택은 새로운 시민운동으로 귀결되었다. 보다 직접적 요인으로는 1980년대 말 이래의 정치민주화를 들 수 있다. 무엇보다 민주화는 시민사회의 자율적 공간을 크게 확장시켰고, 이러한 시민사회의 공간에서 공공의 이슈를 추구하는 시민운동에 대해 시민적 지지가 있었다.

탈냉전·시장주의 역사국면에서 시민사회운동은 분단·국가주의 역사국면의 민족민주운동과는 확실히 다른 모습을 보였다.

첫째, 탈냉전적 역사국면 전환의 효과에 따른 이념의 온건화 현상을 강조할 수 있다. 1990년대 시민운동의 출현과 성장은 동구의 대변혁과 중간계급의 확대, 절차적 민주주의의 진전 등에 따라 무엇보다 급진적 민중주의에서 이탈한 효과였다. 이 점에서 1990년대 시민운동은 1980년대에 비해 탈脫 이념화된 경향을 띠었다. 물론 다양한 시민단체들은 진보적 입장과 보수적 입장으로 구분되는 서로 다른 지향을 뚜렷이 드러내는 경향도 보인다. 그러나 이러한 진보와 보수는 구래의 사회주의와 자유주의의 이념적 대립이라기보다는 환경, 평화, 반핵, 반전, 여성 등의 문제에 대한 다양한 가치의 맥락에서 진보와 보수로 구분되는 경향을 보였다. 분단·국가주의의 구래의 이념적 기준으로 본다면 국가이념 및 지구화된 시장조건과 넓은 의미에서 동반적 흐름을 갖는다는 점에서 자유주의 이념으로 표준화되는 경향을 강조할 수도 있을 것이다. 그러나 사회주의 이념의 붕괴와 함께 자유주의 이념의 실효성 또한 해체되는 것으로 이해한다면, 1990년대 이후 시민사회운동의 주기에서 시민운동은 '탈이념적 가치의 다양화' 경향과 함께 탈냉전과 시장주의조건에 대한 '적응적 분화'의 경향을 보인다고 할 수 있다(조대엽, 2007: 195~198).

둘째, 1990년대 이후 주요 시민운동단체들은 다양한 이슈들을 취급하는 특징을 보인다. 환경, 여성, 평화, 통일 등 특화된 이슈를 취급하는 전문화된 운동단체들이 활동하는가 하면 경실련이나 참여연대와 같이 종합적 이슈를 다루는 단체들이 크게 성장하면서 운동의 이슈 자체가 다양화되는 경향을 보인 것이다. 특히 이슈가 다양화되는 가운데에도 부동산실명제와 금융실명제, 5·18 특별법 제정과 특별검사제 도입, 지방자치제 활성화를 위한 법 제도 개혁, 정당법, 정치자금법 등 정치행정제도의 개혁, 사법개혁운동, 부패방지법 제정운동, 예산감시 정보공개운동 등 정치경제개혁 관련 이슈가 주류화되는 경향을 보였다. 환경운동단체나 여성단체의 경우도 이러한 정치경제개혁이슈에는 적극적으로 개입했다(조대엽, 2007: 199~202).

셋째, 1990년대 시민운동은 자원의 동원방식에서 '시장적 동원화'의 방식을 추구한다는 점에서 이전과 뚜렷한 차이를 갖는다. 시민운동의 성패는 무엇보다 인적 자원과 물적 자원의 동원에 결부되어 있다. 특히 시민사회의 안정적 제도로 존재하는 시민단체들은 안정적 자원의 확보가 조직의 존폐와 연관되어 있다. 1980년대 민주화운동의 가장 중요한 동원요소는 운동에 직접참여를 가능하게 하는 개인과 집단의 의지와 헌신이었다. 그러나 1990년대 이후 주요 시민단체의 자원동원방식은 일종의 운동상품의 선택에 비유할 수 있는 특정이슈의 운동이나 단체에 대한 선택을 통한 참여이다. 이 경우 직접참여방식이라기보다는 회비나 기금을 내는 방식과 같은 간접참여방식을 채택하고, 운동상품은 전문적 상근활동가들에 의해 기획되고 생산되는 경향을 보였다. 따라서 회비와 후원금은 운동자원의 가장 기본적 요소이고 이를 확보하기 위해 단체에 대한 광고와 홍보가 핵심적이었다. 이런 점에 주목하면 1990년대 이후 시민운동의 자원동원 방식을 '시장적 동원화'방식이라고 말할 수 있다(조대엽, 2007: 205~206).

넷째, 시민운동의 행위양식이 일상적이고 제도화된 양식을 채택하고 있다는 점도 이전과는 구별되는 특징이라고 할 수 있다. 격렬한 가두시위, 점거농성, 삭발, 분신 등 과격한 투쟁방식을 보였던 1980년대 민주화운동방식과는 달리, 1990년대 시민운동은 회원과 기금의 확보를 통한 재정확충, 다양한 부설기구의 운영, 활동가 및 시민교육 프로그램 등의 내부 활동과 입법청원 및 법적 소송, 캠페인, 공개토론회, 성명발표, 언론을 통한 이슈 파이팅 방식 등 공론장에서의 압력을 통한 '영향력의 전략'(Cohen & Arato, 1992)을 추구하는 경향을 보였다. 특히 중앙정부 및 지방정부 차원에서 전개되는 조례 제정과 개정, 의정감시, 국민감사, 정보공개 및 예산 감시활동 등과 함께 입법청원과 법률적 저항방식은 일상적이고 제도적인 수준에서 전개되는 가장 일반적인 활동방식이었다.

1990년대 이후 탈냉전·시장주의 역사국면에서 한국의 시민운동은 이처럼 시민사회에 보다 안정적이고 제도화된 시민운동단체를 기반으로 전개됨으로써 제도와 운동이 이분법적으로 뚜렷이 구분되기보다는 '제도화된 운동'의 형태를 보였다. 이 같이 새로운 시민단체의 새로운 시민운동들은 이전의 민족민주운동주기의 민주화운동과는 뚜렷이 구별되는 특징을 보임으로써 탈냉전·시장주의 역사국면의 변화를 반영하는 시민사회운동의 새로운 주기를 알렸다.

2) 정치개혁의 지체와 시민단체의 연대운동

1990년대 이후 시민사회운동의 주기에서 다양한 시민단체들은 개별적으로 운동의 이슈를 개발하여 시민운동을 주도하는 경향도 있었으나 시민사회의 중요한 쟁점에 관해서는 각 단체들 간의 연대운동을 펼치는 경우도 일반적으로 나타났다. 교육프로그램의 운영이나 캠페인, 법개정 청원, 서명 등 일상적이고 제도적인 활동도 운동의 영향력을 확대하기 위해 단체들이 연대하는 경우가 빈번했다(권태환·이재열, 1998). 그러나 보다 적극적이고 도전적인 영향력의 전략은 광범한 사회적 쟁점이 제기되었을 때 전개되는 연대활동을 통해 추구되었다. 1991년의 낙동강 페놀오염 사건이나 1997년부터 동강댐 건설을 둘러싸고 전개된 운동들은 환경운동단체들이 주도하고 소비자단체와 지역주민단체 등 다양한 시민단체들이 함께 벌인 연대운동으로 전개되었다(조대엽, 2007: 212).

무엇보다 주목할 만한 시민단체의 연대운동은 선거 국면에서 전개된 시민정치운동을 들 수 있다. 민주화운동과 같이 직접적으로 정치권력을 무너뜨리거나 정치권력을 교체하기 위해 전개되는 시민운동과는 달리 제도화된 시민단체가 추구하는 운동은 제도정치권에 간접적 영향력을 미치기 위한 전략에 기초해 있다. 그러나 1990년대 이후 시민운동 가운데는 선거 국면에서 선거에 직접적으로 개입하는 시민정치운동이 전국적 연대운동의 형태로 나타났다. 1990년대 이후 민주화와 역사국면의 전환이라는 거대 사회변동 속에서도 1987년 6월 항쟁 이후 정권교체가 바로 이루어지지 않음으로써 신군부 정치세력을 비롯한 구 정치세력들은 김영삼 정부와 김대중 정부에서도 여전히 정치권력의 중심에 자리 잡고 있었다. 특히 정권교체가 이루어진 시기에도 국회권력은 독재 시기의 구정치인들이 주축을 이루고 있었다. 1990년대 이래 새로운 시민단체들은 활발한 정치경제개혁운동을 펼쳐 왔으나 국회를 중심으로 한 정치세력의 인적 구성은 바꾸지 못했기 때문에 정치개혁의 지체현상을 드러냈다.

이 같은 정치개혁의 지체현상을 넘어서기 위해 선거 상황에서 출현한 시민단체의 광범한 연대운동은 권위주의 정치세력을 실질적으로 교체하기 위한 유권자 운동으로 나타났다. 이 가운데 2000년 총선에서 참여연대와 환경운동연합 등이 주도한 대규모 시민정치연대 운동은 국회의원 선출에 직접 영향을 미치기 위한 본격적인 선거개입운동이었다. 2000년 국회의원선거에서 부적합 후보들을 떨어뜨리는 이른바 '낙천·낙선운동'은 1990년대 이후 시민단체들이 1987년 6월 항쟁이 마무리하지 못한 미완의 민주화운동을 새로운 유권자운동으로 발현시킨 것이라고도 말할 수 있다(조대엽, 2007: 212).

전국의 981개 시민단체가 연대해서 만든 '총선시민연대'가 추진한 낙천·낙선운동은 1987년 6월 항쟁 이후 전개된 가장 광범한 전국적 규모의 시민정치운동이었다. 이른바 '유권자 혁명의 드라마'라고도 불리는 낙천·낙선운동은 낙천·낙선대상자 선정기준을 부패행위, 선거법 위반, 헌정파괴 반인권 전력, 지역감정 선동행위, 의정활동의 성실성, 개혁법안 및 정책에 대한 태도, 그리고 선관위에 등록하도록 된 기초사항으로서 재산등록, 병역사항, 납세실적, 전과기록 등의 진위로 설정함으로써 이 운동이 부패한 권위주의 정치세력에 대한 실질적 저항이라는 점을 보여 주었다(문경란, 2000; 조희연, 2001).

2000년 총선시민연대의 낙천·낙선운동은 부패하고 무능한 정치인의 정당공천을 반대하는 공천반대운동으로 시작해서 각 정당에서 이미 공천된 부패 무능인사들에 대한 공천철회운동, 그리고 마침내 선거가 임박해서는 낙선운동으로 전개되었다. 이러한 과정에서 무엇보다 광범한 시민적 지지가 따랐다는 점이 강조되어야 한다. 이러한 시민적 지지는 첫째로 참여규모에서 확인할 수 있다. 총선시민연대의 참여단체는 1차 낙선명단 발표 때 500여 개에 이르렀으나 총선이 끝날 무렵 981개로 늘어났다. 지역에서도 부산을 비롯한 10여 개 광역 총선연대가 조직되었고, 종교계, 보건의료계, 학계 등의 분야별 참여도 있었다.

둘째로는 모금에 반영된 국민적 관심에 주목할 수 있다. 총선시민연대의 후원금은 총 모금액이 3억 5,000만 원에 이르러 연대운동이 대체로 적자로 끝났던 것에 비추어 참가단체들의 개별부담을 고려하더라도 흑자운동으로 끝났다는 점이야말로 유례없는 국민적 관심을 말해 주었다(조희연, 2001). 셋째로 가장 가시적인 지지는 선거의 결과로 드러났는데 수도권에서는 95%의 낙선율을 보였고, 전국적으로는 68.6%의 낙선율을 기록함으로써 이 운동에 대한 국민적 지지를 가시화했다(조대엽, 2007: 214).

낙천·낙선운동에 대한 이 같은 국민적 지지는 정치개혁을 추구하는 시민정치운동에 대한 시민적 합의가 형성되었다는 것을 의미하며 이러한 합의는 1990년대 시민단체의 다양한 활동들이 시민적 정당성을 획득했다는 점을 보여 준 것이다. 2000년 총선에서의 시민정치운동은 2002년 대선에서의 정책평가로 이어졌고, 2004년 총선에서는 총선시민연대, 물갈이연대, 경실련, 바른선택 국민행동, 공선협 등 시민단체나 시민단체연합의 낙선운동, 당선운동, 후보정보 공개운동 등으로 다양화되었다(조대엽, 2007: 214).

시민단체들의 연대를 통한 선거 국면의 시민정치운동은, 1990년대 이후 시민운동이 새로운 시민단체와 새로운 운동 이슈를 등장시켰음에도 불구하고 여전히 정치개혁의 과제가 남아 있었다는 점을 말해 준다. 아울러 이러한 시민정치운동의 연대활동은 강력한 정치적 저항운동이었던 민주화운동 시기의 연대 전략이 연속되었다는 점도 보여 주었다. 따라서 1990년대 시민운동은 새로운 시민단체들의 활동을 통한 1980년대 운동과의 단절적 특징과 함께, 시민정치운동의 연대운동적 특성이라는 1980년대 운동과의 일정한 연속성이 공존하는 경향을 보였다고 하겠다. 이러한 시민정치운동의 전국적 연대와 지역이슈가 전국화된 환경운동들은 1990년대 시민사회운동의 주기 내에서 다양한 순환주기를 형성했다. 특히 이러한 순환주기의 마지막에 나타난 낙천·낙선운동은 탈냉전·시장주의 역사국면에서 정치개혁운동의 대미를 장식했다고도 할 수 있다. 이러한 점들을 포괄적으로 본다면 시민사회운동의 국면주기 내에서 1990년대는 새로운 시민단체들이 주도한 '정치경제개혁운동의 주기'에 해당한다고 말할 수 있다.

4. 탈냉전 · 시장주의 역사국면과 2000년대 생활정치운동

1) 2000년대 시민운동의 제도화와 탈조직적 시민행동

2000년대 들어 시민사회와 시민운동은 1990년대 시민사회운동과 일정하게 연속성을 가지면서도 뚜렷한 변화를 보이는 새로운 순환주기를 맞았다. 2000년대 시민사회운동은 다른 무엇보다 1990년대에 비해 높은 수준으로 제도화되었으며, 다른 한편으로는 기존의 주요 시민단체보다는 전자적 대중의 개별화된 온라인 공론소論활동이 크게 확장되었다는 점이 부각된다. 이러한 변화는 2000년대 한국 사회가 훨씬 더 강력한 시장주의의 영향 아래 놓인 상태에서 전개된 정치 및 사회경제적 변화와 맞물려 있다.

우선, 2000년대의 정치질서 변화는 시민단체의 제도화 수준을 크게 높였다. 김대중 정부에 이어 2003년 노무현 정부의 출범과 2004년 총선에서의 열린우리당의 다수 의석 확보는 정부를 포함한 제도정치권과 시민단체의 거리를 좁히는 계기가 되었다. 특히 노무현 정부의 개혁정치는 시민단체의 다양한 정치참여를 가능하게 했다.

둘째, 가속화되는 신자유주의적 시장화 경향은 시민단체의 제도화 수준을 높이는 또 다른 배경이 되었다. 한국의 경우 대체로 IMF 외환위기 이후 2000년을 전후한 시점에서 세계시장주의의 경쟁체제는 격심해졌고 이 과정에서 기업들은 다운사이징이나 아웃소싱과 같은 방식을 통해 생존전략을 모색했다. 이 시기부터 기업들은 기존의 사회공헌활동을 '전략적 사회공헌'으로 전환하고 보다 효율적인 추진을 위해 시민단체와의 파트너십을 강화했다. 기업과 시민단체의 파트너십 확대는 자연스럽게 시민단체의 제도화 수준을 높이는 결과를 가져왔다.

셋째, 정보네트워크의 비약적인 발달은 전자적 공론장과 오프라인에서의 시민참여를 연계시킴으로써 시민행동의 동원에 획기적으로 기여했다. 특히 전자적 대중들이 다양한 가치와 취향에 따라 만든 온라인 회원조직들은 본래의 조직목적과는 다른 공공 이슈에도 적극 참여하는 특유의 유연성을 보였다. 요컨대 2000년대 정치변동과 사회경제적 변화는 시민운동부문의 이원적 분화 경향을 만들었다. 한 흐름은 '시민운동단체의 제도화'가 가속되는 경향이었고, 다른 한 흐름은 전자적 공중의 '탈조직적 시민행동'의 경향이라고 할 수 있다.

노무현 정부 들어 적극적으로 시도된 탈근대 정치의 실험은 정부와 시민단체가 협조적 관계를 맺음으로써 시민단체를 정책공동체의 파트너로 만들었다. 이른바 정부와 시민단체의 협치governance가 추구되었다. 이러한 협치는 정부정책에 시민사회의 가치를 반영하는 일이며, 국가영역의 제도에 시민사회의 제도를 접목시키는 것이다. 신자유주의적 시장화의 거대경향 내에서 협치의 확대는 국가기능이 위축됨으로써 나타나는 일종의 국가공공성의 약화 혹은 해체화의 경향이라는 점을 무시할 수 없다. 그러나 정부제도의 개방과 참여지향적 정책과정에 주목한다면 오히려 협치의 운영은 유연한 사회통합의 측면을 강조할 수 있다. 이러한 시각에서 본다면 협치는 정책결정의 오류를 줄일 뿐만 아니라 공공 갈등의 사회적 비용을 줄이는 데에도 기여할 수 있다(조대엽, 2007: 271).

시민사회와의 협치는 정부영역에서만 작동하는 것은 아니다. 2000년대 들어 기업과 시민단체의 협치 또한 다양한 방식으로 추구되고 있다. 2000년대 기업의 사회공헌활동은 공적 가치를 추구하는 절차와 방식을 기업내부화 함으로써 국가와 시민사회 영역에 고유한 것으로 간주되었던 공적 기능을 시장영역에도 구축하게 되어 일정하게 '시장공공성'을 형성한 셈이다. 최근 사회적 기업과 아울러 다양한 기업 사회공헌활동은 '기업의 시민성 corporate citizenship'을 확대하고 있다. 이 과정에서 기업들은 기업의 주요업종과 전략적으로 연관된 사회공헌을 조직함으로써 공적 활동의 효율성을 높이기 위해 시민단체와 적극적 연계를 시도하는 것이다. 이처럼 2000년대 시민단체들은 정부협치의 파트너로서 뿐만 아니라 기업협치의 파트너로서도 높은 수준의 제도화 효과를 갖게 되었다(조대엽, 2007: 272).[4]

기존의 시민단체들이 높은 수준으로 제도화됨으로써 조직 자체는 안정화되는 경향을 보였다. 그러나 주요 시민단체들은 제도화 수준이 높아지는 만큼 시민들의 일상에서 멀어지는 경향도 동반적으로 보였다. 이처럼 시민단체가 제도화되는 다른 한편으로 시민사회 공론의 소통은 전자적 공론장의 놀라운 발전에 따라 크게 진전되는 경향을 보였다.

오늘날 전자정보공간을 기반으로 하는 '전자적 대중'은 산업사회

---

4 시민단체의 정부협치나 기업협치는 정권의 특성에 따라 기복이 심하다. 비교적 진보적 정권이라고 할 수 있는 노무현 정부에서는 이러한 정부협치의 실험은 확대되었고 이에 따라 기업협치 또한 크게 진전되었다. 한편 2008년 집권한 이명박 정부의 경우 정부협치가 거의 해체되고 이에 따라 기업과의 협치도 심각하게 위축되는 경향을 보였다.

의 원자화되고 수동적 대중과는 달리 네트워크화된 정보사회의 실질적 주체라고 할 수 있다. 전자적 대중은 인터넷공간에서 다양한 공론장을 주도하는 전자적 공중을 형성하는데, 2000년대 한국의 시민사회에서 전자적 공중은 가장 역동적 '시민'으로 등장했다. 전자적 대중을 역동적 시민으로 전환시키는 기제는 인터넷공간을 매개로 빠르게 확산된 다양한 회원조직들과 커뮤니티라고 할 수 있다. 온라인 공간에서 크게 활성화되고 있는 이 같은 자발적 회원조직들은 한시적으로 형성되었다가 소멸하는 경우가 있는가 하면 상시로 유지되는 경우나 혹은 필요에 따라 활성화되는 경우도 있다. 이러한 자발집단은 대부분 가입과 탈퇴가 자유롭고 소속의식은 있다고 하더라도 구속력이 약하며, 조직 또한 대단히 자유롭고 느슨하게 운영되는 특징을 보인다는 점에서 '유연자발집단'이라고 부를 수 있다(조대엽, 2007: 260).[5]

유연자발집단을 무엇보다 정형화되지 않은 조직특성에 주목할 때 '제4의 결사체'라고도 말할 수 있다(조대엽, 2009). 최소한의 형식만을 갖추고 조직의 구속력은 거의 없는 무정형적 조직의 유연자발집단은 특정 이슈의 온라인 공론장에서 폭발적으로 의견을 쏟아 내는

---

5 유연자발집단은 자발성과 일시성, 가입과 탈퇴의 자유로움, 수평적 관계 등을 특징으로 하며, 제도적 요소와 운동적 요소를 동시에 갖기도 한다. 나아가 활동영역 또한 온라인과 오프라인의 제약을 갖지 않으며 그 규모도 제한이 없는 고도의 유연성을 특징으로 한다는 점에서 완전히 새로운 결사체의 한 형태로 규정될 필요가 있다. 특히 유연자발집단은 전통적인 2차 집단과는 다른 특징을 보였던 제3의 결사체로서의 시민단체와도 전혀 다른 새로운 조직특성을 보인다는 점에서 '제4의 결사체'라고도 할 수 있다(조대엽, 2007: 262).

전자적 공중으로 나타났다가 어느덧 거리를 메우는 거대한 집합적 군중으로 등장하기도 하는 것이다. 2000년대 이후 시민적 동원의 주요 원천은 이처럼 온라인 공간에서 카페, 블로그, 미니홈피, 이슈별 사이트, 기호와 취향의 회원조직, 나아가 최근에는 훨씬 더 유연한 네트워크를 특징으로 하는 트위터나 페이스북에 이르기까지 다양한 유연자발집단의 독특한 '자발성'이라고 할 수 있다.

2002년 미군 장갑차에 의한 여중생 사망사건의 규탄과 촛불시위의 동원과정, 2004년 대통령 탄핵규탄 촛불집회 등의 정치적 이슈는 말할 것도 없고, 2002년 월드컵 경기 당시의 거대한 응원군중은 문화적 이슈에 있어서 엄청난 동원력을 보여 주었다. 유연자발집단의 이러한 동원력은 온라인의 무제한적 소통구조에서 전자적 공중에게 의미부여가 되기만 한다면 이슈의 성격에 관계없이 강력한 동원력을 보일 수 있다는 사실을 말해 준다(조대엽, 2007: 279~280). 실제로 2008년 미국산 쇠고기 수입반대 촛불집회의 거대한 시민행동은 이러한 사실을 입증했다.

2000년대 한국의 시민사회와 시민운동은, 이처럼 주요 시민단체들의 경우 제도화의 수준이 높아지는 경향을 보이는 반면, 온라인 전자적 대중과 유연자발집단의 왕성한 공론의 소통이 시민참여와 시민행동의 새로운 동원력이 되는 두 가지 흐름을 보였다. 1990년대 정치경제개혁운동을 주도했던 제도화된 시민단체들이 '조직화된 시민운동'의 특징을 보인 반면 전자적 대중과 유연자발집단에 기초한 시민행동은 훨씬 더 '탈조직화된 시민행동'의 특징을 드러냈다(조대엽, 2008). 특히 2008년 미국산 쇠고기 수입반대 촛불집회에서 유연자발집단의 탈조직화된 동원력은 자발적 시민행동의 새로운 지평을 열었다. 이 같은 시민운동의 새로운 경향은 조직운동을 특징으로 하는 1990년대의 정치경제개혁운동의 주기를 넘어 2000년대에 탈조직화된 시민운동의 새로운 경향을 알리는 것이기도 했다.

2) 생활정치운동과 미시민주주의

1990년대 이전 분단·국가주의 역사국면에서 전개된 민족민주운동은 식민과 독재의 억압적 질서로부터 벗어나기 위한 '해방의 정치 emancipatory politics'라고 할 수 있다(Giddens, 1991: 210~231). 1990년대 시민사회운동의 주기에 주류화되었던 정치경제개혁이슈들은 비록 새로운 시민단체들이 주도한 시민운동으로 전개되었다고 하더라도 1980년대 민주화운동이 성취하지 못한 미완의 민주화 과제를 추구했다는 점에서 해방의 정치의 연장선에 있었다고도 볼 수 있다. 이제 2000년대 시민사회운동은 1990년대의 정치경제개혁운동을 넘어 시민들의 일상적 삶과 맞닿아 있는 구체적 정책이슈들과 나아가 지역주민의 문제와 직결된 현장 지향적 이슈들이 주류화됨으로써 이른바 '생활정치 life politics'적 이슈들이 폭넓게 확산되었다.

서유럽에서 생활정치운동은 노동자 계급운동으로서의 사회주의운동이나 민족주의 운동 등 구사회운동과는 달리 1960년대 말 이후 확산된 신사회운동 new social movement의 주요 흐름들을 지칭하는 것이었다. 일상적 삶의 민주화를 추구하는 환경, 여성, 평등, 인권, 반핵, 평화 등의 운동 이슈들이 새로운 생활정치적 이슈들로 등장했다. 한국에서 이러한 생활정치 이슈들은 이미 1990년대 새로운 시민운동을 주도한 시민단체들이 이 같은 이슈를 다루는 전문화된 운동단체로 만들어지면서 시작되었으나 2000년대 들어 훨씬 더 주류화되면서 정치경제개혁운동을 넘어선 '생활정치운동'의 주기를 만들었다.

생활정치운동은 일상적 삶의 영역에서 제기되는 다양한 문제들을 공적 이슈로 정치화한다. 2000년대 생활정치운동은 일상적 삶에서의 정체성과 일상의 민주주의를 추구하는 흐름과 함께 탈냉전·시장주의 역사국면에서 더욱더 고도화되는 신자유주의 시장화 경향에 대한 다양한 형태의 저항이 부가되었다. 말하자면 경쟁과 효율만능주의, 반생태 개발주의, 공동체 해체주의 등 신자유주의적 시장화의 거대경향의 위협에 대응해 일상적 삶의 공동성과 공공성을 지키거나 새로운 삶의 방식을 모색하는 새로운 운동의 흐름을 형성했다.

IMF 외환위기 이후 본격적으로 전개된 한국의 신자유주의정책은 2000년대 들어 노무현 정부에서 시민사회와 심각한 갈등을 빚은 바 있다. 이명박 정부에 들어서는, 세계금융위기 이후 지구적 수준에서는 신자유주의 정책이 다소 위축됨에도 불구하고 오히려 한국에서는 이러한 정책이 노골적으로 팽창함으로써 공공성의 위기구조를 확대시켰을 뿐만 아니라 시민사회와 시민운동에 대한 강력한 억압구조로 작동했다. 이명박 정부의 이러한 억압적 시장주의질서는 시민운동을 위기적 상황으로 몰아 우선 주요 시민단체의 활동을 크게 위축시켰고 시민참여의 활력도 줄어들게 했다. 그럼에도 불구하고 2000년대 생활정치운동은 민생, 인권, 평화, 녹색, 여성 등의 다양한 이슈로 저변화되고 구체화되어 시민사회운동의 지속적 흐름을 이루었다.

이러한 생활정치운동은 단순히 일상적 삶의 정해진 공간에서 작동하는 낮은 수준의 운동들에 국한된 것이 아니라는 점이 강조되어야 한다. 탈근대적 사회변동의 흐름에서, 오늘날 가족공동체에서부터 직업생활의 영역에 이르는 일상의 공간에서 제기되는 수많은 이슈들은 언제든지 공적 이슈로 전환될 수 있고, 나아가 지구적 공공성의 과제와 결합될 수도 있기 때문에 생활정치운동은 지구적 거시 수준에서 미시적 일상의 현장에 이르기까지 다양한 수준에서 전개될 수 있다. 2000년대 전개된 생활정치운동은 실제 운동의 목표와 활동범위에 따라 다음과 같은 몇 가지 수준으로 구분해 볼 수 있다.

첫째, 일국적 수준을 넘어 지구적 수준에서 전개되는 신자유주의적 경제환경 속에서 생존권을 보장받기 위한 운동들을 들 수 있는데 이를 '지구적 생활정치운동'이라 할 수 있다. 이러한 운동으로는 신자유주의 세계화에 직접적으로 맞서는 WTO 반대 국민행동과 같이 세계사회포럼에 참가해서 아시아 및 세계차원의 양자간 혹은 다자간 무역협정체결을 반대하는 운동(김동춘, 2004: 46)이나 습지보전운동, 원자력에너지 반대운동과 같이 지구적 환경정의와 관련된 운동들이 있다.

둘째, '국가적 생활정치운동'을 구분할 수 있다. 이 범주는 한 국가의 중앙정부 수준에서 실행됨으로써 '범국민적 수준'에서 일상적 삶을 위협하는 정책에 대해 저항하는 운동들을 말한다. 국민들의 가장 기본적인 삶을 가능하게 하는 통신, 전력, 철도 등의 민영화 반대운동, 2004년 14개 보건의료단체의 의료시장개방 반대운동과 같은 의료공공성운동, 교육시장 개방에 반대하는 교육공공성운동 등이 여기에 포함될 수 있다. 또 한·미 FTA나 한·칠레 FTA, 한·EU FTA 반대운동도 생존권과 관련된 국민적 수준의 생활정치운동이라고 할 수 있다. 2003년과 2004년 이라크 파병 반대운동도 평화운동의 차원에서 전개된 생활정치운동이라고 할 수 있다. 나아가 2008년 이명박 정부 최대의 위기를 만든 미국산 쇠고기 수입반대 촛불시위는 중앙정부를 겨냥해서 전개된 가장 강력한 생활정치운동이라고 말할 수 있다. 이외에도 2005년에 성과를 얻은 호주제 폐지운동과 같이 정부정책의 수준에서 추구된 페미니즘, 생태주의운동, 장애인운동 등이 국가적 수준에서의 생활정치운동이라고 할 수 있다.

셋째, 다양한 주민운동을 포함하는 '지역생활정치운동'을 들 수 있다. 지역수준에서 전개되는 생활정치운동은 특정 지역을 겨냥한 중앙정부의 정책에 대해 지역주민들이 저항하는 운동이 있는가 하면 지역주민의 일상적 삶을 재구성하는 운동도 포함한다. 전자의 경우는 부안 핵 폐기장 건설 반대운동과 같은 지역주민운동이 있다. 핵 폐기장 건설 반대운동은 일차적으로 건강과 생존을 위협받는 지역주민이 주체가 되고 여기에 환경운동단체들이 합류하는 경향이 있다. 이슈자체만을 본다면 지구적이거나 국가적 수준의 이슈가 될 수 있으나 정부정책이 특정지역에 해당됨으로써 지역적 수준의 생활정치운동이라고 말할 수 있는 것이다. 2000년대 들어 지역생활정치운동은 지역 공동체를 친환경적이거나 공동체 지향적으로 재구성하는 운동이 크게 확산되었다. 다양한 형태의 마을 만들기 운동이 전개되었으며, 지역적으로 사회적 기업을 만드는 운동도 증대했다. 나아가 학교급식운동을 포함하는 로컬 푸드 운동, 에너지 자립 공동체운동, 지역 도보길 만들기 운동, 숲가꾸기 운동, 다양한 수준에서의 생협운동 등이 여기에 해당한다(시민사회단체연대회의·한국환경회의, 2008). 지역생활정치운동은 지역시민사회의 변화를 자극하고 풀뿌리 민주주의를 확장함으로써 중앙행정 중심의 정치질서에 대한 지방의 도전을 예고하는 새롭고도 중요한 흐름이라고 볼 수 있다.

넷째, 가장 미시적 수준에서 전개되는 '일상의 생활정치운동' 혹은 '현장 생활정치운동'을 들 수 있다. 이 유형은 마을 만들기 운동과 같이 일상에서 전개되는 지역생활정치운동이 포함될 수 있는데 무엇보다 지역의 수준보다 훨씬 더 일상화된 현장에서 나타나는 생활정치운동을 구분하고자 하는 것이다. 예컨대 대학생들의 등록금 투쟁과 같이 개별적 작업장이나 현장수준에서 전개되는 생활상의 권리 운동이나 환경, 인권, 평등, 평화 이슈와 관련된 다양한 활동들을 들 수 있을 것이다. 이러한 활동들은 기본적으로 일상의 민주주의를 지향한다고 말할 수 있다.

이와 같은 생활정치의 다양한 범주들은 운동의 영향이 미치는 범주 상의 차이를 반영하는 것일 뿐이다. 따라서 실제로는 얼마든지 범주 간에 중복적으로 나타날 수 있는 것이 오늘날 생활정치운동의 현실적 특징이다. 특정 지역의 작은 이슈가 국가적 범주의 이슈로 될 수 있고 그것이 다시 지구적 공공성으로 확대될 수 있는 가능성이 지구화 시대 시민사회운동의 특성이라고 할 수 있는 것이다. 이런 점에서 생활정치운동은 무엇보다 미시적 삶의 다양한 내용들을 공적 이슈로 전환시키는 과정이라고 할 수 있다.

다른 한편, 생활정치운동은 지구적 수준이든 일국적 수준이든 혹은 지역적 수준이든 일상의 현장에서 실현되기 때문에 현장적 생활정치에 각 수준의 동일한 이슈들이 응결되어 있다. 따라서 생활정치운동은 생활현장에서 작동하는 시민적 삶의 민주주의를 추구하는 셈이다. 여기에서 생활정치운동이 추구하는 민주주의는 민족민주운동이나 정치경제개혁운동이 추구하는 민주주의와는 구분되는 질적으로 성장한 민주주의라는 점이 강조되어야 한다. 이런 점에서 생활정치가 추구하는 민주주의는 일상의 삶에 구체적으로 구현된 '미시민주주의'라고 할 수 있다(조대엽, 2009a). 국가주의 프레임과 함께 작동했던 민족민주운동이나 정치경제개혁운동에서의 민주주의 프레임이 제도와 절차의 민주주의이자 형식의 거시민주주의였다면, 미시민주주의는 민주적 삶의 내용들을 지칭하는 것이고 민주주의가 운영되는 현장과 개인에게 구현된 '민주주의의 실질적 문화'라고 말할수 있다. '실제로 운영되는 민주주의의 내용'이라고도 할 수 있는 미시민주주의는 생활정치운동의 실질적 지향점이라고도 할 수 있다.

2000년대 한국의 시민사회에서 전개된 다양한 수준의 생활정치운동은 정치민주화와 같은 국가주의의 틀에서 작동하는 운동의 범주를 넘어서고 있다는 점에서도 의의가 크다. 지구적 공공성을 추구하는 운동과 지역공동체가 주도하는 생활정치운동들이 새롭게 제기됨으로써 그간에 국가와 민족의 범위 내에서 작동되었던 시민운동의 이슈가 지구적 수준, 지역적 수준으로 탈국가화되는 경향이 확대되고 있다. 이 점에서 시민운동의 프레임을 중심으로 본다면 1990년대 이래의 탈냉전·시장주의 역사국면에서 전개된 시민사회운동의 주기 내에서 1990년대를 '정치경제개혁운동의 주기'라고 할 수 있다면, 2000년대는 '생활정치운동의 주기'라고 말할 수 있다.

5. 결론: 시민운동의 탈냉전적 전망

한국의 시민사회와 시민운동은 1990년대 이래 크게 성장했다. 오늘날 한국 시민운동의 현재적 기원은 1990년대라고 할 수 있는데 무엇보다 1990년대 들어 새로운 역사국면이 시작되었다는 점에 주목해야 한다. 즉, 해방 이후 1980년대 말까지를 분단과 국가주의 프레임이 지배하는 분단·국가주의 역사국면이라고 할 수 있다면, 1990년대 이후 세계의 시간대는 탈냉전과 신자유주의적 시장화가 규정함으로써 한국 역시 탈냉전·시장주의 역사국면으로 전환된 것으로 볼 수 있다.

분단·국가주의 역사국면에서 한국의 사회운동은 민족주의와 민주주의 프레임을 공유하는 '민족민주운동의 주기'를 맞았고, 이 주기 내에서 4·19에서 6월 민주항쟁에 이르는 순환적 소주기를 가졌던 것이다. 1990년대 이후 탈냉전·시장주의 역사국면에서는 시민적 삶의 민주주의 프레임을 공유하는 '시민사회운동의 주기'를 맞았다. 이 국면적 운동주기 내에서 1990년대 시민사회운동은 정치경제개혁의 프레임이 중심이었으며, 2000년대 시민사회운동은 생활정치운동이 주요 흐름을 이룬 시기였다.

1990년대 정치경제개혁운동은 이 시기에 새롭게 만들어진 다양한 시민단체들이 주도했는데 2000년 총선시민연대의 낙천·낙선운동이 분수령을 이루었다. 2000년대 생활정치운동은 2008년 미국산 쇠고기 수입반대 촛불집회에서 정점을 이루고 한편 다양한 형태의 지역주민운동이 활성화되었다. 1990년대 시민운동은 무엇보다 새롭게 등장한 시민단체들이 주도했기 때문에 조직화된 시민운동이 중심이었다.

그러나 2000년대 들어 조직운동은 진보적 정권과 함께 제도화되는 경향을 보인 반면, 직접적인 시민행동은 전자정보공간에서 형성된 전자적 대중과 유연자발집단을 기반으로 하는 탈조직화된 형태로 나타나는 경향을 보였다. 2008년 촛불집회는 이러한 경향을 뚜렷이 반영했다. 2000년대의 생활정치운동들은 지구적 수준과 국가적 수준, 지역적 수준과 현장적 수준에서 다양한 형태로 나타났다. 무엇보다 이 같은 생활정치운동은 민주주의의 질적 성장을 반영하는 '미시민주주의'를 지향한다는 점이 강조된다.

1990년대 이후 최근에 이르는 이 같은 한국의 시민사회와 시민운동의 성장은 무엇보다 지구적 수준에서 전개되는 탈냉전적 거시 사회변동의 효과가 크게 작용했다. 민족민주운동에서 시민사회운동으로의 국면적 운동주기의 전환과, 시민사회운동 주기 내에서 다시 정치경제개혁 프레임이 생활정치 프레임으로 변화된 것은 한국 시민사회의 일종의 발전적 진화라고 말할 수 있다.

그러나 전체적으로 이 같은 경향적 진화를 발견할 수 있다고 하더라도 이명박 정부에 들어 시민적 삶의 민주주의를 지향하는 시민사회운동의 실질적 동력이 고갈된 점도 엄연한 사실이다. 무엇보다 이명박 정부의 대기업 친화적 실용주의, 경직된 대북 외교정책, 생태 파괴적 4대강 사업 등은 탈냉전시장주의의 지구적 흐름에 역행하는 냉전적 국가주의로의 회귀를 보여 준다. 이 같은 역행적 국가정책은 시민사회의 가치와는 전혀 상반된 지향을 가짐으로써 시민사회의 새로운 성장을 방해할 뿐더러 그간에 형성된 정부 및 기업영역과의 다양한 수준의 협조적 관계마저 해체함으로써 시민단체의 자원을 크게 위축시키고 있다.

아울러 생활정치의 활성화와 미시민주주의의 진전에 대한 시민적 기대는 일방적 정책과 소통 없는 국정운영으로 여지없이 허물어졌다. 이명박 정부에 들어 한국 사회는 탈냉전 시대에의 부적응으로 인해 사회변동의 지체현상을 드러내고 있는 것이다. 아래로부터의 시민사회의 변동에 대해서도 정부와 정치권력은 심각한 지체현상을 보인다. 정부와 시민사회의 관계는 여전히 비대칭적 관계에 있다. 비록 지구적 수준이나 지역적 수준에서 생활정치운동이 확대됨에도 불구하고 여전히 국민국가 체계가 유지되고 있기 때문에 정권의 냉전적 회귀나 국가주의적 회귀는 다시 시민운동을 이러한 경향에 저항하게 함으로써 시민운동도 국가주의의 틀로 회귀시키는 결과를 낳게 된다.

결국 지구적 사회변동에 대한 이 같은 역행적 경향은 한국의 정부와 시민사회가 동반적으로 지체하는 결과를 보이게 되는 것이다. 결과적으로 다시 사회발전과 민주주의 문제는 정권교체 문제로 회귀할 수밖에 없다. 최근 진보적 시민단체들이 정권교체를 위한 시민적 에너지를 결집시키는 것은 우리 사회의 이러한 지체를 보여 주는 것일 수 있다.

정권의 특성에서 오는 한국 사회의 이 같은 불합리한 여건에도 불구하고 그간의 민주화와 시민운동의 성과를 잇는 시민사회와 민주주의의 탈냉전적 전망은 두 가지 현실적 기반에서 찾아질 수 있다. 하나는 전자적으로 네트워크화된 시민사회이다. 온라인 공간의 카페와 블로그, 미니홈피 등에 이어 최근 스마트폰으로 인해 더욱 확산되는 트위터와 페이스북, 유튜브 등의 유연자발집단은 소통을 극대화하고 공적 이슈뿐만 아니라 사적 이슈도 빠르게 공유함으로써 미시민주주의를 크게 진전시키고 있다.

다른 하나는 지방정부와 지역시민사회에서 전개되는 생활정치운동에 주목할 수 있다. 지역시민사회에서 꾸준히 진행된 생활정치운동은 지역주민의 다양한 문제를 정치화함으로써 지방정부가 이러한 이슈들을 적극적으로 수용하도록 만들고 있다. 그 결과 오늘날 대부분의 지방자치단체에서는 지역시민사회와의 지역 협치local governance를 통해 미시민주주의를 확대시키고 있다. 이와 같은 미시민주주의의 현실적 기반들은 국가주의를 넘어서는 탈냉전적 시민사회의 가능성을 높일 뿐만 아니라 공동체 해체와 시장주의의 도전을 넘어설 수 있는 생활정치운동의 거점으로 주목될 수 있다.

8
현대 사회운동의 세계사적 맥락과
참여연대운동*

1. 서론: 10년의 질주, 그리고 10년의 딜레마

1987년 6월 항쟁은 전두환 신군부 정권의 종말을 알리는 동시에 '직선제 개헌'을 이끌어 냄으로써 한국 민주주의의 절차적 수준을 획기적으로 진전시키는 역사적 계기를 만들었다. 정부를 선택할 수 있는 권리를 국민이 직접 가짐으로써 나타난 민주주의의 성과는 무엇보다 시민사회의 자율성을 확보하게 되었다는 점이다. 특히 국가권력에 의해 통제되고 폐쇄되었던 시민사회에 시민들의 자율적 활동공간이 크게 늘어난 가장 가시적 효과는 자발적 시민운동단체의 출현이었다.

---

* 이 장의 내용은 참여연대 창립 20주년을 기념해서 쓴 것으로 참여연대의 20년을 현대 사회운동의 세계사적 맥락에서 검토했다. 조대엽·박영선 공편(2014), 《감시자를 감시한다: 고장 난 나라의 감시자 참여연대를 말한다》의 제1장 '현대 사회운동의 세계사적 맥락과 참여연대의 시대'를 재수록한 것임을 밝힌다.

1994년 참여연대의 출범은 한국 사회의 민주적 전환과 시민사회의 자율을 상징하는 가장 의미 있는 징표였다. 물론 참여연대 설립에 앞서 1989년에 경제정의실천시민연합이 결성되고, 1993년에 환경운동연합과 같은 자발적 시민운동단체들이 만들어졌다. 그러나 1987년 대선에서 신군부의 일원이었던 노태우의 대통령 당선과 함께 한국의 민주주의는 지체되었고, 이에 따라 '권력감시운동'을 자임하고 나선 참여연대의 출범은 민주정치에 대해 여전히 갈증을 느끼는 많은 시민들에게 시민운동단체를 새로운 희망으로 삼게 하는 실질적 기폭제가 되었다.

다른 한편, 이 시기에 설립된 주요 시민운동단체들이 한국에서 새로운 시민운동을 주도하였고 이에 대한 언론의 관심이 폭증함으로써 수많은 시민단체들이 생겨나기도 했다.[1] 특히 1980년대 민중계급 지향적 민족민주운동이 시민운동의 주류를 이루었던 시대를 넘어 보편적 시민을 대상으로 하는 시민운동의 시대가 개막된 것은 〈조선일보〉, 〈동아일보〉, 〈중앙일보〉를 비롯한 보수언론으로서도 큰 관심이 아닐 수 없었다. 주요 보수언론들은 NGO와 시민단체의 활동을 다루는 고정 지면을 할애하는가 하면 환경운동조직을 직접 만들어 '언론환경운동'을 주도하기도 했다(조대엽 1999: 234). 1990년대는 다른 무엇보다 민주화의 시민사회적 효과가 드러난 시민운동의 시대 혹은 NGO의 시대였던 것이다.

---

1 1999년까지 한국의 시민단체는 약 4,023개로 집계되었으며 각 단체의 지부를 포함한다면 약 2만 개가 넘는 것으로 추정되었다. 2003년에 시민단체는 약 7,400개로 늘었고 지부를 포함할 때 약 2만 5천개를 넘는 것으로 보고 있다(시민의 신문 2000; 2003).

주지하듯이 시민사회는 시민들의 생활세계와 관련된 광범하고도 다양한 요소를 포괄한다. 따라서 시민사회에는 진보적인 것과 보수적인 것이 공존하며, 체제비판적인 것과 체제옹호적인 것이 섞여 있고, 선한 것과 악한 것이 함께한다(토마스 커러더즈, 2000). 그럼에도 불구하고 1990년대 한국의 시민사회를 보다 진보적이고 비판적이며 선한 영역으로 간주하도록 만든 데는 참여연대의 역할이 컸다.

6월 항쟁은 직선제 개헌을 얻음으로써 민주적 절차를 확보했으나 정치세력교체는 이루지 못했기 때문에 1990년대의 한국 민주주의는 제한된 수준에 머물렀다. 참여연대가 주창한 권력감시운동은 이같이 제한된 민주화를 진전시키기 위한 가장 적극적인 시도였다. 참여연대는 정부, 국회, 정당 등 국가영역뿐만 아니라 시장영역의 비민주적 요소를 직접 겨냥한 다양한 감시운동을 전개함으로써 민주화 이후 시민사회의 비판적 기능과 진보적 경향을 이끌었다.

한국 사회운동의 역사주기라는 시각에서 볼 때 해방 이후 1980년대까지를 민족민주운동의 주기라고 한다면 1990년대 이후의 시기는 민족민주운동의 주기 이후에 새롭게 전개되는 시민사회운동의 주기라고 말할 수 있다(조대엽, 2010). 1990년대는 시민사회운동주기의 첫 10년으로 지체된 민주주의의 과제를 수행하기 위한 '정치경제개혁운동'이 적극적으로 시도된 시기이다. 이 시기는 참여연대가 출범 이후 맹렬하게 활동한 전반기 10년에 해당하는 것이다.

참여연대는 출범 이후 국회의원의 의정활동평가 및 감시, 정치개혁입법운동 등과 같은 의정감시, 검찰개혁과 사법개혁, 공익법 소송과 같은 사법감시, 부패방지법제정운동을 비롯한 다양한 입법청원

운동, 소액주주운동이나 재벌정책 감시와 같은 경제민주화운동, 국민복지 기본선확보와 사회안전망 확충을 위한 사회복지운동 등을 적극적으로 추진했고 예산감시, 조세개혁, 정보공개운동 등을 벌임으로써 우리 사회의 정치, 경제, 시민사회 영역의 거의 모든 이슈를 다루는 종합적 시민운동단체의 특징을 보이기도 했다(조희연, 1999a). 이 시기 동안 참여연대는 한국에서 새로운 시민운동의 핵심적 모델이 되었다. 1990년대 이후 설립된 다양한 시민단체들이 참여연대의 활동을 모범으로 삼았던 것이다.

한국의 새로운 시민운동에 주목한다면 1990년대는 무엇보다 '참여연대의 시대'였다. 대략적으로 보면 1994년 출범한 이후 약 10년의 기간 동안 참여연대는 한국의 시민사회와 시민운동을 가장 적극적으로 선도했다. 2000년 총선시민연대의 낙천·낙선운동은 참여연대의 영향력을 최고조에 이르게 했다. 참여연대와 한국 시민사회의 놀라운 성장은 제도정치권에서는 전혀 예상하지 못 했던 노무현 정권을 탄생시키는 기반이 되기도 했다. 출범 후 약 10년간 참여연대는 6월 항쟁 이후 한국 민주주의의 남은 과제를 향해 '질주'했고, 그 효과는 한국의 시민사회와 정치권력, 시장권력을 변화시켰다.

그러나 약 10년에 걸친 질주의 시기 이후 2000년대 들어 참여연대는 새로운 운동환경을 맞았다. 참여연대뿐만 아니라 한국의 시민운동이 새로운 조건에 직면한 것이다. 무엇보다 2002년 대선으로 집권한 노무현 정부 이후 참여연대를 비롯한 시민운동단체가 추구했던 많은 운동들이 제도영역에서 개발되고 실현되었다. 이에 따라 시민운동은 많은 경우 아주 구체적인 시민 삶의 영역과 풀뿌리 수준의 주민 삶을 변화시키는 새로운 실험으로 전환함으로써 이른바 생활정치운동이 새롭게 확산되는 경향을 보였다.

다른 한편 온라인을 매개로 한 시민행동과 동원의 구조가 확산되면서 기존의 운동조직을 기반으로 한 시민운동은 존재와 역할의 위기에 봉착하기도 했다. 특히 2002년 미군 장갑차에 희생된 여중생에 대한 추모를 계기로 확산된 반미시위, 2004년 노무현 대통령 탄핵반대집회, 나아가 2008년 미국산 쇠고기 수입반대운동 등으로 이어진 대규모 촛불집회는 한국의 시민운동을 선도했던 주요 시민단체들을 심각한 딜레마에 빠지게 했다.

참여연대의 20년은 어쩌면 초기 10년의 질주와 그 이후 10년의 딜레마로 요약될 수 있을지 모른다. 참여연대의 딜레마는 당시 한국의 시민운동이 새로운 환경에 적응할 수 있는 새로운 출구를 열어야 할 시점이라는 점을 말해 주었다. 특히 우리 시대의 사회변동은 빠르고도 광범한 수준에서 전개되고 있다. 세계사적으로 1990년대는 동구의 몰락과 신자유주의의 팽창에 따른 실질적 탈냉전의 새로운 역사국면이 전개된 시기였다. 탈냉전 시장주의의 지구적 역사국면에서 참여연대의 시대는 지연된 민주화라는 한국적 조건에서 정치경제 개혁의 과제에 몰입하는 정치적 지체의 시기였다고도 할 수 있다.

참여연대의 초기 10년이 한국의 특수한 시간대에 놓여 있었다면 참여연대의 두 번째 10년은 훨씬 더 지구적 시간대에 가깝게 놓였다. 국가와 시장의 제도영역이 변화되었고 시민적 가치가 변했다. 공론장의 소통방식이 바뀌었으며 시민적 욕구를 표출하는 방식도 달라졌다. 참여연대는 설립 후 두 번째 맞는 10년간 이 같은 새로운 환경 앞에서 일종의 딜레마적 상황에 놓이게 되었다. 약 10년의 딜레마 후에 맞은 20년 차의 시간은 새로운 '선택'이 요구되는 시점이기도 했다.

이 장은 한국 시민운동의 역사, 나아가 세계적인 운동사의 맥락 속에 참여연대의 20년을 자리매김하는 데에 목적이 있다. 거대전환의 지구적 사회변동과 한국적 정치경제 여건의 변화 속에 참여연대가 겪었던 10년의 질주와 10년의 딜레마를 위치 짓고 분석하는 일이 무엇보다 참여연대와 한국 시민운동의 새로운 진화를 모색하는 데 작은 기여라도 되었으면 한다.

2. 시민사회와 사회운동의 역사적 전개

1) 서구 시민사회와 사회운동의 역사적 전개

서구 근대 정치는 시민혁명의 역사로 시작되었다. 영국의 청교도혁명, 미국의 독립혁명, 프랑스 혁명으로 이어지는 서구의 17~18세기는 봉건적이고 왕권적 질서에 대한 저항이 확산된 시민혁명의 시대였다. 이 시기를 거치면서 서구에서는 인민주권에 기반을 둔 시민국가의 질서가 성립되었다. 이 시기에는 시민사회가 국가나 시장과 구분되는 질서로 뚜렷이 분화되지 않은 상태였다. 사회계약적으로 성립된 인민주권의 국가 자체를 시민사회라 부르기도 했고, 적어도 국가나 정치영역과 구분되는 사적 질서로서의 경제적 욕구가 작동하는 영역을 시민사회로 간주하기도 했다. 이 시기 이후에 비로소 부르주아 공론장이 확장됨으로써 시민사회의 영역이 보다 뚜렷이 분화되었던 것이다. 이러한 조건에서 이 시기에는 사회운동이나 시민운동 역시 미분화된 상태였기 때문에 집합적 저항행동은 대부분 구체제에 도전하는 혁명적 저항으로 포괄되었다.

19세기에 들어 산업혁명 이후 급속한 자본주의 성장은 노동계급을 양산했고 이들의 궁핍화는 조직적 계급행동으로 이어졌다. 19세기 전반에 이른바 공상적 사회주의운동으로부터 시작되어 19세기 후반에 사회주의 인터내셔널운동으로 광범하게 조직화된 노동계급운동은 19세기를 사회주의 혁명운동의 시기로 만들었다. 19세기 말에서 20세기 초에 걸친 유럽의 사회경제적 불안은 제1차 세계대전을 유발했고, 제1차 세계대전 이후 거듭되는 만성적 공황과 정치·사회적 불안은 20세기 전반기를 파시즘의 시대가 되게 했다.

19세기에 고도화된 자본주의의 성장은 빈곤과 노동문제를 증폭시킴으로써 사회주의운동과 노동계급운동을 광범하게 확산시켰다. 이에 따른 사회적 위기의 징후들은 자본 측의 계급이익과 패권적 민족주의, 군사력의 동원이 결합된 이른바 국가사회주의로서의 파시즘을 확산시켰다. 세계적 경제공황의 조건에서 등장한 파시즘의 득세는 자본주의 모순이 극대화한 효과이며 그것은 결국 제2차 세계대전으로 귀결되었다. 이 시기에는 19세기 후반의 사회주의 운동 이래 제1차 세계대전의 와중에 러시아혁명이 성공함으로써 동유럽에 거대한 사회주의 정치체제를 구축하기도 했다.

적어도 20세기에 주목한다면 제2차 세계대전에 이르는 20세기 전반부는 사회주의 정치질서, 파시스트 정치질서, 그리고 17~18세기 시민혁명 이래 부르주아 정치질서를 성공적으로 안착시킨 자유민주주의 정치질서 등을 등장시킨 거대한 정치실험의 시대였다. 서로 다른 정치이념에 기반을 둔 근대국가의 서로 다른 모습이 갖추어지는 시기였던 것이다.

제2차 세계대전 이후 서구와 동구는 좌우의 격렬한 이념대결에 돌입함으로써 '냉전冷戰'이라는 새로운 대결의 시대를 맞았다. 미국과 소련을 중심으로 결집된 동서 양 진영은 강력한 이념으로 무장된 국가주의 동원체제를 구축함으로써 세계적으로 '냉전·국가주의 역사국면'을 형성했다. 이 새로운 역사국면은 전후복구를 통한 고도의 경제성장과 함께 시작되었는데, 전후의 괄목할 만한 경제적 호황은 미국과 서유럽의 시민사회에서 노동문제나 빈곤문제보다는 경제외적 사회문제를 이슈로 하는 새로운 사회운동을 등장시켰다.

사회운동은 적어도 국가의 질서와 사회의 질서가 구분되고 나아가 국가와 사회가 일정한 긴장관계를 유지하는 상태에서 발생하는 현상이다. 사회운동을 한 사회에서 발생하는 모든 운동현상을 지칭하는 포괄적 의미가 아니라 보다 분석적으로 국가와 구분되는 사회의 영역에서 발생하는 운동이라고 할 때 그것은 근대 자본주의 질서에서 나타나는 시민사회의 성장에 기초해 있다. 이런 점에서 시민사회가 폐쇄된 사회주의 국가나 파시스트 국가에서 사회운동은 성립하기 어렵다. 만약 이러한 폐쇄적 조건에서 조직적 저항운동이 발생한다면 그것은 혁명을 추구하는 저항이 되기 쉽다. 따라서 원론적 의미에서 사회운동은 미국과 서유럽의 자유민주주의체제에서 열린 시민사회를 조건으로 발생하는 집합적 시민행동이라고 말할 수 있는 것이다.

1955년에서 1965년에 걸친 미국의 흑인민권운동,[2] 1960년대 후반의 베트남전 반대운동을 시작으로 전개된 반전평화운동, 유럽의 68혁명 이후 확산되는 환경, 평화, 여성, 인권 등을 이슈로 하는 '신사회운동'은 이전의 노동계급운동이나 민족주의운동, 파시즘운동과는 뚜렷이 구별되는 새로운 운동들이었다.

미국의 흑인민권운동은 미국이라는 예외적 조건에서 발생한 것이지만, 다른 다양한 시민운동은 근대성의 핵심적 제도와 이념이 극대화된 냉전·국가주의 역사국면에서 이러한 제도와 이념에 억압되었던 도덕적·실존적 문제들을 전면에 등장시키는 탈근대적 지향의 시민운동이라고 말할 수 있다. 특히 1970년대 이후 유럽에서는 이러한 경향의 다양한 새로운 사회운동들이 나타났으며 미국에서는 새로운 사회운동의 이슈를 중심으로 하는 전문사회운동조직들이 확산되었다(McCarthy & Zald, 1973; Jenkins, 1983).

1970년대 들어 두 번에 걸친 오일쇼크는 서구 주요국가의 재정위기를 촉발시켰다. 이에 따라 1970년대 말 영국의 대처 정부가 내놓은 신자유주의 정책은 이후 세계사회를 신자유주의 시장질서로 몰아갔다. 나아가 1989년 베를린 장벽붕괴로 시작된 동구의 대변혁은 사회주의체제의 몰락과 함께 신자유주의 광풍을 지구적으로 몰아치게 했다. 이 점에서 이념의 시대가 종료되고 시장주의 세계화가 본격적으로 전개되는 1990년대 이후 세계질서는 '탈냉전·시장주의 역사국

---

2 물론 미국의 흑인민권운동은 17~18세기의 시민혁명의 정신과 결부되는 시민권운동이라고 할 수 있다는 점에서 '새로운 운동'이라고 보기 어려우나 시민사회에 기반을 둔 점이나 혁명적 저항이 아니라는 점에서 구래의 운동과는 차이가 있다.

면'이라 부를 만하다. 시장주의 역사국면에서 가장 격렬하게 등장한 시민행동은 반세계화운동이었다. 1999년 시애틀에서 전 세계 80개국 1300여 단체의 약 5만 명의 군중이 모여든 WTO 반대운동을 시작으로 2000년, 2001년 워싱턴 시위가 이어졌고, 마침내 2008년 리먼브라더스 파산으로 시작된 세계금융위기의 책임을 묻는 '월스트리트 점령운동'이 2011년에 촉발되어 전 세계로 확산되기도 했다.

신자유주의적 가치와 제도는 각 국가에서뿐만 아니라 지구적으로 양극화 현상을 뚜렷이 드러냄으로써 공동체와 삶의 해체를 수반했다. 이러한 신자유주의에 저항하는 시민사회운동은 일국 내에서뿐만 아니라 지구적 연대를 통한 직접 저항행동을 표출하는 한편, 해체되는 삶을 자율적인 공공성의 실험을 통해 재구성하는 다양한 '생활공공성' 운동으로 표출되기도 했다. 협동조합운동이나 마을 만들기와 같은 생활공동체운동, 생태공동체운동, 공동주거운동이나 지역화폐운동 등(김성균·구본영, 2009)과 같이 개인적 실존으로서의 생활을 넘어 삶을 협력적이고 공공적으로 재구성하는 운동이 빠르게 확산되었다.

2000년대 이후 전개된 이 같은 시민운동 네트워크는 무엇보다 온라인 네트워크를 기반으로 하는 전자적 공론장의 새로운 구조와 결부되어 있다. 전 세계적으로 빠르게 확산된 월스트리트 점령운동은 인터넷과 모바일로 연결된 네트워크를 통해 가능했으며, 생활공공성운동 또한 지구적 네트워크로 발전되는 경우가 많은데 이 또한 온라인 연결망을 통해 작동하는 경우가 대부분이다. 탈냉전·시장주의 역사국면에서 전개되는 이 같은 생활공공성운동은 새로운 역사국면과 새로운 운동환경의 효과다.

2) 비서구 및 한국의 시민사회와 사회운동의 역사적 전개

서구에서는 19세기 후반에 산업혁명의 효과에 따른 자본주의 성장
이 노동계급의 처지를 악화시킴으로써 사회적 불안을 팽배하게 했
고 나아가 사회주의운동을 광범하게 확산시켰다. 이 같은 조건은 유
럽 국가들이 자본주의 국가 간의 팽창주의적 경쟁에 돌입하게 만드
는 제국주의의 시대를 열었다. 제1차 세계대전 직전까지 세계는 '열
강'이라고 불리던 제국주의 국가와 피식민지로 양분되기에 이르렀
다. 피식민지 민중은 많은 경우 제국주의에 격렬하게 저항하는 민족
해방운동을 전개했으며 제2차 세계대전 이후 대부분 독립국가가 되
었다.

　제2차 세계대전 이후 신생독립국이 된 아시아, 아프리카, 남미 등
비서구 사회의 식민경험은 탈식민 이후에도 이른바 중심부 국가의
정치, 경제, 사회, 문화적 종속을 극복하기 어렵게 했다. 특히 전후 미
국, 중국, 러시아의 새로운 패권주의는 제3세계의 근대화 과정에 깊
숙이 개입함으로써 이른바 신제국주의의 새로운 종속을 심화시키는
결과를 가져왔다. 1960년대 중반 이후 남미의 지속적 불황과 빈곤,
불평등의 원인을 종속의 심화에서 찾는 이른바 '제3세계 종속이론'
이 확산되면서 1970~1980년대에 비서구 사회에서는 종속적 상황
과 지배질서에 저항하는 민주화운동이 민족주의와 민중주의에 이념
적 기반을 두고 확대되는 경향을 보였다.

제 2차 세계대전 이후 전개된 '냉전·국가주의 역사국면'에서 비서구사회의 사회운동에는 침략과 종속의 역사라는 비서구적 특수성이 반영되었다. 냉전·국가주의 역사국면에서, 구체적으로 1960년대 말 이후 서구 시민운동은 이미 근대성의 이념과 제도에 저항하는 신사회운동을 출현시킴으로써 탈근대와 탈냉전의 흐름을 선도했지만, 비서구 시민운동은 서구에 비해 지체된 특징을 보였다. 즉, 냉전이념과 중심부 국가주의는 제3세계에 이식됨으로써 비서구사회에 대한 수탈적 국가주의로 변모했고, 이에 대해 민족해방의 이념을 기반으로 정치적 독재와 경제적 수탈에 강렬하게 저항하는 민중주의 운동이 확산되었던 것이다.

이 시기 서구 시민운동의 시간에서는 이미 근대 국가의 억압적 제도와 성장주의 경제, 합리성으로 재단되는 경직된 문화에 저항함으로써 다양한 새로운 삶의 양식을 실험하는 환경, 여성, 평화, 인권 영역의 새로운 운동이 확산되고 있었다. 이에 반해 비서구 시민운동의 시간은 종속과 독재의 껍질에서 벗어나기 위한 저항운동이 민족적이고 계급적인 이념을 기반으로 전개되는 데 머물러 있었다. 말하자면 냉전적 이념의 틀 속에서 민족해방과 민주주의 과제를 추구하는 단계에 있었던 것이다.

주지하듯이, 한국의 경우 19세기 말 이래 구미 열강과 중국, 일본의 침략전쟁의 한가운데에서 결국 일본에 합병됨으로써 일제강점의 시대를 겪었다. 일제강점기 이후 해방과 함께 미국과 소련의 세계전략 속에서 한국은 분단국가의 현실을 맞고 말았다. 세계적인 냉전·국가주의 역사국면이 전개되는 가운데 한국은 '분단·국가주의 역사국면'을 맞은 것이다. 분단·국가주의 역사국면에서 한국의 시민운동은 외세에 의한 분단의 현실에 저항하는 동시에 분단의 조건과 공생하는 독재정권에 맞서는 반독재 민주화운동의 긴 주기가 전개되었다. 이승만 정권의 퇴진을 이끈 1960년 4월 혁명에서부터 1987년 6월 항쟁에 이르는 이 시기를 분단·국가주의 역사국면에서 전개되는 '민족민주운동의 주기'라고 말할 수 있을 것이다.

이승만 독재를 무너뜨린 1960년 4월 혁명은 반독재 민주화의 시민혁명적 성격을 띠지만 4월 혁명 직후 폭발적으로 전개된 통일운동은 한국전쟁 이후 분단의 현실이 여전히 생소한 시점에서 외부로부터 주어진 냉전적 질서에 대한 저항이었다고 말할 수 있다.

제2공화국을 군사쿠데타로 무너뜨리고 집권한 박정희 군부정권은 대일 청구권 자금을 대가로 한일관계를 정상화하는 과정에서 한일회담에 반발하는 학생들의 강력한 저항에 직면했다. 1964년의 이른바 6·3 항쟁으로 분출된 이 시민운동은 박정희 군사정부의 대일외교정책에 대한 항거였지만 4월 혁명 이후 통일운동과도 일정한 연속성을 가졌다. 항쟁을 주도한 학생운동세력은 이 시기에 이미 혁명적 민중해방이론의 영향을 받기도 했다.

박정희 정권의 후반부인 1970년대는 반유신 민주화운동이 주도한 시기였다. 유신체제에 저항하는 학생운동과 재야운동이 점점 확산됨으로써 1970년대는 정권과 시민사회 간에 대치가 일상화된 '긴장의 시대'였다. 마침내 이러한 긴장은 1979년에 부산과 마산 지역에서부터 광범하게 전개되었던 이른바 '부마항쟁'으로 분출되었다. 부마항쟁으로 타오른 반유신민주화운동의 거센 불길이 전국적 확산을 예고하는 가운데 자신의 측근에게 박정희가 피살됨으로써 마침내 유신은 종말을 맞게 되었다.

박정희의 죽음과 함께 민주화의 기대가 피어나던 1980년 초, 이른바 '서울의 봄'도 잠깐 동안이었고, 신군부의 야욕은 1980년 광주의 대학살로 국가권력의 야만성을 여지없이 보여 주었다. 신군부의 극단적 국가폭력에 저항하는 광주항쟁은 1980년대 반미운동의 출발점이 되기도 했다. 1980년대는 신군부에 저항하는 민주화운동이 더욱 급진적이고 더욱 광범하게 확산되었다. 광주항쟁의 경험 이후 학생운동권을 비롯한 저항운동세력은 반외세와 반독재적 지향이 이전 시기에 비해 훨씬 더 급진화된 혁명적 민중주의 노선을 채택하게 되었다. 마침내 신군부독재에 범국민적 저항으로서 분출했던 1987년 6월 항쟁은 이런 점에서 1980년 광주항쟁의 전국화이기도 했다(김동춘, 1997).

이처럼 1960년 4월 혁명 이래 6·3 항쟁, 반유신투쟁, 부마항쟁, 광주항쟁, 그리고 1987년 6월 항쟁으로 이어지는 민족민주운동의 주기는 분단 국가주의 역사국면에서 출현한 각 정권의 특징에 따라 운동의 다양한 소주기小週期를 출현시켰다. 그러나 민족민주운동의 긴 주기 동안에 출현한 운동들은 민족주의와 민중주의 이념에 기반을 둔 민주화운동이었으며 운동의 주체들 또한 일정한 연속성을 갖는 경향이 있었다. 이 시기의 민주화운동은 외삽적外揷的 냉전질서에 포획된 상태에서 민족해방과 계급혁명을 추구하는 급진적 운동으로 전개됨으로써 시기마다 좌익용공의 이름으로 탄압되곤 했다. 주지하듯이 민족민주운동의 주기는 1987년의 6월 항쟁이 쟁취한 직선제 개헌이라는 민주적 절차를 확보하는 선에서 새로운 역사국면과 새로운 운동주기를 맞게 되었다.

1980년대 말 동구의 대변혁이 시작되면서 민중혁명노선의 민주화운동세력은 빠르게 침체되었다. 1989년 베를린 장벽이 붕괴되고 이듬해 독일은 통일되었으며 연이어 동구의 공산국가들이 해체되기 시작했다. 1991년에는 소련 공산당이 해체되었다. 이 시기 고르바초프의 개혁개방 노선을 보며 한국의 민족민주운동 진영에서도 사회주의 혁명노선에 관한 심각한 성찰적 논의가 전개되었다. 1987년 6월 항쟁으로 직선제 개헌을 얻어 내고 비록 신군부의 일원이었던 노태우 정권이 들어서기는 했지만 직선에 의한 대통령을 선출하면서 급진적 혁명노선의 민중운동진영은 시민적 관심으로부터 멀어졌다. 사회주의 동구의 몰락은 한국 민중운동진영의 침체를 가속시켰던 것이다.

1990년대는 동구의 해체에 따라 실질적인 탈냉전의 시대가 도래했으며, 이미 1980년대에 본격화된 신자유주의 거대경향은 1990년대 들어 탈냉전의 도래와 함께 글로벌 금융자본을 제약 없이 팽창시켰다. 이제 1990년대 세계의 시간은 '탈냉전·시장주의 역사국면'으로 바뀌게 되었다. 탈냉전·시장주의 역사국면에서 한국의 시민운동은 민족적이고 민중적인 민주화운동이 종료되고 시민사회에서 회원을 모아 회비를 기반으로 운영하는 전문운동조직들이 주도하는 정책감시, 환경, 여성, 평화, 소수자 등의 이슈가 시민운동의 주류를 이루었다. 한국의 시민사회에 민족민주운동의 주기를 넘어 '시민사회운동의 주기'가 도래한 것이다.

시민사회운동의 주기는 서구에서 1960년대 이래 전개된 신사회운동의 이슈들이 1990년대 한국에서 새로운 시민운동의 이슈로 확산되기 시작한 것이다. 그것은 무엇보다 탈냉전의 한국적 효과였다. 냉전·국가주의 역사국면에서의 민족민주운동을 넘어선 새로운 사회운동이 탈냉전의 조건에서 새롭게 등장한 것이다. 시민운동은 이전 시기에 비해 훨씬 더 보편적 시민을 겨냥했으며 계급적 경향이 약화되었다. 동시에 시민운동은 훨씬 더 전문화되고 시장화되는 경향을 갖기도 했다.

그럼에도 불구하고 1990년대는 시민사회운동의 주기 가운데 '정치경제개혁운동의 주기'라는 특징을 갖는다. 1990년대는 비록 탈냉전 시장주의 역사국면이 전개되었다고는 하지만 노태우 정권으로 이어지는 지연된 민주화로 인해 정치영역과 경제영역의 민주화를 주창하고 감시함으로써 민주화의 잔여적 과제를 추구하는 '정치경제개혁운동'이 시민운동의 주류를 이루었다. 바로 이 시기에 탈냉전의 세계사적 조건에서 한국적 특수성을 가장 크게 반영하는 참여연대가 출범했고, 참여연대는 정치경제개혁운동의 주기를 주도하는 가장 영향력 있는 시민운동조직으로 부각되었다.

3. 탈냉전 · 시장주의 역사국면과 한국 시민운동의 분화

탈냉전 시장주의 역사국면에서 전개된 한국의 시민사회운동은 1990
년대와 2000년대 이후를 구분해서 살펴볼 수 있다. 시민사회운동의
주기 가운데 1990년대는 '정치경제개혁운동의 주기'에 해당한다(조
대엽, 2012: 429). 1990년대 한국의 시민운동은 탈냉전의 세계사적
영향과 국내 민주화의 흐름으로 급진적 계급이념이 쇠퇴했다. 서구
에서는 제2차 세계대전 이후 1960년대 말에서 1970년대에 이르는
시기에 근대성의 가치와 제도가 극단화된 냉전이념과 국가통제의 구
조에 저항하는 신사회운동이 확산되었다. 말하자면 서구의 신사회
운동은 냉전의 역사적 조건에서 등장한 탈냉전·탈근대 지향의 사회
운동이라고 할 수 있는 것이다. 환경운동, 여성운동, 평화운동, 소수
자 인권 등 서구 신사회운동의 이슈들이 1990년대에 한국의 새로운
시민운동으로 등장했으니 서구와는 약 20년의 시차를 갖는 셈이다.

한국에서 시민사회운동의 등장을 보다 분석적으로 보면 1990년
대는 한국의 사회운동이 민족민주운동에서 시민사회운동으로 획기
적으로 분화되는 시점이라고 할 수 있다. 이 시기 사회운동의 분화는
다양하게 구분할 수 있는데 분화의 주요 경향 가운데 첫째로 주목할
만한 점은 이념의 분화이다. 민중주의에 기반을 둔 민족민주운동은
대체로 급진적 혁명노선을 채택했기 때문에 단순화해서 본다면 새로
운 형태의 국가건설을 추구함으로써 국가주의를 지향하는 진보운동
이라고 말할 수 있다. 반면에 1990년대의 시민사회운동은 시민사회
영역에서 전문적인 시민운동을 전개함으로써 진보적 시민운동을 추

구하더라도 훨씬 덜 계급적인 경향을 보였다. 말하자면 1980년대의 국가주의 진보진영에서 1990년대 시민사회 진보진영이 새롭게 분화되었다고 할 수 있다.

새롭게 나타난 시민사회운동이 그렇다고 시민사회 진보의 경향만 있는 것은 아니었다. 시민사회운동 내부의 이념분화에도 주목할 수 있는데, 다소 거칠게 구분하자면 '시민사회 진보'와 '시민사회 보수'의 구분이 가능하다. 1990년대의 시민운동을 주도한 두 개의 축이라고 할 수 있는 참여연대와 경실련은 대표 사례가 될 수 있다. 참여연대는 창립 시 민주주의와 인권을 위해 헌신한 선배들의 희생을 강조할 뿐만 아니라 지배와 소외를 이기는 연대를 강조함으로써 다른 시민단체에 비해 진보적 성향을 드러냈다(참여연대, 1994).

말하자면 참여연대는 피지배층과 사회적 약자를 위한 연대를 강조한 반면, 경실련은 어떤 사회적 위치에 있든 관계없이 기업인과 자본가를 포함하는 보편적 시민을 강조하는 경향이 있었다. 이외에도 두 조직을 평가할 수 있는 주요 지표들은 참여연대가 경실련에 비해 상대적으로 진보적 성향을 띰으로써 시민사회 진보라고 할 수 있다면 경실련은 시민사회 보수로 구분할 수도 있을 것이다.[3]

이념적 분화의 연장에서 '특수주의 시민운동'과 '보편주의 시민운

---

3 시민사회에는 보수적 성향의 단체들이 다양하게 존재하는데 애국주의를 주창하며 우익 이념으로 무장하고 반북 집단행동에 동원되는 단체들은 여기서 구분하는 '시민사회 보수'에 해당하지 않는다. 이러한 단체들은 대부분 이념대결의 냉전적 국가주의를 추구하는 세력들로 시민사회 지향의 운동단체라고 볼 수 없기 때문이다. 경실련은 이러한 냉전적 '국가주의 보수'와는 구별되는 '시민사회 보수'로 구분할 수 있을 것이다.

동'의 분화를 강조할 수도 있다. 일반적으로 '시민운동'은 시민들의 정치적·경제적·문화적 욕구를 표출하는 집합적 행위라고 할 수 있다. 원론적으로 근대적 '시민'에 기반을 둔 근대 국가에서 나타나는 사회 운동은 광의의 시민운동으로 부를 수 있다. 따라서 권위주의 정치권력에 저항하는 민주화운동이나 민중지향의 민족민주운동도 넓은 의미에서는 시민운동이라고 부를 수 있는 것이다. 그러나 통념적으로 보면 민족과 민중지향의 민주화운동의 입장에서는 아직 시민사회가 자율성을 갖지 못한 억압적이고 폐쇄적인 권위주의 국가에서 급진적 계급성과 국가권력에 대한 저항성을 띠기 때문에 자율적 시민의 존재가 강조되는 듯한 '시민운동'이란 표현은 어색한 것이었다.[4]

따라서 시민운동의 개념을 근대국가의 형식 속에서 나타나는 사회 운동에 광의적으로 적용할 수 있다고 하더라도, 통념적으로는 민주적 제도와 자율적 시민조직이 일정하게 갖추어진 조건에서 전개되는 정책 지향적이거나 시민사회 내적 공공성 지향의 운동을 지칭하게 된다. 이런 점에서 민주주의 절차와 제도, 시민사회의 자율적 조직과 가치, 시민사회의 다양한 분화, 능동적 시민의식 등이 일정하게 갖추어진 조건에서 특정 집단의 이익보다는 보편적 시민의 공익을 추구하는 운동을 '보편주의 시민운동'이라고 부를 수 있다.

해방 이후 분단·국가주의의 특수한 역사적 프레임에서 등장한 사회운동을 역사적으로 특수한 국면에서 전개된 권위주의 정치권력에

---

4 한국에서 1970~80년대에 '시민운동'이라는 표현은 민족민주운동에 거의 적용되지 않았고, YMCA, YWCA 등과 같은 종교관련 시민단체에서 추구하는 무저항적이고 온건한 계몽적 사회운동을 시민운동이라고 불렀다.

대한 급진적 저항의 시민운동이라고 한다면 보다 구체적으로는 이를 민족민주운동이라고 말할 수 있다. 이제 보다 전형적 시민운동은 민주화와 함께 민족민주운동의 주기가 종료된 이후 1990년대 탈냉전·시장주의 역사국면에서 나타났는데, 이 전환의 시기에 시민운동은 보편주의적 경향과 특수주의적 경향이 분화되었던 것이다. 즉, 시민사회운동의 주기에서 전개된 한국의 시민운동은 민주주의의 정치적 절차가 일정하게 갖추어진 조건에서 보편주의 시민운동이 나타나는 한편, 민족민주운동의 과제를 이어 가는 일종의 연장선에서 정치권력의 권위주의 잔재가 남아 있는 정치경제제도의 개혁을 추구하는 '특수주의 시민운동'이 분화되었다.

1990년대 시민운동의 특수주의적 경향은 사회운동의 역사적 전환기에 역사적으로 특수한 정치적 과제에 충실하고 이전 시기 사회운동의 역사성을 반영하는 경향을 말한다. 특수주의 시민운동은 다른 무엇보다 권위주의 정치권력의 비민주적 조건이 의회, 사법, 행정의 제도에 여전히 남아 있는 조건, 말하자면 민주적 절차와 제도가 보다 구체적으로 갖추어지지 않았을 뿐더러 적어도 제도적 정치권력을 구정치세력이 여전히 분점하고 있는 정치경제적 조건을 전제로 전개되는 시민운동이라고 할 수 있다.

따라서 특수주의 시민운동은 민족민주운동에서 시민사회운동으로 전환하는 과도적 시기에 민족민주운동의 특수성을 일정하게 반영하는 시민운동이라고 할 수 있다. 이전 시기의 사회운동이 급진적이고 계급 지향적이었다면 특수주의 시민운동은 그러한 특성을 잔여적으로 이어 가는 일정한 진보성을 보임으로써 피지배층 혹은 사회적 약자층을 지향하는 경향이 있었다. 시민운동의 인적 요소 또한 이전 운동과 연속성을 가졌다. 아울러 중앙집중적 국가권력의 비민주적 요소를 감시하고 견제하기 위해 시민운동단체 또한 종합적 이슈를 다루는 준정당적 거대단체화하는 경향, 민족민주운동의 주기에서 주류적 운동방식이었던 대규모 연대운동의 방식이 빈번하게 채택되는 경향 등이 특수주의적 경향을 보였던 것이다. 시민운동의 특수주의적 경향과 보편주의적 경향이 분화되는 것은 다른 무엇보다 새로운 역사국면의 도래와 시민운동의 지체에 따라 한국의 시민사회가 중층적으로 결정된 탓이 크다.

1990년대 정치사회변동의 조건에서 한국의 시민사회에는 이른바 NGO의 시대라고 불릴 만큼 다양한 시민운동단체들이 설립되었다. 이러한 시민운동단체들을 조직유형이라는 점에 주목하면 훨씬 더 다양한 분화의 지점을 찾아볼 수 있다. 운동조직을 구성하는 이념과 가치, 인적 물적 교류의 특성을 정부와의 관계라는 측면에서 보면 '정체 도전형'과 '정체 성원형'으로의 분화를 포착할 수 있다(조대엽, 1995). 시민운동의 특수주의 경향은 대체로 정체 도전형으로 구분될 수 있고 보편주의적 경향은 정체 성원형인 경우가 많다.

다른 한편 유무형의 자원을 동원하는 방식에 따라 '공동체형' 조직과 '시장형' 조직의 분화를 강조할 수도 있다. 1980년대 민주화운동에 헌신한 운동조직들과 1990년대 들어 지역, 학교, 교회, 기업 등 기존의 조직을 기반으로 2차 동원적 특성을 갖는 운동조직을 공동체형이라고 할 수 있다면, 전체 사회에 산재하는 원자화된 개인을 회원으로 가입시키고, 회비와 기금을 기초로 운영하는 1990년대에 새롭게 출범한 시민운동조직들을 시장형이라고 말할 수 있다.

1990년대 새로운 시민사회운동의 주기에서 가장 주목할 만한 시민운동조직의 특징이야말로 시장형에 있다고 할 수 있다. 시장형 운동조직의 분화는 전문화된 운동조직의 출현을 의미한다. 시장형 조직은 회비와 기금의 운용을 통해 전문적인 스텝들이 끊임없이 새로운 운동 이슈를 발굴함으로써 이러한 이슈들을 일종의 운동상품으로 가공해서 회원기반을 확대했다. 나아가 확대된 회원기반과 시민의 관심 및 지지를 배경으로 이른바 '영향력의 정치'를 추구했다.

따라서 1990년대 시민운동 부문에서 가장 광범한 분화의 지점은 이슈의 분화라고 할 수 있다. 환경단체, 여성단체, 인권단체, 평화운동단체, 교육운동단체, 언론운동단체, 복지운동단체 등이 영역별 주요 운동 이슈를 생산했으며 특히 참여연대와 경실련과 같은 포괄이슈단체가 생산하는 운동 이슈는 대단히 다양했다. 그러나 이러한 이슈의 분화 경향 속에서도 1990년대의 약 10년간은 지연된 민주화의 과제를 수행하는 것이 가장 뜨거운 관심이었기 때문에 특수한 이슈를 다루는 다양한 운동조직이 대부분 정치와 경제영역의 민주적 전환을 위해 결집되는 경향을 보였다. 말하자면 다양한 운동 이슈가 분화되는 가운데 정치경제개혁 이슈가 주류화되었고, 그 정점은 2000년 총선시민연대의 '낙천·낙선운동'이었다. 전국의 931개 시민단체들이 참여한 이 운동은 부적격 국회의원을 심의하여 낙천·낙선운동을 전개함으로써 시민들이 정치개혁에 직접 개입하는 적극적 시민정치운동이었다(조대엽, 2007: 212).

국가주의적 냉전이념으로부터 시민사회 진보와 시민사회 보수의 분화, 민족민주운동으로부터 특수주의 시민운동과 보편주의 시민운동의 분화, 정체 도전형과 성원형, 나아가 시장형 운동조직의 분화 등 1990년대 한국 시민운동의 분화 경향은 시민운동을 빠르게 제도화했다. 회원의 안정적 확보, 정부 및 기업과의 교류, 캠페인, 공청회, 시민교육 등의 활동방식은 시민운동의 제도화 수준을 높임으로써 조직기반을 크게 확충하는 효과를 가져왔다.

1990년대 한국의 시민운동이 정치경제개혁의 이슈를 주류화하는 경향을 보였다면 2000년대 이후 시민운동은 생활정치가 주류화되는 '생활정치운동의 주기'를 맞았다. 김대중 정부와 2000년대 노무현 정부로 이어지는 진보정권에서 시민운동의 주요 이슈들은 제도정치권에서 해소되는 경향을 보이는 반면, 신자유주의적 시장화가 가속화되는 가운데 생활과 생태의 문제를 공공화하는 운동의 흐름이 확산되었다. 나아가 온라인 통신수단의 비약적 발전은 전자적 공론장과 온라인 네트워크에 기반을 둔 시민행동을 크게 팽창시켰다. 아울러 김대중·노무현 정부의 진보정권 10년 후 2008년부터 이명박 정권이 등장하면서 훨씬 더 강력한 시장주의를 추구함으로써 양극화로 인한 삶의 문제와 생태 문제를 심각하게 누적시켰다. 게다가 이명박 정부의 시민사회에 대한 '우회적 탄압'은 시민운동을 약화시키는 요인이 되기도 했다.

2000년대 시민운동의 새로운 환경은 1990년대 출범한 조직기반의 시민운동을 크게 위축시켰고, 시민사회의 운동공론장을 시민단체가 주도하는 조직운동과 온라인 기반의 '유연자발집단'[5]이 주도하는 탈조직적 시민행동으로 분화시켰다(조대엽, 2007). 이러한 탈조직적 시민행동의 분화와 확장 경향은 집중화된 거대조직운동보다는 지역공동체와 생활현장에서 다양한 형태의 생활공동체운동을 확산시켰다. 아울러 2008년 미국산 소고기 수입반대 촛불집회와 같은 생활 이슈를 중심으로 시민행동을 촉발시킴으로써 2000년대 이후 생활 정치운동이 주류화하는 경향을 만들기도 했다(조대엽, 2011).

4. 탈냉전 · 시장주의 역사국면과 참여연대의 시대

참여연대는 1994년 9월, 각계각층 국민들의 자발적 참여로 국가권력을 감시하고, 구체적 정책과 대안을 제시하며, 실천적 시민행동을 통해 자유와 정의, 인권과 복지가 바르게 실현되는 참여민주사회를 건설하는 것을 목적으로 출범했다(참여연대, 2014a). 참여연대가 가장 큰 영향력의 정치를 행사한 시기는 아무래도 초기 10년의 기간이라고 말할 수 있다. 이 시기는 대체로 세계적으로는 탈냉전 시장주의

---

5 온라인 공간을 매개로 빠르게 확산되는 다양한 회원조직과 커뮤니티들은 특유의 유연성과 자발성을 특징으로 한다. 한시적이거나 상시적 혹은 필요에 따라 활성화되는 경우도 있으며, 대부분 가입과 탈퇴가 자유롭고 소속의식은 있다고 하더라도 구속력이 약하며, 조직 또한 자유롭고 느슨하게 운영되는 특징을 보인다는 점에서 이러한 자발적 조직을 '유연자발집단'이라고 말할 수 있다. 정형화되지 않은 조직특성을 보이지만 일정한 가입 형식과 소속감, 경계가 있기 때문에 단순한 네트워크로 볼 수 없다는 점에서 '제4의 결사체'라고도 할 수 있다. 유연자발집단은 특정 이슈의 온라인 공론장에서 폭발적으로 의견을 쏟아 내는 전자적 공중으로 나타났다가 어느덧 거리를 메우는 거대한 집합적 군중으로 등장할 수도 있기 때문에 온라인과 오프라인의 경계 없이 작동하는 특징을 갖는다(조대엽, 2007).

역사국면이 전개된 시기로 시민사회운동의 주기가 시작되는 첫 10년에 해당하는 정치경제개혁운동의 시기라고 말할 수 있다. 참여연대는 출범 후 2000년대 초까지의 약 10년 동안 한국 정치와 시민운동의 전환기라는 역사적으로 특수한 한 시대를 선도했다.

참여연대는 출범 후 20년간 놀라운 영향력을 보이며 성장했다. 참여연대의 초기 10년은 한국 민주주의의 진전을 위해 질주한 시기로 시민운동의 전형을 만든 성과를 남겼다면, 그 후 10년은 급격히 변화하는 운동환경 속에서 일정한 딜레마를 겪은 시기이기도 했다. 그러나 참여연대 출범 20년의 시간은 한국 시민사회와 시민운동의 역사에서 참여연대의 시대였던 것만은 분명해 보인다. 먼저 참여연대의 시대를 특징짓는 참여연대 운동의 주요 의의를 살펴보면 다음과 같은 점에 주목할 수 있다.

첫째, 참여연대는 시민사회운동의 주기에 새롭게 나타난 '시장형' 운동조직의 특징을 보임으로써 시민운동의 패러다임 전환을 이끌었다. 구래의 민족민주운동조직은 헌신과 의지를 핵심적 자원으로 해서 분화되지 않은 관리체계와 제한된 조직성원, 공동의 관계를 기초로 한다는 점에서 '공동체형' 운동조직이라 할 수 있다. 그러나 참여연대는 광범하게 산재한 개인을 회원으로 하고 전문 스텝의 관리체계를 가지며 회비나 기금을 가장 중요한 자원으로 확보했다. 나아가 다양하고 부가적인 운동 이슈를 개발함으로써 이를 운동상품화하고 회원들은 메일리스트 조직으로 존재하며 회비와 후원을 통한 간접참여방식을 채택했다. 이 같은 시장형 운동조직의 특성은 적어도 1990년대 이후 한국 시민운동을 주도하는 시민운동단체의 전형이 되었다.

둘째, 참여연대는 1990년대를 한국정치의 역사적 특수성이 보다 적극적으로 반영된 시대로 만들었다는 점에서 특수주의 시민운동의 시대를 주도했다. 1990년대 한국 사회는 한국 민주화 과정의 특수성을 말해 주는 특징적 시기라고 할 수 있다. 노태우 정권의 등장으로 인한 신군부 세력의 실질적 재집권은 미완의 민주주의에 대한 시민적 욕구를 자극했다. 참여연대는 한국 민주주의의 잔여적 과제를 가장 적극적으로 수행함으로 해서 시민운동에 대한 시민적 기대와 신뢰를 극대화시키는 계기를 만들었다.

참여연대가 주도하는 특수주의 시민운동은 먼저 정치개혁, 사법개혁, 경제민주화 등을 포괄하는 권력감시운동을 굴절된 민주화의 시기라는 한국정치의 특수한 시대에 연속적 민주화운동으로 전개되었다는 점을 강조할 수 있다. 적어도 제도정치영역의 정당정치가 민주적 기능을 갖추지 못한 조건에서 중앙집권적 정치권력에 도전하는 종합적 운동 이슈를 추구함으로써 참여연대는 준정당적 기능이라는 특수한 역할을 수행하기도 했다. 아울러 참여연대는 보편주의 시민운동에 비해 상대적으로 진보적 경향을 띠는데 이러한 진보성은 민중지향적 민주화운동의 특수한 연속선에 있었다. 실제로 참여연대운동은 '위로부터의 보수적 민주화'의 한계를 시민사회의 힘으로 돌파하고자 하는 데 동의하는 개혁세력이 결집해서 만들었다는 점(조희연, 1999b)에서 민주화운동과 인적 연속성을 가진다. 나아가 노동운동과 같은 급진적 사회운동에게 허용되는 정치적 통로의 부재에 대응하는 단계적 타협의 지점에서 출현했다는 점(윤상철, 2004: 23)에서 특수주의 시민운동의 특징을 보여 주었다.

따라서 참여연대운동은 적어도 민주화운동의 민중지향적 계급성을 시민사회적 맥락에서 다양한 노동연계운동이나 사회적 약자층을 위한 사회적 공공성을 추구하는 운동으로 연속화시켰다. 지하철 노조와 연계한 지하철개혁활동, 노동단체와의 공동정책 모색, 노동법 개악저지운동, 비정규직차별 철폐운동과 같은 노동연계운동과 함께(참여연대, 2014b), 국민생활최저선 확보운동 혹은 국민복지기본선운동과 같은 사회약자층을 위한 사회복지운동은 '탈계급적 주체의 계급지향운동'이라는 점에서 이 시기 시민운동의 특수주의를 보여준다(김연명, 2004: 223~227). 나아가 참여연대는 12·12 반란자 기소 촉구 공동행동에서부터 시작해서 노동법 및 안기부법 개악저지연대운동, 동강댐 건설반대운동, 총선시민연대의 낙천·낙선운동에 이르기까지 민주화운동에서 일상화되었던 대규모 연대운동방식을 주도했다는 점 또한 특수주의 시민운동의 시대를 이끈 것으로 평가할 수 있다(참여연대, 2014).

　셋째, 1990년대 참여연대 운동은 한국 '시민사회'의 진보적 경향을 선도했다. 구래의 민중운동이 국가주의 진보운동이라고 할 수 있다면 참여연대운동의 특수주의적 성격은 이 같은 국가주의 진보의 일정한 연속성을 드러낸 것이라고 할 수 있다. 그러나 참여연대운동은 1990년대 이래 민주주의가 일정하게 공고화됨으로써 민주적 제도와 자율적 시민조직이 허용된 조건에서 공개적 시민의 회비와 자발적 회원조직을 기반으로 하는 탈냉전적 시민운동이었다.

　따라서 참여연대는 시민운동의 보편성을 공유하는 '시민사회 진보'운동이라고 할 수 있는 것이다. 이점에서 참여연대운동은 이념적으로 자유민주주의의 법적 질서 위에서 추구되는 진보적 성향을 갖기 때문에 온건개혁적 진보운동의 지향성을 강조할 수 있다. 그럼에도 불구하고 참여연대가 민주화운동의 연속선에서 전개한 정치경제 개혁운동은 정치권력에 잔여적인 권위적 요소를 보다 근원적으로 제거하고자 하는 시민사회의 주요 흐름을 만들었기 때문에 시민사회운동 영역 전체를 진보적인 것으로 인식되게끔 하는 데에 기여했다. 분명한 것은 한국의 민주주의를 그나마 오늘날의 수준으로 진전시킨 것은 참여연대의 영향력과 그것이 만든 한국 시민사회의 진보성이었다.

넷째, 참여연대 운동은 한국 민주주의의 새로운 진화방향을 제시했다. 혁명적 민주주의 노선을 예외로 한다면 한국의 민주화운동은 당연하게도 대통령 직선제와 같은 법적 절차와 제도를 잘 구비하고 정당정치를 정상화하는 것과 같은 대의제와 의회민주주의를 성숙시키는 데 초점을 맞추었다. 그러나 참여연대가 등장하면서 관심을 모은 참여와 소통이야말로 대의민주주의를 새롭고 풍부하게 진화시킬 수 있다는 사실을 알게 했다. 특히 참여연대가 제안하고 실험한 다양한 시민참여정치의 방식은 참여민주주의나 숙의민주주의와 같이 대의제를 보완하고 진화시키는 새로운 민주주의에 대한 전망을 제공했다.

2000년대 이후 한국의 시민운동은 전반적으로 위축되었는데 참여연대 또한 10년간의 질주 이후에 나타난 일종의 고도성장의 딜레마와도 같은 새로운 현실을 맞게 되었다. 특히 수십만 명의 시위군중이 장기간에 걸쳐 모여든 2008년 광우병 쇠고기 수입반대 촛불집회 이후 참여연대를 비롯한 조직운동의 영향력은 크게 약화되었다. 2000 년 총선시민연대의 거대한 연대운동을 성공적으로 이끈 참여연대로 서는 2008년의 폭발적인 시민행동에 조직운동이 개입할 여지가 거 의 없었다는 사실에 일종의 위기의식을 갖지 않을 수 없었다. 그러나 실제로 촛불집회는 이미 2002년 미군 장갑차사고로 숨진 여중생 추 모집회나 2004년 노무현 대통령 탄핵반대집회에서 동일한 동원방 식, 말하자면 온라인기반의 유연자발집단을 매개로 한 자발적이고 새로운 시민행동의 동원방식으로 확산되었다. 따라서 1990년대 시 민운동을 주도했던 참여연대를 비롯한 주요 조직운동의 딜레마는 2000년대에 들어서면서부터 시작된 것으로 볼 수 있다.

2000년대 이후 참여연대가 오히려 활발한 운동영역도 있었으나 전반적으로는 딜레마적 상황을 맞게 되었는데 다음과 같은 점들에 주목할 수 있다.

첫째, 참여연대 조직의 태생적 딜레마가 확대된 것으로 시장형 조 직과 직접동원의 딜레마를 들 수 있다. 시장형 운동조직은 운동의 운 용방식이 원천적으로 회원 간접참여방식의 운동을 추구한다. 대체 로 회원은 우편리스트 조직으로 존재하기 때문에 시장형의 조직특성 이 발달할수록 시민의 직접동원 규모는 축소될 수 있는 것이다.

둘째, 제도화의 딜레마를 들 수 있다. 2002년 대선승리로 집권한 노무현 정부에서 참여연대는 제도영역과의 교류가 확대되었다. 참여 연대가 주창하던 많은 운동 이슈가 이제 정당과 의회 등 제도정치권 에서 제도적으로 다루어졌다. 시장형 운동조직이 기본적으로 제도화 의 수준이 높고 나아가 연속적인 진보진영의 집권은 참여연대의 운동을 훨씬 더 제도적 수준에서 수용했지만 그것이 참여연대를 비롯한 운동단체의 역할을 확대시키는 계기가 되지는 않았다. 오히려 시민들에게는 시민운동의 존재감이 약화된 것으로 이해될 수 있었다.

셋째, 권력감시운동과 생활정치의 딜레마에 주목할 수 있다. 참여연대의 시대에 시민들이 가장 주목했던 시민운동은 참여연대의 다양한 권력감시운동이었다. 적어도 국가주의 정치와 권위주의 국가운영의 잔여적 형태 가운데 주요 지점을 포착하고 이슈화해서 공론화하는 방식은 언론의 관심을 크게 모았고 참여연대의 영향력을 높였다. 그러나 2000년대 이후 운동환경의 변화, 특히 진보진영의 연속적 집권, 신자유주의의 한국판 확대 등은 기존의 시민운동단체가 추구했던 국가권력구조 지향의 운동보다는 생활정치운동을 점점 더 확대시켰다. 나아가 생활정치운동은 비록 운동의 존재감이 두드러지지는 않지만 실질적으로 주류화되는 경향을 보였다. 권력감시운동을 중심으로 조직기반을 갖춘 참여연대는 일상적 삶의 영역에서 작동하는 생활정치운동에 적응력을 갖기가 쉽지 않았다. 물론 여기에는 생활정치운동을 새롭게 해석하고 보다 적극적으로 운동을 전환시키고자하는 운동 자체의 혁신이 부족한 원인도 없지 않다.

넷째, 조직기반 시민운동과 탈조직적 시민행동의 딜레마에도 주목해야 한다. 참여연대가 질주했던 초기 10년은 시민운동단체를 중심으로 형성된 '운동공론장'이 공적 이슈를 드러내고 시민들을 동원하는 구심이었다. 그러나 2000년대 이후 온라인 공론장의 확장에 따라 대단히 다양한 온라인 회원조직이 광범하게 만들어지고 이러한 온라인 회원조직 중심의 전자적 공론장이 공적 쟁점을 이슈화하고 동원화하는 새로운 구심이 되었다. 조직기반 시민운동을 가장 앞서 주도한 참여연대는 2000년대 이후 온라인 기반의 탈조직적 시민행동이 확대되는 경향과 함께, 특히 2008년 광우병 쇠고기 수입반대 촛불집회의 거대한 탈조직적인 시민동원을 경험하면서 딜레마는 가중되었다.

다섯째, 자율적 시민사회의 한계에도 주목할 수 있다. 참여연대의 설립 후 두 번째 10년의 시기는 참여연대를 비롯한 조직기반 시민운동의 전반적 침체를 동반했는데 여기에는 자율적 시민사회의 딜레마가 자리 잡고 있다. 제한적인 회원규모를 기반으로 하는 시민운동조직들은 민주화 이후 정부로부터 폭넓은 후원을 받았으며 정부의 후원은 기업들도 시민운동에 대한 관심을 갖게 만들었다. 그러나 시민운동조직에 대한 이명박 정부의 '우회적 탄압'은 시민운동단체의 활동을 크게 위축시켰다. 이명박 정부의 시민단체에 대한 배제적이고 편향적인 지원은 기업들에게도 일종의 압력으로 작동해서 기업의 시민단체 지원활동이 동결되는 경우가 많았다. 이러한 운동환경은 여전히 우리 시민사회가 국가나 시장으로부터의 자율성이 취약하다는 사실을 보여 주는 것이다.

참여연대의 시대 후반 10년의 시기에 주로 나타난 이 같은 문제들은 참여연대가 기존의 껍질을 깨는 혁신적 탈출을 방해함으로써 진화의 딜레마를 만들어 내고 있다. 참여연대가 중첩된 딜레마를 뚫고 새로운 진화의 경로를 개척해 내는 일은 오늘날 조직기반 시민운동 부문 전체의 과제일 수 있다.

5. 결론: '참여연대의 시대' 이후의 참여연대운동

참여연대는 탈냉전의 역사국면이 실질적으로 전개되는 세계사적 변화의 시기에 출범했다. 탈냉전의 세계사적 변화는 분단국가의 현실에서 강력한 냉전이념을 기반으로 정치사회가 형성된 한국 사회에 거대하고도 직접적인 영향을 미칠 수밖에 없었다. 군부독재에 저항하는 오랜 민주화운동이 1980년대에 들어 민족주의와 민중주의에 기반을 두고 점점 더 급진화해 가는 가운데 1987년 6월 항쟁으로 민주화의 분수령이 만들어진 이후, 1990년대에 탈냉전의 지구적 조건에서 새로운 형태의 시민운동이 등장했던 것이다. 참여연대를 비롯해서 경실련, 환경운동연합 등 새로운 시민운동단체의 출범은 무엇보다 탈냉전의 시민사회적 효과였다.

1990년대 탈냉전의 세계사적 흐름과 동반적으로 전개된 거대경향은 신자유주의적 세계화의 흐름이었다. 이 같은 조건에서 1990년대 반세계화운동은 지구적 수준에서 전개된 가장 뜨거운 운동 이슈였다. 나아가 2008년 미국발 세계금융위기가 전개되고 이른바 월스트리트 점령운동이 세계적으로 확산되기에 이른 것은 1990년대 이래 탈냉전 시장주의 역사국면에서 전개된 세계적 시민사회운동의 주요경향이었다.

한국에서 이 같은 시장주의적 사회변동에 대한 시민운동의 반응은 2000년대 이후 주류화되었다. 적어도 참여연대의 초기 10년에 해당하는 1990년대는 탈냉전의 세계사적 조건과 6월 항쟁 이후의 잔여적 민주화의 과제가 남겨진 한국적 조건에서 일종의 특수주의 시민운동으로서의 권력감시운동이 시민운동의 구심을 이루었다. 시장주의의 거대경향에 대응하는 시민운동은 참여연대 출범 후 두 번째 10년에 해당하는 2000년대 이후 새로운 흐름을 만들었다. 참여연대를 비롯한 조직기반운동 영역에서는 한미 FTA 반대운동과 같은 주요정책에 대한 조직적 저항이 있었으나, 다른 한편으로 양극화와 사회해체적 현실에서 삶의 위협에 저항하거나 새로운 삶의 방식을 집단적으로 추구하는 생활정치운동이 주류화하는 경향을 보였다.

참여연대 운동은 탈냉전 시장주의 역사국면의 세계사적 전환과 한국의 민주적 전환이 중첩된 역사적 조건에서 특수주의 시민운동의 모델이 되었고, 1990년대 중반 이후 한국 시민운동의 주요 흐름을 주도했다. 한국 시민운동의 역사적 맥락에서 보자면 1990년대와 2000년대의 20년은 참여연대의 시대라고 말할 수 있게 한다. 그러나 참여연대의 두 번째 10년에 참여연대뿐만 아니라 조직기반의 시민운동이 전반적으로 위축된 시기를 맞은 것 또한 사실이다.

시대적 과제가 변화되고 시민행동의 동원이 온라인 공론장을 매개로 이루어지며, 생활정치운동이 주류화하는 등 운동의 환경과 운동의 조류가 새롭게 변화되는 현실에서 기존의 참여연대 운동은 좀처럼 딜레마적 상황을 넘어서지 못하고 있다. 무엇보다 참여연대와 같은 조직기반 시민운동의 역할이 여전히 절실한 현실의 조건들이 엄존한다는 사실은 이러한 딜레마를 극복하는 일이 시급하다는 점을 말해 주고 있다. 참여연대는 오랜 시간 한국 시민사회의 진화를 이끌었듯이 이제 다시 새로운 진화의 출구를 여는데 훨씬 더 적극적이어야 한다.

참여연대의 시대 이후 참여연대는 어디로 가야할 것인가? 무엇보다 참여연대는 출범 20년의 '영광의 그늘'로부터 벗어나야 한다. 참여연대의 시대를 장식했던 화려한 이력과 간판을 내려놓는 것으로부터 새로운 모색이 시작되어야 한다. 정치권력과 시장권력의 부정과 부패, 비민주적 절차에 대한 감시는 어느 시대에나 요긴한 것이다. 그러나 민주주의의 공고화와 네트워크 사회로의 전환, 온라인 공론장이 무한 확장되는 현실은 이러한 권력감시를 참여연대만 할 수 있는 것으로 남겨 두지 않았다. 물론 권력감시를 운동의 차원에서 할 수 있는 것들이 다르고 참여연대가 축적한 운동의 자원이 독보적이라는 점은 우리 사회의 대단히 중요한 자산이라고 할 수 있다.

그럼에도 불구하고 시민운동이 사회변동을 선도한다는 점에서 본다면 참여연대는 시민사회에서 생활정치운동이 주류화되는 경향을 적극적으로 수용하지 않을 수 없다. 여기에서 '생활정치운동'을 일상적 생활영역이나 주민적 삶의 영역에서 전개되는 운동으로 해석하는 '운동영역론'의 관점을 넘어서는 데에 주목해야 한다. '생활정치'를 특정의 '운동영역'이 아니라 사회질서의 새로운 '패러다임'으로 본다면 참여연대의 오랜 권력감시운동을 생활정치운동의 패러다임으로 전환시킬 수 있는 가능성을 엿볼 수 있다.

실제로 참여연대가 출범 시기부터 강조했던 참여민주사회나 참여민주주의는 그 지향이 분명하지 않은 점이 있다. 참여연대가 주장한 참여민주주의는 얼핏 보아 참여연대와 같은 시민운동단체에 능동적으로 참여하는 시민이 늘어나는 것을 지칭하는 면이 있다. 참여민주주의의 본질이 대의민주주의 질서를 가급적 시민참여적 절차와 제도로 재구성함으로써 중앙정치의 대의적 요소를 직접민주적으로 포위하고 압박하는 데 있다는 점과는 다소 거리가 있는 것이다.

나아가 참여연대의 권력감시운동은 대의민주주의 제도와 절차를 공정하고 투명하게 운영하는 것에 초점을 두기 때문에 국가주의의 범주를 넘어서지 못하는 민주주의 운동이라고 말할 수 있다. 따라서 향후 참여연대의 운동은 대의적 제도를 완성하는 차원을 넘어 입법, 사법, 행정의 제도와 절차를 시민참여적으로 재구성함으로써 시민의 실질적인 삶을 정치화하는 데 역량을 모아야 한다. 나아가 참여적 절차와 제도에 초점을 두는 민주주의의 관점을 확대해서 참여적이고 숙의적인 민주주의의 절차를 포괄하면서 시민의 생활 자체를 정치와 민주주의의 본질로 삼는 본원적이고 포괄적인 진화된 민주주의에 주목해야 한다.

우리 시대의 대부분의 왜곡된 정치현실은 시민의 실질적 삶이 정치와 민주주의와 국가로부터 배제되고 분리된 기형성에서 찾아진다. 이러한 기형적 삶을 넘어서기 위해서는 정치와 정부의 중심에 시민의 생활을 두고, 시민의 생활 속에 정치와 민주주의와 국가가 내재하는 '생활민주주의'적 지향이 도모되어야 한다. 이를 통해 권력에 대한 감시를 참여적이고 숙의적인 제도의 구축과 시민생활 지향적 정책 실현 운동으로 전환하는 것을 모색해야 한다. 이와 아울러 시민사회의 현장 차원에서 생활민주주의를 지향하는 생활공공성 실현운동에도 새로운 관심을 모아야 한다. 참여연대의 새로운 출구가 생활민주주의적 지향과 생활공공성운동에서 찾아짐으로써 시민사회에 새로운 역동성을 일으켰으면 하는 바람을 갖는다.

9
시민운동의 정치와 시민사회통일론의 전망*

1. 서론: 국가주의 통일론을 넘어

한반도의 분단 상황은 오랜 기간 남북한 사회구성체의 성격을 규정하는 지배적 요인으로 작용했다. 남한과 북한사회에서 각각 추구된 분단관리방식이야말로 국가운영의 핵심원리로 작동했기 때문이다. 사회주의 국가로서의 북한사회는 당연하지만 자유민주주의를 지향하는 남한에서도 분단 상황으로 정당성이 보장되었던 이념의 정치가 사회통합의 핵심적 원리였다. 분단으로 인한 '적대'가 좌와 우의 국가 이데올로기를 보장함으로써 강력하게 일원화된 국가중심 사회를 만드는 데 기여했지만 분단을 기회구조로 삼아 남북한 양측이

---

* 이 장의 내용은 *Korea Journal* 51(2)(Summer, 2011)에 "Outlooks on a Civil Society-Initiated Unification of the Korean Peninsula"라는 제목으로 게재된 영문 논문을 번역, 수정 보완해서 필자의 2015년 저서《생활민주주의의 시대: 새로운 정치패러다임의 모색》(나남)에 제 7장으로 수록했던 것을 재수록한 것임을 밝힌다.

추구한 '민족통일'의 가치 또한 국가중심 사회통합의 또 다른 구심이었다.

한반도 분단 이후 남한 사회는 오랫동안 군부 권위주의의 억압적 통치를 경험했으며 그러한 국가통제의 정당성은 언제나 분단 상황과 통일 가치에 맞물려 있었다. 따라서 남한의 민주주의 이행은 다른 무엇보다 통일의 전망을 변화시켰다. 근대 자본주의 사회구성을 국가, 시민사회, 시장으로 구분되는 세 가지 질서로 볼 때, 권위주의 국가체제에서 시민사회와 시장은 자율성을 갖기 어려웠다. 이런 점에서 그간의 민주화 과정은 시민사회와 시장의 자율성이 확보되는 과정이었다고도 말할 수 있다. 특히 1990년대 이후 한국의 민주화는 시민사회의 자율적 공간을 크게 확장시켰고 시민사회단체의 폭발적 증대를 가능하게 했다.

이러한 여건에서 1990년대 말부터 집권한 김대중 정부와 노무현 정부의 이른바 햇볕정책은 비록 국가주도의 통일정책이기는 했어도 남북교류협력 사업에 민간부문의 참여를 크게 확장시켰다. 남북관계에 있어 시민사회의 역할이 중요한 의미를 갖게 되었던 것이다. 아울러 통일담론에서도 남북관계와 시민사회의 역할에 대한 논의가 확대되었다. 남북경협과 문화교류론의 흐름이 폭넓게 전개되었고, 평화운동과 통일운동의 결합에 대한 논의가 주목되기도 했다. 또한 시민참여형 통일운동이나 민간통일운동에 대한 모색, 한반도 시민사회론이나 통일운동의 시민적 정체성론 등이 제기되기도 했다. 이 같은 통일논의들은 넓은 의미에서 '시민사회통일론'의 다양한 흐름으로 볼 수 있을 것이다.

분단 이후 남한사회에서 논의된 주류의 통일론은 이른바 불완전한 민족국가를 '단일한 민족국가의 건설'을 통해 완성하는 데에 초점이 맞추어지거나, 통일 추진의 주체가 국가권력이고 추진수단이 국가권력에 의해 통제되는 '국가주의 통일론'의 흐름으로 볼 수 있다. 시민사회통일론은 이러한 국가주의 통일론의 오랜 흐름 이후 민주화에 따른 시민사회의 성장과 함께 등장한 통일 논의의 새로운 지향이라고 할 수 있다.

그럼에도 불구하고 시민사회통일론으로 포괄할 수 있는 대부분의 논의들은 시민사회 및 민간영역의 역할론이나 민간교류론의 관점에 머물러 단편적 관심에 그친 경향이 있었다. 또 이론적 접근을 시도하더라도 북한 시민사회의 부재 및 북한 시민사회 구축을 위한 당위적이고도 장기적인 전망에 머무는 수준에 있었다.[1] 민간교류의 확대와 함께 비록 제한적 수준에서나마 논의되었던 이 같은 시민사회통일론은 국가주의 통일론을 넘어설 수 있는 새로운 통일담론의 형성이라는 점에서 중요한 의미를 갖는 것으로 보였다.

그러나 이명박 정부 이후 이른바 '대북상호주의' 접근방식과 2010년 천안함 사태 이후 급속히 냉각된 남북관계는 그간에 확대된 시민사회의 역할을 급속히 약화시켰다. 민주주의의 진전과 함께 비로소 태

---

1 이러한 논의들은 주로 남북관계 및 통일과 관련한 시민사회의 역할, 혹은 남한 시민사회의 역할에 주목하는 것으로 2008년 '우리민족서로돕기운동 평화나눔센터'가 주관한 '남북관계와 시민사회'라는 주제의 학술회의에서 다양하게 제기된 바 있다. 정영철(2008), 이우영(2008a), 조대엽(2008), 구갑우(2008), 이승환(2008), 김병로(2008), 허승창(2008), 박형중(2008), 이우영(2008b), 김연철(2008) 등을 참고할 수 있다.

동한 시민사회통일론이 이명박 정부 이후 박근혜 정부에 이르기까지 긴 위기의 시기를 맞았던 것이다. 최근 한국 사회의 정치변동이 초래한 이 같은 여건에도 불구하고 다음과 같은 몇 가지 조건들은 시민사회통일론의 의의를 더해 주고 있다.

첫째, 분단과 통일의 문제는 역사적으로 형성된 과제라는 점에서 역사적으로 누적된 분단의 상처와 흔적을 치유하는 차원에서 접근하는 것이 필요하다. 이러한 역사적 상처는 남북한의 개인과 가족과 지역주민의 다양한 수준의 삶에 산재되어 있다. 시민사회와 개인의 실존적 삶의 영역은 이러한 흔적이 남아 있는 가장 구체적인 장이기도 하다. 적어도 1990년대 이후 한국의 시민사회는 양적으로 성장했을 뿐만 아니라 분단의 역사적 응결지점들과 대면하고 이를 다룰 수 있는 역량이 축적되었다고 할 수 있다.

둘째, 시민사회의 규범은 일국적 가치를 넘어 지구적 공공성의 가치를 공유한다. 1990년대 이후 한국 사회는 분단·국가주의에서 탈냉전·시장주의로의 일종의 역사국면의 전환을 이루었다. 이러한 역사국면의 전환은 단일민족국가의 건설이라는 과도한 민족주의와 국가주의에 경도된 통일론을 넘어 지구적 공공성의 과제와 결합된 민족문제의 해결방식에 주목할 것을 요구한다. 평화와 자율, 녹색, 인권 등의 시민사회 가치와 '생활'의 가치를 중심으로 남북관계에 접근하는 것은 새로운 시대적 요청이라고 말할 수 있다

셋째, 이명박 정부 이후의 대북 상호주의 정책은 정치군사적 접근이며 국제정치적 접근이라는 점에서 고도의 냉전적 국가주의의 시각이다. 이러한 입장은 탈냉전 지구화의 거대 흐름에 적응하기 어려

운 퇴행적 통일론일 수 있다. 통일문제가 현시점에서 정치적 수준에 한정된 것이 아니라 경제와 시민사회 문제에까지 결합되어 있다고 할 때 이 같은 국가주의 통일론은 새로운 대안적 통일담론으로 보완될 것이 요구된다. 국가주의적 통일론을 넘어서는 시민사회통일론은 대북상호주의에 대한 대안적 시민담론으로서의 의의를 갖기도 한다.

이 장은 1990년대 이후 한국 사회가 분단·국가주의 역사국면에서 탈냉전·시장주의 역사국면으로 전환되었다는 사실을 전제로, 새로운 역사국면에서 국가주의 통일론을 넘어서는 시민사회통일론을 모색하는 데 목적이 있다. 이미 언급했듯이 남북관계에서 시민사회의 역할에 대한 논의는 다양하게 시도되었으나 단편적이라는 점에서 시민사회통일론은 보다 체계적 구상이 필요하다. 이 장은 이러한 구상을 위한 일종의 시론이라고 할 수 있으며 이러한 시도는 통일논의를 다양하고 풍부하게 함으로써 단순히 일국체제로의 통일이라는 관점을 넘어 남북한의 보다 근본적인 사회통합의 가능성을 탐색하는 데도 기여할 수 있을 것이다.

2. 역사국면의 전환과 시민사회통일론

제2차 세계대전 이후 세계질서는 미국과 소련 중심의 동서냉전체제로 전환되었다. 이러한 세계질서의 재편과정에서 한반도에는 특수한 역사적 '국면'이 형성되었다. 동서 양 진영의 이념경쟁과 세계 자본주의의 국제 분업질서에 따라 한반도에는 분단체제가 형성되었고, 한국전쟁을 거치면서 이러한 분단의 질서는 빠르게 고착되었다. 하나의 역사국면은 수백 년에 걸친 장기지속의 역사 가운데 수십 년 단위로 형성되는 특수한 역사적 시기를 의미한다. 이러한 역사국면은 당대의 세계질서와 국내에 응축된 정치경제적 구조 속에서 정치권력과 경제체제, 계급질서와 계급투쟁, 문화구성과 사회적 욕구, 사회운동 등의 요소들이 결합되어 해당 시기의 독특한 역사적 사회구성체를 만든다(조대엽, 2010a: 5~6).

이러한 시각에서 보면 해방 이후 정부수립의 시기에서부터 1990년 대 초까지의 시기를 하나의 역사국면으로 설정할 수 있다. 바로 이 시기를 민족분단이 고착화되고 외세의 규정력이 극대화된 '분단 상황'과 민간에서 군부로 이어지는 권위주의 정치권력의 억압적 '국가주의'가 결합됨으로써 반공이데올로기와 국가주의 이념이 지배하는 '분단·국가주의 역사국면'으로 규정할 수 있다(조대엽, 2010a: 7~8).

분단·국가주의 역사국면에서 통일관련 프로젝트는 정부의 전유물이었다. 진보당 사건과 같은 '평화통일론'에 대한 억압정치에서 알 수 있듯이 이미 이승만 정권에서부터 통일논의는 고도로 통제되었다. 이후 4·19혁명과 함께 혁신정당의 통일론이 대두되고 학생과 재야의 통일운동이 광범하게 조직됨으로써 통일논의의 급속한 팽창기를 맞기도 했다. 그러나 곧이어 반공이데올로기를 국가이념화한 박정희 정권이 들어서면서 정부의 통일프로젝트와 관제화된 운동을 제외한 일체의 통일운동이 통제되었다(조대엽, 2010b: 167). 분단·국가주의 역사국면의 국가중심 통일론은 민족공동체의 완성이라는 국가통합을 지향하지만 폐쇄적 국가전략과 정책, 국민동원의 방식과 지배권력 중심의 전략이라는 점에서 시민사회에 대한 배제를 특징으로 하는 '국가주의 통일론'이라고 말할 수 있다.

4·19 직후 이른바 혁신정당이 추구한 영세중립화 통일론과 남북협상론 등도 비록 정권차원이 아니라 권력에서 배제된 정당들의 통일방안이었지만 기본적 지향은 국가주의 통일론으로 간주될 수 있다. 혁신정당들의 통일방안은 남북한의 정부대표가 참여하는 유엔이나 국제회담을 통해서 영세중립화 보장을 받거나 남북한의 정부 간 협상 혹은 남북한 정부 간에 구성되는 위원회를 통한 법 제정 등(민주화운동기념사업회연구소 편, 2008: 301)의 내용을 담고 있다. 이같은 통일론은 정치권력 혹은 국가권력의 결정과 협상을 지향한다는 점에서 국가주의 통일론으로 해석할 수 있다.

다른 한편, 분단·국가주의 역사국면에서 전개된 주요 사회운동에 주목하면 1960년 4월 혁명에서 1987년 6월 항쟁으로 이어지는 저항운동들은 대체로 분단체제에 저항하는 민족주의와 억압적 국가주의에 저항하는 민주주의를 지향한다는 점에서 이 시기를 '민족민주운동의 역사주기'라고 말할 수 있다. 따라서 이 시기의 통일운동은 민족민주운동의 흐름에서 벗어나지 않는 저항적 통일운동으로 기본적으로는 남북한의 정부가 불완전한 민족국가로서의 분단체제에 기초해 있다는 인식을 바탕으로 한다. 이러한 통일운동 역시 1980년대 민중지향의 통일운동에서도 확인할 수 있듯이 연방제통일 방안을 지향하며 그 여건을 마련하기 위해 주한미군 철수, 비핵화, 국가보안법 폐지, 자주통일을 위한 연대투쟁을 선도함으로써(안리라, 2010: 87) 국가주의 통일론의 범주를 넘어서지 않고 있다.

한반도의 분단 상황은 여전히 지속되고 있다. 그러나 1980년대 말 동구 사회주의의 붕괴 이후 빠른 속도로 전개된 탈냉전과 지구적 시장화 경향, 그리고 국내정치적으로 1990년대 이후 민주주의의 공고화 과정은 분단·국가주의 역사국면을 새로운 역사국면으로 전환시켰다. 동구의 붕괴는 한반도에서 분단의 이념적 조건을 크게 약화시켰으며 마침내 2000년 남북정상회담과 6·15 선언, 2007년 남북정상회담 등은 남북 간 교류의 폭을 크게 증대시켰다. 이와 아울러 민주화와 지구화, 시장화와 정보화의 거대경향은 '국가주의'의 질서를 빠르게 해체시켰다. 특히 1997년 IMF 외환위기 이후 한국 사회에는 지구적 수준의 시장주의 프레임이 광범하게 구축되었다. 지구적 사회변동을 동반한 최근의 이 같은 사회변동은 해방 이후 정부수립에서부터 1990년대 초까지의 약 40년의 기간을 규정짓던 분단·국가주의 역사국면을 '탈냉전·시장주의' 역사국면으로 전환시켰다고 말할 수 있다(조대엽, 2010a: 32).

탈냉전·시장주의 역사국면에서 국가, 시민사회, 시장의 질서는 각 영역의 자율성이 확대되는 가운데 특히 시민사회의 성장이 괄목할 만한 것이었다. 나아가 대북관계에서도 남북경협과 사회문화 교류와 같은 시민사회와 시장영역의 자율적 성장에 기반한 통일 지향적 활동이 확대되었다. 특히 김대중·노무현 정부의 두 정권 동안 남북관계에서 시민사회의 역할은 뚜렷한 진전을 보임으로써 국가주의 통일론과는 다른 시민사회통일론의 지평을 확장시키는 계기를 만들었다. 일반적으로 국가영역과 시민사회 영역을 구분할 때, 국가와 시민사회는 사회통합의 질서를 구축하는 서로 다른 구심이라고 할 수 있다.

이 점에서 남북한의 통일을 사회통합의 한 형태라고 할 수 있다면 국가와 시민사회의 서로 다른 사회통합의 원리는 국가주의 통일론과 시민사회통일론의 일정한 준거가 될 수 있다. 현대사회에서 사회통합의 가장 강력한 구심은 국가공공성이라고 할 수 있다. 국가공공성은 국가수립의 정통성에 대한 헌법적 효과, 민족주의와 강력한 체제 이념, 정치권력에 의한 동원의 장치, 군대와 경찰 등 공권력에 의한 강제, 국가복지에 의한 합의창출 등의 요소가 결합된 '강제적' 사회통합의 핵심적 요소이다. 시민사회는 이와 달리 다양한 영역에서 다양한 수준의 공공성을 구축함으로써 자율적 사회통합의 구심이 된다. 평화와 평등, 자율과 환경, 인권 등 시민사회의 공공성을 구축하는 가치, 다양한 결사체의 존재, 공익을 추구하는 사회운동, 자발적 시민참여, 공론장의 소통 등의 요소들은 한 사회를 자발적이고 실질적으로 통합하는 기제라고 할 수 있다. 국가영역의 사회통합원리가 일원성, 공공성, 강제성, 헌법적 정통성 등을 특징으로 한다면 시민사회의 통합원리는 다원성, 자율성, 공론성 등이 강조될 수 있다.

사회통합에 관한 국가와 시민사회의 이 같은 기능을 준거로 할 때

<表 9-1> 국가주의 통일론과 시민사회통일론

	국가주의 통일론	시민사회통일론
역사국면	분단 · 국가주의 역사국면	탈냉전 · 시장주의 역사국면
운동주기	민족민주운동의 주기	시민사회운동의 주기
분단인식	불완전한 민족국가	불안정한 시민사회(삶의 불안정성)
정체성	냉전적 민족정체성 (진보민족주의와 보수민족주의)	탈냉전적 시민정체성 (시민민족주의, 지구적 공공성)
제도수단	국가정책과 국가동원	시민사회단체, NGO의 자발적 참여
비제도수단	급진적 민족민주운동	급진적 평화운동
이념 및 가치	반공주의(자유주의) / 사회주의	다원적 가치(민족가치+지구적 가치) (평화, 인권, 환경, 여성)
정치과정	대결의 정치, 이념의 정치	화해의 정치, 차이의 정치
통일의 위상	목표 지향적(국가통합)	과정 지향적(국가통합의 과정)
통일의 조건	한계적 상황	일상적 상황

국가주의 통일론과 비교할 수 있는 시민사회통일론의 주요 내용들은
〈표 9-1〉과 같이 조망할 수 있다. 우선 국가주의 통일론은 시기적으
로 분단·국가주의 역사국면과 민족민주운동주기를 주도했으며, 시
민사회통일론은 탈냉전·시장주의 역사국면과 시민사회운동주기에
확대되었다.

이를 보다 구체적으로 보면, 먼저 분단 상황에 대한 인식에 있어서
국가주의 통일론은 분단이 근대 사회구성체의 일반적 특징이라고 할
수 있는 민족을 단위로 하는 국가체제, 즉 민족국가의 분열을 가져왔
기 때문에 남한과 북한은 민족국가의 상호적 불완전성에 기초해 있
다는 사실을 전제로 한다. 따라서 통일은 한반도에서 단일민족이 단
일한 국가권력을 구축해야한다는 당위적 인식에 기초해 있다. 이에
비해 시민사회통일론은 분단 상황이 불안정한 시민적 삶을 재생산한
다는 데에 초점을 두고 있다. 시민사회의 주요가치라고 할 수 있는

평화, 인권, 환경, 여성 등의 가치는 시민사회의 공적 규범으로 작동하며 이러한 윤리는 시민의 자아실현적이고 자기확장적인 삶을 확대시킴으로써 보다 수준 높은 시민적 삶을 보장해 준다. 분단 상황은 이 같은 시민적 삶의 안정과 향상을 방해하는 요인이 되는 것이다.

둘째, 일반적으로 통일의 당위성은 민족이라는 귀속단위에 관한 정체성에서 출발한다. 일종의 혈통적 공동체로서의 동일민족이라는 '민족정체성'은 국가주의 통일론이 추구하는 핵심가치이다. 해방 이후 1990년대 이전까지의 분단·국가주의 역사국면에서 반공이데올로기가 오랜 동안 국가이념으로 작동하면서 민족정체성은 좌우의 국가주의 이념과 중첩됨으로써 비대칭적이기는 하지만 보수적 민족주의와 진보적 민족주의로 분화되었다. 이러한 민족주의는 이념 지배적 양극분화라는 점에서 '냉전적 민족정체성'이라고 말할 수 있다. 탈냉전·시장주의 역사국면에서 시민사회통일론은 '혈통적 민족주의'를 넘어서 형성되는 시민적 정체성에 주목한다. 이 같은 시민적 정체성은 '시민민족주의civic nationalism'를 지향한다.

오늘날 대부분의 사회는 단일민족으로 구성되어 있지 않으며 단일민족의 경우에도 동일한 혈통적 민족성의 강조가 그들을 구획하는 또 다른 차이와 차별을 없애지 못한다(Ignatieff, 1994: 7). 따라서 혈통의 민족을 구분하지 않고 영토 내에서 동일한 정치체제를 수용하는 모든 구성원을 시민권에 바탕을 둔 '민족'으로 재규정한다는 의미에서 새로운 민족주의로서의 시민민족주의에 주목할 수 있다. 동일한 시민권의 기반을 갖지 못하는 현시점의 통일과정에서는 지구적 공공성의 가치를 공유하는 '가치의 시민민족주의'를 새로운 정체성으로 설정할 필요가 있다.

셋째, 통일에 다가가는 구체적 방법으로는 제도적 영역과 비제도적 영역을 구분해 볼 수 있다. 국가주의 통일론의 경우 제도적 영역에서는 기본적으로 국가권력수단을 이용하기 때문에 구체적 통일정책과 이에 대한 국민적 지지와 동원을 수단으로 한다. 비제도적 영역에서는 급진적 통일운동으로 분단·국가주의 역사국면에서 전개된 민중지향의 민족민주운동을 들 수 있다. 통일운동으로서의 급진적 민족민주운동은 통일된 새로운 국가권력의 창출을 목적으로 하고 이것의 장애가 되는 현존하는 국가권력에 대해 투쟁한다는 점에서 국가주의 통일론의 범주를 벗어나지 않는다.

시민사회통일론의 경우 시민사회의 제도적 영역에서는 시민사회단체를 포함하는 다양한 NGO의 적극적 참여활동이 있다. 일반적으로 비교적 안정적 NGO의 경우는 대부분 법적 행정적 근거를 갖기 때문에 시민사회의 제도화된 영역이라 할 수 있다. 이러한 NGO는 국가정책에 대한 비판과 저항의 구심이 되기도 하지만, 다른 한편으로 국가정책의 추진에 정부와 파트너십을 가짐으로써 참여적 협치 governance의 주체가 되기도 한다. 대북지원 관련 NGO는 대부분 이러한 참여적 협치의 한 축이 되었다. 시민사회통일론은 종국의 목표가 남북한의 통합에 있다고 하더라도 국가주의 통일론에 비해 이러한 시민참여적 과정에 훨씬 더 중요한 의미를 부여한다. 비제도적 영역에서는 계급지향의 급진적 평화운동이 있을 수 있다. 평화운동도 온건한 운동의 경우 통일과정에 참여적으로 활동할 수 있다. 그러나 급진적 운동의 경우 정부나 기업과는 무관하거나 혹은 대립적으로 활동할 수 있다.

넷째, 이념 및 가치의 측면에서 국가주의 통일론은 우파민족주의의 경우 반공주의와 자유주의 이념에 기반을 두며, 좌파 민족주의의 경우에는 사회주의 이념을 기초로 한다. 그러나 시민사회통일론에서는 시민사회의 다원적 가치가 강조된다. 물론 현실의 시민사회에도 냉전적 이념갈등이 상존하고 있다. 그러나 특히 한국의 경우 탈냉전의 시대에도 여전히 시민사회에 내재하는 좌우 이념의 갈등은 냉전적 국가이념의 시민사회적 잔재라고 말할 수 있다. 적어도 이상적 측면에서 시민사회는 다양한 가치로 구성되어 있다. 여기에는 시민민족주의에 포함된 민족의 가치와 함께 평화, 인권, 환경, 여성, 아동 등 지구적 공공성의 가치들이 내재되어 있다. 이 같은 공공성의 가치는 개인의 삶을 자아실현적이고 자기확장적으로 혁신하는 생활공공성의 가치라고도 말할 수 있다.

다섯째, 국가주의 통일론과 결합된 정치과정은 무엇보다 남북 간 대결의 정치과정을 드러낼 뿐만 아니라 국내의 정치과정 또한 이념의 대립을 통한 대결의 정치과정을 드러낸다. 이와 달리 시민사회통일론은 서로 다른 가치와 서로 다른 집단의 차이를 인정하는 가운데 갈등과 합의의 과정이 전개되는 차이의 정치과정을 강조할 수 있다. 아울러 시민사회는 무엇보다 공론장의 소통이 의미를 갖는다. 개별적이거나 비정치적 이슈도 오늘날 공론장에서 공공적 이슈로 전환되는 현실을 볼 때 대북 및 통일 관련 이슈들은 대단히 중요한 공적 이슈다. 나아가 공론장의 수많은 사적 관심과 개별적 이슈들은 통일의 이슈로 전환될 수 있는 가능성을 언제든지 내재하고 있다. 이러한 이슈가 공유되는 소통의 정치와 소통을 통한 화해의 정치는 시민사회 통일론의 가장 의미 있는 정치과정이라고 할 수 있다.

여섯째, 국가통합이라는 통일의 목표와 그러한 목표를 추구하는 '과정'으로서의 통일을 구분할 때, 국가주의 통일론은 목표지향적인 반면 시민사회통일론은 과정지향적 특징을 강조할 수 있다.[2] 무엇보다 시민사회통일론은 평화, 인권, 환경 등의 다원적 가치의 작동과 소통의 정치, 자발적 참여의 정치 등이 구현되는 '과정' 자체를 의미 있는 것으로 간주한다. 이러한 '과정'은 정치적 통일을 넘어 그 자체가 실질적 사회통합을 누적적으로 실행하는 과정이라고 말할 수 있다.

마지막으로 통일을 가능하게 하는 현실적 조건을 보면, 국가주의 통일론은 북한의 정치경제적 위기에 따른, 예를 들면 국가재정파탄에 따른 흡수통일이나 전쟁 및 혁명에 의한 통일 등 대체적으로 북한체제가 더 이상 견딜 수 없는 조건에서 급변적 상황을 전제로 한 '한계적 통일 상황'이 설정된다. 그러나 시민사회통일론은 '과정' 자체에 의미를 부여하는 연장에서 '일상적 통일 상황'을 설정하는 것이다.

국가주의 통일론과 시민사회통일론의 이 같은 유형화는 당연히 이념형적 성격을 가질 수밖에 없다. 통일에 관한 실제의 시각이나 정책, 운동노선들은 이러한 이념형으로부터 일정한 거리를 갖거나 두 가지 유형의 중복성을 보일 수도 있다. 중요한 점은 두 가지 통일

---

2   시민사회통일론의 과정지향성은 백낙청 교수가 강조하는 '과정으로서의 통일론'(백낙청, 2006)과 유사성을 갖는다.

론이 대립적 측면과 함께 상보적 관계를 갖는다는 점이다. 국가주의 통일론과 시민사회통일론이 상호보완성을 갖는 것은 무엇보다 민주주의의 문제와 연관되어 있다. 기본적으로 국가와 시민사회는 민주주의가 확장될수록 구조적 파트너십의 가능성이 높아진다. 시민사회통일론은 전적으로 시민사회의 자율성이 신장된 조건을 전제로 하기 때문에 민주주의의 수준이 높을수록 시민사회통일론은 확장될 수 있다.

요컨대, 시민사회통일론은 민족통일의 가치와 지구적 공공성의 가치를 동시적으로 수행하는 하나의 과정이다. 경우에 따라 국가와 구분되는 시민사회는 경제영역까지를 포괄하는 것으로 해석되기도 한다. 말하자면 시민사회를 거래 및 시장의 경제영역과 협력과 참여의 도덕-윤리적 영역의 두 가지 영역으로 구분할 수도 있다(박순성, 2008: 24). 그러나 이 장에서는 분석적으로 시장과 구분되는 시민사회의 영역을 강조한다. 따라서 대북 민간교류의 차원도 시장과 시민사회로 구분할 필요가 있다. 이러한 구분은 시장영역의 자율적 활동을 이론적으로 뒷받침할 뿐만 아니라 시민사회통일론의 자율성을 구축하는데도 의의가 있다.

3. 탈냉전 시장주의 역사국면과 통일프레임의 변화

1) 남북한의 교류와 협력

하나의 역사국면에는 당대의 주요 사회구성 요소들이 결합되어 해당 역사국면에 독특한 '역사적 프레임'을 형성한다(조대엽, 2010a: 6). 프레임frame은 개인이 삶의 공간과 세계에서 일어나는 일들을 지각하고 위치 지우며 구별하고 이름 붙이는 것을 가능하게 해 주는 해석의 틀을 의미한다(Goffman, 1974).

역사적 프레임은 특정의 역사국면에서 해당 사회와 해당 시대의 가장 주요한 모순구조를 반영하기 때문에 당대의 제도, 운동, 의식 등에 내재된 의미의 복합구조로 형성된다. 역사적 프레임으로서의 통일프레임 역시 당대의 제도영역과 운동의 영역, 의식의 영역 등에서 나타나는 주요한 특징들로 구성된 남북관계와 통일에 관련된 해석의 틀이라고 말할 수 있다. 일종의 역사적 통일프레임으로서의 국가주의 통일론은 탈냉전 시장주의 역사국면을 맞아 제도영역과 사회운동의 영역, 의식의 영역 각각에서 나타나는 변화에 따라 새로운 통일프레임이라고 할 수 있는 시민사회통일론으로 전환되었다.

우선, 제도영역에서는 1990년대 이후 탈냉전의 역사국면에서 지속적으로 확장되었던 남북한의 교류와 협력사업을 들 수 있다. 1990년대 이후 최근까지 남북한의 전체 교역량은 지속적으로 늘어났다. 1990년대는 지구적 수준에서 동구의 붕괴와 함께 국내적으로 정치민주화 과정이 전개됨으로써 시장영역과 시민사회 영역의 괄목할 만

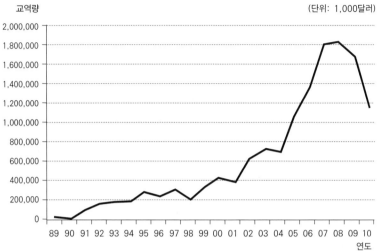

〈그림 9-1〉 남북교역의 연도별 현황

교역량   (단위: 1,000달러)

출처: 통일부(2010), 《2010 통일백서》.

한 성장이 있었다. 따라서 자율성이 확장된 시장영역의 대북교역이 크게 늘어났으며 특히 2000년대 들어서는 남북정상회담과 6·15 선언의 효과로 큰 폭의 교역성장이 있었다.

〈그림 9-1〉은 시장영역에서 전반적인 대북교역량이 크게 늘어난 점을 잘 보여 주고 있다. 실제로 남북 정상회담 이후 경의선 철도와 개성-문산 간 도로 연결, 임진강 수해방지사업, 개성공단 건설 등의 사업을 추진함으로써 경제협력의 규모가 크게 확대되었다(안리라, 2010: 49). 경제적 교류와 함께 민간단체의 대북지원과 사회문화적 교류 또한 크게 확대되었다.

〈그림 9-2〉에서 알 수 있듯이 민간 차원의 대북지원이 1990년대 들어 꾸준히 증가하며 1990년대 말에서 2000년대 들어 지원 규모가 가파르게 성장했다. 정부는 1998년에서 1999년에 민간 차원의 대북

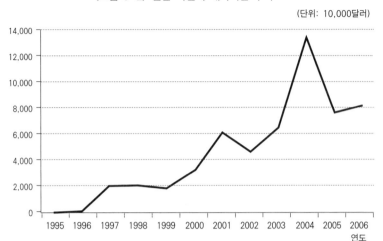

〈그림 9-2〉 민간 차원의 대북지원 추이

(단위: 10,000달러)

출처: 통일부(2007), 《2007 통일백서》, 140쪽.

지원 활성화 조치를 시행했다. 1998년에는 대북지원 협의 및 분배확
인을 위한 민간단체 대표의 방북 허용, 남북적십자 간 지원물품의 인
도과정에 민간단체 대표들의 참여 허용, 언론사와 기업체가 협찬하거
나 후원하는 대북지원모금을 위한 자선음악회, 바자 등 이벤트성 행
사개최 허용, 민간단체가 추진하는 협력사업 방식의 대북지원 허용
등의 조치가 취해졌다.

　아울러 1999년에는 민간 차원의 대북지원 창구 다원화 조치가 있
었다. 이에 따라 우리민족서로돕기운동본부, 겨레사랑북녘동포돕기
운동본부, 천주교 민족화해위원회, 기독교 북한동포 후원연합회 등
지원 실적이 많은 민간지원단체들이 한국 적십자사를 거치지 않고
독자적으로 북한 측과 지원협상, 전달, 분배, 감시 등을 할 수 있었다
(안리라, 2010: 49). 이러한 민간 차원의 교류 역시 2000년 남북 정상

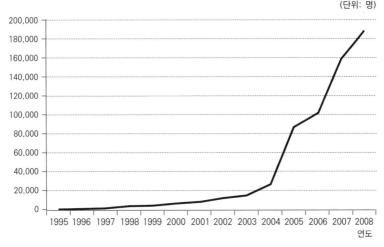

〈그림 9-3〉 연도별 방북인원 변화 추이

(단위: 명)

출처: 통일부(2009), 《2009 통일백서》, 236쪽.

회담과 6·15 선언을 통해 남북한의 협력 범위를 경제영역을 넘어 사
회, 문화, 체육, 보건, 환경 등의 제반분야로 확대하는 것에 합의함으
로써 교류의 탄력을 받았다.

이와 같이 시장영역의 대북교역과 민간 차원의 대북지원, 나아가
사회문화적 교류를 포함하는 남북 교류협력의 증대는 1990년대 중
반이후 인적 교류의 규모를 크게 늘어나게 했다. 〈그림 9-3〉에서 보
는 것처럼 남한에서 북한을 방문하는 왕래 인원이 1990년대 말부터
큰 폭으로 늘어나 2000년에 7,280명에서 2003년에는 1만 5,280명
으로 두 배 이상 증가했으며 2008년에는 18만 6,443명으로 급속한
증가세를 보인다. 이 가운데 사회문화 분야와 관련된 방북도 크게 늘
어나 대규모 남북공동행사, 학술토론회 등과 관련해서 언론, 방송, 출
판분야, 종교분야, 문화예술분야 등에서 왕래 인원이 크게 늘어났다.

이처럼 정부, 시장, 시민사회의 제도영역에서의 대북관계변화는 남북 교류와 협력의 확장으로 나타났다. 분단·국가주의 역사국면에서 대북관계는 정부독점의 상태에 있었다. 남북 교류협력의 확장은 이러한 정부의 대북창구 독점의 구조가 해체되는 과정을 잘 보여 주는 것이라고 할 수 있다. 특히 남북 정상회담과 6·15 선언을 가능하게 한 김대중 정부의 햇볕정책은 현재의 한반도 조건에서 기본적으로는 정부주도의 대북교류라는 한계를 갖는다. 하지만 이른바 대북 포용주의 정책이 갖는 시민사회지향성은 탈냉전·시장주의 역사국면에서 시민사회통일론의 획기적 의의를 제공하고 있다.

말하자면 대북포용주의 정책은 대북정책으로부터 발생하는 갈등을 시민사회와의 소통을 통해 관리했고, 남북한 주도의 민족문제 해결을 강조함으로써 경제협력과 정치군사영역을 분리시켰으며 이에 따라 사회문화 교류의 영역을 확대했다(조대엽, 2009: 53). 이러한 효과는 시민사회에 대북접촉의 기회를 확대시킴으로써 시민사회의 제도영역에서 통일운동을 확장시킬 수 있는 가능성을 마련한 것이다. 무엇보다 대북 포용주의 정책에 내재된 인도주의 혹은 도덕주의적 지향은 진보와 보수를 망라한 복합구조를 가진 대북교류협력 관련 시민단체들과 친화력을 확보할 수 있는 중요한 요소였다.

2) 통일운동의 분화와 시민 · 평화프레임

해방 이후 1980년대까지 분단·국가주의 역사국면에서 전개된 사회운동의 흐름은 '민족민주운동의 주기'에 해당한다고 할 수 있다(조대엽, 2010a). 4월 혁명과 6·3 항쟁, 1970년대의 반유신운동과 부마항쟁, 1980년의 광주항쟁, 1987년의 6월 항쟁 등은 민족민주운동의 주기를 구성하는 순환적 운동들이라고 말할 수 있다. 이 시기 통일운동은 민주화운동의 연장에서 나타났으며 민주화운동이 급진화되는 경향 속에서 통일운동 역시 진보적 민족주의에 바탕을 두고 급진화된 민중적 통일운동을 지향하는 흐름이 주류를 이루었다.

1960년대에는 4월 혁명 직후의 개방적 공간에서 학생운동진영에서 '민족통일연맹'이 연속적으로 결성되고 시민사회에서도 민족혁명노선을 추구하는 진보적 청년단체들이 통일운동을 주도하는가 하면, 1961년에는 4월 혁명 이후 활동한 사회단체들을 거의 망라한 최대의 연합체로 '민족자주통일협의회'가 조직되기도 했다. 1970년대에는 이른바 비합법지하조직 형태의 통일운동단체들이 있었으나 표면화되지 못했고, 재야진영에서 공개적 통일운동이 추진되기도 했으나 민주화운동의 큰 흐름에서 주도적 이슈로 등장하지 못하는 한계를 보였다.

1980년대 들어 진보적 종교계를 중심으로 통일운동관련 조직들이 생겨나기 시작했고 보다 적극적인 통일운동은 재야와 학생운동진영에서 확산되었다. 1985년 '민족통일민중운동연합', 1990년 '전국민족민주운동연합', 같은 해 남한과 북한, 해외조직을 포괄하는 '범민족연합'이 출범함으로써 재야의 통일운동을 확장시켰고, 전대협과 한총련으로 이어지는 학생운동 진영 또한 1980년대 중반 이후 이른바 '민족해방' 계열이 학생운동의 주류로 등장함으로써 급진적 통일운동을 주도했다. 이 같은 재야와 학생운동의 급진적 통일프로젝트는 1980년대 말 문익환, 황석영, 임수경 등의 방북사건으로 이어지면서 통일에 관한 국민적 관심을 환기시키는 계기가 되었다(조대엽, 2010b: 167). 민족민주운동의 주기에서 전개된 이 같은 통일운동은 급진적 민중주의와 진보적 민족정체성에 기반을 두고 있었다.

1990년대 이후 탈냉전·시장주의 역사국면의 사회운동은 민족민주운동의 주기에서 시민사회운동의 주기로 전환되었다. 1989년 경실련, 1993년 환경운동연합, 1994년 참여연대 등의 시민사회단체가 설립되면서 이들이 주도하는 시민운동이 한국에서 새로운 사회운동으로 등장한 것이다. 시민사회운동의 주기에서 통일운동은 분화되는 경향을 보였다. 1980년대 민중지향의 급진적 민족주의를 잇는 단체들의 활동이 지속되는 한편, 시민운동의 영역에서 활동하는 통일관련 시민사회단체나 인도적 대북지원단체의 활동이 새로운 흐름을 이루었다. 이러한 새로운 통일운동의 경향은 무엇보다 1990년대 후반부터 급속히 확대된 남북교류 협력에 따른 측면이 크다. 앞에서 보았듯이 1999년 민간 차원의 대북지원 창구 다원화 조치는 시민사회의 통일운동단체들을 활성화시켰고 나아가 정부와 참여적 협치의 파트너십을 가짐으로써 통일과정에서의 시민사회의 역할이 크게 부각되었다.

1990년대 통일운동의 또 하나의 새로운 흐름으로는 평화운동이 있다. 평화운동은 다양한 형태를 띠지만 평화 이슈 자체는 국가와 민족, 이념을 넘어 지구적인 보편성을 추구하는 운동이다. 따라서 평화운동은 자율적 소통의 영역으로서의 시민사회에서 전개되는 가장 전형적인 시민운동이라고 말할 수 있다. 그러나 평화운동이 광범한 영

역에 결부되어 있는 만큼 각 사회의 특수성이 뚜렷이 반영되어 나타
나는 점 또한 주목하지 않을 수 없다(조대엽, 2010b: 169). 따라서 시
민사회운동의 주기에 나타나는 평화운동은 장단기적 목표의 보편성
과 특수성에 따라 인류보편적 가치를 지향하는 평화운동과 한반도
특수적 평화운동을 구분할 수 있다. 반전·반핵·군축운동, 생태가치
를 평화와 연계하는 생명평화운동, 사회적 소수자를 위한 인권운동
으로서의 평화운동, 여성평화운동, 평화문화 및 교육운동, 지역에 기
초한 풀뿌리평화운동 등이 비교적 '보편적 평화운동'을 추구한다면,
북한돕기운동이나 반미통일운동 등은 '한반도 특수적 평화운동'이
라고 할 수 있다(구갑우, 2006: 10~11).[3]

평화운동의 이 같은 유형 가운데 한반도 특수적 평화운동은 통일
운동과 직접적 연관을 갖는다. 아울러 인류보편적 가치를 지향하는
평화운동 또한 한반도에서의 반전, 반핵을 주창함으로써 한반도의

---

3 구갑우는 2004년에 개최된 한국 평화활동가 워크숍에 참가한 평화운동단체들을 준거
   로 해서 다양한 방식으로 평화운동을 유형화한다. 이 가운데 주체를 기준으로 한 분류는
   주목할 만하다. 우선 그는 평화운동의 주체에 따라 '시민적 평화운동'과 '민중적(계급
   적) 평화운동'으로 구분한다. 그에 따르면 시민적 평화운동이 폭력과 전쟁의 희생자로
   서의 보편적 인간을 상정한다면 민중적 평화운동은 자본주의가 야기하는 비평화에 주
   목한다. 이러한 구분에서 구조적 폭력을 가하는 주체로 국가와 자본이 설정될 수 있는데
   시민적 평화운동이 '반(半/反)국가평화운동'을 지향한다면, 민중적 평화운동은 '반(半/
   反)자본 평화운동'에 근접한다. 둘째, 한반도 특수적 분단체제로 인해 '민족주의적 평화
   운동'과 '반/비 민족주의적 평화운동'을 구분할 수 있다. 여기서는 주체의 문제뿐만 아
   니라 평화운동의 목표로 설정되고 있는 통일과 평화가 화학적 결합을 할 수 있는 가치들
   인지가 쟁점이다(구갑우, 2006: 12). 구갑우의 분류에서 민중적 평화운동을 제외한 세
   가지 평화운동 – 시민적 평화운동, 민족주의적 평화운동, 반/비민족주의적 평화운동 –
   은 모두 이 장에서 강조하는 '시민사회통일론'에 포괄된다.

평화상태를 추구할 때 한반도 통일운동과 연결되기 쉽다. 아무튼 시민사회운동의 주기에서 평화운동은 통일운동을 분화시키는 계기로 작용하고 있다. 따라서 1990년대 이후 통일운동은 다른 무엇보다 시민사회적 지향이 확대됨으로써 국가독점성과 민중지향성을 크게 벗어나고 있다. 말하자면 통일운동에서 시민·평화 프레임이 확대됨으로써 국가주의 통일론의 패러다임에서 벗어나고 있다.

3) 탈냉전의 시민의식

분단·국가주의 역사국면에서 통일의식은 강력한 민족주의에 기반을 두고 있다. 이러한 민족주의는 국가이념과 중첩되어 냉전보수의 민족주의와 냉전진보의 민족주의가 분화와 대립의 구도를 형성했다. 탈냉전·시장주의 역사국면으로의 전환과 함께 이 같은 좌우 이념의 민족주의는 약화되는 경향을 보이고 있다. 말하자면 강력한 냉전적 민족정체성에 기초한 통일의식은 점차 약화되고 있는 것이다.

한국 사회에서는 이른바 남남갈등으로 불리는 이념갈등이 여전히 가장 심각한 사회갈등의 요인으로 간주된다. 분단상황이 현실적으로 존재하는 조건에서 북한과의 크고 작은 문제가 생길 때마다 냉전보수세력의 공세가 극대화되고 이에 대한 진보진영의 대응이 뒤따름으로써 얼핏 보아 분단·국가주의의 역사적 프레임은 조금도 위축된 것 같지 않다. 그러나 나는 거대한 역사적 프레임으로서의 분단·국가주의는 종료되었고 그에 따른 이념의 민족주의 또한 마감된 것으로 본다. 탈냉전·시장주의 역사국면에서 나타나는 이념의 갈등현상은 냉전적 국가주의의 잔영이다. 소수의 냉전보수세력들은 존재하기 마련이고 이 세력은 현 시점에서 이념의 외피를 쓴 이익으로 무장되어 있다. 여야의 정치지형에서 보수여권은 정치적 이익에 따라 냉전의 이념을 불러들이고 냉전보수세력은 여기에 활용되거나 화답하는 구조이다.

이 같이 냉전의 잔영을 보여 주는 일면적 현실과 달리 우리는 탈냉전과 탈이념의 민족주의가 넘치는 시민사회의 현실과 직면해 있기도 하다. 2002년 월드컵과 2010년 월드컵 경기에서 한국 사회의 거대한 응원의 물결은 그러한 현실을 보여 주는 하나의 지표일 수 있다. 물론 8강과 4강 그리고 결승에 진출하는 나라의 경우 수십만 명의 응원군중이 길거리를 메우기 때문에 이 현상이 한국만의 것은 아니다. 그러나 한국 사회의 특수한 조건을 고려한다면 월드컵 응원군중에게서 우리 사회의 의미 있는 변화를 관찰할 수 있다.

예컨대 2002년 월드컵 응원에서 나타나기 시작한 젊은 여성들의 태극기 패션은 20세기 국가주의의 쇠퇴를 읽을 수 있는 일종의 코드를 담고 있다. 국기는 민족과 국가를 상징하는 신성하고 엄숙한 숭배의 대상이었다. 특히 식민과 전쟁의 20세기에 국기는 침략과 지배에 대한 항거와 민족적 성취를 응축한 국가주의의 표식이었다. 그러한 태극기가 젊은이들의 몸을 감싼 패션으로 등장함으로써 일종의 '국가의 기호화' 현상을 드러낸 것이다.

인터넷을 비롯한 뉴미디어의 초고속 성장은 지구촌 전체를 네트워크화 함으로써 월드컵이 어디에서 개최되더라도 현장성을 공유하게 한다. 여기에 스포츠 시장주의의 팽창은 예선을 통과한 나라의 국민들을 월드컵의 열광적 소비자로 둔갑시켜 점점 더 거대한 스포츠 군중을 양산하고 있다. 중요한 것은 서울광장과 영동대로, 한강변을 가득 메운 붉은 물결에서 우리는 이념의 적이 사라진 탈냉전의 민주주의에서 자란 '자유의 아이들'을 보고 있다는 점이다. 그들은 한국 팀을 응원하는 '민족성'을 비치지만 광장에서의 해방을 만끽하며 자신의 열정을 표출하는데 오히려 충실하다. 또 북한 팀의 패배에 아쉬워하며 북한 선수 '정대세'의 매력에 흠뻑 빠지기도 한다(조대엽, 2010c).

2010년의 월드컵 응원에서 주목해야할 또 하나의 지점은 외국인 노동자와 외국인 학생, 다문화 가족이 한국 팀의 경기에 함께 응원하며 함께 열광하고 있다는 사실이다. 이미 한국 사회에는 외국인노동자가 크게 증가하고, 이른바 다문화가정도 확대되고 있다. 한 국가 내에 공존하는 다양한 민족들이 '국민적' 이슈에 함께 열광하고 함께 고민하는 현실은 민족주의에 대한 새로운 접근을 요청하는 것일 수 있다. 국가이념으로 규격화된 냉전적 민족주의가 아니라 민족적 가치가 시민적 자발성에 기반을 둔 다양한 다른 가치와 공존하는 현실은 탈냉전적 역사국면의 새로운 시민사회를 예고하는 것 수 있다.

2000년대 중반 이후 통일의식의 변화에도 이 같은 탈냉전·시장주의의 역사적 프레임은 일정하게 반영되어 있다. 서울대 통일평화연구소의 2010년 통일의식조사에 따르면 통일의 필요성을 묻는 질문에 대해 응답자의 59%가 필요하다고 답했다. 통일이 필요하다는 응답은 2008년에는 51.8%, 2009년에 55.8%에 이어 3년간 지속적으로 상승하는 추세를 보이고 있다(박명규·김병로 외, 2008; 박명규, 김병로 외, 2009; 박명규·김병로 외, 2010). 그러나 2007년 같은 조사에서 통일이 필요하다는 응답이 63.8%였고, 2005년 통일연구원의 통일문제국민여론조사(박종철, 박영호 외, 2005)에서 통일의 당위성에 대해 83.9%가 찬성한 것과 비교하면 통일의 필요성에 대한 인식이 상당히 낮아진 것으로도 해석할 수 있다.

3년간 통일의 필요성에 대한 인식이 상승세를 보인다고 하더라도 그것은 북핵문제나 천안함 사태와 같은 주요 사건의 영향에 따른 것일 수 있다. 적어도 2008년 시점에서 본다고 하더라도 국민들의 약 절반이 통일이 필요하다고 생각하고 다른 절반이 통일에 대해 그저 그렇거나 필요하지 않다고 생각하는 것은 불완전한 민족국가라는 인식에 바탕을 둔 국가주의 통일론의 시각에서 본다면 통일관의 엄청난 변화라고 말할 수 있다.

통일이 필요한 구체적 이유에 대한 시민의식은 더욱 뚜렷한 변화의 경향을 보인다. 통일이 필요한 이유에 대해 같은 민족이기 때문에 통일해야 한다는 응답이 2010년 조사에서는 43%로 가장 많은 응답률을 보였지만, 2008년에 57.9%, 2009년 44%에 이어 지속적으로 감소하는 추세를 보였다. 이와 달리 전쟁 위협을 해소하기 위해 통일해야 한다는 응답자는 2008년 14.5%, 2009년 23.4%에서 2010년에는 24.1%로 늘어나는 추세를 보였다. 선진국이 되기 위해 통일해야 한다는 응답 또한 2008년 17.1%, 2009년 18.6%에서 2010년에는 20.7%로 늘어났다.

이처럼 통일이 필요한 이유에 대한 응답에서 민족정체성에 바탕을 둔 당위적 통일의식이 점차 약해지고 있다는 점을 알 수 있다. 반면에 전쟁 위협이나 선진화 등의 현실주의적 요인 때문에 통일해야 한다는 의식은 점점 더 늘어나고 있다. 이러한 결과는 다른 국민의식조사에서도 크게 다르지 않다. 2005년 통일연구원 조사에서도 통일의 이유에 대해 '단일민족의 재결합'이라는 항목에 대해 35%의 가장 높은 응답률을 보이기는 했으나 '경제발전' 항목에 27.9%, '전쟁발생 방지'라는 항목에 20.4%가 응답했다. 이산가족의 고통해소(11.4%), 북한주민 삶의 개선(3.2%) 등의 응답도 있었다. 단일민족의 재결합이라는 민족정체성에 기초한 통일관이 상대적으로 높은 응답이기는 하지만 다른 실용적 이유를 합한 비율과 비교할 때 35%는 그리 높지 않은 응답이라고 할 수 있다.

통일에 관한 이 같은 시민의식의 변화는 국가주의 통일론에서 강조되는 민족정체성과 냉전적 민족주의의 가치가 크게 약화되었다는 점을 알 수 있게 한다. 특히 2008년 서울대 통일평화연구소의 조사에서 통일보다는 '현재 상태가 좋다'는 응답이 16.3%나 되고, 이 응답률은 2007년의 11.8%에 비해 4.5% 증가한 것이며, '통일에 대한 관심이 없다'는 응답도 8.6%로 2007년의 4.8%에 비해 약 2배 증가한 사실은 통일에 대한 무관심의 수준도 무시할 수 없는 규모로 늘어나고 있다는 점을 보여 준다. 탈냉전시장주의의 역사국면에서 나타나는 이 같은 통일의식의 변화는 무엇보다 통일문제가 국가의 문제나 민족의 문제로 인식되는 거대한 과제로서의 관심은 약화되는 한편, 시민들의 직접적 관심이 현실적 삶의 문제에 몰입하는 경향을 반영한다. 따라서 통일에 대한 관심은 현실적 생활의 문제와 결부된 관심으로 변화하고 있다는 점을 강조할 수도 있다.

4. 시민사회통일론과 시민민족주의

1) 시민민족주의의 논리와 한반도 정체성

분단·국가주의 역사국면에서 국가주의 통일론은 실질적 통일을 지향하는 진정한 통일정치를 추구하는 것이 아니라 권력운용을 위한 수단으로 통일을 추구하는 경향이 있다. 오랫동안 통일을 정치권력 운용의 수단으로 활용하는 것이 가능했던 것은 남과 북이 단일민족의 정체성으로서의 민족주의를 당연한 것으로 받아들였기 때문이다. 여기에 냉전적 국가주의 이념이 덧씌워지면서 냉전적 민족주의는 민족을 통합시키는 데 기여한 것이 아니라 오히려 분단을 더욱 고착화시키는 장치로 작동했다.

이제 냉전적 민족정체성과 통일의식이 점점 더 쇠퇴하는 탈냉전·시장주의 역사국면의 현실에서 시민사회통일론을 구성하는 새로운 민족주의 프레임으로 '시민민족주의civic nationalism'에 주목할 수 있다. 인종적 민족주의ethnic nationalism와 대비되는 시민민족주의는 탈근대의 지구적 사회변동에 따라 '민족'개념을 재정의하는 시도와 결부되어 있다. 주지하듯이 근대 국가에서 민족주의는 사회통합의 동력이자 효과적인 정치적 동원의 기제로 사용되었다. 민족주의는 감정, 신화, 혈통을 공유하고 있다는 공통의 인식과 공통의 문화를 통해 구성원들 사이에 유대감을 형성할 수 있게 했다. 따라서 민족은 근대 정치 공동체에서 정체성의 주요한 원천이 되었고 타국민과 자국의 시민을 구분하는 기준이 되기도 했다. 근대사회구성체의 정치적 필요에 따라 '민족' 관념이 사회적으로 구성되었다는 입장에도 주목할 수 있다. 즉, 근대 정치에서 민족은 '상상된 공동체imagined community'의 근간이 되었으며 상상된 공동체로서의 민족은 가족, 친족보다는 광범하지만 코스모폴리타니즘의 '인류'보다는 좁은 범위의 개념이 되었다는 점을 강조하기도 한다(Schwarzmantel, 2004: 389).[4]

오늘날 탈근대성의 변화된 조건에서 민족국가와 민족주의는 강력한 도전에 직면해 있다. 이러한 도전을 국가 내부의 도전과 외부의 도전으로 구분해 볼 때, 내부의 도전은 국제이주에 따른 일국 내 다문화적 시민의 정체성을 구성하는 다양한 원천들과 관련된 것으로 이러한 다양성은 전통적 민족주의에 의해 통합될 가능성을 점점 더 낮아지게 하고 있다. 이와 아울러 외부의 도전은 민족국가에 필적할 만한 초국적 제도 및 국제적 충성심과 관련되어 있다(Schwarzmantel, 2004: 390).

이러한 탈근대 지구화 과정에서 전통적인 혈통적 민족주의는 점점 더 운신의 폭이 좁아지고 있다. 특히 한국에서의 냉전적 민족주의와 같은 배타적 특성이 강화된 민주주의의 형태는 민주주의를 약화시키

---

4 민족을 상상된 공동체로 규정하는 관점(Anderson, 1991)과 아울러 홉스봄이나 겔너 등의 고전적 근대주의자들은 민족주의의 중요성이 점차 감소하고 있다는 점을 강조한 다(Hobsbawm, 1990). 겔너는 민족주의가 농경사회에서 산업사회로 전환되는 시점에 중요성을 가졌으며 산업사회에 들어 점차 중요성이 약화되고 후기 산업사회에서 민족 주의의 동원력은 사라졌다고 주장한다(Gellner,1983). 나아가 민족주의는 외부인을 공동체 내부 구성원과 자문화를 위협하는 집단으로 인식하게 하여 민족구성원을 동원 한다는 점에서 병리적 형태라는 설명도 있다(Greenfeld, 1992). 민족주의와 민족개념 이 과장되게 민족정체성과 민족특수성을 강화했다는 것이다.

고 시민권을 위축시킨다. 그럼에도 불구하고 1989년 이후 공산주의
가 붕괴한 소비에트 연방 지역에서 민족주의는 새로운 부흥을 맞는
한편, 자유주의 국가에서는 지구화의 동질화 경향 속에서도 혈통적
민족의 의미가 여전히 지속되고 있다. 어쩌면 우리는 다시 민족주의
에 있어서 반민주주의의 요소와 분열적 요소가 문제시되는 변화된
조건을 맞고 있는지도 모른다. 이러한 여건에서 민족주의를 부정하
지 않으면서도 민주주의를 보장할 수 있는 대안으로 시민민족주의에
주목할 수 있다.[5]

　시민민족주의는 '민족'을 시민들의 집합으로 규정한다. 말하자면
시민이 곧 민족인 것이다. 시민으로서의 민족은 정치적 권리를 공유
하고 민주주의의 절차에 복종함으로써 결속되어 있다. 이 점에서 시
민민족주의에서의 민족 개념은 민족을 혈통과 태생적으로 결정된 것
으로 간주하는 인종적 민족주의와 달리 정치적인 것이다. 시민민족
주의는 인종, 피부색, 종교, 성별, 언어, 민족성 등에 상관없이 정치
공동체의 정치적 신념을 따르는 모든 사람들을 민족으로 포함한다.
적어도 시민민족주의에서 민족은 평등한 공동체, 시민이라면 갖게
되는 권리의 내용 등을 포함하며, 정치적 실천 및 가치의 공유를 통
해 애국심으로 통합되어 있다. 따라서 시민민족주의는 필연적으로
민주적이다(Ignatieff, 1994: 6). 대부분의 사회는 단일민족으로 구성

5　한국에서 시민민족주의에 대한 관심은 최장집에게서 찾아진다. 최장집은 민족주의를
　하나의 실체로 인정하고 그 위에 가능한 보편적 인류공동체의 원리를 모색할 수 있는 대
　안의 원리로 민주주의와 평화의 결합을 가능하게 하는 '시민적 민족주의'를 제시한 바
　있다(최장집, 1996: 200).

되어 있지 않다. 그리고 단일민족의 경우에도 동일한 인종으로서의 민족성에 대한 강조가 그들 사이의 다른 구획이나 차별, 불평등을 없애거나 약화시키지 않는다. 인종적 민족성은 단지 개인의 충성을 요구하는 여러 형태의 요구 가운데 하나에 불과하기 때문이다. 시민민족주의에 따르면 '시민민족'을 결속시키는 것은 혈통적 뿌리가 아니라 법이다. 민주주의적 절차와 가치를 따름으로써 개인들은 공동체에 소속되어 삶을 구성할 수 있는 권리를 얻을 수 있다. 이런 점에서 민족적 귀속national belonging은 합리적 결속rational attachment의 형태라고도 할 수 있다(Ignatieff, 1994: 7).

시민민족주의는 민족주의와 민족정체성이 민주주의의 절차와 제도에 결합된 형태이다. 시민민족주의는 시민으로서의 민족에게 개방적 정체성을 제공할 수 있고 이러한 점은 민주주의 사회의 유지 혹은 민주적 전환에 기여할 수 있다. 그러나 시민민족주의는 그 자체에 분열의 요소를 내재하고 있고, 더 강력한 다른 형태의 정체성에 의해 위협받을 가능성을 가질 수 있다. 그럼에도 불구하고 시민민족주의는 더욱 협애하고 배타적인 전통적 민족주의의 확장을 막을 수 있는 대안이 될 수 있다(Schwarzmantel, 2004: 394~395).

시민민족주의는 정치공동체의 규모에 따라 다양하게 범주화될 수 있다. 한국 사회와 같이 일국적 수준에서 형성될 수도 있고, 유럽공동체와 같이 광범한 지역적 수준에서 형성될 수도 있다. 지구적 수준과 일국적 수준의 중간 범주에서 다양한 지역적 정체성이 형성될 수도 있는 것이다. 남북한의 국가통합에 의해 법적 시민권으로 통합된 시민민족주의를 염두에 둔다면 한반도 공동체의 시민민족주의, 다시 말해 전통적 민족정체성을 넘어선 '한반도정체성'을 가늠해 볼 수도 있을 것이다. 통일의 과정이라고 할 수 있는 현시점에서 법적 시민권에 기초한 한반도 시민민족주의는 아니라고 할지라도 통일과 평화의 가치를 공유하는 한반도 통일주민의식을 지속적으로 확장시키는 것은 필요한 일이다. 이러한 점에서 시민민족주의는 한반도 통일 및 한반도 정체성에 관련된 몇 가지 중요한 함의를 갖는다.

첫째, 시민민족주의는 통일에 이르는 개방적 시민사회의 구조를 확보할 수 있다. 남한사회 내부에서 통일의 가장 심각한 장애는 냉전의 틀에 묶인 보수적 민족주의와 진보적 민족주의의 이념갈등이라고 할 수 있다. 이 같은 이념갈등은 편협한 민족주의를 낳고 그러한 민족주의는 통일을 위한 시민사회의 지평을 제약하고 있기도 하다. 새터민의 존재는 현실적으로 이러한 이념갈등의 희생물이 되고 있고, 다른 한편으로 새터민은 같은 민족으로서의 동일한 지위를 부여받기보다는 마이너리티로서의 균열을 반영하고 있다. 늘어나는 외국인 노동자와 함께 점점 더 늘어나는 다문화적 요소를 감안한다면 혈통의 민족주의를 넘어 시민적 민족주의를 확장하는 일이야말로 민주적 시민공동체를 가능하게 하고 그것은 곧 통일을 위한 개방적 시민사회를 구축하는 길이 될 수 있다.

둘째, 시민민족주의는 코스모폴리타니즘의 추상적 보편주의와 편협한 특수주의 사이에서 균형을 유지함으로써 더 많은 분열을 막을 수 있는 장치가 될 수 있다. 통일은 궁극적으로 사회통합의 문제이다. 한반도 통일의 문제는 냉전적 민족주의에 갇혀 진정한 통일정치가 유보되어 왔다는 점에서 민족적 특수주의는 통일에 도움이 되지 못했다. 나아가 국가통합 이후의 조건을 보더라도 서로 다른 국가형성의 역사를 가진 남한과 북한이 내부적으로 서로 다른 또 하나의 민족적 특수주의를 내재한 상태를 전망할 수 있다. 따라서 시민민족주의는 민족적 특수주의와 지나친 보편주의의 절충적 지점에서 통일이후의 새로운 분열을 예방할 수 있는 전망을 가능하게 한다.

셋째, 시민적 민족주의는 한반도 통일에 대한 지구적 지지 혹은 주변국의 지지를 확보할 수 있는 개방적 질서를 구축한다. 냉전적 민족주의는 기본적으로 타민족에 대해 배타적이거나 주요 우방에 대해서만 긴밀한 관계를 가짐으로써 필연적으로 국가 간 긴장과 위협의 구조를 만들게 된다. 그러나 시민적 민족주의는 보편주의적 개방성 혹은 지구적 공공성의 구조를 가짐으로써 주변국이나 세계사회로부터의 통일에 대한 지지구조를 확대할 수 있다.

시민민족주의는 무엇보다 혈통적 민족주의 혹은 인종적 민족주의가 왜 통일이 되어야 하는가라는 문제를 충족시킬 수 있는 답이 되지 못하는 현실을 반영하고 있다. 말하자면 근대 국민국가, 나아가 권위주의 국가질서를 지탱하는 핵심적 축으로서 반공이념과 민족주의는 실제로는 분단을 지향하는 이념으로 작동했지만 적어도 분단·국가주의 역사국면에서는 남북한이 통일되어야 하는 절대적 이유였다. 이제 탈냉전과 탈민족의 지구적 사회변동과정에서 냉전이념과 혈통의 민족주의로 포장된 국가주의의 외피가 벗겨진 후 혈통적 민족주의는 더 이상 통일의 절대적 이유가 될 수 없다.

이러한 점에서 통일은 오히려 시민적 삶의 영역을 훨씬 더 자아실현적이며 자아확장적으로 넓혀 가는 새로운 삶의 기회로 인식될 필요가 있다. 시민민족주의는 시민의 권리와 책임이 작동하는 정치적 영역과 시민의 구체적인 생활이 추구되는 실존적 삶의 영역에서 기존의 민족주의가 시민권을 중심으로 재구성되는 새로운 질서다. 보다 구체적으로 이 같은 시민민족주의는 남북한 주민의 혈통적 민족에 기초하는 것이 아니라 남북한 주민의 '생활'을 시민적 공공성으로 재구성해낸다는 점에서 '생활민족주의'라고도 말할 수 있다. 시민민족주의에 기초한 생활민족주의는 냉전이념이나 민족이 아니라 '삶'을 공유하는 사회적 공간과 경계를 중심으로 민족개념을 재구성할 수 있다는 점에 주목한다.

탈냉전·시장주의 역사국면은 일종의 지구적 정치·경제·문화적 과정으로 구성되어 있다. 이러한 과정에서 국가주의 패러다임은 통일의 실효성을 갖기 어렵고, 설혹 북한의 급변사태에 따라 통일이 갑작스럽게 다가온다고 하더라도 국가주의 통일패러다임은 통일보다 더 어려운 장기적 사회통합의 과제에 직면하는 명백한 한계를 드러낼 수밖에 없다. 이런 점에서 시민민족주의와 생활민족주의의 전망은 시민사회통일론의 새로운 지향이 될 수 있다.

2) 시민민족주의와 민족화해의 통일프레임

분단·국가주의 역사국면의 냉전적 민족주의는 적대와 대결, 분열의 구조를 만든다. 그러나 시민민족주의는 기본적으로 다양한 배경을 가진 사회구성원들의 공존구조를 보장하기 위한 장치가 될 수 있다. 따라서 시민민족주의는 분열과 해체의 사회변동 경향이 확장되는 탈냉전·시장주의 역사국면에서 민주적이고 이성적인 사회통합의 방식이라고 할 수 있다. 시민민족주의는 '시민민족' 내부의 차이를 인정하면서 수용과 공존의 구조에 참여한다는 점에서 평화주의를 기반으로 한다. 이런 점에서 시민사회통일론이 주목하는 통일프레임은 '민족화해'의 프레임이다.

분단은 단순히 남과 북을 물리적으로 갈라놓는 데 그치지 않고 중층적이고 복합적인 분열과 대립의 구조를 이루고 있다. 말하자면 1945년 해방은 지리적이고 인위적인 분단의 구조를 만들어 냈고, 1948년 정부수립은 두 개의 정권에 따른 분단구조를 중첩시켰다. 이어지는 한국전쟁은 민족 간의 적대와 증오를 누적시켰다. 이후 남과 북의 서로 다른 발전경로는 남한과 북한 주민의 문화적 삶의 양식에도 분단구조를 가중시켰던 것이다(이종석, 2010: 15~16). 이 같은 분단의 중층성은 분단의 상처가 구조적 수준에서 개인과 가족의 심리적 차원에 이르기까지 깊이 각인되어 있다는 점을 보여 주는 것이다.

화해의 프레임은 분단의 중층적 구조 가운데 시민사회의 가장 미시적 수준의 상처를 치유하는 데에 겨냥되어 있다는 점에서 통일에 이르는 가장 근원적이고 과정적인 접근 방식이라고 말할 수 있다. 특히 시민사회는 분단의 흔적이 가장 실존적으로 남아 있는 영역이면서 동시에 평화, 평등, 협동, 나눔, 도움 등의 가치가 가장 자발적으로 작동하는 영역이다. '민족화해'의 프레임은 이 같은 시민사회의 주요가치를 기반으로 분단의 가장 실존적인 영역에 접근한다는 점에서 가장 시민사회지향적인 통일프레임이라고 할 수 있다. '화해'

의 프레임은 상호 간에 평화로운 상태를 만드는 것을 지향한다는 의미에서 기본적으로 평화사상에 기초해 있다. 그것은 같음을 추구하나 다름을 인정하는 이른바 구동존이求同存異의 사상과 닿아 있고, 공생공화共生共和의 사상과도 결합되어 있다.[6]

현실적으로 화해의 프레임은 시민사회의 종교적 가치에 기원을 두고 있다. 교회 통일운동에서부터 시작되는 화해의 통일프레임은 시민사회통일론의 가장 주목되는 지점이다. 한국 기독교의 통일논의는 4월 혁명 직후 1961년에 강원용 목사의 통일논의 개방 요구 이후, 1981년 '회개'와 '화해'의 가치를 담은 한신대 주재용 교수의 '통일신학론'이 있었다. 통일신학은 평화, 기쁨, 상호의존, 공존공생적 사회조화, 사회정의 등의 뜻을 포함한 '샬롬shalom', 일치, 만남 등의 요소로 되어 있는데, 특히 샬롬은 화해, 자유, 희망의 요소로 집약된다. 비슷한 시기에 신학자들은 인간애와 화해로 남북통일의 가능성을 찾을 것을 강조했다(매일경제신문, 1983).

민족화해의 정신이 집단적이고 실천적 통일운동의 차원에서 최초로 제시된 것은 1989년 개신교, 천주교, 불교, 유교, 원불교, 천도교 등 6대 종교가 참여한 '민족화해 종교인 선언'이었다. 아시아 종교인 평화회의 한국위원회KCRP의 위원장이었던 강원용 목사의 주도로 '민

---

6 화해의 가치를 남북한 역사학의 교류에 적용시킨 '상생의 사학론'은 화해사상의 근원을 불교사상과 조선유학에서도 발견하고 있다. 조광 교수는 남한과 북한의 역사학계는 서로 상이한 역사이론과 방법론을 구사함으로써 상호 이질적 방향에서 역사를 연구한 바 민족화해의 사관에 대한 모색작업이 필수적이라고 강조한다. 이 같은 상생의 사학을 모색하는 과정에서 화해사상의 전통을 신라불교에서 원광과 원효의 화쟁의 논리, 조선 성리학에서는 장현광의 태극론 등에서 찾아내고 있다(조광, 2010)

족평화를 위한 종교인 회의'를 결성하고 남북화합을 추진하는 종교인 연합체를 태동시킴으로써 통일에 관한 종교계의 관점을 '민족화해'에 담았던 것이다(동아일보, 1989; 경향신문, 1989).[7]

　1995년에는 '천주교 서울대교구 민족화해위원회'가 발족함으로써 화해의 통일프레임은 확장되었다. 광복 50주년을 맞아 분단 50주년을 강조하면서 "오늘의 교회는 민족공동체의 화해와 일치에 기여해야할 책임을 지고 있다"고 선언했다(천주교 서울대교구 민족화해위원회 발족선언문). 여기서 교회는 화해와 일치의 성사임이 강조되었고 교회는 스스로 참회할 뿐만 아니라 민족 구성원 모두에게 참회와 용서의 용기를 북돋우는 역할을 할 것을 요청했다. 천주교 민족화해위원회는 '민족화해학교'를 운영하는가 하면 각 교구별로 민족화해 위원회를 출범시켜 화해의 통일프레임을 실천적으로 확장시켰다. 천주교계의 이러한 민족화해 프레임은 1998년 5월 북한에서 민족화해위원회가 발족하는 데 일정한 계기가 된 것으로 보인다.[8]

7　'민족화해'의 정신을 집약시킨 1989년의 종교인 선언은 분단시대의 불행이 종교인의 신앙적 성찰의 부족에도 원인이 있었음을 자성하고 민족 앞에 통일된 민족독립국가와 정의롭고 평화로운 민족의 재결합을 천명한다. 나아가 남북분단을 고착화하려는 열강의 침탈을 배격하고 "우리 민족의 운명을 우리 스스로 짊어짐으로써 민족화해와 민족평화를 실현, 새로운 문화창조의 계기를 삼고자 한다"고 밝히고 있다. 이에 따라 '민족평화를 위한 종교인회의'는 남북종교인의 자유로운 방문교류와 순례추진, 남북종교인의 평화모임 추진, 남북종교인이 함께 기도하고 대화할 수 있는 평화회당 건립, 남북평화 교계 공동편찬과 평화교육 전개, 남북종교인협의체 상설운영 등 5개 항의 실천강령을 채택했다(경향신문, 1989).

8　'민족화해'의 개념사를 추적하는 과정에서 나는 1989년 KCRP가 주도한 '민족화해종교인선언'의 초안을 작성했던 고려대 한국사학과의 조광 교수를 인터뷰했는데 북한 민족화해위원회의 발족에 대해 귀중한 언급이 있었다. 천주교 민족화해위원회가 1995년 출

시민사회단체 쪽에서는 경실련 통일협회가 운영하는 '민족화해 아카데미'가 천주교 민족화해학교를 모델로 1996년에 만들어졌다. 2010년 4월 현재 22기를 맞고 있는 경실련 민족화해 아카데미는 민족화해와 한반도 평화를 위한 논의의 장 확대, 남북경협 및 사회문화 교류협력의 전문교육 강화, 실사구시적 대북관 확립으로 남남갈등 해법 모색, 대북관련 이슈에 대한 공론형성과 사회적 합의도출 등의 목적을 추구하며, 2006년 대전, 2007년 강릉, 2008년 광주 전남, 2009년 부산, 2010년 춘천에 민족화해 아카데미를 개설함으로써 화해의 프레임을 확대하고 있다.

민족화해의 프레임은 1998년 200여 개의 정당, 종교, 시민사회단체로 구성된 통일운동의 상설협의체로 출범한 '민족화해협력범국민협의회'(민화협)의 구성에서 제도영역과 운동영역을 아우르는 성과를 얻었다. 민화협은 남북 화해 및 협력사업과 아울러 남남대화를 통

범한 후 그해 11월 조광 교수를 비롯한 천주교 민족화해위원회 관계자들은 미국 뉴저지에서 북한의 조선천주교협회관계자들과 회합을 갖고 '민족화해'에 관한 논의를 시작했다. 여기에서 조광 교수는 조선천주교협회 위원장이자 북한적십자 위원장이기도 했던 장재철(나중에 장재언으로 개명한 것으로 조 교수는 추측)과 약 2시간에 걸쳐 토론했고 그 과정에서 "이승만과 김일성이 통일을 강조했지만 결과는 전쟁이었는데 통일로 가는 전단계로 '화해'가 필요하다"는 등의 논의가 있었다고 했다. 이어서 1996년에 천주교 민족화해위원회에서 북한 측을 베이징으로 초청한 자리에서 북한의 장재철은 '민족화해' 개념에 대해 대단히 긍정적 반응을 보였다고 한다. 이후 1998년 5월에 조광 교수 일행이 평양을 방문했을 때 같은 시기에 북한에서 '민족화해위원회'가 발족하게 되었는데 남한의 천주교 민족화해위원회가 직접적으로 관련되지는 않았지만 그간의 회합과정에서 영향을 받았을 수 있다고 조광 교수는 추측했다. 또 북한 민족화해위원회의 발족 이후 정부기관으로부터 북측의 발족과 천주교 민족화해위원회와의 관련성에 대한 문의가 있었다고 조광 교수는 회고했다(조광 교수와의 인터뷰 자료 중).

한 합의의 도출을 핵심적인 사업방향으로 설정하고 있다. 이러한 방향은 민화협이 대북협력사업의 실질적 효율성을 높이는 데 기여하지만 보다 중요한 것은 보수적 단체와 진보적 단체를 포괄함으로써 남한 시민사회의 소통을 확대하는 데 있다(조대엽, 2009: 55). 분단의 현실적 조건에서 정부의 관여를 배제할 수는 없지만 민족화해의 정신과 전략에서 민화협은 시민사회지향성을 뚜렷이 보였다.

화해의 통일프레임은 시민사회통일론이 발굴할 수 있는 최적의 운동지향이고 또 그간에 실제로 시민사회 영역에서 괄목할 만한 통일운동의 성과를 만들기도 했다. 그러나 이명박 정부 이후 남북관계가 냉각되면서 화해의 프레임은 크게 위축되고 있으며 그것은 시민사회통일론 자체의 위축을 의미하는 것일 수 있다. 이러한 조건에서 시민사회통일론의 핵심지점으로서의 화해의 통일프레임은 다음과 같은 지향점을 가짐으로써 보다 확장될 필요가 있다.

첫째, 화해의 프레임은 '역사적 화해'를 지향해야 한다. 분단의 상처는 역사적으로 만들어졌기 때문에 분단의 과정에서 죽고 죽이는 경험과 갈라지고 흩어져 버린 비극적 체험은 역사적 기억으로 남아있다. 그러한 집단체험과 기억은 묻어버림으로써 잊히기를 기대하는 것이 아니라 역사의 상처를 공개적으로 확인하고 공론화함으로써 비극적 경험을 함께 아파하는 공유구조를 만들어야 새로운 역사로 나아갈 수 있다.

둘째, 화해의 통일프레임은 '교류적 화해'를 지향해야 한다. 다양한 형태의 남북 교류가 확대되어야 하겠지만 남한과 북한의 경제규모를 고려할 때 북한에 대한 지원적 교류의 폭을 늘려야 한다. 특히 최근 들어 북한은 김정은 체제 이후 경제사정이 호전되는 듯하지만 여전히 경제적 어려움을 겪고 있다. 북한에 대한 지원을 확장하는 방향의 교류는 화해의 가능성을 그만큼 높인다. 셋째, 화해의 프레임은 '참여적 화해'를 지향해야 한다. 화해의 프레임은 시민사회 지향적이다. 따라서 민화협과 같은 시민참여적 통일프로그램은 그만큼 근본적 화해에 근접하게 된다. 정부의 화해정책은 구호적이거나 선언에 그칠 가능성이 높다. 정부가 실질적이고 진정한 통일정치를 추구한다면 최소한 민화협의 구성과 같은 시민참여적 방식을 강화할 필요가 있다.

1990년대 이후 탈냉전·시장주의 역사국면에서 그간에 구축된 시민사회의 화해의 통일프레임은 이 같은 역사적 접근과 교류적 접근, 시민참여적 접근을 꾸준히 추구했다고 볼 수 있다. 무엇보다 화해의 통일관은 시민민족주의를 축으로 하는 시민사회통일론의 의미 있는 모델이라고 할 수 있다. 시민사회통일론이 어떤 시기보다 위축된 시점에서 이러한 화해통일론의 접근방식은 훨씬 더 적극적으로 추구되어야 한다.

5. 결론: 시민사회통일론의 위기와 전망

시민사회통일론은 탈냉전·시장주의 역사국면의 지구적 사회변동과 한국의 정치민주화에 따른 시민사회의 변화를 반영하는 통일패러다임의 하나이다. 국가주의 통일패러다임은 역사국면의 전환과 함께 이제 실효적 통일담론으로서는 뚜렷한 한계를 가진다. 새로운 역사국면에서 확장된 비정치적 민간교류와 평화운동, 시민사회주도의 통일운동, 시민참여적 통일 거버넌스 운용 등의 흐름은 시민사회통일론의 지평을 넓히는 새로운 실천이다.

시민사회통일론의 구상은 현실적 존재양식으로서의 시민사회와 규범공동체로서의 시민사회를 구분할 때 평화와 평등, 녹색과 자율, 공존의 가치를 지향하는 규범공동체로서의 시민사회에 초점을 둔다. 이 같은 시민사회의 규범과 가치는 편협한 냉전적 민족주의를 넘어서는 '시민민족주의'를 통해 구현됨으로써 통일지향적 시민사회의 조건을 확장할 수 있다. 시민민족주의는 인종적·혈통적 민족주의를 넘어 시민적 권리와 민주주의의 정치적 절차를 공유하는 시민적 존재 그 자체를 민족으로 보는 새로운 민족관이라고 할 수 있다. 시민민족주의는 적어도 지구적 공공성을 지향하는 시민사회의 다양한 가치를 민족정체성과 결합함으로써 보편주의와 민족적 특수주의를 동시에 내재한다. 무엇보다 시민민족주의는 냉전적 민족정체성을 넘어 시민적 정체성에 기반을 두기 때문에 통일 과정으로서의 개방적 시민사회를 구축하는 새로운 통일프레임이 될 수 있다.

이 장에서는 이 같은 '시민민족'의 정체성이 통일과정에서 생성될 수 있는 가능성으로서의 '한반도 정체성'을 전망하는 한편, 시민민족주의 이념의 실천적 형태로서의 '화해'의 통일프레임에 주목했다. 1989년 이래 한국의 종교계 통일운동에서 시민사회운동으로, 나아가 시민참여적 통일 거버넌스로 확장된 화해의 프레임은 민족정체성에 기반을 둔 '민족화해운동'이라고 할 수 있다. 그러나 이 같은 화해의 통일프레임은 경직된 민족주의에 갇힌 것이 아니라 우리 민족 간 화해를 넘어 서로 다른 민족과 계층, 모든 사회적 균열을 넘어설 수 있는 공존공생의 윤리를 내재한다는 점에서 시민민족주의의 이념과 결합될 수 있는 지반을 제공한다.

시민민족주의는 정치공동체 내에 존재하는 서로 다른 민족적 원천의 이질적 구성원들을 시민권과 민주주의의 절차로 통합시키는 질서다. 따라서 시민민족주의를 지향하는 시민사회통일론은 개방적 시민사회를 가능하게 하는 민주주의 정치질서를 필연적으로 요구한다. 분단·국가주의 역사국면에서 국가주의 통일론이 권위주의 정치질서와 친화력을 갖는다면 시민사회통일론은 민주주의 정치질서와 맞물려 있는 것이다.

이명박 정부 이후의 이른바 대북상호주의로 불리는 통일패러다임은 여러 측면에서 국가주의 통일론이 강화된 역행적 경향을 보이고 있다. 상호주의 패러다임은 김대중·노무현 정부의 대북포용주의 정책이 북한의 비타협적 태도와 약속불이행을 유발했다는 문제의식에서 남북관계를 균등하며 대칭적인 관계로 설정하는 한편, 상호 의무의 동시적 이행을 중시함으로써 매 단계 마다 합의의 이행이 평가되는 방식을 추구했다. 이 같은 상호주의 패러다임은 천안함 사태와 같은 주요 사건이 있을 때 마다 남북관계의 심각한 단절과 새로운 대결 국면을 만들었다. 무엇보다 대북상호주의에 내재된 시민사회 배제적 요소에 주목할 때 국가주의 통일론의 복고적 부활을 목격할 수 있다. 대북상호주의 정책은 정치군사문제와 경제 및 사회문화교류를 연계시킴으로써 정치안보중심의 국가주의 통일론을 지향한다. 특히 북핵 문제와 남북경협을 연계하는 것은 이른바 '비핵·개방·3000 구상'에서 제시되듯이 '비핵화'라는 정치안보적 쟁점에 우선순위가 두어지기 마련인 것이다(조대엽, 2009: 56~57).

이 같은 정치안보우위의 상호주의 정책에서 시민사회가 개입할 수 있는 여지는 극소화될 수밖에 없다. 또한 상호주의 패러다임은 국제관계지향성이 강조됨으로써 남북관계를 민족문제라는 차원보다는 국제정치적 맥락에서 해결하고자 하고 그것은 곧 한미동맹의 강화라는 편중된 축에 의존하는 결과를 낳았다. 국제관계지향성은 남북관계를 국제정치적으로 해결하고자 하는 방식으로, 여기서도 시민사회의 개입은 원천적으로 봉쇄되는 경향을 보인다.

이명박 정부 이후 이 같은 대북정책은 남북관계를 냉전적 갈등구조로 회귀시킴으로써 시민사회의 자율적 기능을 고도로 마비시키는 효과를 가져왔다. 현대 한국의 사회변동은 거대한 지구적 질서를 반영한다. 해방 이후 분단·국가주의 역사국면은 제 2차 세계대전 이후의 냉전과 국제분업구조의 재편에 따른 효과였으며, 1990년대 이후의 탈냉전·시장주의 역사국면은 사회주의 붕괴 이후 전개된 지구적 시장화 경향의 새로운 효과였다. 이러한 거대한 변화는 이미 아래로부터의 지구 시민사회적 경향을 동반하고 있다.

그럼에도 불구하고 이 같은 거대경향에 역행하는 국가주의 통일론을 회생시키는 것은 민주주의의 후퇴와도 결부될 수 있다. 국가주의 통일론의 귀환에 따른 한반도의 긴장이 확대되어서는 안 되고 한반도가 평화의 질서를 파괴하는 발원이 되어서는 더더욱 안 되는 일이다. 탈냉전의 역사국면에서 지구적 사회변동은 무엇보다 시민사회 통일론을 확장시킬 것을 요구하는 거대한 동력이다. 한국 사회만 이러한 거대변동에 역행하는 섬으로 남는다는 것은 민족통일과 민주주의에 있어서 역사적 과오가 될 수도 있다.

최근에 우리 사회에서는 흡수통일론과 북한의 급변사태에 대한 관심이 높다. 그것이 '우려'가 아니라 '기대'로 비치는 것은 이명박 정부 이후 확산된 국가주의 통일론의 회귀와 연관되어 있다. 시민사회 통일론은 일상적 상황의 통일을 지향한다. 화해와 소통의 극대화를 통해 한반도 분단의 무용론에 따른 통일이야말로 시민사회통일론의 지향점이다.

4부

생활정치운동의
주기

10
시민사회의 재구조화와 제 4의 결사체

1. 전환: 지구적 사회변동과 정치변동

우리 시대 정치사회변동의 전환적 기원은 2002년의 아주 특별한 집합적 경험에서 찾아질 수 있다. 2002년 한 해 동안 우리 사회는 세계의 이목을 집중시킨 대규모 집합행동을 연속적으로 경험한 바 있다. 월드컵대회의 폭발적 응원열풍과 반미 촛불시위, 그리고 연말 대선에서의 이른바 '노사모'의 활동 등 2002년의 사회문화적·정치적 경험은 유례없이 특별한 것이었다.

2002년의 대규모 집합행동에 이어서 나타난 변화는 무엇보다 권력이동을 비롯한 정치변동이었고 이러한 정치변동에서 가장 주목된 것이 바로 '세대'와 '시민사회'였다. 말하자면 한국의 시민사회를 새롭게 바꾸어 온 시민단체와 새로운 세대의 정치참여가 정권교체와 같은 권력이동을 가능하게 했던 것이다. 이러한 정치변동이 '포퓰리즘'으로 비난받기도 했지만 그것은 전략적 반응이자 정치과정에 관한 위로부터의 일면적 해석일 수 있다. 새로운 세대와 시민단체의 정치참여가 만들어 낸 정치변동은 보다 근원적인 사회변동을 반영한 것이며 그것은 비정치의 장에서 혹은 아래로부터 형성된 사회변동의 힘이 정치의 변화를 이끈 것으로 보는 사회변동론적 해석이 요구되는 것이다. 나아가 이러한 사회변동은 일국적이거나 사회의 한 영역에서 발생하는 변동이 아니라 지구적 규모의 전환을 반영하는 거대한 구조변동의 효과라고 할 수 있다.

이 같은 거대전환의 사회변동은 20세기 말 이래 더욱 가속화되는 세계화, 정보화, 민주화 등의 경향으로 요약된다. 이러한 경향은 현대 사회구성체의 핵심적 제도라 할 수 있는 국가-시장-시민사회의 관계와 기능을 변화시키는 근본적 사회변동을 초래한다. 특히 이런 변화는 근대 국민국가중심의 사회구성에 근본적 변동을 가져오고 있다는 점에서 어쩌면 문명사적 의미의 전환이라고도 말할 수 있는 것이다.

1980년대 이후 한국의 사회변동은 바로 이러한 거대전환을 반영한다. 민주화운동이 폭발적으로 전개되었던 1980년대가 국가권력의 억압과 이에 대한 저항이 중심이 되는 '정치의 시대'라면, 1990년대는 세계화·정보화·민주화의 거대경향이 적극적으로 작동되는 '자본과 문화의 시대'였다. 이런 시대를 거치면서 우리 사회는 '참여세대'라고 하는 새로운 세대를 만들었다. 1980년대 정치의 시대를 온몸으로 부딪히며 민주화운동을 통해 아래로부터의 변화를 꿈꾸고 실천했던 이른바 386세대가 '정치적 참여세대'라면, 자본과 문화의 시대에 전자적 대중을 형성하며 자유로운 욕구의 표출을 특징으로 하는 인터넷 세대 혹은 정보화 신세대가 '문화적 참여세대'로 주목되었다.

우리 사회에서 컴퓨터 1세대라고도 할 수 있는 386세대가 인터넷 세대와 연계되면서 정치변동은 현실화되었다. 이 두 세대의 인터넷 문화로의 결합은 일반적으로 정보화시대를 사는 새로운 세대가 '탈정치화된 문화세대'로 규정되는 것을 넘어서 '정치를 문화적으로 수용한 세대'가 되게 했다. 이들이 만들어 낸 '정치의 문화화' 현상은 정치를 더 이상 국가영역에 국한되거나, 의회나 정당의 전유물이 될 수 없게 하는 정치변동의 가능성을 보여 준 것이기도 하다. 특히 시민사회의 다양한 결사체가 국가 및 시장의 관계에서 새로운 조정기제로 등장함으로써 이제 국가에 집중된 정치로부터 시민사회로 분산되는 정치영역의 확장이 기대되는 것이다. 이러한 점에서 2000년대에 권력이동을 가능하게 한 정치변동은 새로운 세대의 등장에 의한 '세대이동'과 시민사회로의 '영역이동'을 포괄하는 것으로 볼 수 있다.

이 장은 이 같은 세대이동과 영역이동을 반영하는 정치사회적 변동의 과정에서 2000년대 들어 한국의 시민사회에서 나타나고 있는 주목할 만한 변화를 '시민사회의 재구조화'로 보고 이를 다양한 수준의 시민결사체 형성을 중심으로 설명하는 데 목적이 있다. 즉, 이제는 한국의 시민사회에서 안정된 제도로 등장한 주요시민단체의 활동과 함께 최근 인터넷을 매개로 폭증하고 있는 다양한 자발집단 — 이른바 온라인 커뮤니티 — 을 거대전환을 반영하는 사회변동의 획기적 지표로 강조하고자 한다. 특히 인터넷문화를 배경으로 크게 늘어나고 있는 다양한 회원조직을 기존의 현대사회조직과 완전히 다른 새로운 조직의 등장이라는 점에서 '제4의 결사체'로 규정하고, 이러한 결사체의 특성을 시민사회 및 시민정치의 변화와 관련해 전망하고자 한다.

2. 시민사회의 재구조화: 시민단체와 '제 4의 결사체'

1990년대 이후 한국 시민사회의 재구조화를 특징짓는 가장 중요한 요소는 다양한 시민단체들이라고 할 수 있다. 한국 사회는 오랫동안 시민사회가 국가에 의해 강하게 구속되어 있었다. 그러한 국가통제 속에서 혈연·지연·학연의 전통적인 사적 연고중심의 네트워크가 억압적 국가와 맞물려 작동해 왔던 것이다. 이러한 조건에서 자율적 공론영역을 구성하고 시민사회의 소통을 주도할 수 있는 중간집단으로서의 시민결사체는 거의 없거나 있다고 하더라도 형식적인 것이었다.

그러나 1980년대 격렬한 민주화운동이 있은 후 1990년대에 들어 한국 사회에는 다양한 시민단체가 비약적으로 성장하기 시작했다. 1990년대 말 한국의 시민단체는 약 4,023개로 집계되었으며, 각 단체의 지부까지 포함한다면 약 2만 개가 넘는 것으로 추정되었다(시민의 신문, 1999). 2003년 판《한국민간단체총람》에는 약 7,400개의 단체들이 조사되었다. 이 역시 지부까지 포괄할 경우 약 2만 5,000개를 넘을 수 있다는 점에서 시민단체는 짧은 기간에 급속한 성장을 보였다(시민의 신문, 2003).

이러한 시민단체의 활동은 1990년대 이후 한국의 사회운동을 민족민중 지향의 민주화운동에서 시민운동으로 전환하게 만들었다. 이러한 전환은 다른 무엇보다 운동의 제도화가 동시적으로 진행되는 것을 의미했다. 일반적으로 운동의 제도화는 느슨한 네트워크로서의 사회운동이 안정된 조직화를 이루고 나아가 정당이나 이익집단으로 되어 가는 과정으로 볼 수 있으나, 시민단체와 같이 지속적으로 운동을 개발할 수 있는 전문운동조직의 경우 '제도화'는 다른 조직들과의 일상적·규칙적 관계, 자원유입의 안정화와 내적 구조의 발달, 조직목적의 온건화와 행동양식의 관례화 등을 갖추는 시민사회 내적 제도화로 이해할 수 있다(Kreisi, 1996: 156~157).

운동의 제도화 과정에서 주요 시민단체들은 시민단체의 평균적 제도화 수준보다 훨씬 더 안정된 모습을 보여 준다. 예컨대, 경실련, 참여연대, 환경운동연합, 녹색연합 등의 시민단체들은 회원 수와 상근자 규모, 예산규모 등에서 대단히 안정된 제도적 특성을 가질 뿐만 아니라 이러한 단체를 후원하는 비상근 전문가들의 역할은 단체의 전문성 수준을 높이고 있다. 이 같은 주요 시민단체들의 경우 조직의 규모가 커지고 안정화되면 될수록 조직의 운용을 위해서도 정부 및 기업과 일상적이고 규칙적인 교호관계를 갖지 않을 수 없다.

한국 시민사회의 재구조화에서 시민단체가 높은 수준의 제도화 경로를 밟게 되었다는 점을 강조할 때 이와 동시에 주목해야 할 점은 제도로서의 시민운동 자체뿐만 아니라 시민단체의 활동가들로부터 연계된 시민운동의 내적 연결망이 이제 우리 사회의 새로운 '사회자본social capital'으로 등장했다는 사실이다. 이는 실제 시민운동의 핵심적 연결망이 1970년대 이래 민주화운동에 헌신했던 활동가들의 연결망과 중복되거나 연계되어 있는 경우가 대부분이라는 점에서 더욱 그러하다. 이 같은 연결망에 대해서는 민주화운동 시기에는 '운동권' 혹은 '재야'라는 이름으로 그 존재가치를 인정하지 않으려는 기득권세력의 일종의 강요된 합의가 있었다. 그러나 이들이 시민운동을 주도하게 되고 또 시민운동의 제도화 수준이 높아짐으로써, 특히 최근에는 정부와 다양한 연계가 이루어짐으로써 이제 우리 사회의 중요한 사회자본으로 등장한 것이다. 이런 점에서 시민단체의 성장에 의한 시민사회의 재구조화는 민주화운동의 직접적 효과라고 말할 수 있다.

시민사회의 재구조화 과정에서 두 번째로 주목할 수 있는 것은 최근 인터넷공간을 매개로 빠르게 확산되고 있는 다양한 자발집단의 존재이다. 1990년대 이후 시민사회의 자율적 공간이 크게 확장됨으로써 일상적 삶의 영역에서 다양한 문화적 집단연계들이 광범하게 이루어져 왔다. 특히 전자정보공간의 발달과 인터넷문화의 확대에 따라 시민사회의 소통이 자유롭고 수월해짐으로써 이러한 자발집단의 형성이 크게 활성화되었다.

이 집단에 대해서는 그간에 많은 접근이 있었다. 통상 온라인 커뮤니티로 간주되어 온 이 집단에 대해서는 안정된 조직의 측면이 있는가 하면 운동이나 집합행동의 주체로 보이기도 하는 등 집단 자체의 복잡성과 함께, 전자정보공간 내적 설명에 주력하는 온라인 중심적 해석에 의존함으로써 이해의 어려움이 있었다. 먼저, 이러한 자발집단은 한시적으로 형성되었다가 소멸하는 경우가 있는가 하면 상시적으로 유지되면서도 필요에 따라 활성화되는 경우도 있기 때문에 기존의 집단개념으로는 설명하기 어렵다는 점에 주목할 수 있다. 이 같은 자발집단은 대부분 가입과 탈퇴가 자유롭고 소속의식은 있다고 하더라도 구속력이 약하며, 조직 또한 대단히 유연하고 느슨하게 운영되는 특징을 보인다는 점에서 '유연자발집단'이라고 부를 수 있다. 조직화방식에서 이처럼 유연성flexibility이 높다고 하더라도 집단에 따라서는 일시적이지만 강한 소속감과 참여의지를 보이는 경우도 있어서 집합적 영향력은 강한 경우에서 약한 경우까지 다양한 수준이라는 점을 알 수 있다. 오늘날 지식정보사회에서 유연자발집단들은 온라인 공간을 매개로 공론영역에의 참여를 통해 그 위력을 과시한다.

둘째로 이러한 유연자발집단은 특정의 정책적 사안에 대한 주창을 목적으로 결성되는 경우도 많고 특히 조직 특성이 느슨한 운동 네트워크와 엄격하게 구분되지 않는 경우가 있어서 특정 이슈의 사회운동과도 유사성을 갖는다. 특히 인터넷공간은 이러한 운동 프레임 형성을 위한 가장 효과적인 매체이기 때문에 온라인을 통해 유연자발집단이 훨씬 더 활성화되는 경향이 있다. 유연자발집단은 비록 느슨한 결속력과 유연한 조직운영, 수평적 관계를 특징으로 갖지만 회원과 비회원의 경계가 있으며, 일정한 소속의식이 있고 목적지향적 활동을 추구하기 때문에 '집단화된 네트워크'라고도 말할 수 있는 개별 조직의 성격도 갖는 것이다.

셋째, 유연자발집단은 온라인과 오프라인의 제한 없이 다양하게 형성되어 있다. 예컨대 정치인 팬클럽의 전형을 보여 준 '노사모'와 같은 '~을 사랑하는 모임'이라는 식의 다양한 동호회에는 연예인이나 정치인 같은 유명인에 대한 지지집단도 있고, 취미를 비롯한 문화 동호회도 활발하다. 순수하게 연예인 팬클럽이라고 하더라도 '서태지 팬클럽'처럼 문화비평집단으로 변화되는 경우도 있어서 문화정치에 적극적으로 관여하기도 하는 것이다. 말하자면 비정치적 문화 동호회라고 하더라도 다양한 문화적 이슈가 정치적 쟁점으로 다루어지는 현실에서 공론영역에서 충분히 정치화될 수 있는 것이다. 아울러 오프라인의 유연자발집단이라고 하더라도 대부분의 단체는 온라인을 활용하기 때문에 전자정보공간에서의 자발집단활동은 더욱 활성화되고 있다.

바로 이 같은 집단성격의 모호성 때문에 그간에 인터넷상의 각종 사이트나 동호회 등은 학술적으로 엄격히 규정되지 않은 채 온라인 공동체, 사이버 공동체, 온라인 결사체, 인터넷 커뮤니티, 온라인 사회운동, 온라인 집합행동, 네트워크 공동체 등 온라인 중심적인 다양한 개념으로 지칭되어 왔다. 당대 정보사회의 수준에서 온라인은 여전히 오프라인의 수단이며 반영적 의미를 갖는다는 입장에서 오프라인 기반의 시각과 해석이 필요하다. 이런 입장에서 유연자발집단은 자발성과 일시성, 가입과 탈퇴의 자유로움, 수평적 관계, 특정의 조직목적보다는 자기만족성 등을 특징으로 갖는다. 제도조직과 운동 중 어느 하나로 규정하기 어려울 뿐 아니라 양자의 특징을 동시에 갖기도 하고, 활동영역 또한 온라인과 오프라인의 제약을 갖지 않으며, 그 규모도 제한이 없는 완전히 새로운 조직화의 한 형태로 규정될 필요가 있다.

따라서 이 집단은 현대사회를 움직여 온 핵심적 조직으로서의 2차 집단의 일반적 특징과는 전혀 다르며, 이른바 제3의 조직형태로서의 시민단체[9]와도 다른 새로운 조직유형이라는 점에서 '제4의 결사체'로 개념화할 수 있다.

제4의 결사체의 출현은 다음과 같은 점에서 거대한 구조전환의 효

---

[9] 대부분의 시민단체는 회원들이 회비를 내거나 소식지를 읽는 것이 전부이고 회원 간의 상호작용이 거의 없어 사회적 유대라는 측면에서 보면 2차 집단의 범주 내에서도 차별성을 갖는다는 점에서 퍼트남(R. Putnam)은 이를 '제3의 결사체'라고 한다(Putnam, 1995).

과이며 시민사회뿐만 아니라 사회의 전 영역에 걸친 변화를 예고하는 획기적인 사회변동의 지표라고 말할 수 있다. 첫째, 제 4의 결사체는 정보기술혁신의 효과로서 온라인 네트워크를 기반으로 하기 때문에 규모에 제약이 없다. 따라서 어떠한 영역에서든 변화를 만들 수 있는 잠재력을 갖는다. 둘째, 2차 집단이 현대성이 가장 잘 반영된 조직화의 산물이라면 제 4의 결사체는 지식정보화와 탈근대성의 효과라고 할 수 있다. 끊임없이 생겨나고 사라지며 변화하는 제 4 결사체의 유연성은 탈근대의 '성찰성'을 잘 보여 주는 대목이라고 할 수 있다. 셋째, 제 4의 결사체는 최근 인터넷문화를 주도하는 새로운 세대의 특성이 반영된 결과이기도 하다. 말하자면 제 4의 결사체는 인터넷 세대가 가진 다양한 욕구에 기초하며, 감성적 참여세대의 문화취향별 결속력과 조직에의 구속을 회피하는 해체적 징후의 모순적 결합물인 것이다. 그것은 개인을 구속하는 엄격하고 거대한 조직문화에 대해 저항하면서도 완전히 해체된 개인으로서의 고립은 피하고자 하는 일종의 은신처이기도 하다. 넷째, 한국의 감성적 참여세대가 갖는 문화적 조건은 한국에서 특히 제 4의 결사체가 왕성하게 등장하는 배경이 된다. 서구 선진국에 비해 한국의 청소년들은 오프라인에서의 문화활동이 크게 제약된 조건에서 살고 있다. 숨 막히는 현실로부터의 도피를 위해 특히 한국에서 제 4의 결사체가 활성화되고 있다.

어떻든 이제 이러한 제 4 결사체의 사회적 네트워크가 그간에 한국 사회의 기본적 연줄망이었던 혈연, 지연, 학연이라는 사적 연계를 벗어나 공론장 영역에서 맺어진 또 하나의 새로운 사회자본으로 작동한다는 점이 강조되어야 한다.

3. 제도화된 시민단체와 시민정치

일상에서 전개되는 하위정치과정과 시민운동의 형태로 나타나는 운동정치를 포괄하는 시민사회의 다양한 합의와 갈등의 과정을 '시민정치'라고 표현할 수 있다면, 제도화 수준이 높은 시민단체들은 정부, 의회 및 정당을 중심으로 국가영역에서 전개되는 제도정치에 직접적인 영향력을 가짐으로써 시민정치의 영역을 확장해 왔다. 말하자면 시민단체는 제도화 수준이 높아지면서 제도정치와 운동정치 사이에서 작동하는 양가적 모습을 갖추게 된 것이다. 이제 시민단체는 제도로서의 특징과 시민운동의 생산자로서의 특징을 동시에 갖게 되면서 제도정치와 운동정치 양자에 공히 관여하는 '중간정치'이자 이중적 조정기제로 작동하고 있다.

먼저, 제도로서의 시민단체는 국가영역 및 시장영역의 제도와 기능적 관계를 갖는다. 이러한 측면에서 시민단체가 국가 및 시장에 관여하는 방식은 '순응적'이라고 말할 수 있다. 다양한 사안에 대해 시민단체는 정부와 협조적 관계를 보임으로써 '국가순응성'을 가질 뿐더러 경제적 영역에 대해서도 기업과의 관계에서 상호 협조함으로써 '시장순응성'을 가질 수 있다. 순응적 정치참여는 정부 및 의회에 대한 시민단체의 제도적 관여를 의미하며 주로 정책참여의 형식을 갖는다. 이러한 정책참여의 사례가 '거버넌스governance'라고 할 수 있다.

정부의 통치능력 위기에 따라 변화된 조건에서 시도되는 새로운 사회관리의 방식으로서의 거버넌스는 정부로부터 혹은 정부 밖으로부터 참여한 일련의 제도와 행위자들을 가리킨다(Stocker, 1998). 이 개념은 전통적으로 정부가 '통치한다'라는 입헌적이고 공식적인 해석에 대한 도전으로 다양한 이해당사자를 정부정책의 결정과정에 참여시키는 새로운 정부 운영방식을 의미한다(주성수, 2000).

따라서 거버넌스의 관점에서 본다면 공공정책을 결정하는 것은 정부기관과 다양한 비정부 시민단체가 참여하는 일종의 네트워크라고 말할 수 있다. 우리 사회에서 거버넌스 체계는 아직 낮은 수준에 있지만, 거버넌스도 다양한 수준과 유형이 가능하다는 점에서 본다면 시민단체의 정부위원회 활동이나 민간주도의 정책협의체 운영도 일종의 거버넌스로 시민단체의 순응적 정치참여를 보여 주는 것이라고 할 수 있을 것이다.

다른 한편 시민단체는 운동의 생산자이기도 하다. 시민단체는 시민사회의 여론과 시민참여를 배경으로 하는 '영향력의 정치'에 치중한다. 따라서 시민단체의 활동 가운데는 시민의 요구를 관철시키려는 주창활동이 강조된다. 이러한 주창활동은 중요한 이슈에 대해서는 시민단체들의 연대를 통한 운동으로 나타날 수도 있고 나아가 '반세계화의 네트워크'와 같은 세계적 연대운동으로 전개될 수도 있다.

이러한 활동들은 적어도 표면상으로는 정부 및 시장에 대해 도전함으로써 시민단체의 저항적 의의를 높이는 것으로 보인다. 그러나 이같은 저항은 정부와 같은 제도영역에 대한 순응적 정치참여라는 구조적 제약 속에서 시도되는 것이기 때문에 한계를 가질 수밖에 없다. 따라서 시민단체의 이러한 운동들은 국가 및 시장의 제도화된 질서로부터 완전히 분리된 영역에서 시도되는 급진적 저항이 아니라 순응성의 제약 속에서 저항하는 '자기 제한적 급진성'(Cohen & Arato, 1992)으로 이해할 수 있는 것이다. 여기에서 제도화된 시민단체의 주장이나 저항활동은 순응성의 제약 속에서 작동하는 '적응적 도전'의 의미를 강조해서 '역응적逆應的 정치참여'라고도 말할 수 있다(조대엽, 2002a).

한국의 시민단체, 특히 이른바 '종합적' 시민운동단체들은 시민사회의 거의 모든 쟁점들을 망라해서 취급할 뿐만 아니라 대안적 정책개발이 가능한 전문성도 갖추어 제도화의 수준이 높다고 볼 수 있다. 나아가 이러한 단체의 종합적이고 전문적 대안정책의 개발은 그 자체가 시민들의 요구를 대변한다는 점에서 준정당적 역할을 하는 것으로 평가되기도 한다(조희연, 1999). 이 같은 조건에서 정부와의 협조적인 정책참여는 이제 시민단체의 중요한 기능이 되었다.

4. '제 4의 결사체'와 시민정치

새롭게 등장한 유연자발집단을 제 4의 결사체로 보는 시각은 그간에 이 집단을 온라인 혹은 인터넷 커뮤니티로 설명하는 가상공간 중심적인 시각으로부터의 탈출을 시도하는 것이라고 할 수 있다. 언젠가 사이버 공간이 우리 삶의 중심이 되는 시점이 올 수도 있겠지만 현재의 사회변동 수준에서 온라인은 여전히 현실적 삶의 수단이자 그 효과로서의 의의가 크다. 따라서 제 4의 결사체는 오프라인에서의 넘치는 욕구와 문제로부터 출발해서 온라인 공간을 매개로 구성된 새로운 사회집단이라고 할 수 있다. 제 4의 결사체는 독특한 유연성에 기반하여 시민정치를 활성화시키는 데 기여한다.

우선, 제4 결사체는 인터넷미디어를 통해 공론정치를 활성화시킴으로써 시민적 소통의 질서를 새롭게 구축하고 있다. 즉, 산업사회에서 원자화된 개인으로 존재하는 대중과는 달리 정보통신매체를 통해 네트워크화된 '전자적 대중'(조대엽, 2002b)을 주요 이슈의 공론화 과정에 적극적으로 참여시킴으로써 '전자적 공중' 혹은 '시민'으로 전환시키는 매개체로 작동하는 것이 바로 제4의 결사체인 것이다. 제4 결사체의 회원들은 온라인 공론장을 주도하여 시민사회의 주요 이슈를 공론화할 뿐만 아니라 오프라인의 매체에도 크게 영향을 미쳐 시민사회의 합의와 갈등의 정치에 직간접적으로 개입한다.

둘째, 제4 결사체는 네티즌 참여네트워크를 구성하고 주로 온라인 토론이나 온라인 커뮤니티에서 활동하는 이른바 '네트행동주의'로 시민정치에 관여하지만(고동현, 2003), 사안에 따라서는 오프라인에서의 직접행동주의를 선택하거나 시민단체의 동원력으로 작동하기도 한다. 최근 우리 사회에서도 대의민주제의 가장 주요한 정치참여형태라고 할 수 있는 투표참여율이 점점 떨어지는 반면 시민단체 활동이나 제4 결사체는 크게 늘어나고 있다.

1996년 15대 총선투표율이 63.9%이던 것이 2000년 16대 총선에서 57.2%로 떨어졌다. 대통령 선거의 경우 역시 1997년 15대 대선 투표율 80.7%이던 것이 2002년 선거에서는 70.8%로 약 10% 낮아졌다. 최근에 치러진 재·보궐선거에서는 3개 지역 국회의원선거 투표율이 26%에 그쳤고, 기초의회 의원선거 역시 평균 33.6%의 투표율밖에 되지 않았다. 투표 참여율의 하락이 곧바로 다른 형태의 정치참여를 증대시키는 것으로 해석하기는 어렵다고 하더라도 적어도 시민단체의 정책참여와 같은 다양한 정치참여 방식이 새롭게 등장하고 있는 것은 분명하다. 제4 결사체의 시민 정치참여 또한 그러한 다양화 현상의 하나로 볼 수 있는 것이다.

선거국면에서 제4 결사체의 적극적 정치참여 활동은 아래로부터의 '직접참여적' 정치활동이 새로운 정치변동의 가능성을 보여 주었다는 점에서 특히 주목할 만하다. 예컨대, 이른바 정치인 팬클럽의 원조 격이라고 할 수 있는 '노사모'의 활동은 정치참여가 선거에서의 투표행위에 그치는 최소한의 참여가 아니라 정당에서의 후보선출과 유세 등으로 이루어지는 정치과정에 적극적이고도 헌신적으로 참여하는 전형을 보여 주었다. 제4 결사체로서의 노사모의 행위양식은 온라인에서의 소통과 함께 오프라인에서의 다양한 '축제적 참여'를 통한 활동이 크게 부각된다(조흡, 2002). 이러한 행위양식은 정치적 목적의 추구보다는 새로운 정치에 대한 신념을 표출하고 발산해 냄으로써 서로를 확인하는 정체성 지향이 강한 정치참여의 새로운 유형이라고도 할 수 있다.

제도적 수준에서 정치권력을 추구하는 정당 구성원들의 정치참여와는 달리, 그리고 제도화된 시민단체의 정책적 참여와도 다르게, 유연자발집단의 정치참여는 서로 다른 경로를 갖지만 적어도 여러 가지 가치 가운데 하나의 가치를 공유하고 있다는 사실만으로도 서로 소통하고 교호하며 나아가 소통 자체를 즐기는 특징이 있다. 이러한 점에서 유연자발집단의 정치참여는 문화활동을 통해 경직된 정치의 영역을 깨트리는 '정치의 문화화' 현상을 보여 주었다. '정치의 문화화' 현상은 시민들이 참여정치를 직접 만들어 냄으로써 정치과정 자체를 즐기는 축제화된 정치참여가 강조된다. 또 권력획득이라는 목적 자체에 몰입하기보다는 의미의 공유과정에 훨씬 더 큰 비중을 두는 경향이 있으며, 개방적이고 쌍방향적인 의사소통 문화를 기반으로 한다는 점이 강조될 수 있다.

노사모와 같은 정치인 팬클럽으로서의 제4의 결사체는 선거라는 특수국면에 직접적으로 뛰어드는 특징이 있다. 그러나 붉은 악마나 다양한 연예인 팬클럽, 수많은 문화동호회와 같은 광범한 영역의 다른 제4 결사체 또한 '문화의 정치화' 경향 속에서 자신들과 관련된 이슈가 언제든지 정치적 혹은 정책적 쟁점이 될 수 있고 또 그렇게 될 때 적극적인 정치참여가 언제든지 가능한 시민정치의 한 구성부분으로 작동할 수 있는 것이다.

셋째, 제4의 결사체는 또한 시민사회의 새로운 사회자본을 형성하고 있다는 점이 강조될 수 있다. 제4 결사체의 네트워크는 전자정보공간의 확장과 인터넷문화의 성장을 배경으로 386세대와 정보화 신세대의 결합이 만든 새로운 사회자본이라고 할 수 있다. 주지하듯이 386세대는 1980년대의 민주화운동을 거치면서 1987년 6월 항쟁에서 거대한 정치적 분출을 경험한 세대인 반면, 인터넷세대는 2002년 월드컵대회를 통해 붉은 악마와 길거리 응원이라는 거대한 문화적 분출을 경험한 세대이다.

386세대의 저항이 '우상'의 노여움에 도전하는 '이성'의 몸부림이었다는 점에서 '이성적·정치적 참여세대'라면, 정보화 신세대로서의 인터넷세대는 감각과 기호에 민감한 '감성적·문화적 참여세대'라고 할 수 있다. 양 세대가 겪은 경험은 서로 다른 종류이지만 공동 공간에서 함께했던 정서 분출이야말로 각 세대들에게 '소통하고 있다'는 사실을 체험하게 만들었다. 이 같은 소통의 경험을 공유하는 제 4 결 사체의 네트워크가 바로 시민정치를 훨씬 더 활성화하고 새롭고 적 극적인 정치변동을 가능하게 하는 사회자본으로 기능하는 것이다.

특히 최근의 한국 정치에서 시민단체나 제 4 결사체와 같은 새로운 사회자본이 정치적 영향력을 증대시켜 온 반면 정당정치는 점점 더 한계에 봉착한 듯하다. 거대전환의 사회변동 과정에서 새롭게 형성되는 국가-시민사회-시장의 관계는 국민정당의 위기 또한 가속화시키는데다가, 더욱이 한국 사회 특유의 모순들이 누적된 정당정치에 대한 거부감은 한계상황을 명백히 보여 준다. 서구에서도 거대하고 동질적인 대중기반을 전제로 하는 국민정당은 이미 위기를 맞은지 오래다. 한국 사회 또한 국민정당의 이념적 경직성과 거대조직의 비효율성이 명백히 드러나고 있는 한편 지역주의의 야만성과 보스중심의 비민주성, 부도덕한 정치자금확보에 기반함으로써 그간의 사회변동에 전혀 적응하지 못하고 있었다.

요컨대 한국의 정당정치는 이념과 규모의 비적실성과 사적 신뢰에 기반한 폐쇄적 사회자본 중심의 운영원리를 보여 왔다. 정당의 거대 조직화만 하더라도 구속을 거부하는 감성적 참여세대에게는 적합성을 상실한 터에 이같이 불합리하고 부패한 정당정치의 현실은 참여세대 전체에게 수용되지 않는 것이 당연한 일일지도 모른다. 오히려 정당에 의존하지 않고 자유롭고 유연성 높은 다양한 제 4 결사체를 통해서 정치적 관심과 행동을 표출하는 것이 이들에게는 훨씬 더 어울리는 것일 수 있다. 따라서 현재의 정당들이 부패하고 불합리한 정당구조와 운영방식을 바꾸는 것은 물론 그 개방성과 유연성을 높여 새로운 세대들의 욕구를 반영하지 않는다면 제도정치는 더욱 무력화 되는 반면 제도정치의 밖에서 형성되는 새로운 정치영역은 더욱 확 장될 것이다.

5. 전망: 시민사회의 민주화와 시민정치의 과제

시민단체의 제도화와 제 4 결사체의 등장에 따른 시민정치의 활성화 는 정치참여의 다양화라는 측면에서 긍정적으로 평가할 수 있다. 그 러나 이러한 정치참여의 다양화가 정치민주화와 함께 강조되는 '시 민사회의 민주화'를 바로 가져오는 것은 아니다. 시민단체들은 제도 화의 수준이 높으면 높을수록 정부 및 기업에 대한 의존도가 높아질 수 있다. 이러한 경향은 오히려 시민단체의 자율성을 훼손할 뿐만 아 니라 성찰성 또한 약화시킬 수 있다.

실제로 한국 사회는 노무현 정부에 들어서 그간에 시민운동을 주 도했던 세력들이 개별적으로든 단체를 통한 정책적 연계든 간에 제 도권 연계를 확대했다. 이와 같은 시민운동의 제도화 경향은 시민운 동의 '보수화', 나아가 시민사회의 보수화 경향을 수반할 수 있다. 제 도화를 통한 순응성의 확대는 적어도 '구조적 보수화'를 의미하지만 시간이 흐름에 따라 구조든 이념이든 점점 경직화될 가능성이 높다. 시민단체의 구조적 보수화 경향은 세계화 경향 속에서 글로벌스탠더 드에 따른 제도의 동형화 현상이 나타나는 것처럼 시민단체 및 시민운동의 '동형화' 현상을 드러낼 수 있다. 나아가 이러한 경향은 한국 시민운동의 인적·조직적 재생산의 한계를 드러낼 수도 있는 것이다.

이런 점에서 시민사회의 민주화 과제로 무엇보다 아직도 취약한 시민단체의 기반강화와 더불어 개방화, 유연화가 강조될 수 있다. 시민단체는 무엇보다 이념적·조직적·재정적 자율성을 확보하는 것이 시급하다. 이를 위해서는 시민기반을 넓히는 것이 중요한데 시민단체 자체의 개방화, 유연화가 여기에 결부되어 있다. 정당정치가 변해야 하는 것은 당연한 일이지만 시민단체 역시 제4 결사체의 욕구를 반영하고 공론장에서의 연속성을 가져야만 지속적 유지 및 발전이 가능하다는 점에서 개방화·유연화·소규모화하는 것이 시민운동의 재생산과 관련해서도 중요한 과제라고 말할 수 있다.

한편, 제4 결사체의 정치참여는 인터넷 공론영역에서든 현실공간에서든 간에 무절제한 집합행동을 유발할 수 있다. 오프라인 공간에서도 우리 사회에서는 여전히 양극적 논쟁과 대립의 날을 세우는 경향이 있지만 온라인 공간에서는 익명성과 일회성에 의존하여 훨씬 더 가학적 폭력의 문화를 만들고 있다. 제4 결사체의 유연성과 자발성이 오히려 무책임한 집합성을 드러낼 수 있는 것이다. 이 점에서 시민사회의 민주화에는 '시민문화'의 민주화가 수반되어야 한다.

분단체제에서의 과잉이념화는 우리의 공론문화를 양극적이고 가학적으로 만든 지 오래다. 그러나 거대 전환의 구조변동은 이미 과거의 이념적 기반이 어떠했든 변화를 동반적으로 수용할 것을 요구하고 있다. 특히 정치적 적대와 '이념적 가학加虐의 문화'를 넘어 공존의 문화를 확장시키는 것은 우리 사회의 개혁적 보수와 합리적 진보가 안아야 할 공동 과제이다.

무엇보다 이러한 과제들은 시민사회의 재구조화에 수반된 시민운동의 패러다임 전환을 요구하는 것들이라고 말할 수 있다. 이제 한국의 시민운동은 시민사회의 민주화과제를 이루기 위해 거대 시민단체 중심의 패러다임으로부터 자발적 참여의 패러다임으로 획기적인 전환을 시도해야 한다. 이러한 전환이야말로 시민운동의 일상화, 토착화를 확대하는 길이며 '시민단체'의 성장과 함께 '시민'의 성장을 가능하게 하는 일이다.

11
2008 촛불파워와 탈조직적 시민운동*

1. 촛불집회: '신갈등사회'와 새로운 갈등과정

2002년 미군 장갑차에 희생된 여중생을 추모하기 위해 시작된 촛불 집회는 2004년에 노무현 대통령의 탄핵을 반대하는 시위로 다시 재현된 바 있다. 2008년 광우병 쇠고기 수입을 반대하는 촛불집회가 거대한 시민행동으로 다시 시작되었고 그것은 석 달을 넘어 장기화되었다. 주지하듯이 2008년 촛불집회는 거대한 군중의 규모만큼이나 많은 내용들을 담고 있다. 특히 촛불집회는 그 자체에 이른바 민주화 20년의 사회변동을 반영한다. 촛불집회는 이명박 정부의 정책에 대한 직접적인 저항으로 표출되었으나, 그 내용을 보면 정부와 정당, 시민사회단체 등 기존의 제도를 구성하는 모든 조직화된 사회구

---

* 이 장은 2008년 7월 29일 한겨레신문사가 주관한 '한겨레 5차 시민포럼'에서 발표한 "촛불파워와 시민운동의 새로운 주기: 신갈등사회론의 전망"를 중심으로 수정, 확대한 것임을 밝힌다.

성의 질서를 뒤흔드는 것일 수 있다는 점에서 보다 근본적인 사회변동의 맥락에서 설명될 필요가 있다.

촛불집회를 구성하는 다양한 요소 가운데 이슈, 동원화, 행위양식이라는 세 가지 측면에 주목할 때 지난 20여 년간의 사회변동에 대한 개괄적 접근이 가능하다. 우선, 촛불집회를 촉발시킨 광우병 쇠고기 문제라는 이슈에 주목할 수 있다. 생명과 연관된 먹거리 문제라는 이 이슈는 일상적 삶을 위협하는 위험사회적 이슈, 혹은 생활정치적 이슈가 광범한 공공의 문제로 정치화되고 있음을 말해 준다. 비정치적인 것의 정치화, 일상적인 것의 공공화 등으로 표현할 수 있는 이러한 이슈는 탈현대의 사회변동을 반영하는 것으로 계급이나 이념, 조직화된 이익 등을 기반으로 생성되는 정형화된 이슈가 아니라 일상적 삶과 관련된 수많은 욕구의 정치화라는 점에서 예측불가능성을 내재한다.

둘째, 거대한 규모의 시민행동을 너무도 쉽게 동원해 낸 공론화 과정과 동원의 방식에 주목할 수 있다. 그간 시민사회의 주요조직들이 주도하는 운동은 이해당사자들 중심의 참여에 제한되는 경향이 있었다. 1인 시위가 주요한 시위방식으로 확산된 데에는 무엇보다 조직동원의 한계라는 고민이 자리 잡고 있다. 그러나 2008년 촛불집회는 인터넷 공론장을 기반으로 하는 '전자적 대중'이 토론방, 카페, 블로그 등의 회원구조를 통해 끊임없는 토론을 진행하면서 오프라인의 거대한 시민 직접행동을 가능하게 했다. 정부나 정당 등 제도정치권의 충격은 당연한 일이겠지만, 시민사회단체를 포함한 조직운동 측에서도 이 같은 정보네트워크 사회의 효과에 놀라지 않을 수 없었다.

셋째, 촛불시민들이 보여 준 다양한 행위양식에 주목할 수 있다. 온라인과 오프라인을 넘나드는 토론과 직접행동의 놀라운 성찰적 과정은 촛불시민을 고도의 자기조절능력을 가진 '이성적 군중'으로 등장시켰다. 아울러 개별성이 반영된 비조직적이고 자발적인 시민참여는 구호나 깃발보다는 노래와 춤이 함께하는 다양한 방식의 문화제, 현장토론, 유모차 시위, 기발한 문구의 스티커 등을 표현해 냄으로써 그간에 우리 사회가 축적해 온 민주주의의 문화적 역량을 뚜렷이 보여 주었다. 촛불파워에 내재된 정치의 문화화와 문화의 정치화 경향이라고도 말할 수 있다.

촛불집회의 이 같은 특징들은 우리 사회에 이제 계급적 기반과 이념적 결속을 넘어선 새로운 갈등의 전선을 드러낸다. 대체로 1990년대 이후 현대성을 규명하는 사회학적 담론들은 이 같은 새로운 갈등의 사회조건을 담고 있다. 성찰성과 위험사회 reflexivity, risk society, 해체, 균열 및 인정투쟁, 역동사회, 투명사회, 네트워크 사회, 사회운동 사회 social movement society 등의 담론은 현대성의 사회질서가 재편됨으로써 나타나는 갈등의 증대와 새로운 저항의 경향을 반영한다.

나는 이 같은 현대성의 현재적 특징을 사회갈등의 새로운 원천과 새로운 양상에 초점을 맞추어 '신갈등사회 new social conflict society'로의 전환으로 규정하고자 한다. 주지하듯이 산업사회에서 갈등의 축은 계급과 이념이었고, 계급갈등을 해결하는 방식에 따라 사회체제 및 국가성격이 특징지어졌다. 서구 자본주의사회의 경우 '계급타협'에 의한 사회민주적 복지국가의 패러다임을 구축했으며, 동구의 경우 '계급혁명'에 의한 사회주의 국가의 패러다임을 구축했다. 또한 주변부 저발전사회의 경우 대체로 '계급통제'에 의한 개발독재의 패러다임을 보였다. 이러한 국가성격을 사회통합의 유형이라는 점에서 보면 '사회민주적 합의사회'와 '전체주의적 통합사회', '개발독재적 통합사회'로 구분할 수 있을 것이다.

이 같은 사회통합의 구조는 1980년대 이래의 지구화·민주화·정보화의 거대경향, 보다 구체적으로는 신자유주의적 시장화, 민주적 권력분산, 전자적 커뮤니케이션 경로의 팽창, 탈현대적 문화와 욕구의 확장 등에 따라 새로운 갈등을 출현시키는 사회구조적 전환을 가속하게 되었다. 신갈등사회는 기본적으로 국가권력 중심의 사회통합능력이 약화된 가운데 시민사회의 불만과 욕구는 증대하고, 이러한 불만과 욕구를 표출하는 커뮤니케이션의 경로는 팽창됨에 따라 사회 전반적으로 갈등이 일상화된 사회라고 요약할 수 있다. 신갈등사회로의 보편적 전환은 기존의 사회통합구조와 단절적이기보다는 일정한 연속성을 갖는다는 점에서 중심부사회와 탈사회주의사회, 주변부 신갈등사회의 특성이 각각의 역사적 맥락에서 다르게 나타날 수 있다.

신갈등사회에서는 무엇보다 계급, 민족, 국가 등 근대산업사회의 근본적 사회구성 요소와 관련된 갈등을 넘어 일상의 삶과 관련된 수많은 이슈를 정치화한다. 이러한 이슈들은 공공성의 위기를 수반하는 이른바 자율화, 민영화의 정책 경향이 드러내는 일상적 삶에 대한 위협과 관련된 것들 ─ 환경, 노동, 교육, 주택, 보건의료, 전기, 물, 통신, 교통 등 ─ 과 함께 정체성이나 문화정치와 관련된 이슈들 ─ 성, 장애, 문화, 여가, 예술, 건축, 소비, 민족성, 지방민주주의 등 ─ 이 있다. 이러한 이슈들은 제도화된 조직이 제기하는 예측 가능한 요소들보다는 새롭게 등장하는 집단과 매체에 의해 표출되는 예측불가 능성이 내재되어 있다는 점에 주목해야 한다.

신갈등사회에서 갈등의 과정은 갈등 주체의 분산화와 갈등의 일상화, 그리고 이를 가능하게 하는 폭넓게 확장된 공론의 공간이 강조되어야 한다. 신갈등사회에서 갈등과 저항의 주체는 전국적 노조나 노동자 정당, 거대 시민단체와 같은 대규모 조직과 작업장, 도시 등에 기반을 둔 주체를 넘어, 신사회운동, 도구적이고 일시적인 집단주의, 지구화된 탈계급문화, 비정규노동을 포함한 다양한 소수자의 위치에 의해 형성되는 다양하고 새로운 존재들이다. 이러한 주체들의 욕구는 기존의 언론과 방송 등 제도적 구속력이 강한 공론장을 넘어 인터넷을 비롯한 뉴미디어의 소통공간을 통해 네트워크로 표출되는 경향이 확대된다. 말하자면 '탈조직화된 갈등과정'이 확산되는 것이다.

신갈등사회는 기본적으로 시장의 팽창에 따라 국가의 공적 기능이 시장과 시민사회에 할당되는 공공성의 재구성현상이 확대되는 사회이다. 따라서 갈등과 저항이 관리되는 방식은 시장과 시민사회에 할당된 공적 기능만큼이나 다양한 협치governance의 구축을 통해 정치적 소통의 네트워크를 넓히는 방식이 되어야 한다. 이러한 방식은 갈등이 일상화되는 가운데 갈등이 제도화됨으로써 시민사회 내에서 갈등을 자율적으로 조율하는 특징을 보이게 된다. 갈등의 출현이 예측불가능하고 갈등이 일상화되는 현실상 시민사회의 다양한 영역에서 작동하는 하위정치sub-politics의 자율적 기능을 활성화하지 않고는 사회통합이 보장되기 어렵다.

이런 점에서 정부와 정당, 기업조직과 시민사회 주요단체들의 입장에서 보자면 신갈등사회에서 탈조직적 갈등과정은 통제의 대상이 아니라 소통의 대상이어야 한다. 만약 신갈등사회에서 이 같은 갈등과정이 소통이 아니라 통제의 대상이 될 경우 예측하기 어려운 광범하고도 강력한 저항운동에 직면할 수 있다. 2008년의 촛불파워는 이러한 변화를 현실적으로 수용하지 못한 정부, 시장, 시민사회의 제도와 조직영역의 지체가 만들었다는 점에서 한국 사회가 신갈등사회의 '주변부'적 한계를 넘어서지 못하고 있다는 점을 말해 준다.

2. 급진적 개인주의와 제 4의 결사체

제도와 조직의 수준에서 신갈등사회는 탈조직적 사회변동을 반영한다. 기존의 제도와 조직을 대체하는 다양한 네트워크와 집합적 사회자본이 등장하는 가운데 가장 주목할 만한 탈조직화의 지점은 온라인 공론의 공간에서 활동하는 '전자적 대중'이다.

1990년대 한국의 시민사회운동은 시민사회단체들이 주도했으며, 정치권력과 시장권력의 민주화와 관련된 이슈를 중심으로 전개한 정치경제개혁운동이 큰 흐름을 이루었다. 2000년대 들어 총선시민연대의 낙천·낙선운동의 성공과 2002년 노무현 정권의 등장, 2004년 총선 열린우리당의 승리 등을 거치면서 시민운동단체의 활동은 크게 둔화되었다. 여기에는 집권세력과의 이념적 친화성과 함께, 주요 시민단체들이 회원직접참여의 조직이 아니라 상근 스텝을 중심으로 운영되는 '제 3의 결사체'라는 점에서 시민 직접행동의 원천적 제약이 작동한 측면이 있다.[1] 그러나 보다 원천적인 요인은 2000년대 들어 시민운동단체의 제도화 수준이 크게 높아져 거대 조직화함으로써 신갈등사회의 다층적 욕구를 수용하지 못하는 한계에 있었다.

신갈등사회에서는 일반적으로 기존의 제도와 조직의 권위를 불신하는 '급진적 개인주의'가 확산된다. 이러한 급진적 개인주의는 조직운동의 틀로는 수용하기 어렵다. 한국 사회에서 급진화된 개인주의의 다양한 욕구는 발달된 전자적 공간에서 가장 왕성하게 발산된다. 인터넷을 비롯한 다양한 전자정보공간을 매개로 형성되는 '전자적 대중'은 산업사회의 원자화된 대중과 달리 통신기술과 뉴미디어로 네트워크화되어 전자적 공론장을 주도하는 공중을 형성한다.

전자적 공중은 2000년대 이후 한국 시민사회에서 가장 역동적인 시민으로 등장했으며, 전자적 대중을 역동적 시민으로 전환시키는 조직적 기제가 최근 인터넷공간을 매개로 광범하게 형성된 토론방, 카페, 미니홈피, 블로그 등을 포괄하는 다양한 자발적 집단들이다. 이런 자발집단들은 기존 사회조직이 갖는 획일성과 경직성, 구속성이 거의 없기 때문에 급진적 개인주의의 가장 적응적인 활동공간이 되고 있다.

이 같은 자발집단은 일시적으로 만들어지는가 하면 상시적이거나 필요에 따라 재再활성화되는 경우도 있다. 대부분의 이러한 자발집단은 가입과 탈퇴가 자유롭고 소속의식은 있다고 하더라도 구속력이

---

1 퍼트남(R. Putnam)은 상설적 시민운동단체는 구성원이 모여 활동하는 전통적 2차집단의 특성과 달리 스텝 중심으로 운영되고 회원들은 다만 우편 리스트 조직으로 존재한다는 점에서 제3의 결사체라고 말한다.

미약하며 자유롭고 느슨하게 운영된다는 점에서 '유연자발집단'이라고도 부를 수 있다. 조직화방식은 이처럼 유연성이 높다고 하더라도 집단에 따라 일시적이지만 강한 소속감과 참여를 보이는 경우도 있기 때문에 정치적 영향력 또한 다양한 수준으로 나타난다.

유연자발집단은 특정의 정치·경제·사회·문화적 이슈와 관련해서 시의적으로 형성되는 경우가 있는가 하면 보다 안정적이고 지속적인 집단 네트워크를 구성하는 경우도 있다. 2002년 미군 장갑차에 희생된 여중생 사건 이래 새로운 시위양식으로 확산된 촛불시위는 2004년 노무현 대통령 탄핵반대 촛불시위, 2008년 미국산 쇠고기 수입반대 촛불시위 등 여러 가지 이슈와 함께 거대한 시민적 저항을 보여 주었다. 2002년 월드컵에서의 세계를 주목시킨 길거리 응원까지 포함해서 이 같은 대규모의 시민행동은 실제로 인터넷상의 유연자발집단을 동원의 핵으로 한다.

2008년 촛불집회에서 연령층이 낮아지는 경향에서 보듯이 상대적으로 감성적 코드의 새로운 세대들은 유연자발집단에 훨씬 더 적응적이다. 이들의 시위형태가 평화적이고 축제적인 특성을 보이는 것도 온라인상의 유연자발집단에서 공론화 과정을 거친 후 참여하기 때문에 고도의 '이성적 군중'으로 등장하는 것이다. 유연자발집단에 기초한 이성적 군중은 온라인과 오프라인을 실시간으로 공유함으로써 직접행동과 토론의 끊임없는 성찰성을 드러내기도 한다.

아울러 2002년 대선에서 정당을 무력하게 만든 이른바 '노사모'와 같은 정치인 지지 네트워크는 보다 안정적이고 지속적인 유연자발집단이라고 말할 수 있다. 정치인이나 연예인 등 유명인의 지지집단으로서의 팬클럽뿐 아니라 취미활동을 위한 문화동호회, 다양한 문화비평그룹 등은 문화적 이슈들을 공론장을 통해 정치화하고 있다. 오늘날 대부분의 정치인은 온라인과 오프라인을 넘나드는 지지집단을 갖고 있으며 이러한 네트워크는 정당보다 의미 있는 사회 자본으로 작동한다.

이 같은 다양한 유연자발집단은 온라인 공론장에서의 토론을 통해 문제를 공유하면서 동시에 오프라인에서의 시민행동으로 연결됨으로써 우리 사회에서 불연속적이지만 관례적인 정치참여의 새로운 방식으로 자리 잡고 있다. 유연자발집단이 갖는 이슈의 무無제약성, 규모의 무제약성, 온라인과 오프라인을 넘나드는 활동공간의 무제약성 등은 탈조직적 사회변동을 반영하는 완전히 새로운 결사체의 특징으로 해석할 수 있게 한다. 특히 유연자발집단은 근대적 조직관으로는 설명할 수 없을 뿐만 아니라, 제3의 결사체로서의 시민단체가 갖는 시민 직접행동의 한계도 넘어서는 탈조직적 회원구조의 새로운 성격을 갖는다는 점에서 '제4의 결사체'라고도 말할 수 있다.

제4의 결사체는 정당, 노동조합, 이익단체, 시민운동단체 등 기존의 제도와 조직을 점점 더 위축시키고 있다. 이 점에서 제4의 결사체는 급진적 개인주의의 딜레마가 해소되는 집합적 공간이라고도 할 수 있다. 신갈등사회에서 급진적 개인주의는, 기존의 권위에 도전하는 급진적 욕구가 확대됨에도 불구하고 이를 집단적이고 조직화된 저항으로 만들기는 점점 더 어려운 일종의 자기모순을 갖는다. 제4의 결사체는 독특한 유연성을 통해 급진화된 개인주의를 '탈조직적 집합주의'로 전환시킴으로써 이러한 딜레마를 해소하는 장이 되고 있다.

3. 전망: 탈조직적 시민사회와 시민운동의 새로운 주기

촛불집회가 전개되는 동안 우리 사회는 새롭고도 거대한 시민 직접 행동에 놀라움을 금할 수 없었던 만큼 정부와 정치권력의 일방적 권력운용방식에 대해 강력하게 비판했다. 그러나 신갈등사회와 탈조직적 사회변동이라는 시각에서 본다면 변해야 할 것은 정부와 정치권력만이 아니다. 시민사회와 시민운동의 영역 또한 기존 조직의 관성과 탈조직화의 경향이 새로운 긴장을 만들고 있다.

우선, 정부영역에서 탈조직적 전망은 중앙집중화된 행정권력이 분권화와 분산화의 경향을 확대하거나 정부의 공적 실행의 기능을 정부기구만이 아니라 민간영역과의 협치를 통한 네트워크화된 관리방식을 확대하는 경향에 주목할 수 있다. 적어도 이러한 경향은 아래로부터의 신갈등사회적 변동과정에서 다양화되고 새로운 시민적 욕구를 조율하기 위한 권력의 운용방식이라고 할 수 있다. 주변부 갈등사회에서 협치의 시스템이 확장되지 않고 시민적 욕구와 정부의 권력운용이 탈구될 때 예측하기 어려운 탈조직적 저항에 봉착할 수 있다. 또한 정치적 결사의 형태도 정당정치가 강화되어야 한다는 당위론과는 다르게 정당은 점점 더 허약해지는 반면 정치인 지지집단의 느슨한 네트워크가 오히려 새롭고도 강력한 정치적 동원의 기반이 되고 있다. 이처럼 정치조직의 측면에서도 정치적 동원의 탈조직적 유연화 현상은 확대되고 있다.

다른 한편 시민사회는 가족제도와 같은 친밀성의 영역이나 사적 삶과 관련된 개별화된 영역을 포괄하지만, 일반적으로 생활세계의

'제도화된 영역'이라고 말할 수 있다는 점에서 공공성의 요소와 조직적 요소를 수반한다. 물론 시민사회의 구성요소들은 제도화의 수준이 다양하다는 점에서 조직화의 수준 또한 다양하다고 할 수 있다. 수많은 NGO 혹은 NPO가 조직화 및 제도화의 수준에서 다양하다는 점은 이를 말해 준다.

적어도 1990년대 이후 한국의 시민사회에서 시민운동은 주요 시민운동단체들이 주도했다. 이 과정에서 시민운동단체들이 크게 성장함으로써 제도화의 수준 또한 높아졌다. 1990년대 이전 시민사회의 주요조직들이 대체로 국가동원구조에 결합된 미분화된 시민사회의 특징을 보였고 내적 네트워크는 학연, 지연, 혈연과 같은 사적 연줄망에 의해 작동되었던 데 비해 1990년대 이후 시민단체의 성장은 민주화 이후 시민사회의 획기적 변화를 반영하는 것이었다. 말하자면 조직화된 시민사회에 기반을 둔 '조직화된 시민운동'의 시기가 전개되었다. 그러나 전술한 바와 같이 2002년 대규모 촛불시위와 함께 가시화된 제4의 결사체를 비롯한 다양한 네트워크화된 집단형태들은 '탈조직적 시민사회'의 영역을 점차 확대하고 있다.

동원의 과정에 초점을 두면 촛불파워의 출발은 제4의 결사체라고 할 수 있다. 2000년대 초부터 등장한 촛불집회의 동원화 방식은 신갈등사회적 변동을 반영하며 '탈조직적 집합주의'의 직접적 효과라고 할 때 한국의 시민사회운동은 이제 새로운 운동주기가 도래했다는 점을 알 수 있다. 말하자면 이제 시민운동은 '조직운동의 주기'에서 '탈조직운동의 주기'를 열고 있다.

촛불시민의 파워를 보면서 가장 당황했던 측은 어쩌면 조직운동에 익숙했던 활동가들일 수 있다. 따라서 신갈등사회의 탈조직적 사회변동의 경향에서 정부와 시장, 시민사회의 모든 제도와 조직들이 일종의 위기적 조건을 맞고 있다고 할 때, 촛불파워를 생산적이고도 참여적인 시민사회운동으로 전환하는 과제는 무엇보다 그간에 시민운동을 주도했던 시민운동단체의 변화에 초점이 맞추어질 수 있다. 이제 조직운동의 일반적 과제는 '급진적 개인주의'를 '합리적 집합주의'로 전환하는 데 기여할 수 있도록 스스로가 변화하는 데 맞추어져야 한다. 이와 관련된 몇 가지 과제를 생각해 볼 수 있다.

첫째, 진보주의 이념을 재구성해야 한다. 분단의 그늘이 여전히 걷히지 않은 우리 사회에서 진보는 친북, 좌파로 구획되는 경향이 있다. 이제 신갈등사회에서 진보의 이념은 탈조직화되고 급진화된 개인주의의 다종다양한 문화와 가치를 수용할 수 있게 혁신되어야 한다. 이를 위해 진보주의는 계급특수적 배타성을 넘어 시민사회의 가치와 지구적 가치체계로 전환함으로써 중간계급의 이데올로기와 운동으로 재구축될 수 있는 '보편적 진보주의'를 지향해야 한다. 보편적 진보는 다양한 사회구성영역에서 진보의 가치를 내재한 수많은 다른 '이름'들이 등장함으로써 현실화될 수 있다.

이 같은 보편적 진보주의는 시민운동과 노동운동의 경계를 허무는 데 기여함으로써 시민사회운동의 새로운 동력을 만들 수도 있다. 최근 신자유주의적 시장화 경향이 확대되면서 가중되는 공공성 위기의 징후는 시민들에게는 전기, 물, 가스 등과 같은 일상적 삶의 기본조건을 위협하는 현실로 나타나는 한편 노동자들에게는 안정적 일자리와 작업조건, 임금을 위협하는 현실로 나타나고 있다. 이런 점에서 시민사회 전체에 공유되는 정책이슈를 중심으로 전개될 수 있는 공공성운동 나아가 '공공성 프로젝트'는 시민운동과 노동운동의 연계를 확대할 수 있는 보편적 진보주의의 실천과제가 될 수 있다.

둘째, 탈조직운동과 조직운동의 구조적 소통을 확대해야 한다. 급진적 개인주의가 확대되는 신갈등사회와 탈조직운동의 주기에 비록 조직운동의 한계는 뚜렷하다고 하더라도 그것이 조직운동의 무용성으로 확대 해석될 수는 없다. 장기적이고 일상적인 정책이슈에 관해서는 전문성과 지속성을 갖춘 조직화된 시민사회단체의 역할은 여전히 유효한 것이다. 아울러 촛불시위를 비롯해 다양하게 나타나는 탈조직운동은 우리 시대의 거대 사회변동의 경향을 반영함으로써 2008년 촛불집회와 같이 강력한 시민파워를 현실화시킬 수 있고 공론의 공간을 통해 운동의 프레임을 확장하는 데는 특유의 효력을 갖는다. 그러나 동시에 운동의 방향과 전망, 전략과 전술을 공유하는 데는 대단히 취약한 구조를 갖는 것도 사실이다. 조직운동과 탈조직운동의 이 같은 특성을 시민사회운동 발전의 동력으로 전환시키기 위해서는 무엇보다 조직운동의 '개방'이 요구된다.

시민운동단체들은 민주적이고 개방적 정치질서가 구축되었을 경우, 정부나 기업협치의 핵심적 파트너로 작동함으로써 전문성과 제도화의 수준을 크게 높이는 반면 '운동'의 동력은 점점 더 약화될 수밖에 없다. 그만큼 시민사회의 탈조직적 욕구에 둔감해지는 것이다. 따라서 조직운동은 탈조직운동과 급진적 개인주의의 다양한 경향에 대해 구조적으로 열려 있어야 한다. 이 같은 개방을 통해 조직운동은 조직 자체의 유연성을 높일 뿐만 아니라 주요 이슈에 대한 전문적 능력을 탈조직운동에 제공함으로써 급진적 개인주의를 합리화하는 데 기여할 수 있어야 한다.

셋째, 급진적 개인주의 및 탈조직운동문화에 대한 감수성을 높여야 한다. 신갈등사회에서 탈조직적 저항은 이슈와 행위양식에서 일상의 삶과 일상의 문화적인 것이 정치화되는 한편, 정치적 표현의 양식 또한 다양한 문화적 표현방식으로 구성된다. 따라서 조직운동은 정치의 문화화와 문화의 정치화 경향을 반영하는 문화이슈와 행위양식에 대한 일상적 접근성을 높여야 한다. 오늘날 새로운 세대로 구성된 전자적 대중의 정치적 욕구는 더욱더 문화적 욕구와 결합되어 있다. 음악이나 미술, 연극 등이 사회운동의 동원과정에서 차지하는 중요성은 주지의 사실이지만 새로운 세대의 정치적 욕구는 훨씬 더 다양한 문화예술의 대중적 장르와 결합되어 있다. 조직운동은 이 같은 대중문화의 다양한 장르에 대한 일상적 친밀성을 높일 뿐만 아니라 상시적 통로를 구축함으로써 개방화를 시도하는 것이 필요하다.

이제 한국의 시민사회는 시민운동의 새로운 주기를 맞고 있다. 신갈등사회에서 탈조직운동의 주기는 저항과 운동이 거대조직이나 일원화된 연대를 통해 폭발력을 갖기보다 일상화된 갈등과 분산된 저항으로 인해 오히려 갈등의 심각성이 낮아질 수 있는 조건을 갖는다. 그러나 이러한 조건은 정부를 비롯한 기존의 제도들이 개방되어 시민사회의 참여가 보장될 때 가능하다. 우리 사회에서 탈조직적 시민사회의 욕구는 팽창되어 있고 이러한 욕구가 정치화될 수 있는 미디어의 공론구조 또한 확장되어 있다. 그러나 정치권력의 소통하지 않는 일방성이 촛불집회와 같이 형체도 알 수 없는 예측불허의 거대한 탈조직적 시민행동을 만들어 내고 있는 것이다. 이 같은 신갈등사회의 한계는 정부와 정당, 노조와 여타 이익단체 등 기존의 제도와 조직에 내재된 권위주의와 폐쇄성에 결부되어 있다. 이러한 조건에서 조직운동은 정치경제개혁운동을 추구했던 그간의 운동역량으로 볼 때 여전히 의미 있는 역할을 할 수 있다. 문제는 조직운동으로서의 시민사회운동이 탈조직운동의 주기에 어떻게 적응하느냐는 점이고, 전술한 몇 가지 과제는 이와 연관되어 있다. 촛불의 열기는 국가와 계급, 이념과 지역, 정당과 거대단체를 중심으로 구축된 조직화된 사회관계를 훨씬 더 빠른 속도로 녹일 것으로 보인다.

12
생활민주주의와 생활공공성운동*

1. 1987년의 정치와 1997년의 사회, 그리고 2024년의 대한민국

2024년 한국 사회에는 다시 대통령 퇴진과 탄핵의 성명과 구호가 확산되었다. 1980년 5월, 광주에 자신의 국민을 총칼로 무참히 도륙하는 미친 폭력의 국가가 있었다면, 2014년 4월, 진도 앞바다에는 구조를 절규하는 생명 앞에서도 심신이 마비되어 움직이지 않는 중증의 식물국가가 있었다. 그리고 2022년 10월, 서울 도심 이태원에서 158명이 젊은 생명이 죽음으로 깔리는 순간에도 움직이지 않는 또한 번의 식물국가가 있었다. 거짓과 무능과 무책임을 한 번은 여성

---

* 이 장의 내용은 필자와 박영선이 2014년 공동 편집한 단행본《감시자를 감시한다: 고장 난 나라의 감시자 참여연대를 말한다》에 수록된 "참여민주주의 이후의 민주주의: 생활 민주주의와 생활공공성운동의 전망"을 수정·보완하여 재수록한 것임을 밝힌다. 생활민 주주의와 생활공공성에 관한 논의는 필자의 2015년 저서《생활민주주의의 시대》(나남) 을 참고할 수 있다.

대통령의 '우아한' 드레스 코드와 여당의 선동정치로, 그리고 또 한 번은 검찰 출신 대통령의 무도함으로 드러냈다. 거짓과 무능과 무책임을 가렸던 정치권력은 이미 영혼과 육신에 병이 깊은 기만의 국가였다. 미친 폭력의 국가든 병든 기만의 국가든 자신의 국민을 가학하는 패륜의 정부이긴 마찬가지이다.

돌이켜 보면, 광주로부터 7년 후 한국 사회는 6월 항쟁이라는 거대한 분노를 분출함으로써 이른바 '87년 체제'(김종엽 편, 2009)라는 정치질서를 갖추었다. 당시 집권 신군부의 후계였던 노태우와 야권의 김대중, 김영삼, 김종필 등 3김 씨가 합의한 개헌의 핵심은 5년 단임의 대통령제, 대통령 직선제, 소선거구제의 권력구조였다. 시민들은 자신들이 직접 대통령을 선출할 수 있다는 사실 하나만으로도 군부독재를 무너뜨린 민주화에 감격했다. 좀 더 분석적으로는 '정치'의 민주화, 절차적 민주주의를 확보한 것으로 이해하기도 했다. 한국의 권력구조는 딱 거기서 멈추었다. 한국의 민주주의는 더 이상 진화하지 않았다.

거칠게 말하자면, 박정희와 전두환을 잇는 오랜 군부독재에 대한 엄청난 저항과 희생을 치르고 얻어낸 1987년의 민주주의는 시민들로서는 대통령을 직접 선출하기 위해 손에 쥔 한 장의 투표권으로 남은 것일 수 있다. 한 장의 투표권을 더한 것 이외에 민주주의로 불리든 민주주의의 후퇴로 불리든 한국 정치는 중앙집권적 국가주의나 중앙집권적 대의정치의 본질을 크게 넘어서지 못하고 있는 것이다.

1990년대 들어 지구적 질서는 '냉전·국가주의' 역사국면에서 '탈냉전·시장주의' 역사국면으로의 전환기를 맞았다(조대엽, 2010). 이 새로운 역사국면에서 한국 사회는 IMF 환란을 겪었고 신자유주의 시장화라는 거대경향으로 빨려 들었다. 전대미문의 국가부도 사태를 겪으면서 한국 사회는 선택의 여지없이 이른바 '구조조정'을 통해 시장질서가 재편되었고 경쟁과 효율의 가치를 중심으로 해체되고 개인화되었다. 분단·국가주의 정치체제의 껍질이 견고하고 민주주의는 여전히 형식적으로 가동되는 상태에서 신자유주의가 한국 사회를 급습했다. 한국의 시민사회는 반공국가주의의 규율을 걷어 내고 공존의 민주주의를 미처 내면화하기 전에 경쟁과 효율의 살벌한 '시장'으로 해체되기 시작했다. 민주주의는 참으로 늦게 왔고 그 진화는 더딘 것이었지만 사회의 해체와 개인화는 급작스럽게 왔다.

2014년 4월, 진도 앞바다에 침몰한 '세월호'의 대한민국은 역사국면이 바뀐 지구적 전환의 시대에도 변함없이 응고된 중앙집권적 국가주의의 외피와 해체된 개인의 시민사회가 결합된 기형적 질서를 백일하에 드러냈다. 말하자면 민주화 이후 한국 사회는 '87년 정치'와 '97년 사회'가 모순적으로 결합된 비정상성이 근간을 이루었다. 이 같은 비정상성은 다른 무엇보다 한국의 정치사회가 오랜 대통령 중심의 중앙집권적 국가주의의 덫에서 탈출하지 못한 상태에서 다시 신자유주의의 늪에 빠진 탓이 크다. 그 결과 시민의 삶은 정치에서 철저하게 배제되고 말았다.

87년의 정치와 97년의 사회는 시민의 '생활'과 '정치'를 분리시키는 이중적 과정이었다. 정치에서 배제된 '생활', 정치와 '생활'의 분리야말로 우리 시대 비정상의 뿌리라고 할 수 있다. 이러한 비정상의 질서 속에서 정부와 정당은 공공적 책임의 윤리보다는 점점 더 소수

권력을 중심으로 운영됨으로써 시민의 실질적 삶의 욕구와는 멀어져 갔다. 아울러 시민의 생활은 경쟁에서 살아남은 자는 승자가 되고 살아남지 못한 자의 삶은 파괴되고 마는 정글의 질서 속에서 점점 더 '개인화'의 경향을 드러냈다.

시민의 생활과 분리된 정치는 아무리 '대의'나 '보호'의 수식어가 붙는 민주주의라 할지라도 중앙집권적으로 폐쇄된 구조 속에서 소수의 정치권력과 시장권력의 흉측한 무대로 썩어가기 마련이다. 안전하고 행복한 시민의 생활이 국가의 본원적 기능이자 존재 이유라고 한다면 우리 시대의 국가나 정부는 박제가 된 장식이 되어가고 있다. 대통령 중심의 중앙집권적 대의정치에 오랜 권위주의 뿌리가 남아 시민의 '생활'을 정치에서 배제하는 국가주의 정치질서는 민주화 이후 우리 시대에 역주행하는 한국 정치의 근본적 문제이다.

'생활'의 정치적 복원, 정치와 생활의 결합은 박제가 된 국가의 구조와 기능, 운영방식을 전면적으로 전환시키는 시대정신이자 핵심적 정치과제이다. 물론 이러한 과제를 추구하는 정치적 실천이 민주화 이후에 없었던 것은 아니다. 무엇보다 지방자치와 참여민주주의의 가치가 제도영역과 시민운동영역에서 실천된 것은 생활과 정치의 결합을 추구하는 의미 있는 진전이 아닐 수 없다. 그러나 1995년에 시작된 현행 지방자치제도는 한국 민주주의의 획기적 전환을 가져온 것이 분명하지만 여전히 미약한 분권의 현실을 드러내고 있다.

1994년 참여연대의 출범과 노무현 대통령의 참여정부의 출범, 2000년대 이후 생활정치운동으로 부쩍 가깝게 다가온 참여민주주의에 대한 인식과 현실 또한 뚜렷한 한계를 가졌다. 가장 직접적인 생활현장에서 운동으로 구현되는 참여민주주의는 더 높은 수준으로 확산성을 갖기 어렵거나 제도영역으로 확대되더라도 실험적으로 분절된 정치 절차로 존재하기 쉬웠다. 특히 강력한 중앙집권적 국가주의 질서가 온존하는 상황 속에서 참여민주주의는 그 자체로 제도화되기 어렵다. 참여적 제도를 확장시킬 수 있는 새로운 민주주의에 대해 훨씬 더 구조적이고 본질적인 접근이 필요하다.

이 장에서는 생활과 정치의 결합, 생활의 정치적 복원이라는 시대적 과제를 담은, 그리하여 87년의 민주주의 이후 새롭게 진화된 정치 패러다임으로 생활민주주의 모델에 대해 전망하고자 한다.

2. '생활'과 민주주의: 국가주의를 넘어

'생활'은 개인의 실존적 삶이 구성되는 사회적 장이다. 생활은 가장 높은 수준의 공적 질서로서의 정치와는 다른 사회적 차원이라는 통념이 오랜 국가주의 정치 프레임 속에서 상식화되었다. 정치와 생활을 분리하는 관념은 인류 대부분의 공동체적 삶에서 보편화된 공과 사를 구분하는 이른바 '거대한 이분법great dichotomy'에 기원을 둔다 (Bobbio 1989: 1~2; Fay 1975: 78; Pesch, 2005: 23; Benn & Gaus, 1983: 7). 의사소통적 행위이론에 바탕을 두고 이른바 '체계'와 '생활세계'를 구분한 하버마스의 논리(위르겐 하버마스, 2006) 또한 근대 부르주아 사회의 국가주의를 체계에 의한 '생활세계의 식민화'의 한 측면으로 풀어낸 정교한 사회이론이라고 할 수 있다. 실제로 국가주의는 근대 민족주의와 냉전이념, 제3세계의 군부독재 등과 결합되어 다양한 방식으로 강화되었다.

국가주의 정치패러다임에서 정치의 행위자는 정부, 의회, 정당, 거대 이익집단 등 중앙집권적 대의정치를 구성하고 중앙권력을 공유하는 주요 집단들이다. 이들은 민족주의와 냉전이념, 성장주의, 군사안보주의 등의 이념과 가치를 추구함으로써 시민의 실질적 생활과 정치의 분리를 가속화했다. 이 같은 국가주의 프레임이 오랜 기간 내면화됨으로써 국가주의가 지향하는 가치들은 공적인 것으로 우선시된 반면, 생활영역의 가치는 개인의 실존적인 것으로 공적 영역에서 배제됨으로써 국가지향의 가치와는 다른 차원의 요소로 간주되곤 했다.

탈현대, 탈냉전의 사회변동 속에서도 여전히 만연한 국가주의 프레임은 정치와 생활, 혹은 민주주의와 생활은 서로 다른 차원이기 때문에 일원적으로 결합할 수 없는 요소들이라는 입장에 있다. 이러한 시각에는 진보와 보수가 구분되지 않는다. 대부분의 민주화운동세대 혹은 민주운동진영은 독재와 민주, 보수와 진보의 이분법적 구도를 넘어서지 못함으로써 '국가주의 진보'의 틀을 벗지 못하고 있다. 국가주의 진보의 입장은 독재적 국가주의의 잔재를 민주적 국가주의로 바꾸고자 하는 것으로, 어느 것이든 중앙집권적 국가주의의 벽에 갇혀 우리 시대의 정치적 욕구와는 여전히 멀리 있다는 점은 마찬가지이다.

국가주의 프레임 가운데 다소 진전된 입장은 개헌으로 87년 체제를 극복해야 한다는 입장이 있다. 권력구조를 바꾸는 개헌에 대한 주장은 불합리한 대의적 정치질서를 합리적으로 개편한다는 점에서는 재론의 여지가 없다. 그러나 정치권에서 필요에 따라 언급되는 개헌은 정부형태와 선거제도의 개혁을 겨냥한 것인데 여전히 엘리트 정치와 대의적 정당정치의 효율을 높이는 데 초점이 맞추어져 있다. 개헌이 권력구조 개편을 넘어 국가주의 정치질서의 근본적 전환으로 이어지기에는 한계가 뚜렷하다.

국가주의 진보의 프레임 가운데는 절차적 민주주의도 제대로 되지 않는데 생활과 민주주의의 결합이 가능하겠느냐는 문제의식도 있다. 대의정치가 제대로 작동하지 않는 요인은 한국 사회의 굴절된 정치문화에도 문제가 있지만 폭증하는 시민사회의 정치적 욕구를 대의적 정치양식으로 담아낼 수 없는 한계적 상황이 오히려 문제의 핵심이다. 이 점에서 오늘날 대의민주주의의 문제는 한국 사회만의 문제가 아닌 것이다. 따라서 절차적 민주주의의 완성이라는 점과 생활과 정치의 결합은 선후의 문제가 아니라 동시적 문제일 수 있으며 선택의 문제이기도 하다.

국가주의 프레임에는 거시적 제도와 미시적 삶을 분리하는 다양한 관점, 성장(개발)가치와 생활가치를 서로 다른 차원으로 구분하는 관점, 정부혁신이나 정당혁신의 과제와 생활영역의 과제를 분리하는 관점 등이 포함될 수 있다. 이러한 입장들은 대부분 생활과 정치, 생활과 국가를 구분함으로써 시민의 실존적 삶을 정치에서 배제시키는 오랜 국가주의 정치 프레임의 효과라고 할 수 있다.

정치로부터 생활을 배제시키는 논리로 국가주의보다 훨씬 더 복고적이고 퇴행적인 '신민주의臣民主義' 프레임에도 주목할 수 있다. 대부

분의 정치인들이 입버릇처럼 달고 다니는 '민생'과 '서민'의 프레임
이 그것이다. 민생의 개념은 '시민의 생활'을 '백성'의 삶으로 치환함
으로써 시민을 정당한 주권과 시민권의 주체로 보는 것이 아니라 늘
보살피고 베풀어 줘야 할 '어리석은 백성'으로 대상화하는 것일 수
있다. 게다가 '서민'도 평등한 시민의 관점이 아니라 계층적 지위에
있어서 가장 아래에 있는 존재, 보살펴야 될 대상의 의미가 개입되어
있다. 이처럼 전통적 신민사상에 뿌리를 둔 민생과 서민의 프레임은
수동성, 위계성, 시혜성을 내재함으로써 자율적 시민의 '생활'을 정
치로부터 배제하고 축소시키는 장치로 작동할 수 있다.

정치와 생활을 분리시키는 또 다른 원천으로 '생활정치' 개념이 갖
는 제약을 들 수 있다. 생활정치 life politics는 후기현대사회에서 자아정
체성을 실현시키는 생활양식과 관련된 정치이다(Giddens, 1991). 착
취와 불평등, 억압을 제거하기 위해 권력과 자원의 불평등한 체계에
저항하는 전통적 사회운동을 '해방의 정치 emancipatory politics'라고 지칭
하고, 후기 현대에서 등장하는 여성, 평화, 환경과 같은 새로운 이슈
의 '신사회운동'을 자아실현의 정치로서의 '생활정치'라고 부른 것이
다. 이런 점에서 생활정치는 지향하는 가치의 범위가 어떻든 간에 제
도정치와는 다른 차원의 하위정치 sub-politics (울리히 벡, 1998), 혹은 사
회운동의 정치를 의미하게 된다. 따라서 사회운동으로의 생활정치와
국가수준의 제도정치는 서로 다른 차원에서 논의될 수밖에 없다.

최근에 한국의 진보진영이나 제도정당에서도 '생활정치' 개념을
도입해서 정치적으로 활용하고 있다. 여기에는 적어도 두 가지 오류
가 발견된다. 하나는 생활정치와 제도정치의 이론적 접합 과정이 생

략되어 새로운 정치 전망을 생산하지 못하게 한다는 점이다. 다른 하나는 '생활정치' 개념을 아주 단순하게 현실정치에서 흔히 사용하는 민생정치의 새로운 표현이나 세련된 표현 정도로 간주하고 있다는 점이다. 따라서 '생활정치'의 의미는 그 본래적 개념의 한계와 현실정치권의 단순한 사용에 따라 개념적 확장은 일종의 딜레마에 빠져 있으며 이러한 딜레마가 생활과 정치의 분리, 정치로부터 생활의 배제에 의도하지 않게 기여한 셈이 되고 말았다.

생활의 정치적 복원을 추구하는 가장 주목할 만한 정치적 지향은 '참여민주주의'라고 할 수 있다. 일반적으로 신좌파의 사상은 자유주의정치와 사회주의정치를 변화시키는 두 가지 핵심적 과제로 첫째, 의회, 국가관료제, 정당 등을 더욱 공개적이고 책임성 있게 만듦으로써 국가를 민주화해야 한다고 하며, 둘째로는 각 부문에서의 새로운 형태의 투쟁을 통해 국가뿐 아니라 사회도 책임성을 보장하는 절차를 따라야 한다는 점을 든다(데이비드 헬드, 2010: 399~400). 이 같은 전제의 연장에서 자유와 개인의 발전은 사회와 국가를 통제하는 데 시민이 직접적으로 관여함으로써 성취될 수 있다는 생각이 보다 급진적으로 변형되었다. 이에 따라 참여민주주의는 사회와 정부를 경쟁적 정당과 직접민주주의 조직을 결합한 체제를 근간으로 변화시키려는 진화된 민주주의로 주목되었다(Macpherson, 1977).

한국에서 이 같은 참여민주주의는 시민단체 '참여연대'와 노무현 대통령의 '참여정부'를 통해 크게 부각되었는데 운동과 제도라는 두 영역에서 새로운 정치패러다임을 제시했으나 한계 또한 뚜렷했다. 무엇보다 참여연대의 경우, 참여민주주의에 대한 분명한 이념적 접근 없이 비교적 단순한 '참여사회적 지향'만을 강조하는 경향이 있었다. 참여연대는 창립선언문에서 "우리가 추구하는 민주주의는 인간성의 존엄이 실현되고 인권보장을 으뜸의 가치로 삼는 정치이념입니다 … 새로운 사회의 지향점을 '참여'와 '인권'을 두 개의 축으로 하는 희망의 공동체 건설로 설정했습니다"라고만 함으로써 '참여민주주의'에 대해 특별히 구체적 언급이 없다. 나아가 '참여'적 시민을 강조하는데, 이 경우 '참여'는 시민운동에 참여하는 계몽된 시민을 강조하는 구호였다.

아울러 참여연대는 실질적 운동방식으로 참여민주주의의 실현이라기보다는 입법, 사법, 행정의 국가권력 감시와 시장권력을 감시하는 데 주력함을 택함으로써 국가주의의 프레임 내에서 권력운영을 감시하는 운동을 전개했다. 참여민주주의는 국가주의 프레임을 넘어 생활의 정치적 복원을 선도하는 절차와 제도의 실천이기 때문에 현장과 생활영역에서 우선적으로 작동해야 한다. 그러나 참여연대의 운동은 중앙정부 및 거시제도에 대한 감시와 주창에 몰입함으로써 여전히 국가주의 프레임 내에서 전개되는 운동의 한계를 가질 수밖에 없었다. 이런 점에서 참여연대운동은 적어도 참여민주주의에 관한 한 새로운 민주주의의 전망에 주목시키는 효과만을 가졌다.

참여정부의 참여민주주의 또한 정부영역에서 참여와 숙의熟議 제도를 실천했지만 견고하게 보수화된 사회영역 혹은 생활영역의 현장에는 확산성을 갖기 어려웠다. 중앙집권적으로 구조화된 국가주의의 오랜 질서에서 분절적이고 실험적으로 시도되는 참여민주적 제도는 실제로 생활과 정치를 결합시키기에는 뚜렷한 한계를 가질 수밖에 없었다. 게다가 참여정부를 뒤이은 이명박 정부와 박근혜 정부, 그리고 2022년에 출범한 윤석열 정부는 87년의 정치질서를 훨씬 더 복고적인 중앙집권적 국가주의 질서로 회귀시킴으로써 시민의 삶은 정치로부터 더욱더 배제되었다.

오늘날 해체화, 개인화, 성찰성과 불확실성 증대 등 탈근대의 거대경향은 확산되고, 신자유주의 시장화와 양극화 경향은 개인의 삶을 해체하고 또 몰락시키고 있다. 파편적으로 등장하는 시민사회와 공동체의 참여민주적 욕구는 중앙집권적 국가주의의 빛바랜 정치질서에 막혀 한계를 보이는 한편, 신자유주의의 급습과 개인화의 경향이 부가적으로 참여민주주의의 한계를 드러내고 있다.

적어도 우리 시대의 정치질서는 제도정치와 삶의 욕구의 이원적 질서, 국가공공성과 시민적 삶의 분리가 드러내는 기형성으로 인해 정치질서의 위기를 가중시키고 있다. 말하자면 공공성의 위기와 실존적 삶의 위기를 동시에 드러내고 있다. 정치의 궁극적 목적은 시민의 안전하고 건강한 삶이어야 한다. 다양한 이념으로 장식된 국가주의의 베일이 걷힌다면 국가와 정치와 민주주의의 가장 뚜렷한 근본은 적나라하게 드러난 시민의 생활이다. 좌도 아니고 우도 아닌 모든 정치의 중심에 시민의 고단한 생활을 두는 그런 정치야말로 우리 시대의 중층적 위험사회에서 시민의 안전과 공공적 삶을 보장하는 근간이 될 수 있다.

3. 민주주의의 외재성과 내재성

역사상 존재했던 민주주의의 유형은 다양하며, 유사한 유형이라고 하더라도 국가마다 독특한 차이를 갖기 마련이다. 대체로 보더라도 민주주의의 유형들은 아테네 고전 민주주의, 이탈리아 도시공화정과 근대 초기의 공화제 민주주의, 근대의 자유민주주의, 마르크스주의적 직접민주주의, 경쟁적 엘리트 민주주의, 다원민주주의, 신자유주의 법치민주주의legal democracy, 참여민주주의participatory democracy, 숙의민주주의deliberative democracy 등을 들 수 있다.[1] 이러한 민주주의 유형들은 공화주의, 자유주의, 사회주의 사상에 다양한 방식으로 결부됨으로써 정당한 권위, 정치적 평등, 자유, 도덕적 자기 발전, 공익, 공정한 도덕적 절충, 욕구충족, 효과적 결정 등의 문제에 대한 입장들을 발전시켰다(데이비드 헬드, 2010: 19).

이러한 입장들은 현대 민주주의론의 몇 가지 핵심적 쟁점에 관해서는 크게 대별되는 지점들을 보인다. 첫째, 시민이 정치과정에 관여하는 수준이 어느 정도까지인가라는 문제에 관해 대별되는 입장이 있다. 민주주의를 시민이 공적 정치과정에 직접 관여하는 시민권력으로 이해하는 입장과 시민의 정치관여는 대표의 선출에 국한하고 선출된 대표들이 권한과 책임을 갖는 체제를 민주주의로 이해하는 입장이 구분될 수 있다.

---

1   헬드는 역사적으로 등장한 민주주의의 주요 모델을 4개의 고전모델과 5개의 현대모델로 정리했다(데이비드 헬드, 2010: 20~21).

둘째, 민주주의의 적용범위에 관해서도 근본적으로 대별되는 입장들이 있다. 말하자면 사회구성영역을 국가와 시민사회로 구분할 때, 민주주의는 시민사회 영역까지 확대되어야 한다는 입장과 시민사회와 개인의 자유를 보장하기 위해 민주주의는 국가영역에 국한되어야 한다는 입장이 대별된다.

셋째, 민주주의의 목적, 혹은 정치참여의 성격에 대해서도 서로 다른 입장이 구별된다. 즉, 민주주의를 시민의 근본적인 자아실현의 방식으로 이해하는 입장과 민주주의를 개인적 자유를 보호하기 위한 수단으로 간주하는 입장이 대별될 수 있는 것이다.

세 가지 쟁점에 관해 직접민주주의, 참여민주주의, 숙의민주주의 등은 전자의 입장에 있고, 자유주의에 기초한 민주주의 유형이라고 할 수 있는 경쟁적 엘리트민주주의, 다원민주주의, 신자유주의적 법치민주주의 등의 흐름은 후자에 해당한다고 할 수 있을 것이다.[2]

이제, 시민의 실존적 삶으로서의 '생활'과 민주주의의 관계에서 볼 때 민주주의의 다양한 유형들은 시민의 구체적 삶 속에 민주주의와 국가와 정치가 깊이 결합되어 있는 '내재적 민주주의'와, 다른 한편

---

2 민주주의의 다양한 모델들을 헬드는 민주주의의 목적이나 정치참여의 성격이라는 측면에서 '계발주의Developmental Democracy'와 '보호주의Protective Democracy'로 구분한다. 참여를 통한 시민의 자아실현을 지향하는 직접, 참여, 숙의민주주의 등은 계발주의적 요소가 강조되고, 민주주의가 국가영역에서 오로지 개인의 자유와 이익을 보호하기 위해 작동해야 한다는 대의민주주의 및 자유민주주의의 다양한 유형은 보호주의 요소가 강조되는 것으로 평가한다. 물론 공화제적 민주주의나 자유민주주의도 계발민주주의와 보호민주주의 측면이 공존하며 이러한 특성이 다시 민주주의 모델의 분화 경향을 드러내는 것으로 보기도 한다(데이비드 헬드, 2010: 22).

으로는 민주주의와 국가와 정치의 영역에서 시민의 생활이 배제됨으로써 민주주의와 국가와 정치가 시민의 삶 밖에 존재하는 '외재적 민주주의'를 구분할 수 있다. 민주주의와 관련된 세 가지 핵심쟁점에 있어서 대별되는 입장 가운데 직접민주주의, 신좌파적 시민사회민주주의, 그리고 자아실현적 계발민주주의 등은 내재적 민주주의를 지향하고, 대의민주주의, 자유주의 및 신자유주의 민주주의, 보호민주주의 등은 외재적 민주주의를 지향한다고 말할 수 있다.

제 2차 세계대전 이후 등장한 민주주의 모델 가운데 신자유민주주의(혹은 법치민주주의), 참여민주주의, 숙의민주주의 등의 모델에 주목하면 민주주의의 내재성과 외재성 문제에 관해 보다 엄밀하게 살필 필요가 있다. 근대의 자유민주주의가 분화된 다양한 민주주의 형태들 가운데 신자유민주주의 모델은 서구 복지국가의 개입주의적 경향에 명시적으로 반대함으로써 자유주의를 재강화하는 신우파의 민주주의 모델이라고 할 수 있다.

이 모델은 개인 이외에 다른 어떤 사회적 실체나 정치적 실체도 존재할 수 없다는 전제에서 출발해 사회에 대해 우선순위나 분배유형을 명확히 제시해 주는 어떤 일반원칙도 정당화될 수 없다고 강조한다(Nozick, 1974: 33; Hayek, 1976). 이 모델에서 강조되는 유일한 권리는 사회와 무관한 그리고 무엇보다 다른 사람의 권리를 침해하지 않는 한 자신의 목적을 추구할 수 있는 권리를 포함하는 양도할 수 없는 개인의 권리이다(데이비드 헬드, 2010: 383). 따라서 신자유주의적 민주주의는 개인 권리의 보호에 부응하는 최소 개입의 정치권력을 의미하며, 여기서 개인의 권리는 재산과 자원 축적의 권리와 관련되어 있고 개인은 정치적·사회적 실체가 아니라 시장적·경제적 존재인 셈이다. 이런 점에서 하이에크에게 민주주의는 목적이 아니라 하나의 수단이다. 최고의 정치적 목표라고 할 수 있는 자유를 보호하는 수단이자 실용적 장치인 것이다(Hayek, 1976: 62).

자유시장사회와 최소국가를 지향하는 신자유주의 민주주의 모델에서 시민의 생활은 정치과정으로부터 배제되어 있을 뿐만 아니라 고도의 경쟁과 효율의 가치가 만연한 시장사회에서 개인은 자유로운 권리의 존재가 아니라 고단한 삶이 해체되고 파편화되어 마침내 삶이 파괴되고 마는 개인으로 몰락하게 된다. 여기에 한국과 같은 중앙집권적 국가주의의 오랜 정치관행이 결합되면 시민의 삶은 더욱더 정치와 멀어지거나 해체되고 만다. 이러한 형식 민주주의의 질서는 아무리 정당정치와 선거제도를 갖고 있더라도 시민의 실질적 삶과 분리되어 시민의 생활 바깥에서 작동하는 절차와 제도로 존재하는 외재적 민주주의라고 말할 수 있다.

신자유주의 정치에 직접적으로 대응하는 신좌파의 정치이념으로는 '참여민주주의'와 '숙의민주주의'가 있다. 참여민주주의는 국가영역을 공개적이고 책임 있게 만들어 민주화시키는 한편, 사회도 책임성을 보장하는 절차를 갖추어야 한다는 관점이다. 이런 참여적 절차들은 인간의 계발을 촉진하고 정치적 효능감을 제고하며 권력중심으로부터의 소외감을 감소시키고 집단문제에 관심을 키울 뿐만 아니라 정부의 일에 좀 더 민감하게 관심을 가질 수 있는 적극적이고 식견 있는 시민을 형성하는 데 기여한다는 점이 강조된다(Pateman, 1970).

무엇보다 참여민주주의가 대의적 질서를 수용하는 체제라는 점이 강조되어야 한다(Pateman, 1970; 1985). 즉, 경쟁적 정당, 정치적 대표, 정기적 선거 등 자유민주주의의 핵심제도 대부분은 참여사회의 불가피한 요소이며, 참여민주주의의 가장 현실적인 진전은 정부를 둘러싼 정당과 이익집단의 경쟁에 의해 보완되는 직장이나 지역현장에 대한 직접참여와 통제라고 할 수 있다.

페이트먼은 대의제로 보완되는 참여민주주의의 의의에 대해 다음과 같이 강조한다(Pateman, 1970: 110). 첫째, 개인이 현장수준의 의사결정에 직접참여의 기회를 가질 경우에만 일상생활에 대한 실질적 통제가 이루어질 수 있다. 둘째, 현장영역의 광범한 참여기회는 전국적 정치의 대의적 환경을 근본적으로 변화시킬 것이다. 셋째, 지역적 수준과 전국적 수준 모두에 적합한 참여사회의 구조는 개방적이고 유동적이어야 하며 사람들이 새로운 정치형태를 실험하고 배울 수 있어야 한다. 따라서 참여사회는 반드시 실험사회가 되어야 한다. 이런 점에서 참여민주주의는 생활현장의 정치화를 지향한다.

참여민주주의가 지향하는 목적은 원칙적으로 식견 있는 시민의 성장을 통한 자아실현과 자기계발이라고 할 수 있다. 이러한 목적은 민주주의의 내재성을 보여 주는 참여민주주의의 지향점이라고 할 수 있지만 실제로 참여민주주의 이론과 현실은 외재적 민주주의를 넘어서지 못하는 한계를 보인다. 첫째, 참여민주주의는 대의민주주의 제도와 직접민주주의 제도의 체계적 결합방식에 대해 언급하지 않음으로써 행정조직과 권력이 직접민주주의에 의해 어떻게 견제되는지를 살피지 않고 있다. 따라서 참여민주적 제도와 절차들은 대의제의 외곽에서 분절적이고 일시적으로 작동함으로써 내재적 민주주의로 기능하기 어렵다. 둘째, 참여민주주의는 시민들이 참여적 정당을 비롯한 다양한 참여제도에 실제로 관여할 수 있기 위해서는 경제적 조건을 비롯한 생활영역의 포괄적 조건이 갖추어져야 한다는 사실을 간과한다. 참여민주주의는 정치적 절차뿐만 아니라 새로운 삶의 양식에 이르는 민주주의이론이기 때문에 경제를 비롯한 생활영역이 실제로 어떻게 조직되고 정치과정과 어떻게 연관되는지에 대해 설명해야 하지만 여기에 대해 취약하다. 따라서 참여민주주의는 여전히 생활과 구분되는 정치영역의 참여적 절차와 제도에 방점을 둠으로써 민주주의의 외재성을 넘어서기 어렵게 한다.

참여민주주의의 질적 개선을 추구하는 새로운 민주주의 모델은 '숙의민주주의'(Bessette, 1980; 1994)이다. 숙의민주주의는 참여의 본질과 방식을 제고하는 데 초점을 맞춘다. 말하자면 참여와 합리성 간에는 비례적 관계가 존재하지 않기 때문에, 계몽된 논쟁, 이성의 공적 사용, 진리의 불편부당한 추구 등이 지지되는 것이다. 따라서 현대 민주주의론의 도전과제는 "숙고를 거친, 일관된, 상황에 얽매이지 않는 절차의 도입"(Offe & Preuss, 1991: 167)에 있다.

숙의민주주의에는 직접민주주의나 참여민주주의의 한계에 대한 뚜렷한 자각이 있다. 첫째, 가장 일반적 이유로 고도로 분화되고 복잡한 현대사회에서 직접민주주의의 이상은 실현될 수 없다는 점에서 비롯된다. 둘째, 소규모 공동체에서 대면적 의사결정을 이상적인 것으로 간주하는 것 자체가 문제라는 것으로 소규모 민주주의는 선동에 훨씬 더 취약하기 때문이다. 셋째, 참여가 확대되는 것만으로는 참여의 '질' 문제를 해결할 수 없다. 특히 참여민주주의론은 숙의의 결여에 관심을 갖지 않았다(Fishkin, 1991: 21~50).

참여민주주의에 대한 성찰을 토대로 숙의민주주의는 자유주의 이론과 민주주의 사상의 공통된 시각을 근본적으로 바꿀 필요가 있다는 점을 강조한다. 따라서 무엇보다 민주주의적 정통성의 근원을 이미 결정된 개인의 의사가 아니라 오히려 그것의 형성과정, 즉 숙의 그 자체에서 찾고자 하며 숙의의 절차를 핵심적 정치과정으로 간주하는 것이다. 숙의민주주의는 시민들의 기계적 선택을 열린 학습과정으로서의 정치로 대체하고자 한다. 여기에는 공론장의 출현이 필수적이라는 인식이 자리 잡고 있다.[3] 이런 점에서 숙의민주주의는 '자유롭고 평등한 시민들의 공적 숙의가 정당한 정치적 의사결정이나 자치의 핵심요소'가 되는 민주주의의 새로운 유형이라고 할 수 있다. 숙의민주주의 모델에서 정치적 정통성은 투표함이나 다수결 자체에 있기보다는 공적 결정에 대해 옹호 가능한 이유와 설명을 제시하는 데 달려 있다(Manin, 1987; Dryzek, 1990; Bohman, 1998; Saward, 2003).

숙의민주주의의 절차와 제도는 숙의적 여론조사deliberative polls, 숙의일deliberative days, 시민배심원제, 유권자 반응voter feedback 메커니즘과 시민 의사소통의 확대 등으로 다양하게 나타난다.[4] 이러한 제도들은

---

3 이러한 공론장에서 선호나 이해의 타당성을 검토하는 것은 무엇보다 '타인의 입장에서 생각하는 것'을 의미하는데(Benhabib, 1992: 9~10), 롤즈의 '원초적 상태', 하버마스의 '이상적 담화상황', 배리의 '불편부당주의적 논증' 등에 공유된 핵심 내용이다 (Rawls, 1971; Habermas, 1996; Barry, 1989; 1995).

4 이 같은 숙의민주주의 제도에 대한 제안과 설명은 Fishkin(1991), Ackerman & Fishkin(2003), Beetham(2005), Adonis & Mulgan(1994), Hacker & Dijik (2001) 등의 저술을 참고할 수 있다.

오늘날 인터넷이나 텔레비전, 라디오 네트워크 참여, 전자정부 및 전자민주주의의 다양한 실천적 정치양식을 통해 공적 토론의 범위와 질을 확대시킴으로써 훨씬 더 활발하게 구현되고 있다(데이비드 헬드, 2010: 451).

이처럼 공적 숙의의 과정을 통해 이해관계를 이성적 토론의 제도로 바꾸고자 하는 숙의민주주의는 무엇보다 사회적 관계에 부착된 권력, 계급, 위세와 관련된 일체의 지위를 내려놓은 불편부당한 상태, 즉 오로지 논증의 권위만이 작동하는 이상적 담화상황(위르겐 하버마스, 2001)을 전제로 하기 때문에 추상적이고 비현실적이라는 원천적 비판에서 자유롭지 못하다(Gutmann & Thompson, 1996).

아울러 숙의민주주의는 비록 공적 숙의 과정을 통해 정제되고 사려 깊은 선호를 계발함으로써 시민의 실존적 삶과 정치의 거리를 획기적으로 좁힐 수 있는 정치적 기획일 수 있지만 실제로는 참여민주주의가 갖는 외재성의 한계를 공유하는 것으로 보인다. 첫째로 숙의의 과정은 대의제를 보완하는 절차이자 대의제의 정당성을 보증하는 장치로 작동함으로써 여전히 정치영역의 절차와 제도로 포섭되기 때문에 숙의민주적 과정이 시민의 일상과 실존적 삶의 영역으로 내재화되기 어렵다.

둘째로 공적 숙의가 활발하게 되어 대의민주적 질서를 포위할 수준이 되기 위해서는 숙의적 참여가 보편적으로 수월할 수 있는 사회경제적 조건이 동시적으로 갖추어져야 한다. 말하자면 숙의민주주의의 문제는 정치의 문제를 넘어서는 생활의 문제와 결부되어 있는 것이다. 따라서 숙의적 절차가 생활영역의 현실적 조건의 변화 없이 분절적으로 실천되는 것은 숙의민주주의가 여전히 시민의 생활 밖에서 작동하는 외재적 민주주의에 머무를 수 있다는 점을 말해 준다.

4. 생활민주주의의 내재성

참여민주주의와 숙의민주주의는 비록 참여와 숙의의 절차를 통해 자아실현의 가치를 추구함으로써 민주주의의 내재성을 지향하지만 논리와 주장의 현실은 여전히 절차와 제도에 갇혀 시민의 실질적 삶과 결합되지 않고 있다. 그럼에도 불구하고 참여민주주의와 숙의민주주의의 절차는 민주주의의 내재성을 확장하는 데 없어서는 안 될 요소들이라고 할 수 있다. 따라서 시민의 생활을 정치적으로 재구성하기 위해서는 참여민주주의와 숙의민주주의를 포괄하면서도 이를 넘어서는 내재적 민주주의가 추구되어야 한다.

생활민주주의는 민주주의와 국가와 정치는 곧 생활이라는 점에서 가장 적극적인 내재적 민주주의이다. 내재적 민주주의로서의 생활민주주의는 무엇보다 시민들의 실존적 생활영역 안에 공공성을 갖추는 것을 의미하는데 이것이 국가공공성을 넘어선 생활공공성의 질서인 것이다. 생활공공성의 질서는 생활민주주의의 가치가 내재화된 공적 질서이다. 생활민주주의의 핵심가치로 다른 무엇보다 '자율'의 가치와 '협력'의 가치, 그리고 '책임'의 가치를 강조할 수 있다. 생활공공성의 질서는 자율과 협력과 책임의 질서라고 말할 수 있다.

첫째, 생활공공성은 외재적이고 타율적인 국가공공성과 달리 자율성을 기반으로 한다. 자율적으로 출현한 공적 질서가 정부 중심의 국가공공성과 결합될 때 책임성의 영역이 훨씬 더 광범하게 작동한다. 생활민주주의는 이런 점에서 공적 질서에 자율성과 책임성을 보다 넓게 확보하려는 실험이라고도 할 수 있다. '자율'의 가치가 구현되기 위해서는 형식적이고 정치적인 권리의 확보도 중요하지만 사회질서의 본원적 요소로서의 사회경제적 요건이 충족되어야만 한다. 이러한 조건은 참여적이고 숙의적인 자아실현의 민주주의가 가능할 수 있는 전제이며 자율의 기초이기도 하다. 이 점에서 '자율'은 중앙집권적 국가주의로 억압되었던 민주주의의 본원성과 포괄성에 근거해서 자아실현적이고 지구적이며 탈계급적 민주주의를 가능하게 하는 생활민주주의의 핵심가치이다.

둘째로 강조할 수 있는 생활민주주의의 핵심가치는 '협력'의 가치이다. 중앙집권적 국가주의의 정치적 형식과 이념적 갈등, 억압적 제도의 외피를 벗은 시민의 실존적 삶이 생활민주주의로 재구성되는 것은 무엇보다 억압적이고 수동적인 개인의 실존이 해방적이고 적극적 실존으로 전환하는 것을 의미한다. 여기에서 시민의 실존적 삶은 경쟁과 갈등, 분열의 장이 아니라 자율에 바탕을 둔 '협력'의 가치가 작동하는 장이 되어야 한다. 어쩌면 생활민주주의의 본원성과 포괄성은 민족, 이념, 이익, 종교, 인종, 계급으로 균열되어 대결과 폭력, 투쟁과 전쟁으로 얼룩지고 가려졌던 인류문명 속에 원천적으로 내재되어 있었던 '협력'의 유전자를 찾아냄으로써 대안적 사회구성의 질서를 모색하는 새로운 민주주의의 뿌리를 함의하는 것일 수 있다.

협력의 가치는 현실적으로 협치의 정치와 협력의 경제를 모색함으로써 지구적이고 탈계급적 민주주의를 실현하는 원천적 동력일 수 있다. 나아가 협력의 윤리는 우리 사회의 공공성을 새롭게 재구성하는 핵심원리이기도 하다. 적어도 새로운 생활공공성의 질서는 자율과 협력의 윤리로 구축되어야만 자아실현성을 높이는 공적 질서로서의 의미를 가질 수 있다.

셋째로 강조되는 생활민주주의의 가치는 '책임'의 가치이다. 생활영역의 민주화는 시민사회의 민주화를 의미한다. 생활민주주의는 시민의 삶에 대한 국가영역의 책임을 강화함으로써 민주주의의 폭을 넓히는 반면, 시민사회의 생활영역도 정치적 기능을 공유함으로써 민주적 참여와 함께 책임 또한 공유하는 질서라고 할 수 있다. 권력의 분산은 책임의 분산 과정이기도 하다. 자율의 가치와 협력의 가치는 책임의 가치를 수반함으로써 생활민주적 질서를 보장할 수 있게 된다. 생활민주주의는 시민의 삶과 직접적으로 결부된 생태적 조건과도 연관되어 있다. 생태적 현실은 생활의 선택에 따라 결정되기 때문에 생태민주주의는 생활민주주의에 종속적이다. 따라서 생활민주주의 핵심가치로서 책임의 윤리는 생태적 책임도 수반하게 된다.

자율과 협력과 책임을 핵심가치로 하는 생활민주주의는 우리 시대의 탈냉전·탈근대의 지구적 사회변동을 반영하는 다음과 같은 다섯 가지 내재적 민주주의의 특징을 갖는다.

첫째, 생활민주주의는 민주주의의 궁극적이고 근본적인 목적이라고 할 수 있는 시민의 생활에 자율과 협력과 책임의 가치를 내재적으로 구현하는 '본원적 민주주의'이다. 정치의 본질을 '권력'으로 보는 일반적 시각은 정치와 민주주의를 다른 사회영역으로부터 분리시킴으로써 과정과 수단으로서의 정치를 강조하는 경향이 있다. 수단으로서의 정치, 절차로서의 민주주의는 중앙집중적 대의정치의 질서에서 필연적으로 '제도정치'라는 영역을 구축하는 비본질적 민주주의이다. 정치와 민주주의와 국가의 원천은 시민의 삶이다. 시민의 생활은 정치와 민주주의와 국가의 본질이자 존재 이유이기도 하다. 나아가 민주주의는 실현해야 할 공공 가치이자 생활양식이다. 가치와 생활양식으로서의 생활민주주의는 개인의 실존적 삶에 내재된 소외, 고립, 고통, 가난, 불안, 우울, 분열, 해체와 같은 불안정한 요소를 공감, 소통, 협력, 공존, 자아의 공적 실현과 같은 생활공공성의 질서로 재구성한다.

둘째, 생활민주주의는 정치와 민주주의의 작동범주를 확장시킴으로써 다양한 생활영역을 정치적으로 포괄하는 '포괄적 민주주의'라고 할 수 있다. 대의민주주의 질서에서 정치영역은 대체로 정부와 의회, 정당의 영역이 포함됨으로써 시장영역이나 시민사회 영역과 구분되는 질서로 간주된다. 생활민주주의는 정치영역뿐만 아니라 시장영역과 시민사회 영역을 포괄적으로 정치화하는 것을 과제로 삼는다. 생활민주주의는 공적 영역과 사적 영역의 구분을 넘어서는 생활공공성의 질서를 추구하는데, 생활공공성의 질서는 다른 무엇보다 다양한 생활영역에서 구축된 참여, 소통, 공감, 합의의 질서를 의미한다. 참여, 소통, 공감, 합의의 절차를 생활영역에 내재화하기 위해서는 생활영역 일반의 고른 성장이 필요하며 특히 시장영역의 보편적 성장을 통해 경제민주주의, 혹은 시장공공성이 확장되어야 한다. 고도로 양극화된 신자유주의적 경쟁사회에서 생계자체가 버거운 시민들로는 자율에 바탕을 둔 정치참여 자체가 무망한 일이 될 수 있는 것이다. 생활민주주의는 비정치적 영역의 민주주의를 포괄하는 정치전망이다.

셋째, 생활민주주의는 근대성의 제도에 갇혀 정치적 동원의 대상이 된 수동적 '국민'을 능동적 시민으로 정치화시키는 '자아실현적 민주주의'이다. 근대성의 핵심제도로 구축된 국민국가와 중앙집권적 대의정치가 권위주의와 억압적 통치로 전환되었을 때 민주주의는 정치적 억압에 대한 해방과 탈출의 이념이었고 민주화운동의 신념체계였다. 그러나 생활민주주의는 시민의 실존적 삶 속에 내재화된 민주주의를 지향하기 때문에 시민사회의 운동영역에서 전개되는 자아실현적인 생활공공성운동의 가치지향일 뿐만 아니라 정부정책이나 정당과 같은 제도영역을 생활공공성의 질서로 재구성하는 새로운 이념이기도 하다. 자아실현의 민주주의로서의 생활민주주의는 민족, 냉전이념, 성장, 개발, 군사안보 등 국가주의를 이끄는 거대담론의 정책이슈들보다는 공동체, 평화, 인권, 평등, 생태, 안전 등 개인의 실존을 공공적으로 재구성하는 이슈를 지향한다. 이러한 협력과 공존의 이슈들은 참여와 숙의 절차를 통해 실현될 수 있다.

넷째, 생활민주주의는 '지구적 민주주의'로의 확장성을 갖는다. 근대 국민국가는 민족, 이념, 종교의 외피와 형식으로 포장된 일국적 국가공동체에 기반을 둠으로써 서로 다른 민족, 이념, 종교, 이익의 외피를 가진 다른 국가와 끊임없는 긴장과 충돌 나아가 전쟁 위기에 직면해 있다. 이 같은 국가 간 긴장과 위기의 현실은 각국 시민의 삶과는 무관하게 작동하는 군사기반의 외교와 안보정치의 결과일 수 있다. 국가와 정치는 폭력과 전쟁을 추구하지만 시민과 생활은 안전과 평화를 원한다. 일국적 단위에서 시민의 생활에 정치와 민주주의가 내재된다면, 그리하여 만국의 시민들이 정치와 국가와 민주주의의 중심에 생활을 두고 생활 속에 민주주의를 내재화하는 생활민주주의를 지향한다면 지구적 정의와 지구적 민주주의는 훨씬 더 보편적 질서로 자리 잡을 수 있다. 이런 점에서 생활민주주의는 외교와 안보의 새로운 지향이 될 수 있고 나아가 국제관계를 평화와 공존의 질서로 전환할 수 있는 새로운 이념적 원천이 될 수 있다.

다섯째, 생활민주주의는 탈냉전, '탈계급의 민주주의'라고 할 수 있다. 자유민주적 대의정치든 사회민주적 대의정치든 계급기반 민주주의의 유산이란 점은 다르지 않다. 계급기반이 빠르게 해체된 탈냉전·탈근대의 사회구성체에서 계급기반 대의민주주의는 한계를 보일 뿐더러 대의민주주의 질서 자체도 시민사회의 새로운 욕구를 담아내지 못한다. 더구나 중앙집권적 국가주의가 대의정치와 결합되면 정치와 시민사회, 국가와 시민의 생활은 더욱더 분리된다. 생활민주주의는 국가주의 진보를 넘어 탈냉전적이고 탈계급적인 생활지향 진보의 지형을 열어 준다.

생활민주주의는 이상과 같이 본원성, 포괄성, 실현성, 지구적 확장성, 탈계급성 등을 특징으로 하는 내재적 민주주의이다. 생활민주주의를 지탱하는 자율과 협력과 책임의 세 가지 축은 이 같은 생활민주주의 주요 성격을 결정하는 핵심가치다. 이제 자율과 협력과 책임이라는 핵심가치는 '생활공공성운동'과 '생활국가' 혹은 '생활정부'의 제도로 구체화됨으로써 운동과 제도의 새로운 전망을 가능하게 한다.

5. 생활공공성운동과 생활국가

모든 공적 질서의 구심이 국가에 있는 국가공공성의 시대를 넘어서
는 내재적 공공성의 패러다임을 '생활공공성'이라고 말할 수 있다.
생활공공성은 시민사회의 다양한 생활영역에서 자발적으로 만들어
진 협력적 제도나 공동체 지향의 공공성이 참여, 공유, 개방, 합의 과
정을 통해 정부와 시장영역에서 작동하는 기존의 외재적 공공성의
구조와 결합된 새로운 공적 질서이다. 말하자면 생활공공성은 시민
사회의 자율적 공공성이 기존의 제도적 공공성과 결합된 질서이다.
생활공공성의 질서는 생활과 정치의 결합을 통해 생활의 정치적 복
원을 가능하게 하며 공공적 질서가 실존적 삶에 내재됨으로써 거시
적 제도와 미시적 실천을 분리시키지 않는 공적 질서이다. 이러한 질
서는 시민적 자아실현의 수준을 전폭적으로 확장하는 내재적 공공성
의 프로젝트로 가시화될 수 있다.

생활공공성 프로젝트는 한편으로는 국가공공성이 드러내는 억압
과 배제의 위기와 다른 한편으로는 신자유주의 시장화에 따른 공공
성 해체의 위기를 동시에 넘어서는 생활공공성운동으로 구체화될 수
있다. 생활공공성운동은 모든 사회구성영역에서 개인의 실존적 삶
에 공공적 요소를 내재화함으로써 자율성과 공공성을 결합한 생활의
정치적 복원을 지향하는 운동이다. 이러한 생활공공성운동은 시민
의 삶에 내재하는 공공성을 보다 높은 수준의 공적 질서로 실천하는
데 운동의 자원을 결집시킴으로써 단순히 생활의 정치적 복원이 아
니라 생활의 '민주주의적 복원'을 지향한다. 여기에서 '생활민주주

의'야말로 생활공공성운동의 핵심적 이념으로 강조된다. 생활민주주의를 이념적 기반으로 하는 생활공공성운동은 이제 시민적 삶의 다양한 영역을 자율과 협력과 책임의 가치와 제도로 재구성하는 과정을 의미하게 된다.

생활공공성운동은 시민사회에 국한되지 않고 제도영역으로 확장 가능한 공공성 프로젝트이다. 생활공공성운동은 시민사회의 운동영역에서 새로운 삶의 방식을 실천하는 생활정치 '운동'의 한계를 넘어 제도영역으로 자율적 공공성의 질서를 확장하는 시민운동의 새로운 지향인 것이다. 따라서 생활공공성운동은 우선, 시민사회의 운동영역과 정부 및 정치영역을 비롯한 제도영역을 포괄함으로써 사회구성체 전체에 결부된 운동이라는 점이 강조되어야 한다. 둘째, 생활공공성운동은 중앙집권적 국가주의를 기반으로 하는 87년 정치지향의 운동을 넘어 생활에 내재하는 공공성을 추구함으로써 보편주의 시민운동의 새로운 전범이 될 수 있다. 셋째, 생활공공성운동은 억압적 국가공공성과 직접적 대립을 통한 투쟁, 저항, 감시, 해방의 운동보다는 새로운 제도와 새로운 삶의 '실현'을 추구하는 데 더 많은 가치를 두는 운동이다.

생활공공성의 패러다임에서 제도정치 영역은 개인의 실질적 삶과는 동떨어져서 작동하는 대의적 권력의 정치가 아니다. 생활공공성의 질서에서 '정치는 내 삶에 필요한 것을 제공하는 제도'이고 '정치는 내 삶의 문제를 해결하는 제도'로 재구성되어야 한다. 나아가 생활공공성의 질서에서 정치는 참여와 숙의, 분권과 자율의 정치과정을 통해 삶을 '나의 것'으로 실현하는 과정이기도 하다. 다른 한편 물질적 자원을 보편복지의 차원에서 공유하거나 협업 관리함으로서 '내 삶을 살 만한 수준으로 만드는 것'이 생활공공성의 정치이다. 아울러 '내 삶을 표현할 수 있고 공감할 수 있는 개방적이고 투명한 정치'야말로 개인의 실존적 삶에 공공성을 내재화하는 실천적 과제라고 할 수 있다. 이런 점에서 생활공공성운동은 시민사회의 영역에서, 나아가 국가와 정부의 제도영역에서 자아실현적이고 참여적인 공공성의 질서를 구축하는 실천프로젝트이자 '실현운동'이다.

생활공공성운동이 시민운동의 차원에서 출발하는 공공성 재구성 과정이라면 제도적 차원에서 새로운 정치패러다임으로 선택되는 새로운 국가모델을 '생활국가'라고 할 수 있다. 생활국가는 정치, 경제, 복지, 노동, 국방, 외교, 문화 등 국가운영의 모든 영역이 시민의 실질적 '생활'을 향해 통합적으로 재구성됨으로써 중앙집권적 국가주의를 넘어서는 새로운 국가모델이라고 할 수 있다. 앞 절에서 생활민주주의의 핵심가치로 자율과 협력과 책임의 가치를 강조했고 이러한 가치가 반영된 생활민주주의의 주요 특성으로 본원성, 포괄성, 실현성, 탈계급성, 지구적 확장성 등을 제시했다. 생활국가는 무엇보다 이 같은 생활민주주의의 가치가 구현된 제도적 총체이다. 생활국가의 제도와 정책들은 시민의 생활영역과 적극적으로 결합함으로써 생활민주주의의 자율과 협력, 책임의 가치를 보다 구체적으로 체계화한다.

자율, 협력, 책임이라는 생활민주주의의 핵심가치는 생활국가의 보다 구체적인 정책비전으로 나타날 수 있다. 노동·복지주의적 지향, 협력·성장주의적 지향, 분권·자치주의적 지향, 생활·생태안전주의적 지향, 평화·안보주의적 지향, 문화·포용주의적 지향 등이 생활국가의 정책적 전망으로 강조될 수 있다. 생활민주주의의 주요 가치들은 정치권력구조 및 국가권력운용 방식의 절차와 제도 수준에서는 '분권', '참여', '합의'라는 세 가지 원칙으로 관철되어야 한다. 분권은 생활국가의 제1의 원리이고, 참여는 제2의 원리이며, 합의는 제3의 원리라고 할 수 있다.

생활공공성운동과 생활국가는 생활민주주의의 가치를 공유하는 운동영역과 제도영역의 혁신적이고 거대한 프로젝트가 되어야 한다. 새로운 운동과 제도의 프로젝트는 기존의 질서와는 근본적으로 다른 새로운 정치패러다임을 구축하고자 하는 시대의 책무일 수 있다.

6. 2024년의 정치와 생활공공성운동의 전망

2014년 진도 앞바다에 침몰한 세월호 사태가 있었다. 그리고 8년 후 똑같이 파괴된 시민 삶의 현실이 되풀이 된 이태원 참사는 다시 국가의 존재 이유에 대한 근본적 성찰을 요구했다. 시민의 삶과 생명을 위해 우리 시대의 국가, 한국의 국가는 도대체 어떤 존재인가에 대한 통렬한 질문의 시간이 주어진 것이다. 나는 이 처참하고도 치욕적인 비극의 씨앗이 우리에게 너무도 오래 익숙해진 정치의 왜곡된 질서에서 뿌려졌다고 본다. 정치와 국가와 민주주의의 본질이 자유로운 시민이라는 것은 구호에 그칠 뿐, 언제나 시민은 정치의 수단이 되었고, 시민의 삶은 정치의 장식에 불과했다. 공적 질서와 민주주의는 너무

오랫동안 시민의 생활과 분리되어 있었기 때문에 시민의 구체적인 삶 밖에서 작동하는 외재적 질서일 뿐이었다. 정치와 국가와 민주주의가 시민의 삶 밖에서 작동하는 외재적 질서가 될 때 시민의 삶과 생명은 정치와 자본의 탐욕을 채우는 수단으로 내몰릴 수밖에 없다.

2014년 세월호 참사와 2022년 이태원 사고에서 드러난 한국 사회의 민낯이 보다 근본적으로 바뀜으로써 고장 난 국가를 정상화해야 한다는 인식은 참여민주주의 이후 민주주의에 대한 구상과 결부되어 있다. 물론 이 경우 참여민주주의는 '이념형'으로서의 참여민주주의라기보다는 '참여민주사회 혹은 참여민주주의의 개념이 등장했던 한국 사회의 정치조건' 이후의 민주주의에 대한 구상을 의미한다. 1990년대 한국의 시민사회에서 참여연대가 활동한 이래 참여민주사회의 이념은 새로운 민주주의에 눈뜨게 했고, 2003년 출범한 노무현 정부에서는 참여민주주의의 제도적 실험이 추구되었다. 그러나 운동으로서든 제도로서든 이 시기까지의 참여민주주의는 오랜 중앙집권적 국가주의 정치패러다임의 프레임 속에서 확장성을 갖기 어려웠다.

돌이켜 보면, 우리 사회에서 '참여민주주의'는 새로운 민주주의의 전망으로 부각되기에는 뚜렷한 한계가 있었다. 87년의 민주주의가 지연된 민주화 수준에 있었고, 여전히 권위주의 정치관행이 온존하는 1990년대 당시의 조건에서 '참여민주'의 의미는 대의민주주의를 수정하는 민주주의의 모델로 이해되기 어려웠다. 단순히 시민운동에 '참여'하는 성숙한 시민의식이 민주주의 수준을 높인다는 정도의 인식에 머물렀던 것이다. 따라서 대의적 질서를 감시하는 데 치중했던 참여연대 운동은 제도영역의 정치질서를 시민참여적 절차와 제도로 재구성하고자 하는 참여민주주의의 실질적 실현에는 이르지 못한 것이었다. 1990년대의 참여민주주의는 여전히 87년의 민주주의에 갇혀 있었던 것일 수 있다.

2014년 세월호 참사 당시 세간에는 대한민국이 '세월호 이전'과 '세월호 이후'로 구분되어야 한다는 인식이 팽배했고 이에 따라 대한민국의 완전한 변신이 절실하게 강조되었다. 이제 2024년 대한민국의 정치와 국가와 민주주의는 변함없이 1987년의 민주주의에 머물러 있다. 게다가 윤석열 정부는 검찰독재라 불리는 독단의 정치를 무모하게 몰아가고 있다. 이제 다시 우리는 완전히 다른 대한민국을 만드는 새로운 민주주의와 새로운 운동을 기획해야 한다.

한국 사회의 근본적 전환은 무엇보다 정치패러다임의 전환에 달려 있다. 현재의 기형적 국가주의 정치를 적극적으로 떨쳐내고 모든 정치질서의 중심에 시민의 '생활'을 두는 새로운 민주주의 패러다임을 모색하는 데서 출발해야 한다. '생활민주주의'는 바로 이 점에서 시민의 생활 속에 정치와 민주주의가 살아 움직이는 내재적 민주주의 모델이다. 또 생활민주주의는 참여민주주의와 숙의민주주의를 포괄함으로써 정치가 시민의 삶과 직접 대면하는 본원적 민주주의 모델이다. 2024년 대한민국의 정치는 아주 많이 지체되었지만 1987년의 민주주의를 넘어서는 두 번째 민주주의가 되어야 하고 그것은 생활민주주의로의 혁신이어야 한다. 제도정치와 시민운동정치의 새로운 전환이 바로 여기서 찾아져야 한다.

생활민주주의적 혁신은 무엇보다 정치제도에 한정된 변화가 아니

라 한 사회의 공적 질서를 새롭게 재편하는 공공성의 재구성과 관련
되어 있다. 따라서 중앙집권적 국가주의 정치패러다임의 구심이 되
었던 오랜 국가공공성의 질서는 생활공공성의 질서로 재편되어야 한
다. 시민사회에서 자율적으로 생성된 공적 질서가 국가영역의 제도
적 공공성과 결합된 새로운 공적 질서로서의 생활공공성은 시민의
실존적 삶의 영역 속에 공공성의 요소를 내면화하는 내재적 공공성
의 질서라고 말할 수 있다. 이제 중앙집권적 국가주의 프레임 내에서
전개되었던 시민운동 영역은 국가권력을 감시하고 견제하는 기능에
서 생활공공성을 실현하는 운동으로 전환해야 한다. 모든 생활영역
에 공적 질서를 구축하는 시민사회 지향의 생활공공성운동과 함께,
국가영역의 제도와 정책 또한 시민의 실질적 삶의 안녕을 위해 작동
하도록 추동하는 '생활공공성 실현 운동'이 추구되어야 하는 것이다.

이제 생활공공성운동은 시민사회의 풀뿌리 운동영역에 머무는 것
이 아니라 생활민주주의를 이념으로 시민사회와 국가영역을 포괄하
는 새로운 공공성 프로젝트로 기획되어야 한다. 그리하여 모든 정치
의 중심에 시민의 삶이 있고, 시민의 삶이 온전하게 시민의 것이 됨
으로써 시민이 실질적인 주권적 존재가 되는 '생활주권의 시대', '생
활민주주의의 시대'를 열어야 한다.

보론

한국의 정치사회·사회운동연구의 미래

정치사회학 연구의 위기진단과 '신규범주의' 정치사회학의 전망

1. 서론: 긴 위기, 오랜 침묵

근대사회의 질서는 과학적 합리성을 바탕으로 구축되었고, 이에 따라 중앙집권화되고 계획화된 국가주도의 질서 속에서 이른바 '발전'의 방향과 정책의 예측가능성을 높였다. 그러나 우리 시대에 와서는 현대 과학의 가장 정상적인 성과가 생명과 환경을 파괴한다는 위험사회적 현실이 드러났고, 국가권력과 시장권력이 결합되어 주도하는 통제되지 않은 성장주의와 개발주의는 이러한 위험을 고도화시켰다. 게다가 1990년대부터 지구적으로 확산된 신자유주의 시장화 경향과 함께 시장과 자본은 국가의 손으로부터도 자유로워짐으로써 그야말로 고삐 풀린 망아지 격이 되었다. 어디로 튈지 알 수 없는 이 무서운 욕망의 망아지는 지구화, 정보화, 민주화의 거대경향을 타고 점점 더 통제할 수 없는 괴물이 되어 갔다. 이러한 사회변동 과정에서 국가중심의 공적 질서를 해체시키는 '탈중심화' 경향은 사회변동의 현실에 대한 대응력을 약화시키고 미래에 관한 예측력을 무디게 했다.

다양한 위기의 원천들 가운데 사회변동의 위기에 초점을 두면 오늘의 현실은 거대전환의 사회변동에 대한 대응력과 예측력의 동시적 위기를 맞았다. 새로운 사회변동에 대응할 수 있는 능력은 무엇보다 제도와 자원의 성격에 달려 있다. 지난 20년 이상 급속하게 전개된 신자유주의적 사회변동은 공적 규범과 제도를 지속적으로 해체시켰으며, 현재 유지되는 공적 제도들은 새로운 변동의 욕구와 뚜렷한 지체현상을 보임으로써 변동의 위기에 대한 대응력이 약화되었다. 말하자면 '위기 대응력의 위기'는 공적 질서의 해체와 지체에 따른 '공공성의 위기'로 나타나고 있는 것이다. 다른 한편 사회변동의 현실에 대한 설명력을 높임으로써 미래에 대한 예측력을 확보하는 것은 사회과학의 몫이다. 사회의 불확실성과 예측불가능성이 확대되는 것은 현존하는 사회과학의 설명력이 한계에 이르렀다는 점에서 사회과학의 실패를 반영한다. 즉 사회변동의 미래에 대한 예측의 위기는 새로운 것을 설명할 수 있는 새로운 패러다임이 마련되지 못한 데에 따른 사회과학의 위기와 결부되어 있는 것이다.

사회변동이나 정치변동에 따라 나타나는 위기는 일종의 전환의 위기라고 할 수 있다. 전환의 위기는 얼마나 장기적으로 구조화된 질서가 전환되는가에 따라 위기상황 또한 비례적으로 길어질 수 있다. 역사적 시간의 단위에 관한 페르낭 브로델의 시각을 차용하면, 비교적 단기간에 발생했다 소멸하는 '사건사적 전환'의 위기에 든 상황으로 볼 수도 있고 약 40~50년의 역사적 시기에 걸쳐 형성된 역사국면이 전환할 때 나타나는 '국면사적 전환'의 위기를 고려해 볼 수도 있다.

나아가 몇백 년에 걸쳐 구조화된 질서가 전환하는 데 따른 '구조사적 전환'의 위기를 떠올려 볼 수도 있다. 역사변동의 시간길이라는 측면에서 본다면 오늘날 탈냉전의 정치변동은 제 2차 세계대전 이후, 한국 사회에서는 해방 이후 형성된 냉전적 제도와 규범의 위기가 가시화되는 '국면사적 전환의 위기'를 담고 있다고 하겠다. 그러나 새롭게 확산되는 시민사회의 정치적 욕구를 담아내지 못하는 정당정치와 대의민주주의의 뚜렷한 위기적 현실은 근대적 정치질서의 위기라는 점에서 볼 때 국면적 전환보다 훨씬 더 긴 구조사적 전환의 위기이자 근대성의 위기를 드러내는 것으로도 볼 수 있을 것이다.

이처럼 국면사적 전환과 구조사적 전환의 중첩적 과정에서 나타나는 오늘날의 위기는 거대전환의 위기라고 할 수 있을 만큼 위기의 기간 또한 장기화되고 있다. 짧게 보아도 1990년대 이후 약 20년 이상의 시간 동안 정치적 규범과 제도는 빠르게 해체되었고 남아 있는 제도와 규범은 그 기능이 약해지고 있다. 정치변동의 긴 위기를 겪고 있는 것이다. 다른 한편 정치사회학의 설명력과 예측력 또한 오랜 동반적 위기를 겪고 있다. 사회과학의 거대 프레임으로서의 구조기능주의 패러다임과 마르크스주의 패러다임은 서구와 제 3세계에서 1970년대부터 1980년대에 걸쳐 한계를 드러냈지만 실제로 근대사회의 양대 이념이었던 자유주의와 사회주의를 지탱하는 사회과학 패러다임으로서의 기능이 해체된 것은 1990년대 들어서였다. 기존의 패러다임이 새로운 사회변동의 현실과 방향에 대해 더 이상 설명력을 갖지 못할 때 새로운 패러다임이 등장하는데 이 새로운 패러다임의 등장이 지체되면 위기도 길어지게 된다. 1990년대 이후 정치변동이 위기 대응력을 갖추지 못하면서 긴 위기의 시간을 맞이했다. 동시에 정치변동에 대한 설명력과 예측력을 확보해야 할 새로운 패러다임은 여전히 뚜렷하지 않아 정치사회학은 오랜 침묵의 시간을 보내는 중이다.

정치사회학 분야는 사회학 영역 가운데 광범한 연구 성과를 거둔 분야이지만 다른 한편으로 오늘날 사회변동의 위기와 사회과학의 위기를 가장 민감하게 반영하는 분야이기도 하다. 원론적으로 정치사회학은 정치적인 것과 사회적인 것의 관계를 분석하는 학문이고 그 핵심과제는 정치적인 것을 가능하게 하는 사회적 요인을 밝히는 일이다. 근대 정치사회학의 패러다임에서 정치적인 것은 정부, 정당, 의회, 선거 등 대의적 제도정치 영역에서의 정치행위에 초점이 맞추어졌다. 이러한 대의적 질서는 국가주의 정치질서, 이념정치의 질서, 정당정치의 질서를 축으로 작동했다.

그러나 오늘날 정치적인 것은 사회적이고, 문화적이며, 개인적인 것인 것으로 변화되고 있으며, 거꾸로 사회적이고 문화적이며 개인적인 것이 정치화되는 시대가 되었다. 변화하는 정치현실을 담아내지 못하는 정치제도는 정치변동의 위기를 드러내고, 이러한 변화에 대한 설명력과 예측력을 갖지 못한 사회과학의 패러다임은 정치사회학의 위기를 동반하게 된다. 사회는 끊임없이 변화하고 사회과학은 그러한 변화에 연속적으로 응답해야 한다. 그러나 우리 시대의 현실은 변동의 위기는 길어지는데 비해 응답은 더디어지고 있다. 긴 위기와 오랜 침묵이 이어지는 시대인 것이다. 이 장은 이 같은 정치사회학이 침묵하는 현실에 대한 성찰을 바탕으로 정치사회학 연구의 미래를 전망하고 모색하는 것을 목적으로 한다. 한국에서 기존 정치사회학 관련 연구의 흐름을 살피고, 이러한 연구의 지체와 해체적 경향에 주목한 후, 향후의 과제를 전망하는 순서로 논의를 진행할 것이다.

2. 정치사회 · 사회운동연구의 시기별 동향[1]

정치사회학의 주요 쟁점들은 한국에서 근대적인 사회과학이 체계적으로 성립되기 이전부터 이미 활발하게 논의되었다. 시기적으로 1890년대 말에서 1909년까지 '국가'에 관한 논의가 당대의 지식인들에 의해 전개되었는데 국가의 이상과 실태, 국가의 기원과 역사, 국가와 사회관계, 국체와 정체, 정당의 역할, 독립국가와 인민의 역할 등의 쟁점이 활발하게 제기되었다. 일제의 무단통치가 본격화되면서 국가론은 자취를 감춘 반면 이데올로기, 계급, 사회운동 등에 관한 논의가 주로 근대적 교양지를 중심으로 전파되었다(최재석, 1974: 18~21).[2]

---

1 이 절의 내용 가운데 2007년까지 연구동향은 기존에 출간된 두 편의 정치사회학 연구사관련 논문(조대엽, 2004; 2008)의 기초자료에서 발췌했으며, 2008년 이후 연구동향은 주로 〈한국사회학〉과 〈경제와 사회〉에 게재된 논문을 대상으로 했다. 정치사회학의 연구주제 범위가 넓고 2000년대 이후 학술지가 다양해졌기 때문에 더 많은 보완이 필요하다.

2 구한말 국가론은 〈태극학보太極學報〉, 〈대한자강회월보大韓自强會月報〉, 〈대한유학생회학보大韓留學生會學報〉, 〈대한협회월보大韓協會月報〉, 〈호남학보湖南學報〉, 서북학회월보西北學會報〉 등 민족단체의 정기간행물들을 통해 출간되었고, 일제 시기의 이데올로기, 계급, 사회운동 등에 관한 논의들은 〈개벽開闢〉, 〈신동아新東亞〉, 〈학지광學之光〉 등 근대적 교양지를 매체로

비록 학술적 논의는 아니었다고 하더라도 구한말과 일제강점기에 걸쳐 저항이론과 사회주의적 지향을 통해 활발하게 나타났던 정치사회적 쟁점들은 해방 후 미군정과 한국전쟁, 1960년대의 박정희 체제를 거치면서 크게 위축되었다. 강력한 이념적 통제에 바탕을 둔 국가주의의 그늘 아래에서 정치사회학의 본원적 관심은 요동치는 정치현실과 권력관계에 대해 침묵할 수밖에 없었다. 그럼에도 불구하고 1950년대와 1960년대에 정치사회학적 연구가 전혀 없었던 것은 아니다. 서얼층의 신분철폐운동(이상백, 1954), 한국의 파벌 개념으로 본 정당구조(고영복, 1967a; 1967b), 한국 민족주의의 주도계층과 리더십(고영복, 1967b), 정부 관료조직 내의 인간관계(유시중, 1964), 지역시민의 선거태도(정철수, 1967), 3·1 운동에 관한 계층분석(김영모, 1969) 등에 관한 연구가 시도되었다.

1970년대에는 유신체제의 삼엄한 통제 아래 정치사회학 연구는 더욱 제약되었다. 학문의 자유가 고도로 제한된 조건에서 흑인 민권운동(임희섭, 1970~1971), 서울시 하층주민의 정치능력(양종회, 1973) 등에 관한 연구가 있었으며, 독립협회의 사회사상, 만민공동회의 자주민권자강운동, 신민회의 국권회복운동(신용하, 1973a; 1973b; 1974; 1975a; 1975b; 1977a; 1977b), 독립협회의 지도세력, 구한말의 운동, 3·1 운동(박영신, 1978a; 1978b; 1979; 김영모, 1970) 등에 관한 사회사적 연구나 역사사례 연구의 흐름이 통제의 그늘 속에서도 명맥을 유지했다.

확산되었다(최재석, 1974: 18~21).

1970년대는 당대의 주요 정치현상과 제도를 직접 대면하지 못하고 우회적 방식의 연구경향을 드러냈으나, 이 시기에 사회운동연구의 주요 경향들이 등장했다는 점은 연구사적으로 주목할 만하다. 미국의 흑인민권운동을 실증적으로 분석한 임희섭의 연구는 사회운동에 관한 분석적 연구의 효시라 할 만하다. 또 박영신이 시도한 사회운동에 관한 역사사례 분석의 경향도 주요한 흐름으로 이 시기에 나타났다. 이와 함께 본격적인 사회운동연구의 범주에 들지는 않지만 한국에서 저항운동의 주체를 포괄적으로 규정한 한완상의 '민중' 개념(한완상, 1978; 1980)은 이후 사회운동에 관한 실천적 연구흐름의 주요한 출발이 되었다. 임희섭의 분석주의와 박영신의 역사주의, 한완상의 실천주의적 접근은 이후 1990년대에 와서 사회운동연구의 확산과 분화로 이어졌다.

1980년대는 신군부 권위주의체제에 대한 저항운동이 가장 광범하고 격렬하게 전개된 시기였다. 사회과학의 다른 분야도 마찬가지였지만 이 시기 정치사회 및 사회운동연구 분야에서도 1970년대까지 사회학의 주류를 이루었던 구조기능주의 사회학이 쇠퇴하고 마르크스주의 사회학이 새로운 흐름을 이루었다. 따라서 1980년대 정치사회학 영역은 보수적 지향의 이른바 강단사회학과 진보적 지향의 비판사회학의 흐름이 공존하는 이중구조를 이루었던 것이다. 정당정치, 정치과정, 지역주의와 지역갈등, 사회변동, 민족주의, 선거와 유권자 등에 관한 주제들이 제도 학계를 중심으로 지속된 반면(온만금, 1984; 문석남, 1984; 송복, 1985; 이효선, 1986, 최재현, 1986; 정학섭, 1986; 김대환, 1987, 차종천, 1988; 유석춘·서원석, 1989), 학술적 실천으로서의 사회운동을 추구하는 과정에서 사회운동사, 농민운동, 지역주민운동, 80년대 운동의 성격 등에 관한 연구들(이우재, 1984; 박연섭 1986; 장상환, 1986; 이시재, 1988; 조희연, 1988; 1989; 윤수종·김종채, 1990; 정근식·조성윤, 1990; 한상진, 1990)이 비판사회학의 흐름을 형성했으며, 종속이론을 매개로 새롭게 복원된 국가연구가 관료권위주의 모델과 세계체제론에 대한 관심을 집중적으로 두기도 했다(한상진, 1983; 1984; 임현진, 1983; 임현진·권태환, 1984).

국가론의 복원은 1980년대 중반 이후 진보적 소장학자들이 정통마르크스주의를 수용하면서 이른바 사회구성체논쟁의 연장에서 국가성격논쟁을 촉발시키기도 했다. 이 시기 경험적 국가분석의 다른 한 갈래로 권위주의국가의 노동통제방식에 관한 연구가 사회학과 정치학 분야에서 활발했다(송호근, 1990; 임현진·김병국, 1991; 신광영 1990a; 최장집, 1985; 1988). 이러한 연장에서 1980년대 말에는 종속적 산업화 과정에서의 국가역할, 자본계급과 국가의 관계 등에 관한 경험적 연구들이 시도되었다. 비판사회학의 이와 같은 연구경향은 1980년대 말이 되면 한국사회학회에도 적극 수용되어 기존의 제도학계와 비판사회학의 학문적 경계와 학술활동의 공간이 점차 개방적으로 변화되는 모습으로 이어졌다.[3]

---

3 1980년대 말 한국사회학회가 주관한 특별 심포지엄은 그 결과물들이 1990년에 단행본으로 간행되었는데 주제들이 대체로 정치사회학과 직접적으로 결부된 것들이었다. 비판사회학적 연구성과라고 할 수 있는 《한국 사회의 비판적 인식》(한국사회학회 편, 1990a)을 비롯해서 사회갈등과 지역주의 등의 주제를 본격적으로 다룬 《한국 사회와 갈등의 연구》(한국사회학회 편 1990b), 《한국의 지역주의와 지역갈등》(한국사회학회 편 1990c) 등이 이 시기의 단행본으로 주목할 만하다.

1990년대는 오랜 군부독재 이후 민주적 정권교체가 이루어짐으로써 한국 민주주의가 공고해지는 시기였다. 이 시기는 정치사회학과 사회운동 분야에서 민주화, 시민사회, 시민운동에 관한 연구가 본격적이고도 분석적으로 이루어졌기 때문에 정치사회학의 실질적 개방기라고도 할 만 했다. 정치체제, 정당, 담론정치 등에 관한 연구(성경륭, 1990; 1993; 강명구·방상훈, 1997)가 있었으나 이 시기에 무엇보다 주목할 만한 점은 사회운동연구의 성찰, 6월 항쟁, 시민운동 분화, 지역사회운동 등에 관한 분석적 연구(정철희, 1995; 1996; 1999; 조대엽, 1995; 1996; 1999; 김중섭, 1996)가 본격적으로 등장함으로써 사회운동연구가 정치사회학의 핵심영역이 될 것을 예고했다는 사실이다.

특히 1990년대에는 1970년대에 출발한 사회운동연구의 분석주의와 실천주의의 흐름(조희연, 1993; 1999; 유팔무, 1995; 1998; 이홍균, 1997; 김원동 1999; 조대엽, 1999a; 1999b; 차명제 1999)이 이어지면서 사회운동분야의 연구 성과를 훨씬 더 풍부하게 만들었다. 이와 아울러 이 시기에 또 하나의 주목할 만한 학술동향으로는 이른바 '시민사회논쟁'을 들 수 있다. 1980년대 이래 확산된 비판사회학의 많은 에너지가 1990년대 초에 서구 시민사회론에 관한 서로 다른 해석(김성국, 1991; 유팔무, 1991; 1993; 임영일, 1992; 김호기, 1993; 백욱인, 1993; 정태석·김호기·유팔무, 1993; 신광영 1994)에 집중됨으로써 계급지향의 사회변혁을 둘러싼 새로운 논쟁의 장이 만들어졌다.[4]

---

4   이 시기 시민사회론은 한국사회학회와 한국정치학회가 공동으로 개최한 학술회의의 주제로 채택됨에 따라 더욱 많은 관심을 불러 일으켰다. 그 결과는《한국의 국가와 시민사회》(한국사회학회·한국정치학회 편, 1992)로 출간되기도 했다.

1990년대 중반에 제기된 정치사회학의 또 다른 핵심 쟁점은 6월 항쟁 이후의 민주적 전환에 관한 설명이었다. 이러한 설명은 일정하게 논쟁적 구도를 조성하기도 했는데, 전략적 선택의 시각, 사회운동론적 해석, 조절이론적 해석 등(임혁백, 1990; 성경륭, 1995; 김호기·김영범, 1995)이 제기되었다.[5]

2000년대 정치사회·사회운동연구 분야는 1990년대의 개방기에 이어 훨씬 더 폭넓게 다양화되고 분화되었다. 우선, 1990년대 시민사회연구는 서구시민사회론에 대한 해석을 둘러싼 논쟁에 그쳤던 반면 2000년대는 시민사회에 관한 구체적이고 경험적인 분석이 크게 늘었다. 한국시민사회의 유형화(박형준, 2002; 김호기, 2002), 민주화와 민주주의(정철희, 2002; 신광영·정철희, 2002; Kim, Sang Jun, 2008; 조희연, 2008; 2010; 이승원, 2008; 최종숙, 2009; 조희연·장훈교, 2009; 최장집, 2009), 신뢰와 사회자본(이재혁, 2006; 이선미, 2004; 박병진, 2007; 정병은, 2005; 강수택, 2006), 공론장과 정치참여(신진욱, 2007; 이상근·진영재, 2007; 김상돈, 2007), 기업과 시민사회(이상민, 2006; 조대엽, 2007), 지구시민사회와 초국적 동원(임현진·공석기, 2006), 시민사회의 공공성(조대엽, 2009) 등에 관한 연구가 구체화되었다.

시민사회에 관한 분석적 연구의 연장에서 이 시기에 사회운동연구도 심화되는 경향을 보였다. 시민운동 및 시민단체의 성격(조대엽, 2000; 2001; 2002; 임희섭, 2001a), 선거 국면에서 시민운동의 역할

---

5   이 시기에 한국 사회의 민주적 전환을 주제로 한 단행본들이 공동저술의 형태로 출간되었는데《전환의 정치, 전환의 한국 사회》(임현진·송호근 공편, 1995), 《한국의 국가와 시민사회》(최장집·임현진 공편, 1997) 등이 있다.

(김호기, 2000a; 조희연, 2001; 박재묵, 2000), 정부 및 기업과의 파트너십 등에 관한 연구가 활발하게 전개되었다. 2000년대 사회운동관련 연구는 연구대상이 확대되었을 뿐만 아니라 연구방법에서도 진일보하는 경향을 보였다. 폭력과 사회운동의 내적 과정(한석정, 2004; 신진욱, 2004a; 2004b; 박선웅, 2007; 엄한진, 2007; 이수인, 2003), 전자정보공간의 공론장과 촛불집회(김종길, 2003; 2005; 김경미, 2006; 박찬웅, 2006; 윤명희, 2007; 홍성태, 2008; 김철규·김선업·이철, 2008; 이해진, 2008; 홍태영, 2008; 정태석, 2009; 노진철, 2009) 등에 대한 관심이 증폭되었다. 이 시기 사회운동연구의 새로운 흐름은 사회운동이나 저항행동과 관련된 당사자들의 집합적 기억과 생애체험, 후체험세대의 기억, 공식적 기념행위 등에 대한 연구(권기숙, 2002; 2004; 이희영, 2006a; 2006b; 정호기, 2004; 구은정, 2008; 최정기, 2008)가 시도되었는데, 특히 질적 연구방법의 정교화가 여기에 결합되었다.

2000년대에는 외환위기와 관련된 국가성격 문제를 비롯해서 국가연구가 이전에 비해 구체적으로 시도되기도 했다. 정치부패와 정부신뢰(윤상철, 2000; 서문기, 2001), 국민정체성과 시민권(최현, 2003; 2008; 구정우, 2007; 이철우, 2008; 이영희, 2009), 발전국가와 신자유주의(윤상우, 2005; 송백석, 2005; 2009; 김인춘, 2007; 채오병, 2008), 여성주의 국가분석(우명숙, 2006), 복지국가(서문기, 2002; 조영훈, 2004; 2006; 한상진, 2005), 북한과 통일(진영재·노정호, 2002; 이효선, 2002; 전태국, 2007) 등의 연구관심이 부각되었다.

이러한 연구들 외에도 2000년대의 정치사회연구는 참으로 다양하게 확대되었다. 이념 및 지식정치(김원, 2008; 신진욱, 2008; 정성진,

2009; 신진욱·이영민, 2009; 박태호, 2009; 방인혁, 2009; 서영표, 2008, 2009; 홍일표, 2009), 농민운동, 민족문화, 국가관계, 조선의 정치문화 등 역사사회학적 분석(한석정, 2003; 김상준, 2001; 김동노, 2007; 채오병, 2007)이 있는가 하면, 여성주의 시각의 운동 분석(강현아, 2002; 이혜숙, 2002; 김영란, 2003), 소수자 정치와 시민권(장미경, 2005), 지역정치와 공공갈등(염미경, 2001; 2007; 김정화·이경원, 2009; Kim, Doo-Sik, 2009), 정당체계(온만금, 2003), 언론권력(박승광·장경섭, 2001), 선거와 지역주의(Seong, Kyoung-Ryung. 2008), 과학기술과 전문성 정치(이항우, 2009), 세대정치(박재홍, 2009; 윤상철, 2009) 등이 이 시기 정치사회학 분야의 연구를 확대시켰다.

2010년대 들어서도 정치사회학 연구에서는 2000년대의 분화와 다원화의 연속선에서 국가, 시민사회, 사회운동과 관련된 연구들이 쏟아지기 시작했다. 먼저 국가와 관련된 주제로는 국가형성(강진연, 2012; Kang, Jin-Yeon, 2013), 국가폭력(김동춘, 2011), 정부신뢰(이수인, 2010), 발전국가(Kuk, Min-Ho, 2010), 선거정치(김경희, 2012; 김정훈, 2012; 2013; 조희연·이창언, 2013), 국회 법안표결(장덕진·김란우·박기웅, 2012), 북한 및 탈북자 정체성(강진웅, 2010a; 2010b; 2011; 2012) 등이 분석되었다. 시민사회에 관한 연구도 2000년대에 이어 구체화되고 심화되는 경향을 보였다. 민주화 및 민주주의(박주원, 2010; 김정훈, 2010; 장수찬, 2011; 류석진·방인혁, 2012; 정재원, 2013), 공공성의 재구성(조대엽, 2012; 조대엽·홍성태, 2013; 남찬섭·조대엽, 2013), 이념 및 지식정치(홍일표, 2011; 최현, 2010; 윤상철, 2010; 정태석, 2010; 전상진, 2010; 신진욱, 2011; 이항우, 2011; 2012; 조희연·김정훈, 2012; 신진욱, 2013), 시민권(심상용, 2012; 이영희, 2013), 지역정치 및 공공갈등(장세훈, 2010; 정상호, 2011; 한상진, 2013), 과학기술정치 및 전문성 정치(강윤재, 2011; 정태석, 2012; 이영희, 2012) 등이 시민사회 영역의 정치사회학적 연구를 다원화시켰다.

사회운동에 관한 연구도 새로운 시도가 있었다. '역사주기론'의 시각(조대엽, 2010)에서 운동분석의 새로운 이론적 시도가 있었고, 운동 리더십(홍성태, 2012)에 관한 연구, 그리고 촛불집회에 관한 심층적 분석(김종영, 2011; 강윤재, 2011; 황진태, 2011; Kim, Kyung-Mi & Youn-Min Park. 2011; 이항우, 2012)이 시도되었다. 나아가 현대사의 집합체험과 기억, 기념, 운동의 정체성 등(이희영, 2010; 신진욱, 2011; 2011 정호기, 2012; 김종태, 2012; 2013; 강진웅, 2013)에 관한 연구도 지속되었다.

이 같은 국가, 시민사회, 사회운동 관련 연구 이외에도 지구화 및 신자유주의(임운택, 2010; 서동진, 2011), 분단체제 및 평화체제, 통일(조대엽, 2010; 조대엽·홍성태, 2013; Cho, Dae-yop, 2011; 박순성, 2012; 김연철, 2013; 김용복, 2013; 정영철, 2013)에 관한 연구들이 다양하게 시도되었다.

1990년대 민주적 전환의 약 10년을 거치면서 일종의 학술적 개방기를 겪었던 정치사회학 분야는 2000년대 이후 탈근대 정치사회학의 지형은 확장했으나 새로운 이론이나 패러다임의 등장은 여전히 가까워 보이지 않는다. 2000년대 이후 현재까지 폭증하는 연구 성과에도 불구하고 정치사회학은 혼돈의 시대를 맞고 있는지도 모른다.

3. 정치사회 · 사회운동연구의 성과와 한계

1) 학술적 성과와 한계

사회학이 한국 사회에 처음 소개된 것은 구한말로 거슬러 올라가지만 실제로 사회학자들의 학술활동이 공론영역을 구성할 수 있을 정도로 제도화된 것은 1957년 한국사회학회의 창립부터였다고 할 수 있다. 학회가 주관하는 연구발표회에서 논문들이 발표되기 시작했고, 1964년에 공식학술지 〈한국사회학〉이 창간되면서 학술논문이 보다 체계적으로 생산되기 시작했다. 따라서 시기별로 정치사회·사회운동 분야의 연구 성과를 본다면 1960년대 이후를 살피는 것이 적절할 수 있다.

1960년대와 1970년대는 이 분야의 연구 성과가 지극히 제한되어 있었다. 정치사회학의 학문적 성격상 연구의 촉각은 언제나 지배 권력의 움직임을 향해 있지만 군부의 살벌한 통제는 그러한 관심을 허용하지 않았던 요인이 크다. 그러나 1970년대 들어 그 엄혹한 통제의 틈새에서도 사회운동에 관한 연구의 세 가지 조류가 태동했다는 사실은 주목할 만한 성과가 아닐 수 없다. 미국의 흑인민권운동에 관한 실증적 분석을 시도한 임희섭의 분석주의, 구한말의 독립운동이나 3·1운동 등의 역사 사례에 관심을 둔 박영신의 역사주의, 나아가 한완상의 실천주의적 사회운동연구는 1990년대 중반 이후부터 만개한 사회운동연구의 분화방향을 가리키는 것이기도 했다.

1980년대 이 분야의 주요 성과로는 국가론의 부활과 국가영역에 관한 두 가지 논쟁을 들 수 있다. 첫째는 1980년대 초에서 1990년대 초까지 약 10여 년에 걸쳐 전개된 논쟁이다. 그 출발은 서구에서 국가론의 부활과 함께 이를 수입한 국내 주류학계에서 종속이론의 일종인 '관료권위주의 모델'의 적용을 두고 전개되었으며, 1980년대 중반부터는 이른바 사회구성체논쟁 속에서 '식민지대리통치론' 혹은 '매판군사파시즘론'과 '신식민지 파시즘론'의 논쟁이 있었다. 1980년대 말 이후에도 제6공화국의 성격을 둘러싸고 '자유주의로 분장한 파시즘'(김진균, 1991), '완화된 신식민지 파시즘'(김세균, 1991), 신식민지 국가독점자본주의의 상부구조로서의 부르주아민주주의(이성형, 1991) 등의 입장이 논쟁을 이어갔다. 두 번째 의미 있는 논쟁은 주류학계를 중심으로 보다 경험적인 수준에서 국가의 노동통제 방식을 쟁점으로 나타났다. 조합주의적 시각의 국가 코포라티즘론(최장집, 1985; 1988)과 시장기제적 억압의 관점(송호근, 1990)이 제기되었고, 시장기제적 억압론의 맥락에서 '국가단원주의론'(임현진·김병국, 1991)도 등장했다.

1980년대의 국가논쟁은 이 시기에 사회주의적 지향으로 폭풍처럼 몰아쳤던 민중주의 변혁운동과 더불어 사회과학영역에 마치 열병처럼 불어닥친 점이 있었지만, 다른 한편으로는 사회과학 전 영역에 걸쳐 국가 논쟁만큼 치열했던 경우도 찾기 어려운 것이 사실이다(조대엽, 2005). 특히 국가의 노동통제방식에 관한 연구는 서구이론이나 제3세계론에서 설명틀을 빌리기는 했지만 한국적 특징을 찾는 의미 있는 성과라고 할 수 있을 것이다.

1990년대는 민주화와 함께 정치사회학 분야의 연구가 봇물처럼 터져 나온 연구의 개방기라고 할 수 있다. 특히 1980년대 연구관심이 국가의 폭력성과 억압성에 맞추어졌다면 탈냉전과 민주화가 빠르게 진행된 1990년대의 연구관심은 새로운 변혁의 가능성을 '시민사회'에서 찾게 되었다. 특히 비판사회학 진영에서 전개된 이른바 시민사회논쟁은 전통적인 마르크스주의나 자유주의 사회과학에서 사회구성의 축을 국가와 시민사회(경제영역)의 2분 질서로 보는 관점을 넘어 국가-시장-시민사회의 3분 구성을 강조함으로써 '시민사회' 영역의 실천적이고 이론적인 지위를 확보하는 계기를 만들었다.

1990년대 정치사회학의 또 다른 학술적 성과로는 사회운동에 관한 분석적 연구가 본격적으로 시도됨으로써 이 시기를 사회운동연구의 시대로 만든 점이 강조되어야 한다. 민주화운동에 관한 정밀한 분석적 연구나 새롭게 출현하는 시민운동 조직의 분화에 대한 연구가 시도됨으로써 이 시기에 사회운동연구의 문을 크게 연 셈이 되었다. 1990년대 중반의 연구 성과로 민주주의이행에 대한 분석도 빼놓을 수 없다. 권위주의 정권의 해체와 민주주의로의 이행에 관한 다양한 시각이 제시되었는데, 축적전략과 헤게모니 프로젝트론(김호기·김영범, 1995), 사회운동의 역할론(성경륭, 1995), 국가와 정치사회, 시민사회의 상호관계론(조희연, 1995) 등의 시각들이 강조되었다.

2000년대 이후 한국 사회는 1997년 외환위기 이후 신자유주의 시장체제로 급격한 변화를 겪었다. 이 가운데 정치사회학 분야는 신자유주의에 의한 공동체 해체에 주목하면서 시민사회와 시민운동에 관한 관심이 구체화되었다. 무엇보다 시민사회 연구가 양적으로 팽창하면서 다양화되었다.

해방 이후 한국 사회는 연속적인 정치적 격변을 겪었다. 1960년대 이후에도 격동의 정치변동을 경험했지만 정치사회학분야에서 의미 있는 연구 성과가 누적된 것은 1980년대 이후였다고 할 수 있다. 1960년대에서 최근에 이르기까지 이 분야 학술적 성과의 특징을 종합적으로 보면 대체로 다음과 같이 요약할 수 있다.

첫째, 사회학 패러다임의 응축적 전환이 이 분야 연구 성과를 역동적으로 생산했다는 점이다. 1960~70년대를 지배했던 구조기능주의 패러다임을 넘어 1980년대의 마르크스주의 패러다임은 국가론 논쟁이나 국가의 제도와 정책에 관한 계급적 시각의 경험적 연구를 쏟아 내는 계기가 되었다. 1990년대 이후에는 그간 근대성의 틀 내에서 정치사회현상을 설명했던 구조기능주의와 마르크스주의를 넘어서는 탈근대 정치사회학의 패러다임이 다시 시민사회와 시민운동 연구를 폭발적으로 증가시켰다. 특히 1980년대와 1990년대는 서구에서 오랜 전환의 시기를 가졌던 사회과학 패러다임이 한국 사회에서는 응축적으로 전환됨으로써 연구 성과 또한 급속한 템포로 쏟아지는 경향이 있었다.

둘째, 1990년대 이후 정치사회·사회운동 분야의 연구주제들이 급속하고도 다양하게 확대되었다. 1980년대 국가연구가 복원되는 성과가 있었지만 1990년대는 정치사회연구의 해빙기라 할 만큼 많은 연구주제들이 새롭게 부가되었다. 민주화와 사회과학 패러다임의 전환에 힘입어 특히 시민사회와 시민운동에 관한 주제들이 획기적으로 확대되었고, 2000년대 이후에는 훨씬 더 구체적이고 심층적인 연구과제들로 확대되었는데 특히 현대사의 주요 고비마다 가려져 있었던 정치사적·운동사적 사건들이 주요연구쟁점으로 등장했다.

셋째, 연구방법의 지속적인 발전이 있었다. 한국에 실증주의 사회학이 본격적으로 도입된 것을 1960년대로 본다면 정치사회학 분야는 이 시기부터 실증적 연구방법이 시도되었다. 앞에서 언급한 바와 같이 1970년대에는 사회운동연구에도 실증적 방법이 적용되었고, 구한말에서 일제하의 민족국가건설운동에 대한 연구들이 역사사례분석의 한 흐름을 만들기도 했다. 1990년대 이후 이 분야 연구의 팽창과 함께 실증적 방법도 정교화되어 제도분석이나 네트워크 분석에 발달된 통계적 방법이 적용되었다. 특히 정치사회·사회운동연구 분야에서 2000년대 이후에는 구술사연구와 같은 질적 방법이 적극적으로 시도됨으로써 연구방법의 지평을 넓혔다.

이 같은 연구 성과에는 한계 또한 뚜렷이 동반되었다. 첫째로는 무엇보다 기존의 사회학 패러다임이 정치사회학 분야 가운데 사회운동 분석의 뚜렷한 한계로 작용했다. 구조기능주의는 패러다임 자체가 운동의 일면적 분석의 한계를 갖지만 이 패러다임이 지배했던 시기에는 오히려 억압적 환경이 연구를 제약하는 면이 컸다. 1980년대 마르크스주의 패러다임은 계급 혁명적 해석에 치우쳐 사회운동연구의 학술적 성장을 제약했다. 1990년대 이후 탈근대 정치사회학의 패러다임은 공동체 해체적 현실에서 다종다양하게 나타나는 분열된 저항의 현상 형태를 드러내는 데 몰입함으로써 이론의 질서 또한 해체된 현실을 보여 주었다. 둘째로 강조되는 한계는 시민사회의 분출하는 욕망에 대한 관심은 팽창하지만 기존 제도와 제도의 전환에 대한 관심은 미흡했다는 점이다. 이러한 경향은 특히 국가영역에 대한 연구관심을 약화시키는 결과를 가져왔다.

최근 한국의 정치사회학 영역에서 정부관료제나 정당의 사회적 원천에 대한 분석은 찾아보기 쉽지 않다. 셋째로는 1990년대 이후 시민운동에 대한 관심이 폭증했음에도 2000년대 이후 시민운동의 변화에 대한 관심은 찾기 어렵다. 온라인이나 SNS와 관련된 시민운동의 변화에 대해서는 연구관심이 폭증했지만 시민운동의 보다 궁극적 변화경로를 설명하는 이론적 전망은 여전히 찾아보기 힘들다.

2) 정치사회 실천담론의 성과와 한계

정치사회·사회운동연구 분야는 현실 정치사회의 변화에 민감할 뿐만 아니라 정치사회영역의 주요 이슈에 담론적 참여와 개입이 왕성한 분야이다. 이 과정에서 이 분야의 학술담론은 실천담론으로 작동함으로써 현실의 정치사회와 정부정책을 선도하기도 하고 때로는 비판적 저항담론을 만들기도 한다.

이 분야의 사회학이 가장 격렬한 저항담론을 형성했던 때는 아무래도 1980년대 민족·민주·민중담론에 참여해서 사회구성체논쟁, 국가논쟁, 노동정치논쟁 등을 주도했던 시기였다. 일부의 국가논쟁과 노동정치 논쟁과 같이 학술적 성과를 남긴 것도 있지만 당시의 사회구성체론 일반은 혁명의 실현을 위한 이론적 수단으로 제시되었기 때문에 뚜렷한 학술적 한계를 가졌다. 그러나 이러한 실천담론들은 현실정치와 맞닿아 있는 이 분야의 본원적 성격과 결부된 것이며, 또 이 같은 실천담론들이 실질적으로 저항운동의 이론적 동력으로 작동함으로써 직선제 개헌과 민주화의 성과를 얻었다고 말할 수 있다.

한국사회학회의 학술행사 가운데 일상적 연구 성과를 발표하는 전후기 사회학대회가 아닌 특별 심포지엄들은 시기적으로 주요한 정치사회적 이슈를 중심으로 논의의 장을 연다는 점에서 실천담론에 가깝다. 1980년대는 비판적인 진보학자들의 실천담론이 맹위를 떨치는 가운데 제도학회로서도 1984년에 '사회갈등과 사회발전', 1989년에 '한국의 지역주의와 지역갈등'이라는 주제의 특별 심포지엄을 개최했다. 이러한 이슈들은 비록 '민주화'의 문제에 직접 대면하는 방식은 아니었다고 하더라도 1980년대 민주화 과정에 제도학계의 문법으로 개입하는 일종의 실천담론이었다고 할 수 있다. 특히 지역주의와 지역갈등에 관한 담론은 1987년 대선과 1992년 대선에서 극단적으로 요동친 지역주의에 대한 비판적 개입의 의미를 담았다.

1990년대는 민주적 정치제도가 공고화되는 시기였다. 이 시기는 실천적 맥락에서 저항과 변혁의 새로운 거점을 시민사회에서 찾고자 하는 비판사회학의 관심이 제도학계에 영향을 미침으로써 1992년에 '한국의 정치변동과 시민사회'를 주제로 한 학술회의를 한국사회학회와 한국정치학회가 공동으로 개최했다. 1994년에는 김영삼 정부의 개혁정치와 교호적인 쟁점으로 '한국 사회개혁의 과제와 전망'을 다루었다. 나아가 1997년에는 1987년 이후 민주화 과정을 평가하고 향후의 정치변동을 전망하는 학술회의 '한국 민주화 10년: 평가와 전망'이 한국정치학회와 공동으로 개최되었다.

2000년대 한국 사회는 1997년 외환위기 이후 신자유주의 세계질서로 빠르게 재편되는 가운데 정치적으로 크게 위축된 시기였다. 이 시기에 새로운 가능성을 연 것은 남북정상회담과 남북한의 화해모드가 조성된 것이었다. 김대중 정권에 이어지는 노무현 정권의 대북소통은 남북한의 통합에 대한 기대를 갖게 했다. 신자유주의 시장질서의 거대한 도전에 직면한 국가와 시민사회의 새로운 과제에 대한 현실적 고민은 2001년 한국사회학회와 한국정치학회가 공동으로 개최한 '한국 사회의 대변환'이라는 주제에 응축되어 있다. 아울러 2000년 6월 15일 역사적인 남북정상의 만남 이후 남북한의 변화를 전망하는 학술회의가 2001년에 '6·15 공동선언 이후 남북한 사회통합'이라는 주제로 개최되었다. 2004년에는 신자유주의 시장화 경향으로 해체되는 공동체를 견인할 수 있는 기업과 시민사회의 새로운 역할을 조망하는 학술회의가 '21세기 한국의 기업과 시민사회'라는 주제로 열렸다.

2000년대 후반에는 주로 2008년에 집권한 이명박 정부의 정책과제와 결합된 담론이 전개되었다. 2008년에는 건국 60주년을 기념하는 한국사회학회의 일련의 학술행사 가운데 '한국 사회의 정치·사회의식 변화와 전망'이라는 주제가 정치사회학 영역과 비교적 가깝다 할 수 있고, 2010년에는 '한국의 사회갈등과 통합방안'이라는 특별 심포지엄이 개최되었다. 끊임없이 새로운 정치적 수사를 동원하는 이명박 정권은 급기야 '공정사회'를 구호화했는데 새로운 수사가 동원될 때마다 학계는 이론적이고 실증적으로 이를 뒷받침하기 위해 모여드는 경향이 있었다. 2011년에 한국사회학회는 '공정사회: 새로운 패러다임'이라는 주제의 학술회의를 개최했다.

한국사회학회가 주관하는 정치사회 관련 학술적 실천담론이 당대의 보다 뜨거운 쟁점을 직접 다루거나 특정의 쟁점에 대해 보다 본질적인 접근을 시도하는 데 주저하는 경향을 보였다면, 2008년에 창립된 한국정치사회학회는 정치사회의 주요 이슈에 훨씬 더 직접 부딪히는 방식으로 실천담론을 주도했다. 2008년 창립 기념 심포지엄에서 한국 정당정치의 문제를 직접 다루는 '정당정치와 한국 사회의 미래'를 시작으로, 2008년 '촛불집회와 한국 사회', 2009년 '서울의 현재, 미래의 서울', 2009년 '한국의 사회변동과 정당정치: 전망과 과제', 2010년 '광주항쟁 30년과 한국 민주주의의 미래', 2011년 '한국 복지정치의 대전환' 등을 주제로 한 학술회의가 열렸다. 한국 정치의 가장 심각한 지점은 정당정치라고 할 수 있다. 이러한 정당정치의 문제에 대해 정치사회학은 물론이고 정당정치 연구를 본령으로 삼는 정치학에서도 사회변동에 따른 근본적이고도 실질적인 접근은 회피하는 경향이 있었다. 한국정치사회학회에서는 이러한 이슈를 직접 대면했고 촛불집회, 광주항쟁, 그리고 최근 우리 사회의 가장 뜨거운 쟁점이라고 할 수 있는 복지에 관한 정치사회학적 대응을 시도함으로써 기존 학계의 실천담론보다 진일보한 모습을 보이기도 했다.

정치사회와 사회운동연구 분야는 이와 같이 실천적 담론을 통해 꾸준한 현실개입의 성과를 만들었음에도 뚜렷한 한계를 갖는 것도 사실이었다. 첫째, 1980년대 이래 제도학계의 정치사회학적 현실개입은 '우회적 담론'을 넘어서지 못했다. 예컨대 '갈등'이나 '지역주의' 이슈를 다루더라도 우리 사회에 핵심적 이념갈등이나 지역주의 확산의 실질적인 동력이었던 지역정치적 분할이라는 정치적으로 의도된 지역주의를 직접 공략하지 않고 사회학의 원론적 범주로 접근함으로써 보다 근원적인 문제를 우회하는 경향이 있었다. 둘째, 2000년대 이후 우리 사회의 핵심적 정책과제에 대해 정치사회학분야에서는 눈을 감는 '회피적 실천담론'의 경향을 보였다. 양극화, 복지, 다문화, 고령사회 등의 우리 시대 핵심적 사회변동의 정책이슈에 대해 다양한 학문분야에서 접근함에도 불구하고 정치사회학은 실질적인 삶의 이슈를 정치사회학적으로 해석해 내는 데 무력했던 것이다. 셋째, 2000년대 후반의 정치사회적 이슈들은 '동원화된 실천담론'의 한계를 드러냈다. 특히 이명박 정부의 정책과제에 대해 민감하게 수용함으로써 실천담론을 자율적으로 이끌지 못하는 한계를 보였다.

특히 '건국 60주년' 기념 학술행사는 1948년 정부수립 60주년을 기념하는 행사인데 당시 정권의 몰역사적이고 탈헌법적이라고도 할 수 있는 편중된 역사관에 바탕을 둔 '건국'개념을 특별한 합의 없이 학회에서 수용함으로써 더더욱 정부 동원적 성격을 드러냈던 것이다. 물론 최근의 많은 학술적 실천담론들이 학술회의라는 공론장을 통해 가시화되는 경우 후원과 지원금의 향배를 좇는 경향을 부인할 수 없다. 정치사회와 사회운동 분야에서 현실담론을 선도하는 자발적 이슈 개발이 더 많이 고민되어야 할 시점이다.

4. 정치사회 · 사회운동연구의 미래

1) 현재의 위기: '추월'과 '해체'

한국 사회에서 정치영역이 위기적 상황에 든 것은 오랜 일이다. 무엇보다 현실 정치사회의 위기의 본질은 시민들의 앞서가는 정치적 욕구와 달리 변화하지 않는 정치제도의 지체에 있다. 국가영역의 대의적 질서와 시민사회의 정치적 욕구가 만들어 내는 새로운 정치양식 간의 간극이 큰 것이 오늘날 정치위기의 핵심으로 자리 잡고 있는 것이다. 근대 사회구성체를 구성하는 정치질서의 근간으로서의 대의적 정치제도는 국가주의정치, 이념정치, 정당정치의 요소로 이루어져 있다. 반면에 오늘날 정치의 영역은 국가와 이념과 정당의 영역을 넘어 사회적이고 문화적이며 개인적인 영역으로 확대되고 있다. 적어도 정체된 제도가 시민사회의 정치적 욕구를 담아내지 못함으로써 나타나는 정치변동의 위기는 지구적으로 전개되는 사회경제적 변동과 함께 증대하는 불확실성으로 인해 훨씬 더 가중되고 있다.

이러한 현실 정치변동의 위기는 정치질서를 새롭게 재구성함으로써 넘어설 수 있는데 새로운 질서는 정치변동에 대한 정치사회학의 설명력과 예측력에 결부되어 있다. 이 점에서 현실 정치변동의 위기가 길어지는 상황은 정치사회학의 오랜 위기를 반영한다. 정치사회와 사회운동연구의 위기는 다른 무엇보다 정치사회학적 과제로서의 '낡은 것'과 '새로운 것'에 대한 설명과 예측의 위기라고 할 수 있다. 낡은 것은 국가주의와 냉전이념, 정당정치로 구성된 대의적 정치질서이며, 새로운 것은 시민사회의 팽창하는 정치적 욕구가 만들어 내는 새로운 정치행위들이다. 오늘날 정치사회 및 사회운동연구의 현실은 이 같은 낡은 것을 '추월'하고, 새로운 것을 '해체'하는 양상을 보이고 있다는 점에 주목해야 한다. 말하자면 추월과 해체의 두 가지 경향이 정치사회학의 현재의 위기를 반영하는 것이다.

먼저 정치사회·사회운동연구의 추월적 경향은 현존하는 대의민주주의의 오랜 질서와 정치사회학 연구의 일종의 '불균등 발전'을 의미한다. 1960년대 이후 정치사회학 연구의 동향을 보면 적어도 1990년대 중반까지만 해도 현실정치와 사회과학 패러다임의 제약으로 인해 이 분야 연구가 크게 지체되어 있었다. 사회운동연구 또한 격렬한 운동의 시대가 지나고 1990년대 중반이후 본격적으로 연구가 시작됨으로써 정치사회학이 현실정치를 따라잡지 못하는 지체현상이 뚜렷했던 것이다. 어둠이 깃든 후에야 날개를 펼친다는 미네르바의 올빼미론이 정치사회학에도 어울리는 가설로 위안 삼을 수 있었던 시기였다. 그러나 1990년대 중반 이후 정치사회 및 사회운동연구 분야는 새롭게 분출하는 시민사회의 정치적 욕구에 대한 관심이 증대함으로써 연구쟁점들이 빠르게 이동했다. 말하자면 1990년대 중반이후 최근까지 정치사회학은 구래의 대의적 정치질서가 여전히 강하게 지탱하는 상태에서, 학술적 연구는 이미 탈근대적 정치변동에 주목함으로써 기존의 제도와 정치질서에 대해서는 체계적인 학술적 관심을 가질 겨를 없이 새로운 것으로 이동하는 학술관심의 추월현상을 드러냈던 것이다.

정치변동의 위기현상 가운데 가장 궁극적 위기는 현재의 대의적 제도에 있다. 이러한 대의제의 위기적 현상이 다양하고도 치밀하게 다루어져야 함에도 불구하고 1990년대 중반 이후 정치사회학은 이를 빠르게 지나쳐 새로운 시민정치에 관심을 쏟음으로써 학술 연구의 추월적 경향을 보인 것이다. 오늘날 공공적 지지가 크게 약화된 대의민주주의의 요소는 그 자체로 공공성의 위기를 보여 주는 것이고 이러한 공공성의 위기에 대해 보다 체계적인 분석이 필요한 조건에서 정치사회학은 이를 추월함으로써 실질적 분석의 공백을 드러냈다.

이러한 분석의 공백지대는 시민사회의 정치적 욕구가 탈근대적 정치양식을 빠르게 확장시키고 있음에도 불구하고 제도영역의 현실정치는 여전히 대의민주주의의 포로가 되어 있는 조건에 대한 학술적 관심이 소홀했다는 사실을 보여 준다. 무엇보다 시장화와 개인화의 경향이 시민사회의 해체와 탈공공화를 확대하는 현실에서 새로운 규범과 질서의 구축은 기존 대의민주주의를 재구성함으로써 공공성의 범역을 넓히는 데 있다. 그럼에도 불구하고 정치사회학의 추월적 경향은 대의민주주의에 뿌리를 둔 현실의 위기에 눈감고 나아가 공공성의 위기에 눈감는 결과를 초래하게 된 것이다.

정치사회·사회운동연구의 추월경향은 기존의 제도영역 내에서 작동하는 주요정책에 대한 정치사회학적 무관심을 동반함으로써 정책담론을 빈곤화하고 이념화하는 결과를 만들었다. 물론 정책담론에 대한 정치사회학적 개입이 없었던 것은 아니다. 그러나 예컨대 한반도 대운하건설이나 4대 강 사업 등과 같은 엄청난 공공갈등을 유발한 대규모 국책 이슈에 대해 정치사회학 분야에서 얼마나 체계적이고 분석적인 개입을 했는가를 성찰해 볼 필요가 있다. 뿐만 아니라 양극화, 갈등, 고령화, 일자리, 다문화사회 등과 같은 당면한 사회변동의 거대이슈에 대해 정치사회학은 얼마나 성공적으로 개입해 왔는지 묻는다면 선뜻 답하기 어려운 것이 사실이다. 그러한 개입이 있다고 하더라도 언제나 당위적이고 형식적인 논의에 그침으로써 정책의 공급자나 수혜자들에게는 늘 등 가려운데 배 긁어 주는 격이 되고 말기도 했다. 이 같은 거대 이슈들은 단순히 하나의 정책 이슈에 머무는 것이 아니라 체제변동이나 거대전환의 사회변동과 연관된 이슈라고 할 수 있다. 어쩌면 정치사회학 영역에서 거대쟁점의 정책연구는 식물화됨으로써 주요정책에 대한 정치사회학적 개입의 실패를 가져왔다고 할 수 있을 것이다.

정치사회학의 추월적 경향은 특히 1990년대 중반 이후 연구에서 역사적 성찰의 취약성과 근원적 분석의 한계를 드러내기도 했다. 비록 2000년대 이후 이 분야 연구에서 현대사의 주요 사건에 대한 역사적 연구가 있으나, 그 규모나 접근방식에서 여전히 한계를 보인다. 적어도 정치사회사적 사실에 대한 학술적 연구는 훨씬 더 역사적이며 근원적인 분석이 추구되어야 한다. 우리의 현대사, 특히 정치사회사적 사건들은 많은 경우 국내 정치사회적 맥락뿐만 아니라 동아시아나 미국과의 국가 간 맥락이 개입되어 있다. 정치사회학의 추월경향은 이 같은 역사와 근원을 건너뜀으로써 정치사회적 변동에 대한 설명력과 예측력을 약화시키기도 했다. 현실 정치사회의 긴 위기와 정치사회학의 오랜 침묵은 역사와 근원에 대한 분석의 이러한 취약성에 기인하는 바 크다.

오늘날 정치사회학의 위기는 이러한 연구의 추월경향과 더불어 새로운 정치사회 분석의 해체경향이 동반적으로 나타난다는 데 있다. 시민사회의 정치적 욕구가 분출해 내는 새로운 가치, 새로운 정치이슈, 새로운 정치행위에 대한 다양한 쟁점들은 무엇보다 1990년대 이후 현실정치패러다임으로서의 자유주의와 사회주의의 해체, 사회과학 패러다임으로서의 구조기능주의와 마르크스주의 해체를 반영함으로써 근대성의 해체적 현실을 일정하게 공유한다.

이 같은 해체 경향은 우선 정치사회학 분야 '학술담론'의 해체에 주목할 수 있다. 주지하듯이 근대성의 패러다임 해체는 새로운 대안적 패러다임을 등장시킨 것이 아니라 오히려 탈근대 정치사회학의 해체적 경향이 드러내는 무규범성을 확대시켰다. 신자유주의적 지향이든 포스트 마르크스주의 지향이든 간에 근대적 질서의 해체와 관련된 무규범성을 당연시하는 측면이 있다. 따라서 새로운 질서와 관련된 대안적 담론의 출현이나 새로운 해석을 가능하게 하는 패러다임에 대해서는 여전히 침묵하는 것이다. 규범 없이 가능한 질서는 없다. 그러한 규범이 구래의 냉전적 이데올로기와 같이 강력한 통합과 동원을 가능하게 하는 이념은 아닐지라도 적어도 사회구성원들의 공존을 가능하게 하는 새로운 규범은 필수적인 요건이라고 할 수 있다. 오늘날 정치사회학의 연구관심은 시민사회의 새로운 정치욕구와 관련된 대단히 다양한 쟁점들로 확산되어 있다. 네트워크, 시민권, 집단지성, 거버넌스, 시장화, 자율화, 복합정체성, 초국적 운동, 탈국가, 민주주의, 지구화 등의 학술담론은 쟁점마다 다양한 접근이 가능하기 때문에 연구관심의 범위가 크게 확장된 사실을 보여 준다. 그러나 이와 동시에 각 쟁점에는 근대적 질서에 공유된 규범적 의미가 해체됨으로써 탈규범성이 크게 반영되어 있다. 학술적 지향을 공유하는 패러다임의 규범성뿐만 아니라 현실의 사회변동이 지향하는 실천적 규범 또한 해체된 현실에서 정치사회학의 설명력과 예측력은 결코 확보될 수 없다. 탈규범의 정치사회학이 현실정치를 선도하는 담론의 출현과 새로운 정치현상에 대한 해석을 지체시키는 동안 정치사회학 분야에서 '아노미의 시대'는 깊어지고 있다.

'학술담론'의 해체경향이 정치사회학의 위기를 지속시키는 한편 이러한 해체경향을 더욱 가속화시키는 것은 오늘날 한국 사회에서 대부분의 학문영역이 겪고 있는 '학술과정'의 해체 경향이다. 오늘날 한국의 대학은 신자유주의적 경쟁문화를 진지한 성찰 없이 빠르게 도입함에 따라 거의 모든 학문영역에서 논문 편수 늘리기와 해외저널에 논문 신기에 몰입하고 있다. 대학과 학계는 학술분야에 맹목적 양화의 비극을 심는 데 혼신의 힘을 쏟음으로써 학문의 주체들이 스스로 학술과정의 경쟁적 해체를 독려하는 셈이 되고 말았다. 이 같은 학술과정의 해체적 경향은 연구비 확보경쟁을 동반함으로 해서 자발적 공동연구를 찾기 어렵게 했고 근원적이고 누적적인 연구를 가능하게 하는 연속적 연구 조건을 해체시키기도 했다. 아울러 논문 수 채우기에 급급한 학술과정은 호흡이 긴 의미 있는 단행본과 같은 저술이 자취를 감추는 결과를 가져왔다. 학술적 자생성과 누적성을 해체시키는 이 같은 흐름은 결국 정치사회학의 서구 의존성을 재강화하는 효과를 가질 것이 분명하다. 정치사회학 영역에 아노미와 분열의 시대가 길어지고 있다.

2) '신규범주의' 정치사회학의 모색

이제 정치사회 및 사회운동연구 분야의 현재적 위기는 '추월'과 '해체'의 경향에 대한 진지한 성찰을 통해 새로운 전환을 모색함으로써 전환의 가능성을 찾아야 한다. 새로운 모색은 좁게는 정치사회현상을 해석하는 이론을 모색하는 것일 수 있지만 넓게는 새로운 사회과학 패러다임을 추구하는 과정일 수 있다. 무엇보다 우리 시대 정치사회학의 위기는 정치사회의 현실과 정치사회학 학술담론의 동반적 해체에 따른 것이기 때문에 현실 정치사회의 당면한 필요와 당위에 바탕을 둔 새로운 규범지향의 학술 패러다임이 절실하다.

정치사회영역의 새로운 질서를 가능하게 하는 규범적 학술담론은 어디에서 출발해야 할 것인가? 추월과 해체의 정치사회학을 새롭게 재구성할 여지를 어디에서 찾을 것인가? 근대성의 규범이 해체되는 조건에서 우리 시대의 사회구성원들이 전혀 새로운 지향성을 갖지 못하는 것은 아니다. 신자유주의 시장화의 거대경향 속에서도 삶과 공동체를 방어하기 위한 저항과 실천들은 지속되었다. 특히 2008년 세계경제 위기 이후 새로운 규범을 지향하는 시도는 다양하게 확대되고 있다. 이러한 시도에서 새로운 실천규범과 학술규범의 단초를 찾을 수 있는데 그 조건들로는 다음과 같은 사실에 주목할 수 있다.

첫째, 국가주의 정치패러다임의 해체 경향과 부적합성이 드러나는 조건에서 시민사회 지향의 정치패러다임이 확대되고 있다. 국가주의의 억압적 공공성과는 달리 시민사회 지향의 정치는 훨씬 더 능동성에 바탕을 둔 새로운 공적 질서의 가능성을 제공한다.

둘째, 냉전이념과 이데올로기적 제도의 구속으로부터 벗어나 자아실현과 자기확장의 정치를 추구하는 경향이 확대되고 있다. 2000년대 이후 시민운동의 흐름에서 나타나는 생활정치운동의 주류화 경향에는 이러한 점이 반영되어 있다.

셋째, 정당정치를 비롯한 대의적 제도는 점점 더 생동감을 잃고 무력해져 가는 반면, 온라인 네트워크를 통한 대안적 정치결사체의 다양한 실험들이 시도되고 있다. 이러한 새로운 정치실험은 기존의 대의적 질서의 해체경향을 반영하는 점도 있지만 다른 한편 새로운 정치질서를 만들어가는 측면을 발견할 수 있다.

넷째, 이 같은 시민사회의 능동정치, 탈이념과 자아실현의 정치, 네트워크 정치의 실험 등은 객체화되고 통제적인 제도중심 정치질서에서 벗어나 '사람' 중심의 정치규범을 공유하는 시도들이 늘어난다는 점을 알 수 있게 한다.

다섯째, 협동조합운동과 같은 사회적 경제활동은 단순히 경제활동이 아니라 새로운 삶의 방식을 실험하는 운동이라는 측면에서 일종의 정치양식이기도 하다. 더구나 이 같은 새로운 정치양식들은 구래의 근대성의 정치질서가 내재한 침략과 전쟁, 폭력과 착취, 억압과 갈등의 정치를 넘어 협력과 공감의 공적 질서를 추구하는 일종의 대안적 정치패러다임으로 해석할 수도 있다.

현실의 정치사회 변동을 이끄는 이러한 정치지향과 정치양식들은 정치사회학의 새로운 패러다임을 모색할 수 있는 가능성을 열어 준다. 이러한 모색의 과정에서 추구되는 새로운 정치사회학은 무엇보다 패러다임의 전환기에 추월과 해체의 위기를 넘어설 수 있는 설명과 해석의 새로운 이론적 규범을 지향해야 하며, 현실의 정치사회에서 공적 질서를 재구성함으로써 새로운 실천의 공공적 규범을 생성할 수 있게 하는 요소들로 구성되어야 한다. 이 같은 규범지향과 규범생성의 정치사회학은 패러다임 전환기의 과도적 시대에 새로운 정치사회학, 나아가 사회과학의 새로운 패러다임을 추구하는 사회학적 시도라고 할 수 있다. 이러한 정치사회학은 근대의 질서가 만든 강고한 냉전이념의 해체를 조건으로 한다면 자유주의나 사회주의, 혹은 사민주의와 같은 전일적 국가이념을 기반으로 하는 것이 아니라 공존 가능한 가치에 기반을 둔 규범적 질서를 추구한다고 하겠다.

이러한 시도를 새로운 규범 형성의 정치사회학으로서의 '신규범주의'라고 부르고 이를 시론적으로 다루어 볼 수 있다. 신규범주의 정치사회학은 기존의 사회과학패러다임이 해체된 오랜 침묵의 시기를 넘어서기 위한 패러다임 전환의 과도기적 시각이라고 할 수 있다. 그런 점에서 마치 구조기능주의 패러다임이 체계화되기까지 인류학을 비롯한 여러 학문분야에서 기능적 설명방식이 누적되었던 것처럼 중범위적 이론의 축적이 필요할 수 있다.

신규범주의 정치사회학은 우선 규범 지향적이라는 점에서 이상적 객관과학을 추구하기보다는 오히려 마르크스주의와 같은 규범철학이나 역사철학적 전통의 끈을 놓지 않으려는 고민을 반영한다. 무엇보다 공동체적 삶을 파괴하는 사회변동의 오랜 위기와 여기에 침묵하는 사회과학의 오랜 정체 속에서 새로운 패러다임은 공공성 복원의 규범지향을 갖지 않을 수 없기 때문이다.

다른 한편 신규범주의적 시각은 해체된 미래나 불확실성의 지속에 주목하기보다는 새로운 학술규범의 형성을 추구하기 때문에 토마스 쿤의 정상과학론Normal Science이나 패러다임 전환론과 결부되는 사회구성주의 시각에 상응한다. 새로운 패러다임은 과학자 사회가 합의하는 의미의 구성물이다. 그러한 패러다임을 전제로 한 모든 분석적 활동은 정상과학인 것이다. 이런 점에서 신규범주의적 시각은 사회과학적 맥락에서 패러다임의 해체와 새로운 패러다임의 지체 사이에서 '탈정상과학적' 활동의 누적을 통해 새로운 패러다임과 정상과학을 추구하는 과도기적 이론지향이라고 말할 수 있는 것이다.

신규범주의 정치사회학은 기존의 사회과학 패러다임을 성찰하고 새로운 규범을 추구하는 몇 가지 이론적 전략을 갖는다. 첫째, 신규범주의 이론은 '역사발생론적 접근'을 포함한다. 역사발생론 혹은 역사 맥락적 접근은 정치사회와 사회운동에 관한 보다 근원적이고 비판적인 분석을 가능하게 해 준다. 주지하듯이 1980년대 비판사회학은 혁명적 규범주의라고 말할 수 있는 과도한 규범지향성을 가짐으로써 보다 정교한 분석을 제약했으며 탈냉전의 지구적 변화와 함께 빠르게 쇠퇴했다. 따라서 역사발생론적 접근은 현실의 분석대상을 낳게 한 역사, 구조, 맥락에 대해 보다 근원적으로 설명함으로써 이전의 비판사회학에 비해 훨씬 더 분석적 정교성을 더하는 이론적 시각이라고 할 수 있다.[6] 여기에는 두 가지 연구의 방향이 가정될 수 있

---

6   사회운동 분석의 '역사주기론'(조대엽, 2010)은 역사발생론적 접근의 주요 사례라고 할 수 있다. 역사주기론은 특정의 역사국면에서 전개되는 사회운동은 역사국면의 프레임의 효과 속에서 형성되는 독특한 역사적 구조를 반영하면서 연속성을 보이는데 이러한 사회운동 분석의 시각은 무엇보다 운동발생과 전개의 역사적 맥락에 주목하는 관점

다. 하나는 현실의 규범과 질서, 즉 대의민주주의와 같은 기존 제도와 질서의 정합성에 대해 발생론적이고 역사구조적인 설명을 추구함으로써 성찰적 탐색의 지평을 넓히는 방향이며, 다른 하나는 오늘날의 정치사회 구조에 깊이 내재된 침략과 종속의 정치질서에 대한 역사맥락적 접근을 시도하는 일이다.

둘째, 신규범주의는 '공공성 재구성의 관점'을 지향한다. 우선 신규범주의는 사회해체에 따른 공공성의 위기를 탈근대 해체주의적 입장이 아니라 공적 질서를 새로운 공공성으로 재구성하는 입장을 갖는다. 특히 공공성이 고정된 질서가 아니라 사회적으로 구성된 질서라는 점에서 공적 질서에 대한 의미의 구축이 역사적으로 달리 나타난다는 점을 강조한다. 말하자면 전제적 왕권의 질서에서 형성된 절대적 공공성은 근대 민족국가의 출현과 함께 국가공공성의 질서로 전환되었고, 우리 시대에 이러한 국가공공성은 해체적 경향을 띠면서 새로운 공공성의 질서로 재구성되고 있는 것이다. 이러한 공공성 재구성의 관점에서는 기존의 국가공공성을 재구성하는 새로운 공적 질서로서의 중위수준의 공공성이나 미시수준의 공적 질서에 주목한다. 공공성을 국가영역의 질서에 국한된 것이 아니라 보편적 사회질서로 보는 이러한 입장은 중위 공공성이나 미시 공공성의 보다 정교한 분석적 요소를 구분하거나 공공성을 구성하는 다차원의 질서에 대해 훨씬 더 분석적으로 접근해야 한다. 예컨대 공공성을 구성하는 공민적 질서, 공익적 질서, 공개적 질서 등에 대한 분석적 접근(조대

_____

이라고 말할 수 있다.

엽, 2012; 조대엽·홍성태, 2013)을 다양한 방식으로 시도함으로써 새로운 공적 질서의 미래규범 생산을 지향해야 할 것이다.

셋째, 신규범주의 정치사회학은 미시정치와 미시민주주의의 관점을 포괄한다. 근대 정치질서의 구심인 국가의 운영원리는 선진사회의 경우 대의민주주의가 보편적이다. 대의민주주의는 근대사회구성의 질서를 국가와 시민사회로 구분하고 국가의 영역을 정치와 행정의 제도를 구성하는 정치영역으로 규정했던 것이다. 이 경우 대의정치는 시민의 실질적 삶과 분리된 타자화된 정치구조를 만들었고 그러한 질서는 오늘날 시민의 실질적 정치욕구를 반영하지 못함으로써 점차 퇴화하고 있다. 어쩌면 우리 시대의 새로운 정치와 민주주의는 대의적 절차의 여부가 아니라 사회구성원들이 스스로를 표현하고 실현하는 자아실현과 자기확장의 수준이 어느 정도인가에 따라 판가름되어야 한다. 이 점에서 정치는 개인의 미시적 욕구를 해결해 주는 미시적 제도를 구축하고 운영하는 방식으로 바뀌어야 하고, 민주주의 또한 형식적 제도의 민주주의를 넘어 실질적 삶의 욕구를 충족시키는 민주주의로 진화되어야 한다. 이런 점에서 신규범주의 정치사회학은 미시적 삶의 과정을 정치화하는 생활정치에 주목해야하며 나아가 '생활민주주의'의 진화된 정치패러다임을 지향해야 한다. 2000년대 이후 한국의 시민운동은 생활정치운동을 주류화하고 있다. 적어도 시민운동은 운동의 가치를 제도적으로 실현하는 것이 목적이라고 할 때 생활정치의 다양한 이슈들은 중앙정부나 지방정부의 정책적 지향과 결합됨으로써 생활민주주의를 실현하는 새로운 정치질서로 기능할 수 있다. 이러한 새로운 질서는 국가공공성에서 벗어나 '생활공공성'의 규범으로 재구성됨으로써 가능하다.

　신규범주의 정치사회학은 이 같은 역사 발생론적 접근, 공공성 재구성론의 관점, 생활정치의 관점을 포괄함으로써 광범한 연구과제를 다룰 수 있다. 역사 발생론적 시각에서 사회운동연구는 말할 것도 없고, 미국과 일본에 대한 연구 또한 이러한 시각에서 전면적이고도 적극적인 연구가 활성화되어야 한다. 미국이나 일본에 대한 관심은 기존의 국제정치나 국제관계론의 시각을 넘어 한국 사회의 현재적 질서가 미국과 일본과의 관계에서 역사적으로 내장된 요소들을 역사 맥락적 측면에서 드러내고자 하는 분석적 시도와 결합되어야 한다. 통일의 정치사회학 또한 이 점에서 예외일 수 없고, 현존하는 정부 및 대의적 제도에 대해서도 이러한 시각의 연구가 폭넓게 시도되어야 한다. 민주주의의 실험적 양식으로서의 생활정치운동과 생활공공성의 다양한 사례들이 미시정치적이고 역사 발생론적 시각에서 탐색되어야 하는 것 또한 과제이다. 공공성에 대한 연구가 이데올로기적 편견과 국가중심의 시각에서 벗어나 공공성재구성론과 미시정치적 시각, 역사발생론의 시각에서 다각적으로 연구되어야 하는 것은 신규범주의 정치사회학의 당면한 과제이다.

5. 결론: 신규범주의 정치사회학의 전망

우리 시대는 공적 질서의 해체와 학술 패러다임의 해체가 중첩적으로 장기화되는 아노미의 시대를 맞고 있다. 탈근대성의 확대와 탈냉전, 신자유주의 시장화, 정보화, 지구화의 거대경향은 적어도 국가중심의 근대적 질서를 지탱하는 현실규범을 해체시키고, 이러한 현실규범을 대상으로 하는 사회과학의 이론규범을 동반적으로 해체시켰다. 정치사회와 사회운동은 이러한 사회변동에 직접적으로 연관되어 있기 때문에 이를 연구대상으로 하는 정치사회학 또한 이러한 변동에 민감하다. 따라서 오늘날 사회과학은 과학적 분석을 통해 대상세계의 진리를 밝히는 객관적 학술과제와 더불어 파괴되는 공공의 삶을 재구성하고 이를 가능하게 하는 규범지향성이 절실하다. 정치사회와 사회운동연구 분야는 이런 점에서 사회과학의 다른 분야보다 현실 개입적이고 규범 생성적 이론을 적극적으로 축적해야 하는 과제에 직면해 있다.

정치사회학 분야의 학술적 위기를 진단하고 미래를 전망하고자 한 이 장은 우선 이 분야의 기존연구 동향 속에서 그 성과와 한계를 살폈다. 정치사회학뿐만 아니라 사회학 분야의 학술적 성과가 누적되기 시작하는 시점을 1960년대로 볼 때, 이후 정치사회학 분야의 연구 흐름은 1970년대 사회운동연구의 새로운 시작, 1980년대 국가연구의 부활, 1990년대 시민사회와 사회운동연구의 개방, 2000년대 이후 시민사회의 다양한 정치적 욕구에 대한 관심 증폭 등으로 요약될 수 있다. 이러한 연구동향과 성과의 주요 특징은 그간의 정치사회학 연구가 사회학 패러다임의 응축적 전환과정에서 오히려 연구 성과를 역동적으로 생산했다는 점, 1990년대 이후 정치사회·사회운동 분야의 연구주제들이 급속하고도 다양하게 확대되었다는 점, 그리고 연구방법이 지속적으로 발전된 점 등을 들 수 있다. 이러한 성과에도 불구하고 몇 가지 한계를 들 수 있다. 첫째는 기존의 사회학 패러다임이 정치사회학 분야 가운데 특히 사회운동 분석의 뚜렷한 한계로 작용했다는 점이다. 둘째, 시민사회의 분출하는 정치적 욕구에 대한 연구관심은 증가했지만 기존의 제도와 제도의 전환에 대한 관심은 부족했다. 셋째, 1990년대 이후 사회운동에 대한 관심, 특히 시민운동에 대한 연구가 확대되었으나 2000년대 이후 시민운동의 경로에 대해서는 연구관심이 크게 줄어들었다.

다른 한편으로 정치사회학 분야는 학문의 특성상 실천담론의 성과와 한계 또한 주목할 지점이다. 이 분야의 실천담론은 꾸준한 현실개입의 성과에도 불구하고 1980년대 이래 제도학계의 현실개입이 '우회적 담론'에 머물렀다는 점, 2000년대 이후 우리 사회의 핵심정책과제에 대해 외면하는 '회피적 실천담론'의 경향을 보인 점, 2000년대 후반의 정치사회적 이슈들은 '동원화된 실천담론'의 한계를 드러낸 점 등이 지적되었다.

무엇보다 정치사회·사회운동연구 분야의 현재의 위기는 '추월'의 위기와 '해체'의 위기로 요약될 수 있다. 적어도 1990년대 중반 이전까지 정치사회학 분야는 현실의 정치변동을 설명하는 데 지체되어 있었다. 그러나 1990년대 중반 이후 이 분야는 새로운 시민사회의 정치적 욕구에 대한 연구관심을 증폭시킴으로써 기존 제도에 대한 보다 체계적인 연구의 필요성을 추월하는 결과를 가져왔다. 현실 정치사회의 위기는 다른 무엇보다 기존의 대의적 제도가 사회변동에 적응적이지 못해서 나타났지만 기존의 제도에 대한 연구의 공백은 이 분야 연구에서 너무 빠른 추월적 연구의 위기를 그대로 보여 주는 것이기도 하다. 다른 한편, 근대성을 구축하는 기존의 사회과학 패러다임이 현실의 설명에 무력함을 보이는 반면 새로운 패러다임의 등장은 지체됨으로써 해체의 위기가 깊어지고 있다는 점이 강조되었다. 특히 정치사회학 분야의 주요 연구경향에는 근대성의 규범을 바탕으로 공유된 의미가 해체되었기 때문에 우리 시대 정치사회학의 설명력과 예측력의 심각한 위기를 초래했다. 패러다임의 해체에 따른 위기와 함께 학술활동의 해체적 경향은 위기를 가중시켰다. 특히 대학과 학술연구 분야에 신자유주의 경쟁문화의 도입은 학술영역의 성취를 양적인 등위로 치환함으로써 맹목적 양화와 경쟁적 해체의 비극을 부르게 되었다.

이 장에서는 이 같은 추월과 해체의 위기에 대응하는 정치사회 연구의 방향을 '신규범주의'로 규정하고 이를 시론적 수준에서 탐색했다. 신규범주의는 새로운 정치사회학이 현실의 공적 질서를 재구성하는 새로운 규범형성에 실천적으로 개입해야 하고, 사회과학의 대안적 패러다임으로 이어지는 이론규범을 추구해야한다는 점을 강조한다. 신규범주의적 접근은 정치사회학을 포함하는 사회과학의 위기가 연속되는 긴 전환의 시대에 모색되는 규범형성의 이론적 지향이다. 오늘날의 사회변동의 특성으로 볼 때 신규범주의의 '규범'은 체제이데올로기와 같은 거대규범을 지향하는 것이 아니라 사회적 공존을 가능하게 하는 자율규범에 주목한다. 이러한 점들에서 신규범주의는 정치사회의 질서를 설명하는 이론체계로 발전될 수 있을 뿐 아니라 정치사회학이 지향해야할 학술연구의 방향을 지칭하는 것이기도 하다. 이 같은 이론체계와 연구의 방향은 역사 발생론적 관점, 공공성 재구성의 관점, 미시정치적 관점 등에 기반을 둔 다양한 중범위적 분석을 통해 추구되어야 한다.

신규범주의 논리가 보다 체계적이고 실효적인 전망을 갖기 위해서는 몇 가지 중요한 논리적 성찰을 거쳐야 할 것으로 보인다. 첫째로 신규범주의는 기존 패러다임의 해체론과 재구성론 가운데 어떤 입장에 있는가를 분명히 할 필요가 있다. 더불어 '해체'와 '재구성'의 이론적 간격을 보다 면밀하게 탐색할 필요가 있다. 둘째, 무엇이 새로운 것인기에 답해야 한다. 규범주의라고 부를 수 있는 기존 패러다임과 차이 나는 내용을 분명히 할 필요가 있는 것이다. 신규범주의가 부정하는 현실규범과 이론규범의 내용에 대한 체계적인 접근이 필요할 뿐만 아니라 현실규범으로서의 체제이데올로기와 이론규범으로서의 사회과학 패러다임의 연속과 단절의 지점을 밝히는 것도 과제일 수 있다. 셋째, 신규범주의가 지향하는 미래규범의 질서는 무엇으로 개념화할 수 있는가? 말하자면 신규범주의의 유토피아는 어떻게 설정되며, '신규범'의 내용을 무엇으로 호명할 수 있는가에 보다 구체적으로 접근할 필요가 있다.

신규범주의의 논리는 오늘날 추월과 해체, 지체의 문제가 복합적으로 나타나고 있는 정치사회와 사회운동연구 분야를 보다 규범 지향적으로 구축하기 위한 고민의 일단이라고 할 수 있다. 이러한 논리의 확장을 위한 성찰의 과제들은 어쩌면 우리 시대가 전망하고자 하는 미래의 정치질서, 미래의 패러다임을 보다 분명하게 하고자 하는 바람일 수 있다. 그러나 바람직한 미래 규범을 선명하게 드러내는 순간 신규범주의의 과정적 정체성은 보다 경직되고 이념화된 패러다임으로 변화할 수 있다. 신규범주의의 불확실성과 불완전성은 오히려 차별화된 패러다임의 특징을 보여 주는 것일 수도 있다.

참고문헌

1. 국문 문헌

4·19 혁명 기념사업회(2003a), "당시 동국대생 김칠봉의 증언", 《4·19 혁명사》.

4·19 혁명 기념사업회(2003b), "당시 고대생 김금석의 증언", 《4·19 혁명사》.

6·3운동관련 구속자석방운동결의문(1964. 9).

6·3동지회(2001), 《6·3 학생운동사》, 역사비평사.

강만길(1983), "4월 혁명의 민족사적 맥락", 강만길 외, 《4월 혁명론》, 한길사.

강명구·방상훈(1997), "정치적 상징과 담론의 정치: '신한국'에서 '세계화'까지", 〈한국사회학〉 31호(봄호), 123~161쪽.

강문식·이현진(2011), 《종묘와 사직: 조선을 떠받친 두 기둥》, 책과함께.

강수택(2006), "사회적 연대 담론의 구조와 시민문화", 〈한국사회학〉 40집 6호.

강신철 외(1988), 《80년대 학생운동사: 사상이론과 조직노선을 중심으로》, 형성사.

강윤재(2011), "광우병 위험과 촛불집회: 과학적인가 정치적인가?", 〈경제와 사회〉 89호, 269~297.

강진연(2012), "탈식민 국가형성 연구의 비판적 검토와 통합적 시각의 모색", 〈한국사회학〉 46집 4호, 233~263쪽.

강진웅(2010a), "북한의 국가권력에 대한 미시적 접근: 호전적 민족주의와 주민들의 삶", 〈한국사회학〉 44집 2호, 155~194쪽.

_____(2010b), "남북한의 국가와 가족: 체제 변화와 가족주의의 변형", 〈한국사회학〉 44집 5호, 139~175쪽.

_____(2011), "한국 시민이 된다는 것: 한국의 규율적 가버넌스와 탈북 정착자들의 정체성 분화." 〈한국사회학〉 45집 1호, 191~227쪽.

_____(2012), "북한의 항일무장투쟁 전통과 민족 만들기: 민족주의와 권력, 담론, 주체." 〈한국사회학〉 46집 1호, 24~63쪽.

_____(2013), "대한민국 민족 서사시: 종족적 민족주의의 전개와 그 다양한 얼굴." 〈한국사회학〉 47집 1호, 185~219쪽.

강현아(2002), "5·18 민중항쟁과 여성활동가들의 삶: 여성주의적 접근." 〈한국사회학〉 36집 1호, 171~194쪽.

경향신문(1989. 2. 28).

고대신문(1960.5.3), 조지훈 시 〈늬들 마음을 우리가 안다: 어느 스승의 뉘우침에서〉.

고동현(2003), "정보사회의 도전과 사회운동의 새로운 전개: 한국 사이버 사회운동의 유형과 동학을 중심으로", 연세대 대학원 박사학위 논문.

고려대 100년사 편찬위원회(2005), 《고려대학교 100년사: 고려대학교 학생운동사》, 고려대 출판부.

고려대 3·24 선언문(1964. 3. 24).

고려대 구국비상결의 선언문(1964. 5. 21).

고려대 구국투쟁위원회 6·2 선언문(1964. 6. 2).

고려대(1995), 《고려대학교 90년지》.

고영복(1967a), "정당과 파벌", 〈사회과학〉 6집.

_____(1967b), "한국민족주의의 주도층과 리더십", 〈국제정치논집〉 6호.

구갑우(2006), "한국의 평화운동, 평화 NGO: 발전을 위한 성찰", 〈2006년도 우리민족서로돕기운동 평화나눔센터 제 22회 정책포럼 자료집〉.

_____(2008), "한반도 시민사회 형성에 내한 비전과 과제", 《남북관계와 시민사회》 우리민족서로돕기운동 평화나눔센터 2008년 자료집.

구은정(2008), "사회운동 참여자들의 구술생애사를 통해 본 운동정체성의 변화: '변혁지향적·폭력적 민중운동 대 개량적·합리적 시민운동' 이분법에 대한 재해석을 중심으로", 〈경제와 사회〉 78호, 107~132쪽.

구정우(2007), "세계사회와 인권: 국가인권기구의 설립, 1978~2004", 〈한국사회학〉 41집 3호.

권귀숙(2002), "대량학살의 사회심리: 제주 4·3 사건의 학살과정", 〈한국사회학〉 36집 5호.

_____(2004), "기억의 재구성 과정: 후체험세대의 4·3", 〈한국사회학〉 38집 1호.

권태환·이재열(1998), "사회운동 간의 연결망", 〈한국사회과학〉 제 20권 3호.

권형택(1987), "80년대 변혁운동에 있어서 학생운동의 역할과 과제", 《전환》, 사계절.

김경미(2006), "인터넷이 집합행동에 미치는 영향: 2002 여중생 추모 촛불집회를 중심으로", 〈한국사회학〉, 40집 1호.

김경희(2012), "19대 총선을 통해 본 여성 정치할당제의 지속가능성과 여성 정치세력화." 〈경제와 사회〉 94호, 118~147쪽.

김대영(2007), "연합체운동정치." 《한국정치와 비제도적 운동정치》(정해구 외), 한울.

김대환(1987), "민족사회학의 전개와 그 과제(II): 한국민족주의의 사상사적 고찰", 〈한국사회학〉 21집 겨울호.

김동노(2007), "일제시대 식민지 근대화와 농민운동의 전환", 〈한국사회학〉 41집 1호.

김동춘 저, 사월혁명연구소 편(1990), "4월 혁명에 관한 기존 연구와 그 문제점",《한국 사회변혁운동과 4월 혁명》, 한길사.

김동춘 저, 학술단체협의회 편(1997), "1980년대 민주변혁운동의 성장과 그 성격", 《6월 민주 항쟁과 한국 사회 10년》, 당대.

김동춘(2005), "2004년 시민운동",《한국 시민사회연감 2005》, 시민의 신문.

_____(2011), "냉전, 반공주의 질서와 한국의 전쟁정치: 국가폭력의 행사와 법치의 한계."〈경제와 사회〉, 89호, 333~366쪽.

김병로(2008), "남북관계와 시민사회의 역할",《남북관계와 시민사회》 우리민족서로 돕기운동 평화나눔센터 2008년 자료집.

김상돈(2007), "정치참여의 인과구조에 대한 한·미·일 국제비교연구: 비정치적 결사 체 가입의 매개효과분석", 〈한국사회학〉, 41집 1호.

김상준(2001), "조선시대의 예송과 모랄폴리틱", 〈한국사회학〉, 35집 2호.

김성국(1991), "안토니오 그람시의 헤게모니이론", 〈사회비평〉, 5집.

김성균·구본영(2009),《에코뮤니티: 생태학적 삶을 위한 모둠살이의 도전과 실천》, 이매진.

김성식(1960), "학생과 자유민권운동", 〈사상계〉, 6월호.

김성태(1983), "4·19학생 봉기의 동인", 한완상·이우재·심재택 저《4·19 혁명론 I》, 일월서각.

김세균(1991), "한국에서 민주주의논의에 대한 비판적 검토", 서울대 민교협심포지엄 《우리에게 민주주의는 가능한가》.

김연명·홍성태 편(2004), "참여연대 '사회복지위원회' 10년의 성과와 성찰",《참여와 연대로 연 민주주의의 새지평: 참여연대 창설 10주년 기념 논문집》, 아르케.

김연철(2008), "한반도 평화통일과정에서 시민사회의 역할",《남북관계와 시민사회》, 우리민족서로돕기운동 평화나눔센터 2008년 자료집.

_____(2013), "동아시아 질서와 한반도 평화체제 전망."〈경제와 사회〉, 99호, 12~35쪽.

김영란(2003), "한국의 여성운동과 여성복지정책의 변화: 노동과 섹슈얼리티 분야를 중심으로", 〈한국사회학〉, 37집 3호.

김영모(1969), "3·1 운동의 사회계층적 배경", 〈아세아연구〉, 33호.

_____(1970), "독립운동의 사회적 성격"〈아세아연구〉, 59호.

김용기·박승옥(1989), 《한국노동운동논쟁사》, 현장문학사.

김용복(2013), "일본 우경화, 한일관계 그리고 동아시아: 과거사 갈등과 영토분쟁", 〈경제와 사회〉, 99호, 36~62쪽.

김 원(1999), 《잊혀진 것들에 대한 기억: 1980년대 한국 대학생의 하위문화와 대중정치》, 이후.

_____(2008), "1987년 이후 진보적 지식생산의 변화: 진보적 지식공동체를 중심으로", 〈경제와 사회〉, 77호, 33~57쪽.

김원동(1999), "춘천지역의 시민운동: 현황과 과제", 〈동향과 전망〉, 43호(겨울호), 169~214쪽.

김인춘(2007), "자본주의 다양성과 한국의 새로운 발전모델: 민주적 코포라티즘의 조건", 〈한국사회학〉, 41집 4호.

김정남(2004), 《4·19 혁명》, 민주화운동기념사업회.

김정화·이경원(2009), "권력의 두 얼굴: 이명박 정부의 영리병원 허용 논쟁을 중심으로", 〈경제와 사회〉, 82호, 186~215쪽.

김정훈(2010), "정치적 격변과 한국의 현대성: 근대성의 부재 혹은 과잉?", 〈경제와 사회〉, 86호, 10~38쪽.

_____(2012), "안철수 현상, 그리고 희망 혹은 희망고문", 〈경제와 사회〉, 93호, 104~136쪽.

_____(2013), "18대 대선의 의미와 진보의 재구성: 파국적 균형을 넘어서", 〈경제와 사회〉, 97호, 121~154.

김종길(2003), "'안티사이트'의 사회운동적 성격 및 새로운 저항잠재력의 탐색", 〈한국사회학〉, 37집 6호.

_____(2005), "사이버 공론장의 분화와 숙의민주주의의 조건", 〈한국사회학〉, 39집 2호.

김종엽 편(2009), 《87년 체제론: 민주화 이후 한국 사회의 인식과 새전망》, 창비.

김종영(2011), "대항지식의 구성: 미 쇠고기 수입반대 촛불운동에서의 전문가들의 혼성적 연대와 대항논리의 형성", 〈한국사회학〉, 45집 1호, 109~152쪽.

김종태(2012), "이승만 정부 시기 문명 담론과 선진국 담론에 나타난 국가정체성과 서구관: '대통령 연설문'과 '조선일보'를 중심으로", 〈한국사회학〉, 46집 2호, 150~175쪽.

_____(2013), "박정희 정부 시기 선진국 담론의 부상과 발전주의적 국가정체성의 형성: '대통령 연설문'과 '조선일보'를 중심으로." 〈한국사회학〉, 47집 1호,

71~106쪽.

김중섭(1996), "일제하 3·1 운동과 지역 사회 운동의 발전: 진주 지역을 중심으로." 〈한국사회학〉, 30호(여름호), 359~387쪽.

김진균(1991), "신식민지파시즘의 전개와 그 위기." 〈한겨레신문〉, 1991.5.16.

김철규·김선업·이철(2008), "미국산 쇠고기 수입 반대 촛불집회 참여 10대의 사회적 특성", 〈경제와 사회〉, 80호, 40~67쪽.

김호기(1993), "그람시적 시민사회론과 비판이론의 시민사회론: 한국적 수용을 위한 비판적 탐색", 〈경제와 사회〉, 가을호.

_____(2000), "시민사회의 구조와 변동", 〈한국사회〉, 3집.

_____(2000), "4·13 총선과 시민운동: 총선시민연대의 활동과 시민운동의 정치적 과제", 〈사회비평〉, 24(여름호), 142~156쪽.

김호기(2002), "시민사회의 유형과 '이중적 시민사회'", 〈시민과 세계〉, 1호.

김호기·김영범(1995), "권위주의 정권의 해체와 헤게모니 프로젝트: 1987년 대통령 선거를 중심으로", 임현진·송호근 공편, 《전환의 정치, 전환의 한국 사회》. 사회비평사.

난국타개 학생총궐기대회 선언문(1964.5.25.).

남찬섭·조대엽(2013), "장애정책조정기구의 특성과 공공성의 재구성", 〈한국사회〉, 14집 1호, 133~179쪽.

노진철(2009), "2008년 촛불집회를 통해 본 광우병 공포와 무지의 위험소통." 〈경제와 사회〉, 84호, 158~182쪽.

대학신문, 1964년 3월 26일자.

데이비드 헬드(2010), 《민주주의의 모델들》, 박찬표 옮김, 후마니타스.

동아일보, (1989. 2. 27).

디이터 루흐트(1996), "새로운 사회운동의 전략과 행위목록", 러셀 J. 달턴, 만프레드 퀴흘러 엮음, 박형신·한상필 옮김, 《새로운 사회운동의 도전》, 한울.

류석진·방인혁(2012), "'한국적 급진민주주의론'의 급진성과 주체성 연구." 〈경제와 사회〉, 93호, 219~243쪽.

매일경제신문(1983. 6. 9).

문경란(2000), 《총선연대, 유권자 혁명의 100일 드라마 우리에게는 꿈이 있습니다》, 나남.

문석남(1984), "지역격차와 갈등에 관한 한 연구: 영·호남 두 지역을 중심으로", 〈한국사회학〉, 제 18집, 184~207쪽.

민석홍(1960), "4월 혁명의 사관", 〈세계〉, 6월호.

민주화운동기념사업회 편(2008), 《한국민주화운동사 1》, 돌베개.

_____(2009), 《한국민주화운동사 2》, 돌베개.

_____(2010), 《한국민주화운동사 3》, 돌베개.

박명규·김병로·강원택·이상신·박정란·정은미(2010), 《2010 통일의식조사》, 서울대 통일평화연구소.

박명규·김병로·김병조·박영호·정은미(2008), 《2008 통일의식조사》, 서울대 통일평화연구소.

박명규·김병로·김병조·박정란·정은미·이상신(2009), 《2009 통일의식조사》, 서울대 통일평화연구소.

박병진(2007), "신뢰형성에 있어 사회참여와 제도의 역할", 〈한국사회학〉, 41집 3호.

박선웅(2007), "의례와 사회운동: 6월 항쟁의 연행, 집합열광과 연대", 〈한국사회학〉, 41집 1호.

박순성(2008), "남북관계의 변화와 시민사회", 한겨레평화연구소 창립기념 세미나 〈정전 55돌, 한반도 평화체제와 남북관계〉 자료집.

_____(2012), "한반도 분단현실에 대한 두 개의 접근: 분단체제론과 분단/탈분단의 행위자-네트워크이론", 〈경제와 사회〉, 94, 13~38쪽.

박승관·장경섭(2001), "한국 사회의 이중적 법질서와 언론권력의 관계", 〈한국사회학〉, 35집 2호.

박연섭(1986), "80년대 농민운동의 비판적 고찰", 《해방 40년의 재인식》 II, 돌베개.

박영신(1978a), "조선시대 말기 사회변동과 사회운동", 〈현상과 인식〉, 2권 1호.

_____(1978b), "독립협회 지도세력의 상징적 의식구조", 〈동방학지〉, 20호.

_____(1979), "사회운동으로서의 3·1 운동의 구조와 과정", 〈현상과 인식〉, 3권 1호.

박재묵(2000), "한국 시민운동의 정치세력화 전망: 환경운동연합과 대전지역 시민운동단체의 지방선거 참여 사례를 중심으로", 〈한국사회과학〉, 22권 1호, 69~92쪽.

박재흥(2009), "세대명칭과 세대갈등 담론에 대한 비판적 재검토", 〈경제와 사회〉, 81호, 10~34쪽.

박종철·박영호·손기웅·전성훈·최수영(2005), 《2005년도 통일문제 국민여론조사》, 통일연구원.

박주원(2010), "민주주의의 힘은 어디에서 나오는가: 고대 역사적 경험과 현대", 〈경제와 사회〉, 88호, 155~186쪽.

박찬승(2008), "6·3 학생운동의 이념", 2008년도 제1차 한국현대사 관련학술회의 자료집 《6·3 민주화운동의 역사적 조명》, 한국민족운동사학회·6·3동지회.

박찬웅(2006), "미니홈피와 비공식적 공적 생활의 조건: 공/사 경계의 조율", 〈한국사회학〉, 40집 3호.

박태균(1993), "한국민주주의의 주도세력", 학술단체협의회 편, 《한국 민주주의의 현재적 과제》, 창작과 비평사.

박태호(2009), "코뮤주의와 '역사유물론': 역사 속에서 코뮤주의의 위상", 〈경제와 사회〉, 84호, 108~131쪽.

박형준(2001), 《성찰적 시민사회와 시민운동》, 의암.

박형중(2008), "한국의 시민사회와 북한문제", 《남북관계와 시민사회》, 우리민족서로 돕기운동 평화나눔센터 2008년 자료집.

방인혁(2009), "한국 사회성격론 재론과 주체사상: 대안적 비판담론의 구성을 위하여." 〈경제와 사회〉, 83호, 69~97쪽.

백낙청(1983), "4·19의 역사적 의의와 현재성", 강만길 외, 《4월 혁명론》, 한길사.

_____(2006), 《한반도식 통일 현재 진행형》, 창비.

백욱인(1993), "시민운동이냐, 민중운동(론)이냐: 김세균, 강문구 토론에 대한 비평", 〈경제와 사회〉, 봄호.

서동진(2011), "혁신, 자율, 민주화 … 그리고 경영: 신자유주의 비판 기획으로서 푸코의 통치성 분석", 〈경제와 사회〉, 89호, 71~104쪽.

서문기(2001), "한국 사회의 정부신뢰구조", 〈한국사회학〉, 35집 5호, 119~146쪽.

_____(2002), "복지국가형성의 기초조건: 사회발전의 지속가능성에 관하여", 〈한국사회학〉, 36집 5호.

서영표(2009), "21세기 비판이론의 재구성과 주체사상", 〈경제와 사회〉, 83호, 98~116쪽.

_____(2008), "영국 신좌파 논쟁에 대한 재해석: 헤게모니 개념에 대한 상이한 해석", 〈경제와 사회〉, 80호, 248~274쪽.

서울대학교 5·20선언문(1964.5.20.).

서중석(1991), "4월 혁명운동기의 반미·통일운동과 민족해방론", 《역사비평》, 14호.

_____(2007), 《이승만과 제1공화국》, 역사비평사.

성경륭(1990), "제3세계 정치체제변동의 역동적 패턴에 관한 연구: 탐색적 사건사 분석, 1945~86." 〈한국사회학〉, 24호(겨울호), 27~60쪽.

_____(1993), "한국정당의 흥망성쇠, 1945~1992: 정치사회학적 분석", 〈한국사회학〉, 27호 (여름호), 53~86쪽.

_____(1995), "한국 정치민주화의 사회적 기원: 사회운동론적 접근." 임현진·송호근 공편. 《전환의 정치, 전환의 한국 사회》. 사회비평사.

송백석(2005), "국가형태와 국가정책: 김대중 정권의 재벌정책분석을 중심으로", 〈한국사회학〉, 39집 3호.

_____(2009), "신자유주의 지구화담론 비판." 〈한국사회학〉, 43집 1호, 188~219쪽.

송　복(1985), "권력집중화의 사회구조적 요인: 해방 40년의 전개." 〈한국사회학〉, 19집 겨울호, 69~88쪽.

송호근(1990), "권위주의적 노동정치와 노동운동의 성장: 한국과 남미의 비교연구", 〈아시아문화〉, 6호, 한림대 아시아문화연구소.

숭실대학교(1964.6.1.), 6·1선언문.

시민사회단체연대회의·한국환경회의(2008), 《2008 전국 시민·환경운동가대회 자료집》.

시민의 신문(2000), 《한국민간단체총람 2000》.

_____(2003), 《한국민간단체총람 2003》.

_____(2005), 《한국시민사회연감 2005》.

_____(2006), 《한국시민사회연감 2006》.

신광영(1990), "아시아 신흥공업국의 산업화와 노조운동: 한국과 대만의 비교연구", 〈아시아문화〉, 6호, 한림대 아시아문화연구소.

_____(1994), "시민사회 개념과 시민사회 형성", 〈아시아문화〉, 10호, 한림내 아시아문화연구소.

신광영·정철희(2002), "한국 사회의 전통과 민주주의", 〈한국사회학〉, 36집 3호, 109~130쪽.

신시대 21(2007), 《6·3 학생민주화운동: 젊음이 솟구쳤던 그 항쟁의 기록》, 6·3민주화운동 43주년 기념 화보집.

신용하(1973a), "독립협회의 사회사상", 《한국사연구》, 9호.

_____(1973b), 《독립협회의 사회사상연구》, 서울대 한국문화연구소.

_____(1974), 《독립협회의 민족운동연구》, 서울대 한국문화연구소.

_____(1975a), 《독립협회와 만민공동회》, 한국일보사.

_____(1975b), "만민공동회의 자주민권 자강운동", 〈한국사연구〉, 11호.

_____(1977a), "신민회의 창건과 그 국권회복운동(상)", 〈한국학보〉, 8호.

_____(1977b), "신민회의 창건과 그 국권회복운동(하)", 〈한국학보〉, 9호.

신진욱(2004a), "근대와 폭력", 〈한국사회학〉, 38집 4호.

_____(2004b), "사회운동, 정치적 기회구조, 그리고 폭력", 〈한국사회학〉, 38집 6호.

_____(2007), "민주화 이후의 공론장과 사회갈등: 19932006년 '조선일보'와 '한겨레신문'의 헤드라인 뉴스에 대한 내용분석", 〈한국사회학〉, 41집 1호.

_____(2008), "보수단체 이데올로기의 개념 구조, 2000~2006: 반공, 보수, 시장 이데올로기를 중심으로." 〈경제와 사회〉 78호, 163~193쪽.

_____(2011a), "비판적 담론 분석과 비판적·해방적 학문." 〈경제와 사회〉, 89호, 10~45쪽.

_____(2011b), "광주항쟁과 애국적 민주공화주의의 탄생: 저항적 시민사회의 정체성 구성에 대한 구조해석학적 분석", 〈한국사회학〉, 45집 2호, 58~90쪽.

_____(2013), "정당성 정치의 구조와 동학: 막스 베버 정치사회학의 관계론적, 행위론적 재구성", 〈한국사회학〉, 47집 1호, 35~69쪽.

신진욱·이영민(2009), "시장포퓰리즘 담론의 구조와 기술: 이명박 정권의 정책담론에 대한 비판적 담론분석", 〈경제와 사회〉, 81호, 273~299쪽.

심상용(2012), "코즈모폴리턴 공화주의의 지구시민권 구상에 대한 연구", 〈경제와 사회〉, 93호, 137~163쪽.

안리라(2010), "한국 통일운동의 프레임 분화에 관한 연구", 고려대 사회학과 대학원 석사학위 논문.

양종회(1973), "서울시 하층주민의 정치능력에 관한 사회학적 연구", 〈한국사회학〉, 8집, 107~119쪽.

엄한진(2007), "프랑스 이민통합모델의 위기와 이민문제의 정치화: 2005년 '프랑스 도시외곽지역 소요사태'를 중심으로", 〈한국사회학〉, 41집 3호.

연세대 단식투쟁위원회 성명서(1964. 6.).

염미경(2001), "기업권력, 도시활성화 그리고 도시정치", 〈한국사회학〉, 35집 1호.

_____(2007), "지역개발과 주민이해의 정치: 중문관광단지 인근 마을공동체의 사례", 〈한국사회학〉, 41집 3호.

온만금(1984), "정당체계의 형성에 관한 한 연구: 두베르제(Duverger)이론의 경험적 재분석", 〈한국사회학〉, 18집 겨울호.

_____(2003), "한국 정당체계의 형성과 변화에 관한 이론(1948~2000): 지역주의, 선거법 그리고 정당체계", 〈한국사회학〉, 37집 3호.

우명숙(2006), "한국 여성의 경제적 지위변화와 국가의 역할: 여성주의 국가론의 국가 자율성 논의를 중심으로", 〈한국사회학〉, 40집 3호.

울리히 벡(1998), 《정치의 재발견》, 문순홍 옮김, 거름.

위르겐 하버마스(2006), 《의사소통행위이론 2》, 장춘익 옮김, 나남.

_____(2001), 《공론장의 구조변동: 부르주아사회의 한 범주에 관한 연구》, 한승완 옮김, 나남.

유석춘·서원석(1989), "유동표에 대한 판별분석: '87년 대통령 선거", 〈한국사회학〉,

23집 여름호.

유시중(1964), "관료제와 인간관계", 〈행정연구〉, 1집.

유팔무(1991), "그람시 시민사회이론의 이해와 한국적 수용의 문제", 〈경제와 사회〉, 겨울호.

_____(1993), "한국의 시민사회론과 시민사회분석을 위한 개념틀의 모색", 경남대 극동문제연구소 편, 《한국 정치사회의 새흐름》, 나남.

_____(1995), "시민사회의 성장과 시민운동", 〈경제와 사회〉, 25호(봄호), 104~121쪽.

_____(1998), "비정부사회운동단체(NGO)의 역사와 사회적 역할: 시민운동과 정부와의 관계를 중심으로", 〈동서연구〉, 10권 2호, 77~119쪽.

윤명희(2007), "블로그의 사회적 유형분석: 1인 커뮤니티의 다층화", 〈한국사회학〉, 41집 1호.

윤상우(2005), "발전국가를 준거로 한 중국 성장체제의 평가", 〈한국사회학〉, 39집 2호.

윤상철(2000), "정치적 부패와 국제적 연계", 〈한국사회학〉, 34호(여름호), 269~296쪽.

_____(2004), "90년대 한국 사회의 변동과 참여연대의 변화 방향", 홍성태 편, 《참여연대 창설 10주년 기념 논문집, 참여와 연대로 연 민주주의의 새지평》, 아르케.

_____(2009), "세대정치와 정치균열: 1997년 이후 출현과 소멸의 동학", 〈경제와 사회〉, 81호, 61~88쪽.

_____(2010), "한국의 비판사회학 1998~2008", 〈경제와 사회〉, 85호, 121~151쪽.

윤수종·김종채(1990), "80년대 한국농촌사회의 구조와 농민운동", 《한국 사회의 비판적 인식》, 나남.

은기수(2000), "사회적 약자의 이해와 시민적 연대", 《386세대의 가치관과 21세기 한국》, 한국정신문화연구원공개토론회 자료집.

이상근·진영재(2007), "한국정치과정에 나타난 특정 정치인 지원세력 형성과 정치참여과정: 친노집단들'을 중심으로", 〈한국사회학〉, 41집 2호.

이상민(2006), "기업의 사회적 책임과 주주행동주의: 미국과 한국의 소액주주운동 비교", 〈한국사회학〉, 40집 5호.

이상백(1954), "서얼금고시말", 《이상백 저작집》 3권, 을유문화사.

이선미(2004), "자원결사체가 개인간 신뢰의 상징적 제도인가?", 〈한국사회학〉, 38집 5호.

이성형(1991), "신식국독자론의 주요쟁점에 대한 재검토", 〈사회평론〉, 7월호.

이수인(2003), "한국 개신교의 정치적 행위양식의 제도화기제에 대한 연구: 1970년대 초반~1980년대 중반", 〈한국사회학〉, 37집 3호.

_____(2010), "일반신뢰와 정부신뢰의 관계와 성별차이에 대한 탐색적 연구: 민주화를 향한 기대와 사회적 관심 및 정보의 매개 작용을 중심으로", 〈한국사회학〉, 44집 4호, 162~203쪽.

이승원(2008), "지구화 시대의 민주주의의 문제: 재외동포법과 국제법 개정안을 통해 본 한국 민주주의에 대한 반성", 〈경제와 사회〉, 79호, 88~111쪽.

이승환(2008), "남한 시민사회와 남북관계", 《남북관계와 시민사회》, 우리민족서로돕기운동 평화나눔센터 2008년 자료집.

이시재(1988), "사회운동과 사회구조의 제수준: 1980년대 민주화운동을 중심으로", 《사회운동과 사회계급》, 고영복 교수 화갑기념논총, 전예원.

이영희(2009), "기술과 시민: '국가재난질환 대응체계 시민배심원회의'의 사례", 〈경제와 사회〉, 82호, 216~239쪽.

_____(2012), "전문성의 정치와 사회운동: 의미와 유형", 〈경제와 사회〉, 93호, 13~41쪽.

_____(2013), "서울시의 참여적 시정개혁 평가: 서울플랜 수립과정을 중심으로", 〈경제와 사회〉, 98호, 106~133쪽.

이우영(2008a), "2000년 이후 남북관계 의제에 대한 시민사회의 활동평가", 《남북관계와 시민사회》, 우리민족서로돕기운동 평화나눔센터 2008년 자료집.

_____(2008b), "평화통일을 위한 시민사회의 역할", 《남북관계와 시민사회》, 우리민족서로돕기운동 평화나눔센터 2008년 자료집.

이우재(1984), "70년대 한국 사회와 농민운동", 《농촌현실과 농민운동》, 민중사.

이재혁(2006), "신뢰와 시민사회: 한미 비교연구", 〈한국사회학〉, 40집 5호.

이종석(2010), "한국의 분단과 현실인식, 그리고 통일을 향한 우리의 역할", 〈경실련 통일협회 민족화해아카데미 22기 강의자료집〉.

이철우(2008), "탈국가적 시민권은 존재하는가", 〈경제와 사회〉, 79호, 62~87쪽.

이항우(2009), "네트워크 사회의 집단지성과 권위: 위키피디아(Wikipedia)의 반전문가주의", 〈경제와 사회〉, 84호, 278~303쪽.

_____(2011), "이념의 과잉: 한국 보수세력의 사회정치 담론 전략(2005~2006년, 2008~2009년)", 〈경제와 사회〉, 89호, 217~268쪽.

_____(2012), "네트워크 사회운동과 하향적 집합행동: 2008년 촛불시위", 〈경제와 사회〉, 93호, 244~274쪽.

이해진(2008), "촛불집회 10대 참여자들의 참여 경험과 주체 형성", 〈경제와 사회〉,

80호, 68~108쪽.

이혜숙(2002), "지역여성운동의 형성과 전개: 진주여성민우회를 중심으로", 〈한국사회학〉, 36집 1호, 195~221쪽.

이홍균(1997), "시민운동의 현주소, 경실련과 참여연대", 〈동향과 전망〉, 35호(가을호), 80~97쪽.

이효선(1986), "정치적 통제의 구조적 특성: 50년대의 경험과 그 함의", 〈한국사회학〉, 20집 여름호, 141~152쪽.

_____(2002), "렉스의 사회변동이론을 통해 본 북한의 갈등과 정치적 변혁의 가능성", 〈한국사회학〉, 36집 4호.

이희영(2006a), "독일 68세대와 과거극복: 나치과거에 대한 세대경험의 연속성과 단절에 대하여", 〈한국사회학〉, 40집 3호.

_____(2006b), "타자의 (재)구성과 정치사회화: 학생운동 참여자의 1990년대 생애체험에 대한 사례연구", 〈한국사회학〉, 40집 6호.

_____(2010), "새로운 시민의 참여와 인정투쟁: 북한이탈주민의 정체성 구성에 대한 구술 사례연구", 〈한국사회학〉, 44집 1호, 207~241쪽,

일송정 편집부(1988), 《학생운동논쟁사》, 일송정.

임영일(1992), "한국의 산업화와 계급정치", 한국사회학회·한국정치학회 편, 《한국의 국가와 시민사회》, 한울.

임운택(2010), "한국 사회에서 신자유주의의 발전단계와 헤게모니 전략에 대한 이념형적 분석: 네오그람시 이론을 중심으로", 〈경제와 사회〉, 88호, 300~337쪽.

임혁백(1990), "한국에서의 민주화 과정 분석: 전략적 선택이론을 중심으로", 〈한국정치학회보〉, 24집 1호.

임현진(1983), "종속이론의 가능성과 한계: 한국의 발전연구와 관련하여", 서울대 사회학연구회(편), 《한국 사회의 전통과 변화》.

임현진·공석기(2006), "지구시민사회의 작동원리와 한국 사회운동의 초국적 동원전략", 〈한국사회학〉, 40집 2호.

임현진·권태환(1984), "국가와 국제정치·경제체제: 한국에서의 종속적 발전의 경험", 《한국사회학연구》, 7집.

임현진·김병국(1991), "노동의 좌절, 배반된 민주화: 국가·자본·노동관계의 한국적 현실", 사회과학원, 〈사상〉, 겨울호.

임희섭(1970~71), "대중운동 발생의 사회적 여건에 관한 연구: 미국의 Negro Militancy 경우를 중심으로", 〈한국사회학〉, 6집, 5~12쪽.

임희섭(1999), 《집합행동과 사회운동의 이론》, 고려대 출판부.

_____(2001), "한국시민운동의 문화적 배경과 문화적 결과에 대한 연구", 〈학술원 논문집: 인문사회과학 편〉 제40집.

장덕진·김란우·박기웅(2012), "17대 국회 법안표결의 정치경제학: 146개 쟁점법안에 대한 NOMINATE 분석을 중심으로", 〈한국사회학〉, 46집 1호, 1~23쪽.

장미경(2005), "한국 사회 소수자와 시민권의 정치", 〈한국사회학〉, 39집 6호.

장상환(1986), "농민운동과 농민조직", 〈현상과 인식〉, 10권 4호.

장세훈(2010), "지방자치 이후 지역엘리트의 재생산 과정: 철강도시 포항 사례를 중심으로", 〈경제와 사회〉, 86호, 162~198쪽

장수찬(2011), "지방정부와 심의민주주의의 실험: '타운 홀 미팅' 사례연구", 〈경제와 사회〉, 90호, 39~69쪽.

전상진(2010), "한국 정치의 '편집증 스타일(paranoid style)'?", 〈경제와 사회〉, 85호, 152~182쪽.

전철환(1983), "4월 혁명의 사회경제적 배경", 강만길 외, 《4월 혁명론》, 한길사.

전태국(2007), "사회통합을 지향한 한국통일의 개념전략: 변화를 통한 접근", 〈한국사회학〉, 41집 6호.

정근식·조성윤(1990), "80년대 지역문제와 주민운동", 《한국 사회의 비판적 인식》, 나남.

정나리(2011), "온라인 유연자발집단의 사회운동 참여과정에 관한 연구: 2008년 미국산 소고기 수입반대 촛불집회를 중심으로", 고려대 대학원 석사학위 논문.

정병은(2005), "유권자의 사회자본과 지역주의에 대한 연구: 17대 총선의 두 지역구 사례 비교", 〈한국사회학〉, 39집 5호.

정상호(2011), "지방정부 '구조'와 지방정치 '갈등'의 관계에 대한 연구", 〈경제와 사회〉, 90호, 70~102쪽.

정성진(2009), "대안세계화운동의 이념과 마르크스주의", 〈경제와 사회〉, 84호, 183~205쪽.

정수복 편역(1993), 《새로운 사회운동과 참여민주주의》, 문학과 지성사.

정영철(2008), "민주화와 통일의 역동성과 시민사회의 발전", 《남북관계와 시민사회》, 우리민족서로돕기운동 평화나눔센터 2008년 자료집.

_____(2013), "20년의 위기 북미: 대결과 한반도 평화체제", 〈경제와 사회〉, 99호, 63~91쪽.

정재원(2013), "중부·동남부 유럽 탈사회주의 국가들에서의 사회민주주의 정치세력의 발전과 분화" 〈경제와 사회〉, 98호, 134~169쪽.

정철수(1967), "도시인의 정치의식", 〈한국사회학〉, 3집, 30~44쪽.

정철희(1995), "한국 민주화운동의 사회적 기원: 미시동원맥락과 프레임의 형성", 〈한국사회학〉, 29호(가을호), 501~532쪽.

_____(1996), "중위동원과 6월항쟁: 사회운동조직의 구조적·문화적 통합", 〈한국사회학〉, 30호(봄호), 65~91쪽.

_____(1999), "한국 대중정치의 사회적 조건", 〈한국사회학〉, 33호(겨울호), 489~510쪽.

_____(2002), "신계급과 민주주의의 공고화", 〈한국사회학〉, 36집 4호, 35~59쪽.

정태석(2009), "광우병 반대 촛불집회에서 사회구조적 변화 읽기: 불안의 연대, 위험사회, 시장의 정치", 〈경제와 사회〉, 81호, 251~272쪽.

_____(2010), "사회학의 위기 논쟁과 비판사회학의 대응", 〈경제와 사회〉, 88호, 94~119쪽.

_____(2012), "방폐장 입지선정에서 전문성의 정치와 과학기술적 안전성 담론의 균열", 〈경제와 사회〉, 93호, 72~103쪽.

정태석·김호기·유팔무(1993), 〈한국의 시민사회와 민주주의의 전망〉, 학술단체협의회 편, 《한국 민주주의의 현재적 과제》, 창작과 비평사.

정태헌(2007), "긴급조치 9호와 학생운동", 《한국의 식민지적 근대성찰》, 선인.

징학섭(1986), "민족정신과 민족주의의 진개", 〈한국사회학〉 20집 겨울 호.

정해구(2002), "한국의 민주주의와 재야운동", 《국가폭력, 민주주의투쟁, 그리고 희생》, 함께 하는 책.

정호기(2004), "민주화운동기념사업의 정치, 사회적 과정과 자원동원", 〈한국사회학〉, 38집 2호.

_____(2012), "시민사회의 사회운동 기념물 건립과 표상: '5·18'과 '5월운동'을 중심으로", 〈경제와 사회〉, 94호, 308~338쪽.

조광(2010), 〈남북한 학술교류와 역사학: 상생의 사학을 위하여〉, 《한국 근현대 사학사의 인식과 과제》, 경인문화사.

조대엽(1995), "한국의 사회운동과 조직유형의 변화에 관한 연구: 1987~1994", 고려대 대학원 박사학위논문.

_____(1995), "한국의 사회운동연구: 동향과 과제", 〈경제와 사회〉, 27호, 166~191쪽.

_____(1996), "1990년대 사회운동조직 분화의 유형적 특성", 〈한국사회학〉, 30호(여름호), 389~415쪽.

_____(1999), "90년대 시민사회의 의식변화와 시민운동의 성장", 〈한국과 국제정치〉, 15권 2호, 119~142쪽.

_____(1999),《한국의 시민운동: 저항과 참여의 동학》, 나남.

_____(2000), "시민운동론의 확장을 위하여", 〈현상과 인식〉, 24권 1호, 141~162쪽.

_____(2001), "시민운동의 시장적 팽창과 '운동성'의 쇠퇴", 〈스모그〉 창간호, 132~163쪽.

_____(2002), "한국의 사회운동세대, 386", 〈사상〉 가을호.

_____(2002), "대중과 시민." 계간 〈비평〉, 8집.

_____(2002), "세계화와 한국 시민사회의 '역응성': NGO 및 시민운동 부문을 중심으로", 〈경제와 사회〉, 54호(여름호), 113~148쪽.

_____(2004), "386세대의 문화와 세대경험", 〈현대 한국인의 세대경험과 문화〉, 아산사회복지사업재단 연구보고서.

_____(2007), "공공성의 재구성과 기업의 시민성: 기업의 사회공헌활동에 관한 거시구조변동의 시각", 〈한국사회학〉 41집 2호.

_____(2007),《한국의 사회운동과 NGO: 새로운 운동주기의 도래》, 아르케.

_____(2007a), "공공성의 재구성과 기업의 시민성: 기업 사회공헌활동에 관한 거시구조 변동의 시각", 조대엽 외,《21세기 한국의 기업과 시민사회》, 굿인포메이션.

_____(2008), "한국 민주주의와 촛불시위", 〈노동사회〉 7·8월호, 한국노동사회연구소.

_____(2009), "촛불집회와 제 4의 결사체", 〈시민참여와 거버넌스〉, 오름.

_____(2009a), 〈대북정책과 국가: 시민사회의 새로운 질서〉,《대북정책에 대한 소통증진 방안 연구》, 제주평화연구원 연구사업보고서(09-04).

_____(2010), "4월 혁명의 순환구조와 6·3 항쟁: 역사주기론의 시각", 〈한국과 국제정치〉, 26권 2호(통권 69호).

_____(2010), "한반도 평화·통일 운동과 시민적 정체성", 〈사회과학연구〉, 49집 1호.

_____(2010a), "4월 혁명의 순환구조와 6·3 항쟁: 역사주기론의 시각", 〈한국과 국제정치〉, 26(2), 경남대 극동문제연구소.

_____(2010b), "4·18 고대행동과 한국의 민주주의: 고대 민주주의의 논리와 전망", 〈사총〉, 71호, 고려대 역사연구소.

_____(2010c), "스포츠군중과 자유의 아이들", 〈위클리경향〉, 884호.

_____(2011), "한국의 시민운동: 지난 10년, 향후 10년",《시민운동, 지난 10년 앞으로 10년》. 시민사회단체연대회의 창립 10주년 기념 심포지움 자료집.

_____(2012), "시민사회와 시민운동의 성장",《탈냉전사의 인식: 세계화 시대 한국사회의 문제의식》, 한길사.

_____(2012), "현대성의 전환과 사회구성적 공공성의 재구성: 사회구성적 공공성

의 논리와 미시공공성의 구조", 〈한국사회〉, 13집 1호.

_____(2013), "한국 시민운동의 전망: 생활공공성운동과 생활민주주의", 〈시민사
회단체연대회의 비전위원회 제2차 비전포럼 및 워크숍 자료집〉.

_____(2015), "4월 혁명과 한국의 사회운동", 정해구 외, 《4월 혁명과 한국의 민주
주의》 4·19 혁명 국민문화제위원회·강북구.

조대엽·홍성태(2013), "공공성의 사회적 구성과 공공성 프레임의 역사적 유형", 〈아
세아연구〉, 56집 2호.

조영훈(2004), "사회변동, 복지정치, 복지국가의 변화", 〈한국사회학〉, 39집 2호.

_____(2006), "자유주의 복지유형으로서의 일본복지국가: 에스핑-안데르센의 보
수주의 유형론 비판", 〈한국사회학〉, 40집 4호.

조 흡(2002), "카니발적 가치를 추구하는 노사모", 노혜경 외 지음, 《유쾌한 정치반란
노사모》, 개마고원.

조희연(1988), "80년대 학생운동과 학생운동론의 전개", 〈사회비평〉, 창간호.

_____(1989), 〈80년대 한국 사회와 민족민주운동의 전개〉 박현채·조희연 편.《한국
사회구성체논쟁 I》, 죽산.

_____(1990), "50, 60, 70년대 민족민주운동의 전개과정에 관한 연구", 조희연 편,
《한국 사회운동사: 한국변혁운동의 역사와 80년대의 전개과정》, 죽산.

_____(1993), "민중운동과 '시민사회', '시민운동'", 〈실천문학〉, 겨울호.

_____(1995), "한국의 민주주의 이행과정에 관한 연구: 1979년 10·26 사건에서
1993년 김영삼 정권 성립까지를 중심으로" 임현진·송호근 공편, 《전환의 정
치, 전환의 한국 사회》, 사회비평사.

_____(1999), "종합적 시민운동의 구조적 성격과 그 변화전망에 대하여", 〈당대비
평〉, 겨울호.

_____(1999b), "참여연대 5년의 성찰과 전망", 《참여사회연구소 주최 참여연대 창
립 5주년 기념 심포지엄 자료집》.

_____(2001), "시민사회의 정치개혁운동과 낙천낙선운동", 유팔무·김정훈 엮음,
《시민사회와 시민운동 2: 새로운 지평의 탐색》, 한울.

_____(2008), "민주주의의 지구적 차원: '지구적인 민주주의 정체'의 형성과 그 사
회학", 〈경제와 사회〉, 79호, 10~37쪽.

_____(2010), "'외재하는 적'에서 '내재하는 적'과의 각축으로: 한국 민주주의의 구
성적 각축과정에 대한 일 연구", 〈경제와 사회〉, 86호, 39~68쪽.

조희연 편(2003), 《한국의 정치사회적 지배담론과 민주주의동학》, 함께읽는책.

조희연·김정훈(2012), "진보정치의 위기와 진보의 재구성: '2012년 통합진보당 사태'

를 중심으로", 〈경제와 사회〉, 95호, 94~127쪽.

조희연·이창언(2013), "대안정치성의 접합경쟁, 안철수 현상, 이정희 효과: 진보적 관점에서 본 2012년 한국대선 평가와 그 비판적 함의", 〈경제와 사회〉, 97호, 97~120쪽.

조희연·장훈교(2009), "'민주주의의 외부'와 급진민주주의 전략: '민주주의의 사회화'를 위한 새로운 연대성의 정치학을 향하여", 〈경제와 사회〉, 82호, 66~94쪽.

주성수(2000), 《글로벌 가버넌스와 NGO》, 아르케.

진실화해를 위한 과거사 정리위원회(2007), 〈2006년 하반기 조사보고서〉.

진영재·노정호(2002), "한반도 갈등과 통일논의: 남한내 인식구조와 통일유형에 따른 갈등양태를 중심으로".

차기벽(1975), "4·19, 과도정부 및 장면정권의 의의", 〈사회과학〉, 13집, 성균관대.

_____(1983), "4·19 과도정부 정면정권의 의의", 강만길 편, 《4월혁명론》, 한길사.

차명제(1999), "한국 시민운동의 현황과 과제", 《한국 사회과학논총》, 9, 235~261쪽.

차종천(1988), "지역주의적 선거와 유권자: 제13대 대통령 선거 후보지지에 대한 로짓분석", 〈한국사회학〉, 22집 겨울호.

참여연대(1994), "참여연대 창립대회사", 《참여연대 창립대회 자료집》.

_____(2014a), 〈참여연대 정관〉, http://www.peoplepower21.org/.

_____(2014b), http://www.peoplepower21.org/about/sub.php?sub=m21_4.

채오병(2007), "민족형식과 민족주의: 제국문화와 반식민문화의 상동성", 〈한국사회학〉, 41집 4호.

_____(2008), "지구화를 통한 지역화: 남한의 탈식민국가문화", 〈경제와 사회〉, 80호, 224~247쪽.

최문환(1960), "4월 혁명의 사회사적 성격", 〈사상계〉, 7월호.

최장집(1985), "노동조합에 대한 조합주의적 통제", 변형윤 외, 《분단시대와 한국 사회》, 까치.

_____(1988), 《한국의 노동운동과 국가》, 열음사.

_____(1997), 《한국 민주주의의 조건과 전망》, 나남.

_____(2009), "한국 민주주의를 이해하는 방법에 관한 하나의 논평", 〈경제와 사회〉, 85호, 93~102쪽.

최재석(1974), "한국의 초기사회학", 〈한국사회학〉, 9집.

최재현(1986), "사회변동과 사회이념", 〈한국사회학〉, 20집 겨울호.

최정기(2008), "국가폭력과 트라우마의 발생 기제: 광주 '5·18' 피해자를 대상으로." 〈경제와 사회〉, 77호, 58~78호.

최종숙(2009), "민주노동당의 당내 민주주의 분석: 원내진입시기에서 분당국면까지(2004.6 ~2008.3)", 〈경제와 사회〉, 83호, 169~197쪽.

최 현(2003), "대한민국과 중화인민공화국의 국민정체성과 시민권제도", 〈한국사회학〉, 37집 4호.

_____(2008), "탈근대적 시민권 제도와 초국민적 정치공동체의 모색", 〈경제와 사회〉, 79호, 38~61쪽.

_____(2010), "한국 사회 진보의 주체: 민중, 노동자계급, 시민, 다중과 정체성 집단", 〈경제와 사회〉, 86호, 95~124쪽.

칼 폴라니(2009), 《거대한 전환, 우리 시대의 정치경제적 기원》, 홍기빈 옮김, 길.

크리스토퍼 피어슨(1998), 《근대국가의 이해》, 박형신 외 옮김, 일신사.

토마스 캐로더즈(2000), "시민사회에 대한 오해", 《NGO의 시대》, 조효제 편역, 창작과 비평사.

통일부(2007), 《2007 통일백서》.

_____(2009), 《2009 통일백서》.

_____(2010), 《2010 통일백서》.

페르낭 브로델(1982), "역사학과 사회학", 신용하 편, 《사회사와 사회학》, 김영범 옮김, 창작괴 비평사.

편집부 엮음(1989), 《강철서신》, 도서출판 눈.

하승창(2008), "남한의 시민사회와 남북관계", 《남북관계와 시민사회》, 우리민족서로돕기운동 평화나눔센터 2008년 자료집.

한국기독교교회협의회 인권위원회 편(1987a), 《1970년대 민주화운동 1》. 한국기독교교회협의회.

_____(1987b), 《1970년대 민주화운동 4》. 한국기독교교회협의회.

한상진(1983), "관료적 권위주의 하에서 민주주의의 전망", 《한국 사회 어디로 가고 있나》, 현대사회연구소.

_____(1990), "사회변혁운동의 민중성에 관한 이론적 경험적 고찰", 《한국 사회의 비판적 인식》, 나남.

_____(2005), "한국과 영국의 노동연계 복지체계에 관한 비교연구: 국가-지방자치단체-비영리조직의 관계를 중심으로", 〈한국사회학〉, 39집 2호.

_____(2013), "삼척시 원전 유치 도시 레짐을 둘러싼 반핵운동의 대응과 환경정의: 스케일 관점에서 본 원전 레짐과 탈핵", 〈경제와 사회〉, 98호, 77~105쪽.

한상진 편저(1991), 《마르크스주의와 민주주의》, 사회문화연구소.

한상진 편(1984), 《제3세계정치체제와 관료적 권위주의: 종속적 발전에 따른 정치사

　　회변동》, 한울.

한석정(2003), "지역체계의 허실: 1930년대 조선과 만주의 관계", 〈한국사회학〉, 37
　　집 5호.

_____(2004), "폭력에 관한 근대성 테제의 한계", 〈한국사회학〉, 39집 3호.

한완상(1978), 《민중과 지식인》, 정우사.

_____(1980), 《민중과 사회》, 종로서적.

한정민(1989), "변혁운동의 사대주의·교조주의·종파주의 극복을 위한 일 시론", 《애
　　국의 길 1》, 녹두.

홍석률(2001), 《통일문제와 정치·사회적 갈등: 1953~1961》, 서울대출판부.

홍성태(2008), "촛불집회와 민주주의", 〈경제와 사회〉, 80, 10~39쪽.

_____(2012), "사회운동과 리더십: 운동리더십의 이론화를 위한 시론적 모델", 〈한
　　국사회학〉, 46집 2호, 1~33쪽.

홍일표(2009), " '네트워크 코디네이터(network coordinator)'의 등장: 2008년 미국
　　대선과 진보 싱크탱크의 역할 확장", 〈경제와 사회〉, 83호, 284~312쪽.

_____(2011), "진보개혁진영의 지역정책 생산: 6·2 지방선거 이후 광영시도연구원
　　과 광역의회 변화를 중심으로", 〈경제와 사회〉, 90호, 103~132쪽.

홍태영(2008), "프랑스 68혁명의 계기와 한국의 2008", 〈경제와 사회〉, 80호,
　　118~139쪽.

황진태(2011), "2008년 촛불집회시위의 공간성에 관한 고찰" 〈경제와 사회〉, 90호,
　　262 ~289쪽.

2. 영문 문헌

Aburdene, P.(2007), *Megatrends 2010: The Rise of Conscious Capitalism*, Hampton Roads Publishing Company.

Ackerman, B. & Fishkin, J. (2003), "Deliberation Day" In J. Fishkin & P. Laslett(eds.), *Debating Deliberative Democracy*, Oxford: Blackwell.

Adonis, A. & Mulgan. G.(1994), "Back to Greece: The Scope for Direct Democracy", *Demos, 3*.

Anderson, Benedict(1991), *Imagined Communities: Reflections on the Origin and Spread of Nationalism*, London: Verso.

Arendt, Hannah(1951), *The Origins of Totalitarianism*, New York: Harcourt, Brace.

Barry, B.(1989), *Theory of Justice*, London: Harvester Wheatsheaf.

_____(1995), *Justice as Impartiality*, Oxford: Oxford University Press.

Beetham, D.(2005), *Democracy*, Oxford: Oneworld.

Benhabib, S.(1992), *Situating the Self*, Cambridge: Polity Press.

Benn, S. I. & G. F. Gaus(1983), "The Public and The Private: Concepts and Actions", In S. I. Benn & G. F. Gaus, *Public and Private in Social Life*, London & Canberra: Croom Helm.

Bessette, J. (1980), "Deliberative Democracy: The Majority Principle in Republican Government", In R. A. Goldwin & W. A. Schambra(eds.), *How Democratic is the Constitution?*, Washington: American Enterprise Institute.

_____(1994), *The Mild Voice of Reason: Deliberative Democracy and American National Government*, Chicago: University of Chicago Press.

Bobbio, N.(1989), *Democracy and Dictatorship: The Nature and Limits of State Power*, Minneapolis: University of Minnesota Press.

Bohman, J.(1998), "The Coming of Age of Deliberative Democracy", *Journal of Political Philosophy, 6*.

Brand, Karl-Werner(1990), "Cyclical Aspects of New Social movements: Waves of Cultural Criticism, and Mobilization Cycles of Now Middle-class Radicalism", In Russel J. Dalton & Monfred Kuechler(eds.), *Challenging the Political Order: New Social and Political*

Movements in Western Democracies, Cambridge: Polity Press, pp.23~42.

Brockett, Chales D(1991), *The Structure of Political Opportunities and Peasant Mobilization in Central America*, Comparative Politics.

Broom, Leonard(1959), "Social Differentiation and Stratification", in Robert K. Merton, Leonard Broom & Leonard S. Coffrell(eds.), *Sociology Today*, New York: Basic Books, pp.429~441.

Buechler, Steven. M.(1997), "New Social Movement Theory", In S. M. Buechler & E. Kurt Cylke, Jr.(eds.), *Social Movements: Perspectives and Issues*, CA, Mayfield: Mountainview, pp.295~319.

Cho, Dae-Yop(2011), "Outlooks on a Civil Society-Initiated Unification of the Korean Peninsula", *Korean Journal*, 51(2).

Cohen, Jean. L.(1984), "Strategy or Identity: New Theoretical Paradigm and Contemporary Social Movements", *Social Research* 52(4).

Cohen, Jean L. & Andrew Arato(1992), *Civil Society and Political Theory*, Cambridge: the MIT Press.

Diani, Mario(1992), "The Concept of Social Movement", *The Sociological Review* 40(1).

Dryzek, J(1990), *Discursive Democracy: Politics, Policy, and Political Science*, Cambridge: Cambridge University Press.

Eisinger. P. K.(1973), "The Conditions of Protest Behavior in American Cties", *American Political Science Review* 67.

Eyerman, Ron & Jamison(1991), *Social Movements: A Cognitive Approach*, Polity Press.

Fay, B.(1975), *Social Theory and Political Practice*, New York: Holmes & Meier Publishers.

Fishkin(1991), *Democracy and Deliberation: New Directions for Democratic Reform*, New Haven: Yale University Press.

Freeman, Jo(1983), "A Model for Analyzing the Strategic Options of Social Movement Organizations", In Jo Freeman(ed.), *Social Movements of the Sixties and Seventies*, New York & London: Long Man.

Gamson, W. A.(1975), *The Strategy of Social Protest*, Homewood, IL: Dorsey.

Gamson, W. A. & A. Modigliani.(1989), "Media Discourse and Public Opinion on Nuclear Power", *American Journal of Sociology* 95, pp.1~37.

Gellner, E.(1983), *Nations and Nationalism*, Oxford: Blackwell.

Gerhards, Jurgen & Dieter Rucht(1992), "Mesomobilization: Organizing and Framing in Two Protest Campaigns in West Germany", *American Journal of Sociology* 98(3).

Geschwender, James, A.(1964), "Social Structure and the Negro Revolt: An Examination of Some Hypothesis", *Social Forces* 43, pp.250~256.

_____(1967), "Continuities in Theories of Status Consistency and Cognitive Dissonance" *Social Forces* 46.

Giddens, Anthony(1991), *Modernity and Self-Identity: Self and Society in the Late Modern Age*, Cambridge: Polity Press.

Goffman, Erving(1974), *Frame Analysis*, Cambridge, MA: Harvard University Press.

Greenfeld, L.(1992), *Nationalism, Five Roads to Modernity*, Cambridge, MA & London: Harvard University Press.

Gurr, Ted R.(1970), *Why Men Rebel*, Princeton: N. J.: Princeton University Press.

Gusfield, Joseph R.(1970), *Protest, Reform, and Revolt*, New York: John Wiely and Sons.

Gutmann, A. & Thompson, D.(1996), *Democracy and Disagreement*, Cambridge: Belknap Press.

Habermas, Jürgen(1981), "New Social Movements", Telos, 49.

_____(1996), *Between Facts and Norms: Contributions to a Discourse Theory of Law and Democracy*, Cambridge: Polity.

Hacker, K. & Dijik, J.(2001), *Digital Democracy*, London: Sage.

Hayek, F. A.(1976), *The Roads to Serfdom*, London: Routledge and Kegan Paul.

Hobsbaum, Eric J.(1990), *Nations and Nationalism since 1780: Programme, Myth, Reality*, Cambridge: Cambridge University Press.

Hoffer, Eric(1951), *The True Believer: Thoughts on the Nature of Mass Movements*, New York: New American Library.

Ignatieff, Michael(1994), *Blood and Belonging: Journeys into the New Nationalism*, New York: Farrar, Straus and Giroux.

Jenkins J. C. & C. Perrow(1977), "Insurgency of the Powerless: Farm Worker Movements(1946~1972)", *American Sociological Review* 42.

Jenkins, J. C.(1981), "Socio-Political Movements", *Handbook of Political Behavior* IV.

_____(1981), "Sociopolitical Movement", In Samuel Long (ed.), *Handbook of Political Behavior*, Vol. 4, New York: Plenum.

_____(1982), "The Transformation of a Constituency into a Movement" In J. Freeman(ed.), *The Social Movements of the 1960s and 1970s*, N. Y.: Longman.

_____(1983), "Resource Mobilization Theory and the Study of Social Movement", *Annual Review of Sociology* 1983, 9.

Kang, Jin-Yeon(2013), "The Korean War and Post-War Politics in Japan and Korea: The Formation of Conservative Democracy and Authoritarian Political System" *Korean Journal of Sociology* 47(3), pp.1~24.

Kim, Doo-Sik(2009), "Determinants of Public Opposition to Siting Waste Facilities in Korean Rural Communities", *Korean Journal of Sociology* 43(6), pp.25~43.

Kim, Kyung-Mi & Youn-Min Park(2011), "New Form of Citizen Participation in South Korea: 2008 Candlelight Protest and 'Convergence Participation' ", *Korean Journal of Sociology* 45(3), pp.155~170.

Kim, Sang Jun(2008), "Democracy and Reflexive Consensus", *Korean Journal of Sociology* 42(4), pp.49~69.

Kitschelt, Herbert(1986), "Political Opportunity Structures and Political Protest: Anti-Nuclear Movement in Four Democracies", *British Journal of Political Science*, 16.

Klandermans, Bert(1984), "Mobilization and Participation: Social Psychological Explanations of Resource Mobilization Theory" *American Sociological Review* 49.

_____(1989), "Grievance Interpretation and Success Expectations: The Social Construction of Protest", *Social Behavior* 4, pp.113~125.

_____(1992), "The Social Construction of Protest and Multiorganizational Fields", In Aldon D. Morris & Carol McClurg Mueller (eds.), *Frontiers in Social Movement Theory*.

Kornhauser, William(1959), *The Politics of Mass Society*, Gleucoe, IL: Free Press.

Kreisi, Hanspeter(1996), "The Organizational Structure of New Social

Movements in a Political Context", In D. McAdam, John D. McCarthy & Mayer N. Zald(eds.), *Comparative Perspectives on Social Movements: Political Opportunities, Mobilizing Structure, and Cultural Framing*, Cambridge: Cambridge University Press.

Kriesi, Hanspeter, Ruud Koopmans, Jan Willem Duyvendak & Marco G. Giugni(1992), "New Social Movements and Political Opportunities in Western Europe", *European Journal of Political Research* 22.

Kuk, Min-Ho(2010), "Consolidation of the Developmental State and Chaebols in Korea: After the 1997 Economic Crisis", *Korean Journal of Sociology* 44(3), pp.111~128.

Lang, Kurt & Gladys Lang(1961), *Collective Dynamics*, New York: Crowell.

Lenski, Gehard(1954), "Status Crystallization: A Non-Vertical Dimension of Social Status", *American Sociological Review* 19, pp.405~413.

Macpherson, C. B.(1977), *The Life and Times of Liberal Democracy*, Oxford: Oxford University.

Manin, B.(1987), "On Legitimacy and Deliberation", *Political Theory* 15(3).

McAdam, D. (1982), *Political Process and the Development of Black Insurgency*, 1930~1970, Chicago: University of Chicago Press.

_____(1996), "Conceptual Origins, Current Problems, Future Direction", In D. McAdam, J. D. McCarthy, & M. N. Zald(eds.), *Comparative Perspectives on Social Movements*, New York: Cambridge University Press.

McAdam, D., J. D. McCarthy & M. N. Zald.(1988), "Social Movements", In N. J. Smelser(ed.), *Handbook of Sociology*, Beverly Hills: Sage.

McCarthy, J.D. , D. W. Britt, & M. Wolfson(1991), "The Institutional Channeling of Social Movements in the Modern State", *Research in Social Movements: Conflict and Change* 13.

McCarthy, J. D. & M. N. Zald.(1973), *The Trend of Social Movements in America: Professionalization and Resource Mobilization*, Morristown: General Learning Co.

_____(1977), "Resource Mobilization and Social Movement: a Partial Theory", *American Journal of Sociology*, 82(6).

Mellucci, A.(1980), "The New Social Movements: A Theoretical Approach", *Social Science Information* 19(2).

_____(1981), "Ten Hypothesis for the Analysis of New Movements", In P. Pito(ed.), *Contemporary Italian Sociology: A Reader*, New York: Cambridge University Press.

_____(1989), "The Democratization of Everyday Life", In John Keane & Paul Mier(eds.), *Nomads of the Present: Social Movements and Individual Needs in Contemporary Society*, Temple University Press.

Nozick R.(1974), *Anarchy, State and Utopia*, Oxford: Blackwell.

Oberschall, A.(1973), *Social conflict and Social movement*, Englewood Cliff: Prentice Hall.

Offe, C.(1985), "New Social Movements: Challenging the Boundaries of Institutional Politics", *Social Research* 52(1).

Offe, C. & Preuss, U.(1991), "Democratic Institutions and Moral Resources", In D. Held(ed.), *Political Theory Today*, Cambridge: Polity.

Pateman. C.(1970), *Participation and Democratic Theory*, Cambridge: Cambridge University Press.

_____(1985), *The Problem of Political Obligation: A Critique of Liberal Theory*, University of California Press.

Pesch, Udo(2005), *The Predicaments of Publicness*, CW Delft: Eburon Academic Publishers.

Putnam, R. (1995), "Bowling Alone: America's Declining Social Capital", *Journal of Democracy* 6(1).

Rawls, J.(1971), *A Theory of Justice*, Cambridge, MA: Harvard University Press.

Rogers, M.(1974), "Instrumental and Infra-resources", *American Journal of Sociology* 79.

Russell J. Dalton & Manfred Kuechler(1990), *Changing the Political Order: New Social and Political Movements in Western Democracies*, Cambridge: Polity Press.

Rucht, Dieter(1990), "The Strategies and Action Repertoires of New Social Movements", In Russell J. Dalton & Manfred Kuechler(eds.), *Challenging the Political Order: New Social and Political Movement in Western Democracies*, Cambridge: Polity Press.

_____(1996), "The Impact of National Contexts on Social Movement

Structures: A Cross-Movement and Cross-National Comparison", In D. McAdam, J. D. McCarthy, & M. N. Zald(eds), *Comparative Perspectives on Social Movements*, New York: Cambridge University Press.

Saward, M.(2003), *Democracy*, Cambridge: Polity.

Schwarzmantel, John(2004), "Nationalism and Fragmentation Since 1989", Kate Nash & Alan Scott(eds.), *The Blackwell Companion to Political Sociology*, MA: Malden, Blackwell Publishing.

Scott, Alan(1990), *Ideology and New Social Movements*, London: Unwin Hyman.

Selznick, Philip(1952), *The Organizational Weapon*, New York: McGraw-Hill.

Seong, Kyoung-Ryung(2008), "Strategic Regionalism and Realigment of Regional Electoral Coalitions", *Korean Journal of Sociology* 42(8), pp.13~38.

Shorter, N. & C. Tilly(1974), *Strikes in France*, N.Y: Cambridge University Press.

Smelser, Neil, J.(1962), *Theory of Collective Behavior*, New York: The Free Press.

Snow, D. A. & R. D. Benford(1992), "Master Frames and Cycle of Protest", In A. Morris & C. M. Mueller(eds.), *Frontiers in Social Movement Theory*. New Haven: Yale University Press.

Snow, David A., Burke Rochford, Jr., Steven K. Worden, & Robert D. Benford (1986), "Frame Alignment Process, Micromobilization, and Movement Participation", *American Sociological Review* 51, pp.464~481.

Sorokin, Pitrim, A.(1947), *Society, Culture and Personality*, New York: Harper & Brothers.

Stocker, Gerry(1998), "Governance as Theory: Five Propositions", *International Social Science Journal* 50(1).

Tarrow, S.(1994), *Power in Movement: Social Movements, Collective Action and Mass Politics*, Cambridge: Cambridge University Press.

_____(1996), "States and Opportunities: the Political Structuring of Social Movements", In D. McAdam, J. D. McCarthy, & M. N. Zald(eds.), *Comparative Perspectives on Social Novements*, New York: Cambride University Press.

Tilly, C.(1978), *From Mobilization to Revolution*, Reading, MA: Addison-

Wesley.

_____(1984), "Social movements and National Politics", In C. Bright & S. Harding(eds.), *State-Making and Social Movements: Essays in History and Theory*, Ann Arbor: Univ. of Michigan Press.

Tilly, C., L. Tilly, & R. Tilly(1975), *The Rebellious Century*, Cambridge: Harvard Univ. Press.

Tilly, C. & L. Tilly(1981), *Collective Action and Class Conflict*, Beverly Hills: Sage.

Touraine, Alain(1980), "Nouveaux Movements Sociaux", L'Apre's Socialisme, Paris: Grasset.

Turner, Ralph H. & Lewis Killian(1972), *Collective Behavior*, 2nd(ed.), Englewood Cliffs, N. J: Prentice-Hall.

Useem, Bert(1980), "Solidarity Model, Breakdown Model, and The Boston Anti-Busing Movements", *American Sociological Review* 45.

Walsh, Edward J.(1981), "Resource mobilization and Citizen Protest in Communities around Three Mile Island", *Social Problems* 29, pp.1~21.

Weber, Max(1978), *Economy and Society volume I*, New York: Bedminster.

Zald, M. N.(1996), "Culture, Ideology and Strategic Framing", D. McAdam, J. D. McCarthy, & M. N. Zald(eds.), *Comparative Perspectives on Social Novements*, New York: Cambride University Press.

3. 각 장의 원문 출처

이 책의 각 장들은 이 책을 위해 새로 쓴 것도 있지만 대부분은 학술저널이나 단행본에 포함된 필자의 논문들을 수정하고 보완한 것이다. 새로 쓴 장을 제외한 나머지 장들의 원문 출처를 다음과 같이 밝힌다.

제 2장 : 조대엽(2013), "사회운동과 동원의 구조: 사회운동조직과 '유연자발집단'", 김동노 외,《한국 사회의 사회운동》, 다산출판사.

제 3장 : 조대엽(2015), "4월 혁명과 한국의 사회운동", 정해구 외,《4월 혁명과 한국의 민주주의》, 4·19 혁명 국민문화제위원회·강북구.

제 4장 : 조대엽(2010), "4월 혁명의 순환구조와 6·3 항쟁",〈한국과 국제정치〉, 26권 2호(여름호).

제 5장 : 조대엽(2010), "4·18 고대행동과 한국의 민주주의: 고대 민주주의의 논리와 전망",〈사총〉 71집, 고려대학교 역사연구소.

제 6장 : 조대엽(2007), "1980년대 학생운동의 반미주의와 대중화 전략",《한국 사회의 사회운동과 NGO: 새로운 운동주기의 도래》, 아르케.

제 7장 : 조대엽(2012), "시민사회와 시민운동의 성장", 박인휘 외 편,《탈냉전사의 인식: 세계화시대 한국 사회의 문제의식》, 한길사.

제 8장 : 조대엽(2014), "현대 사회운동의 세계사적 맥락과 참여연대의 시대", 조대엽·박영선 공편,《감시자를 감시한다: 고장 난 나라의 감시자 참여연대를 감시한다》, 이매진.

제 9장 : 조대엽(2015), "시민정치와 시민사회통일론의 전망",《생활민주주의의 시대》, 나남.

제 10장 : 조대엽(2009), "한국 시민사회의 변화와 제4의 결사체", 박재창 편,《위기의 한국시민사회》, 아르케.

제 11장 : 조대엽(2008), "촛불파워와 시민운동의 새로운 주기: 신갈등사회론의 전망", 한겨레 5차 시민포럼.

제 12장 : 조대엽(2014), "참여연대 이후의 참여민주주의: 생활민주주의와 생활공공성운동의 전망", 조대엽·박영선 공편,《감시자를 감시한다: 고장 난 나라의 감시자 참여연대를 감시한다》, 이매진.

보   론: 조대엽(2014), "정치사회·사회운동 연구의 동향과 전망: 정치사회학 연구의 위기진단과 '신규범주의' 정치사회학의 전망",〈한국사회〉 15권 1호.